本书受国家自然科学基金项目《金字塔结构下母子公司"双向治理"形成机理与协同效应研究》（项目批准号：71872101）；山东省社科基金重点项目《山东省上市公司金字塔结构下的母子公司"双向治理"研究》（项目批准号：17BGLJ08）资助

金字塔结构下母子公司双向治理研究

徐向艺　等著

中国财经出版传媒集团
经济科学出版社
Economic Science Press

图书在版编目（CIP）数据

金字塔结构下母子公司双向治理研究/徐向艺等著.
—北京：经济科学出版社，2021.10
ISBN 978 – 7 – 5218 – 2981 – 5

Ⅰ.①金… Ⅱ.①徐… Ⅲ.①母子公司 – 企业管理 – 研究 – 中国　Ⅳ.①F276.6

中国版本图书馆 CIP 数据核字（2021）第 213885 号

责任编辑：宋　涛
责任校对：李　建
责任印制：范　艳

金字塔结构下母子公司双向治理研究

徐向艺　等著

经济科学出版社出版、发行　新华书店经销
社址：北京市海淀区阜成路甲 28 号　邮编：100142
总编部电话：010 – 88191217　发行部电话：010 – 88191522
网址：www.esp.com.cn
电子邮箱：esp@esp.com.cn
天猫网店：经济科学出版社旗舰店
网址：http://jjkxcbs.tmall.com
北京季蜂印刷有限公司印装
710×1000　16 开　23.75 印张　380000 字
2021 年 12 月第 1 版　2021 年 12 月第 1 次印刷
ISBN 978 – 7 – 5218 – 2981 – 5　定价：95.00 元
（图书出现印装问题，本社负责调换。电话：010 – 88191510）
（版权所有　侵权必究　打击盗版　举报热线：010 – 88191661
QQ：2242791300　营销中心电话：010 – 88191537
电子邮箱：dbts@esp.com.cn）

加快建立公司治理研究的中国学派（代序）

2016年5月17日，习近平总书记在哲学社会科学工作座谈会上发表了重要讲话。指出："要加快构建中国特色哲学社会科学……按照立足中国、借鉴国外、挖掘历史、把握当代、关怀人类、面向未来的思路，着力构建中国特色哲学社会科学，在指导思想、学科体系、学术体系、话语体系等方面充分体现中国特色、中国风格、中国气派。"[①] 2020年8月24日，习近平总书记主持召开经济社会领域专家座谈会时再次强调："从国情出发，从中国实践中来、到中国实践中去，把论文写在祖国大地上，使理论和政策创新符合中国实际、具有中国特色，不断发展中国特色社会主义政治经济学、社会学。"[②] 公司治理学是一门综合性学科，不同社会制度下存在情景差异性和不同的研究范式。习近平总书记基于辩证唯物主义的世界观和方法论提出的号召，为构建中国特色、中国风格、中国气派的公司治理体系指明了方向。

为深入贯彻落实习近平总书记的重要讲话精神，推动建设中国特色、中国风格、中国气派的管理学体系，2021年5月15日管理世界杂志社在北京举办"加快构建中国特色管理学体系"学术研讨会。应会议组办方的邀请，我在会议上作了"结构重塑与制度创新：建立公司治理研究的中国学派"的学术报告。报告的核心内容发表在《管理世界》2021年第6期。这篇短文，是我研究公司治理30年的系统思考。我将这篇短文转载如下，是为序。

（一）建立公司治理研究中国学派的必要性与可行性

中国政治、经济、社会文化等情境因素和西方存在着根本性差别，长期以来，主要借鉴西方经验构筑的公司治理模式的适用性与有效性在实践中充

---

① 习近平：《习近平谈治国理政》第二卷，外文出版社2017年版。
② 习近平：《在经济社会领域专家座谈会上的讲话》，人民出版社2020年版。

满争议。尤其是近年来，中国发展理念和经济结构均发生了一些重大变化，在大国崛起和数字化经济发展的背景下，结合中国情境特殊性建立公司治理研究的中国学派，以及推动中国管理学界在世界舞台发出自己声音的时机已经到来。

第一，从机器大工业到电子信息工业，再到数字经济时代的发展，公司治理模式与治理机制必将发生重大变革。在19世纪机器大工业以及20世纪电子信息工业发展阶段，借鉴、学习西方公司治理理论与移植实践模式具有必要性及合理性。但是，在以移动互联网、大数据、人工智能发展为标志的数字经济时代，中国与西方公司治理制度变革与创新处于同一起跑线。西方传统公司治理范式在中国公司治理实践中面临更深层次的挑战。第二，中国传统文化体系与西方的差异性，凸显出建立公司治理中国学派的必然要求。中国传统文化提倡基于道德规范与社会舆论的监管模式，要求公司治理应当对外部利益相关者的诉求更加重视。中国传统文化中不断积累的知识与智慧是构建公司治理中国学派的文化基础。第三，中国具有特殊的现代国情：一是国有企业在国民经济的关键领域中处于重要地位；二是金字塔结构下的母子公司制度形式导致的委托代理问题较为复杂，子公司作为上市主体而非整体上市的现象较西方普遍，母子公司治理问题也呈现出不同于西方的特点；三是政府在经济运行中发挥着重要调控作用，对公司经营发展的影响力远大于西方。第四，中国改革开放历经四十年的时间，已涌现了一大批世界级的优秀企业，这些企业根植于中国情境，逐步形成了中国化的公司治理经验，在治理结构安排与制度设计上与西方存在诸多不同，有待学者们认真思考与探索。基于以上中国特殊的现代国情，构建中国公司治理学派具有重要价值，归纳梳理出有中国特色的公司治理制度，构建本土化的公司治理模式已经具备可行性。

（二）修正公司治理目标，回归公司治理研究本源

长期以来，公司治理与公司绩效之间的关系是中国公司治理领域普遍关注的问题。在已有的实证研究中，公司绩效主要以资产收益率、每股收益等反映收益能力的财务指标进行测量。这些研究在一定程度上为提升中国上市公司治理效率做出了贡献。但是，公司治理绩效与财务绩效之间在短期内可能并不存在必然显著的相关性，甚至在某些特殊情境下，良好的公司治理对短期主义导向的绩效提升反而具有抑制效应。为此，要为公司治理正本清源。基于中国的具体国情与历史文化背景，公司治理目标应从财务绩效转变为"运作合规、权力制约、利益均衡、公司善治"。其中，"运作合规、权力制约、利益均衡"分别是中国公司治理的基础要求、本质需求及核心诉求；"公司善治"则是中国公司治理的长期追求，是公司实现可持续发展的根本导向。结合中国情境对公司治理的目标进行准确界定与测度，是完善公司治理组织设计与制度安排的重要标准，也是建立公司治理研究中国学派的逻辑出发点与归宿。

（三）构建公司治理中国学派的新范式及理论体系

科学研究的范式存在的意义是可以运用即成的定理、公论解释科学研究的难题和实践中的疑惑。如果依据常规范式在解决难题时不断遇到挫折或困扰，或者既成范式对新出现的社会现象及现实问题缺乏鲜明说服力，就需要修正常规范式。这一修正过程产生新定理、新理论、新方法，也就产生了新的研究范式。理论的创新需要新范式，同时也需要对传统范式的修正与创新。仅依靠西方理论、范式来研究中国公司治理问题是目前理论与实践脱节的主要原因。在我国公司治理理论构建及指导实践过程中，我们应着重思考：

一是辨析造成东西方制度与文化差异的公司治理长期、深层、隐性影响因素，形成适合中国情境的公司治理效果评判标准，评价结果应以公司治理的长期价值创造效应为参考；二是立足中国经济体制改革过程中的历史情境因素，积极寻找公司治理实践发展进程中显著异于西方模式的成功经验，必须同时思考变革过程中的制度环境、社会文化、人情社会、关系社会所带来的共同影响，实现公司治理理论的本土化创新；三是继续深入探索如党的领导、"社会资本""社会舆论"等基于中国情境的特殊公司治理参与方的积极意义。以该范式为基础，建立"以股东为主导的核心利益相关者相机治理""中国情境下母子公司双向治理""以董事会为核心的治理结构"等理论体系。立足于中国情境，完善并拓展公司治理中国学派理论体系的解释力和影响力。

（四）规范与创新公司治理研究的方法论

公司治理研究的方法论是在该领域具有普适性，在研究过程中起指导作用的范畴、原则、理论、方法和手段的总和。从方法论的角度，我国公司治理要对以下几个问题重新审视。

第一，利益相关者共同治理理论所主张的全员参与治理容易引起的目标混乱、效率低下等问题，股东至上、单边治理也存在治理局限。第二，公司治理结构仅是公司治理的组织特性，而公司治理有效性更多地取决于公司治理行为。第三，公司治理绩效不同于公司财务绩效。公司治理绩效表现在明确而合理地配置公司股东、董事会、经理人员和其他利益相关者之间的权力、责任和利益，以确保公司运作的合规、合法性，但在短期内不能保证公司利益的增长。第四，公司治理存在跨期效应。公司治理绩效既可能是当期公司治理改进的结果，也可能是前期公司治理改进的结果。公司治理与公司绩效表现之间的关系在不同时期可能会表现出不同的特征，较短的数据样本期间无法检验出两者之间的真实关系。

目前公司治理领域的学术研究大多运用大样本数据进行实证研究，但很多实践中的重要问题受限于数据的不可获得性而难以有效开展研究，并且数据与模型也无法解释更深层次的作用机理。近年来，我国学术界一直致力于"打造中国气派的哲学社会科学话语体系"，公司治理的中国学派也应当回归本源，推进研究方法多样化和研究范式规范化，从"真问题"出发，深入"真现场"，以扎根精神展开学术研究，总结中国公司治理的独特实践，升华并形成中国公司治理的独特理论。

综上，在中国特殊情境与资本市场制度深化改革背景下，中国公司治理过程中一些新的实践已无法用原有的公司治理理论进行解释与评价。我们亟须结合公司治理的本质，修正公司治理目标，回归公司治理研究的本源，构建新的理论框架和研究范式。应在新范式与新框架下展开对公司治理的学术研究，共同建立对现代公司治理具有理论的解释力、实践的渗透力、在国际上具有重大影响力的公司治理中国学派。

徐向艺

2021年8月

目 录

第一章 导论 ··· 1
　　第一节　问题的提出 ··· 1
　　第二节　理论价值与研究意义 ································· 4
　　第三节　研究内容与框架 ······································· 6
　　第四节　研究方法 ·· 10
　　第五节　创新点 ··· 12

第二章 理论分析与文献回顾 ···································· 16
　　第一节　金字塔结构下实际控制人"隐性"控制 ········· 16
　　第二节　金字塔结构下的大股东抑或母公司"显性"控制 ··· 24
　　第三节　基于双向治理的上市公司自主治理 ············· 28

第三章 母子公司治理理论视角：从单向治理到双向治理 ··· 43
　　第一节　母公司单向治理研究视角 ·························· 43
　　第二节　母子公司双向治理研究视角 ······················· 50
　　第三节　母子公司双向治理数理模型构建 ················· 52

第四章 母公司对上市公司的股权控制
　　　　　——基于信息披露的视角 ····························· 60
　　第一节　问题的提出 ··· 60

第二节　理论分析与假设提出 …………………………………… 62
　　第三节　研究设计 ………………………………………………… 67
　　第四节　实证研究及结果分析 …………………………………… 70
　　第五节　研究结论与政策建议 …………………………………… 77

第五章　上市公司对母公司的股权制衡
　　　　　——基于社会资本控制链的视角 ………………………… 85

　　第一节　文献综述 ………………………………………………… 85
　　第二节　理论分析与假设提出 …………………………………… 87
　　第三节　研究设计 ………………………………………………… 90
　　第四节　实证研究及结果分析 …………………………………… 93
　　第五节　研究结论与政策建议 …………………………………… 98

第六章　母子公司双向治理视角下董事会双元治理 ………… 106

　　第一节　董事会正式层级的作用机理及其治理效应 ………… 107
　　第二节　董事会非正式层级的作用机理及治理效应 ………… 112
　　第三节　董事会正式层级与非正式层级双元治理声誉权衡 … 118

第七章　母子公司双向治理视角下高管激励机制 …………… 129

　　第一节　理论回顾与假设提出 ………………………………… 129
　　第二节　研究设计 ……………………………………………… 138
　　第三节　高管显性激励与代理成本的关系 …………………… 141
　　第四节　高管显性激励有效性的情境化因素分析 …………… 148
　　第五节　研究结论与讨论 ……………………………………… 153

第八章　上市公司金字塔结构布局的治理效应 ……………… 168

　　第一节　上市公司金字塔结构布局与回应式创新决策 ……… 168
　　第二节　案例分析：上市公司金字塔结构布局与康美药业
　　　　　　违规行为 ……………………………………………… 183
　　第三节　研究结论与管理启示 ………………………………… 187

第九章　国有控股母子公司双向治理实证分析
——以山东省为例 ………………………………………… 193

　　第一节　理论分析 ……………………………………… 193
　　第二节　研究假设与设计 ……………………………… 203
　　第三节　数据分析与结果讨论 ………………………… 206
　　第四节　研究结论与管理启示 ………………………… 213

第十章　民营母子公司双向治理实证分析
——以山东省为例 ………………………………………… 220

　　第一节　研究背景与意义 ……………………………… 220
　　第二节　相关概念与文献综述 ………………………… 224
　　第三节　研究假设 ……………………………………… 230
　　第四节　研究设计 ……………………………………… 232
　　第五节　实证检验与结果分析 ………………………… 235
　　第六节　研究结论与管理启示 ………………………… 239

第十一章　金字塔结构下上市公司高管联结与隧道行为治理 …………………………………………………… 246

　　第一节　问题的提出 …………………………………… 246
　　第二节　理论分析与研究假设 ………………………… 248
　　第三节　研究设计 ……………………………………… 250
　　第四节　数据分析与结果讨论 ………………………… 253
　　第五节　研究结论与管理启示 ………………………… 258

第十二章　金字塔结构下上市公司管理层权力配置效应 … 263

　　第一节　问题的提出 …………………………………… 263
　　第二节　理论基础 ……………………………………… 265
　　第三节　研究设计 ……………………………………… 268
　　第四节　数据分析与结果讨论 ………………………… 270

第五节　研究结论与管理启示 …………………………………… 274

第十三章　金字塔结构下上市公司自主性、风险承担与创新投入　278

　　第一节　问题的提出 ……………………………………………… 278
　　第二节　理论基础与假设提出 …………………………………… 280
　　第三节　研究设计 ………………………………………………… 285
　　第四节　实证结果 ………………………………………………… 288
　　第五节　结论与政策建议 ………………………………………… 297

第十四章　金字塔结构下母子公司双向治理的优化：相机治理　304

　　第一节　相机治理机制的构建：概念内涵与理论框架 ………… 304
　　第二节　基于战略的相机治理：主动制衡抑或被动响应 ……… 313

第十五章　上市公司自主性与企业绩效——基于连锁董事的调节作用　345

　　第一节　问题的提出 ……………………………………………… 345
　　第二节　理论分析与研究假设 …………………………………… 347
　　第三节　研究设计 ………………………………………………… 350
　　第四节　实证结果 ………………………………………………… 353
　　第五节　研究结论与管理启示 …………………………………… 363

后记　369

第一章

导　论

随着行为经济学的发展，母子公司治理研究开始关注子公司在母子公司治理方面的能动性，单向治理研究开始向双向治理研究演进。母子公司双向治理理论认为子公司是独立于母公司的法人实体，并不是完全被动地接受母公司的管控，而是积极地参与母子公司互动，通过发挥自身自主性，主动制衡母公司的管控。双向治理研究拓宽了母子公司治理研究的范畴，同时也为复杂的企业集团治理进行了有益的理论探索。本章对国内外研究现状进行了综述，并对研究意义、研究内容和研究方法进行了概述。

第一节　问题的提出

一、研究现状

2017年2月7日，多名不明身份人员撬门强行进入中科云网公司并对大门加锁，以行动抗议王禹皓的公司法定代表人身份。在事情不断发酵的过程中，中科云网（002306）实际控制人孟凯作为疑似制造这起"非法控制"公司事件的嫌疑人被传唤。此次事件的发酵，最终结果让餐饮第一股"云网"被ST，实际控制人将上市公司"私有化"。除此之外，我国证券市场上出现的诸如"三九系""托普系""鸿仪系""德隆系"和"格林柯尔系"

等系族企业构造的内部资本市场,已被实际控制人作为利益输送的渠道。实际控制人的过度控制问题层出不穷,不仅在实践界饱受诟病,在学术界也引起了广泛关注,引发了实际控制人该如何控制公司以及上市公司或其利益相关者如何制衡实际控制人过度控制的讨论。①

可是目前学术界对该领域的研究更多关注的是实际控制人对于子公司的单向控制,忽略了上市公司自主性的保障,即无法全面解读上市公司实践中的金字塔结构下权力配置的问题。因此,本书引入母公司或者实际控制人与上市公司的多边治理观,探析金字塔结构下实际控制人与上市公司双向治理形成机理,有助于为金字塔结构的后续研究提供理论借鉴,为保护中小投资者利益及提高治理水平提供更为有益的实践参考。

对于我国上市公司而言,有的母公司就是实际控制人。但是,在母子公司金字塔结构下,大多数上市公司的实际控制人不是母公司,而是向上追溯若干层次的具有实际控制功能的金字塔顶尖的终极公司或自然人。对上市公司来说,无论是实际控股的母公司还是具有间接控制功能的实际控制人,二者对自己的人事干预、行为管控以及"掏空行为"的结果没有本质的差别。实际上,任何实际控制人对上市公司的行为干预都必然通过母公司这一指令渠道来实现。因此,除非有特殊说明,本书所分析的母公司对上市公司的单项治理也包括实际控制人的单项治理行为;所探讨的子公司自主性就是相对于母公司或实际控制人而言的上市公司的自主性。

二、研究基础

通过梳理金字塔结构下的公司治理研究,发现目前主要聚焦于旨在提升母公司控制效率的"自上而下"单向治理问题,而对于子公司的自主性以及母子公司之间的互动性缺乏关注。这一方面源于现有研究对于大股东行为的过度关注,而默认中小股东只是大股东行为的被动接受者,即代理理论的单边治理观;另一方面则可能是迎合母子公司治理实践中实际控制人提升控制效率需要的现实(杨阳等,2015)。尽管学者们在单向治理方面建树颇

---

① 相关内容根据人民网及其他媒体公开报道整理。夏芳:《中科云网"夺门"事件引各方关注 解决纠纷应遵循法治原则》,载于《证券日报》,《人民网》转载于2017年2月9日。

丰，但遗憾的是结论并不一致，例如母公司的"掏空"或者"支持"行为的不确定性（Claessens et al.，2000；Friedman et al.，2003）。本书认为，结论不一致的原因是忽视了母公司和子公司的互动性，尤其是对于行为机理的关注不足。部分学者注意到了这一潜在原因，开始逐步探索子公司行为及其与实际控制人之间的互动可能产生的治理效应（李彬和潘爱玲，2014；徐向艺和方政，2015；陈志军和郑丽，2016），即出现了从单向治理向母子公司双向治理转变的趋势。

近年来，部分学者开始将母公司控制与子公司治理特征的互动或者协同纳入分析框架。方政、徐向艺（2013）较早发现了学术界从母公司单向治理向母子公司双向治理演进的发展趋势。李彬、潘爱玲（2014）借助问卷调查对母子公司协同效应进行量化研究，并指出同质性与异质性的有序融合是协同效应实现的基础，旨在进一步完善金字塔结构治理。徐向艺、方政（2015）首次系统论述了母子公司双向治理问题，指出上市公司自主性水平源自实际控制人与子公司的讨价还价，同时还进行了大样本实证研究的尝试，结论发现上市公司自主性水平的提升有助于其信息披露质量的提升。方政等（2017）还通过该视角探析了中国上市公司高管显性激励的作用机理，指出高管显性激励的治理效应有别于西方治理理论，这是因为中国情境下高管的管理层权力是需要迎合实际控制人意志的。尽管母子公司双向治理研究视角尤其是子公司自主性得到了关注，但是现有研究关于母公司与子公司的互动还停留在理论分析阶段，仅探析了子公司自主性这一互动过程结果的治理效应，而对于二者互动的机理和过程却并没有系统研究，由此得到的研究结论存在逻辑跳跃的可能，难以全面揭示金字塔结构治理实践。

尽管金字塔结构下的公司治理研究开始了从单向治理向双向治理的演进，并且开始了双向治理治理效应的探索，但是双向治理的作用机理尚不明确，缺乏对于母公司与子公司互动过程的解构。其具体表现为三个方面：首先，直接关注了子公司自主性这一母子公司互动过程结果的治理效应，而缺乏对于二者互动的机理和过程的研究；其次，子公司自主性与子公司内部人控制的治理边界模糊，容易导致治理效应的混淆；最后，上市公司治理机制有效性的"标准化"借鉴，缺乏具体情境下有效治理机制的甄别。

本书期望结合我国资本市场的情境，探析上市公司金字塔结构下母子公司双向治理的形成机理，即金字塔结构布局所蕴含的权力配置是母公司控制行为与上市公司自主性讨价还价的结果，而非现有理论主张的母公司单向控制，以期为现有研究分歧提供合理解释的同时，甄别源自不同形成机理的上市公司金字塔结构布局变化及其差异化治理效应，为母子公司的治理协同提供有益的理论探索。

第二节 理论价值与研究意义

本书期望结合中国资本市场的状况和具体的文化情境，并引入母子公司双向治理研究视角，探析上市公司金字塔结构布局的形成机理，即母公司的控制行为和子公司自主性是母子公司互动的结果，期望为现有研究分歧提供合理解释的同时，甄别源自不同形成机理的上市公司金字塔结构布局变化及其差异化治理效应。因此，本书以上市公司作为研究样本，探析母公司与上市公司的互动，具有重要的实践意义。

一、理论意义

第一，通过引入子公司自主性，探析母子公司双向治理的形成机理及其协同治理效应，突破现有研究中实际控制人单向治理的理论局限。考虑到上市公司治理实践的需要，学者们更多关注母公司对于上市公司的控制效率问题，即母公司控制行为及其效率的单向治理，但是结论莫衷一是。现有研究并没有取得一致结论的原因可能是实际控制人单向治理分析存在两个不能全面描述母子公司治理实践的默认"标准化"假设：（1）假设子公司存在内部人控制等代理问题，而忽视了子公司的自主性，这就给予了母公司强化控制的理由；（2）默认现金流权与控制权分离等同于控股公司对中小股东的利益侵占，而忽视了现金流权与控制权分离背后所蕴含的金字塔结构布局问题以及相关的治理过程，这就导致了现有研究关于实际控制人单向治理下的控制行为存在"掏空"和"支持"的分歧。

第二，通过引入双向治理研究视角，解释上市公司金字塔结构布局过程中的母公司与上市公司的讨价还价过程,即实际控制人主导下的上市公司制衡及其协同。由于金字塔结构的形成源自母公司的股权控制,所以本书认为母公司在金字塔结构布局中占据主导地位,但是不能忽视上市公司的自主性,也就是说上市公司在金字塔结构中的位置是母公司的预先安排与上市公司制衡二者协同的结果,其中子公司自主性的制衡是在母公司的预先安排下发挥作用,而不能独立于母公司的控制发挥作用,即子公司自主性是在母公司控制的框架内发挥治理效应。另外,甄别有助于提升母子公司双向治理协同的治理机制(一方面能够制衡母公司行为;另一方面又可以约束上市公司内部人控制的治理机制),并探析其在金字塔结构布局中发挥的作用。

第三,提出母公司对上市公司的不同控制方式,揭示母公司显性控制与隐性控制对上市公司治理绩效的影响,明晰母公司对上市公司的治理边界。为探析实践中实际控制人对上市公司不同的作用机理,母公司的控制方式是不容忽略的。实际控制权除了法律、契约所赋予的权利之外,还包含有社会因素带来的对企业的全部控制力,包括显性控制权和隐性控制权。

第四,充分利用网络中提供的资源和关系,为子公司成长提供战略参考。在中国,母子公司之间更多遵循股权控制关联,很少考虑集团网络的现实影响。在集团网络中,与集团总部的关系亲疏、结构设置和技术创新等均对子公司的研发动机、资源、机会和决策产生影响。一方面充分利用集团网络内部结构、关系以及技术嵌入特征;另一方面集团外部环境对子公司自主行为的影响,如社会关系、市场环境以及政策制度也是影响子公司实现成长与发展必须要考虑的因素。

第五,提出相机治理机制对金字塔结构下的母子公司双向治理进行优化,由此有效地避免公司经营者的"道德风险"和"逆向选择"。母子公司双向治理的讨价还价的核心在于双方的利益与战略需求,基于战略与利益的相机治理机制能够有效提升子公司绩效表现。

二、实践意义

本书通过引入母子公司双向治理研究视角分析母公司与上市公司的权力配置,系统探析母公司双向治理的形成机理,及其协同治理效应,为上市公司提升自主性的合理性和实现路径提供有益的实践探索。

首先，基于上市公司自身对战略地位提升的渴求和自我发展的迫切需要的分析，为上市公司尝试通过自主行为来实现自己的战略目标寻找有效途径。母公司与上市公司双向治理是现代公司治理的核心问题，母公司与上市公司相互联系又相对独立的关系产生了新的治理问题，成为影响企业发挥整体优势的难题。上市公司的业务是相对独立的，母公司只能通过股东会、董事会、监事会等对上市公司进行间接监督与管理。这种相对独立的关系会产生委托—代理问题，即子公司不按母公司的意图办事，甚至产生违背母公司意图的行为，使得上市公司的治理成为一个新的难题。本书突出解决上市公司的母公司对权力的下放而不失控、上市公司自身对战略地位提升的渴求和自我发展的迫切需要、通过自主行为来实现自己的战略目标的同时，又不损害控股股东利益及母子公司战略协同。

其次，由于中国情境下"关系导向"治理的存在，母公司与上市公司高管的社会资本纽带不仅容易导致母公司主导下的内部人控制，而且可能导致内部人控制与上市公司自主性的概念混淆。本书有助于上市公司正确解读金字塔结构布局下子公司自主性的治理效应及其协同治理效应。

最后，本书能够为风险投资公司与机构投资者的投资决策提供依据，以降低投资风险。风险投资公司与机构投资者是创业型企业重要的资金来源。作为专业投资者，他们更加关注所投资公司的治理。本研究对母公司与上市公司将引导投资者特别是专业投资公司，发现公司治理被动合规的可能性，并综合董事会特征、行为与治理绩效因素，选择投资对象，以规避投资风险。

第三节　研究内容与框架

一、研究内容

（一）双向治理研究视角的理论解构：母公司的控制与子公司自主性的平衡

资源依赖理论和交易费用理论作为金字塔结构成因的两大理论依旧是双

向治理研究视角的理论基础。资源依赖理论解释了双向治理研究视角下母公司与子公司能够进行互动的原因，而交易费用理论则指出了二者进行互动的目的。

在单向治理视角下，传统委托代理理论过于强调委托人对于代理人的激励与约束，而缺乏对于代理人能动性尤其是代理人对于委托人激励和约束措施的接受程度缺乏关注，这就导致了关注委托人行为研究的单边主义治理观。但是，母子公司治理实践中，子公司并不是完全的被动接受者。参照点契约理论（theory of reference-dependent preferences）则为母子公司双向治理研究视角提供了理论基础，也能够弥补委托代理理论没有考虑代理人能动性的不足。根据参照点契约理论的观点，委托人和代理人之间的契约并不是完全由委托人提前预设的，也不是刚性的，而是委托人和代理人基于某一个符合双方期望的参照点讨价还价而形成的，这就给予了委托人和代理人讨价还价的空间，能够形成双方的互动。进一步分析，母子公司治理研究如果将参照点契约理论纳入分析框架，那么母公司的控制不再是单向的，而是母公司控制与子公司自主性互动的结果，双方经过讨价还价的过程，最终形成了金字塔结构下的权力配置。

（二）上市公司金字塔结构布局的形成机理

1. 母公司的显性控制：旨在提高金字塔结构布局的控制效率

本书存在两类因素可能影响母公司对于子公司的选择：第一，影响股权收益的因素。由于母公司与子公司的核心纽带就是股权关系，那么影响母公司股权收益的风险因素都是需要规避的，而在母子公司关系中，显著影响风险的因素包括子公司的重要程度（在整个集团公司中的地位）、子公司的盈利能力、子公司所在行业的风险水平等；第二，影响母公司控制效率的因素。由于母公司不仅存在与其他股东共享的普通收益，还能够获取基于控制权的私利，所以母公司可能在布局过程中将难以有效控制的子公司置于股权控制链的顶端，以直接施加控制、确保控制效率，这类因素包括子公司的第一类代理成本。

2. 母公司的隐性控制：旨在获取控制权私利的子公司治理机制利用

母公司对于资本控制链的预先安排是为了提升其对于子公司的控制效

率，在保证了控制效率的同时，母公司通过利用子公司治理机制的缺陷，实现母公司主导的"内部人控制"，以获取控制权私利。本书旨在揭示母公司隐性控制的表现形式，指出上市公司的有效治理既体现防止自身滋生内部人控制，也体现在母公司或实控人为获取控制权私利而产生的过度硬性控制。

3. 子公司的自主性：旨在制衡母公司的协同机制构建

子公司也会凭借自身的讨价还价能力制衡母公司的预设，以实现其层级的下沉，获取一定程度的自主性。本研究具体制衡机制包括了股东治理机制的完备程度和核心利益相关的相机治理两类。

（三）上市公司金字塔结构布局的治理效应研究

1. 上市公司金字塔结构布局与高管联结治理

金字塔式集团框架内母子公司高管纵向联结（即同一高管在母公司和子公司同时任职）的治理形式在实践中被广泛接受并采用。本书主要分析高管联结作为母子公司产权纽带之外的另一道连接"桥梁"，是否可以提升子公司治理效率与集团化经营的协同效应，还是会帮助母公司更加方便实施"隧道行为"，即考察母子公司高管联结治理是隧道效应还是支持效应？

2. 上市公司金字塔结构布局与回应式创新决策

回应式创新行为主要是指上市公司基于竞争对手的创新决策所做出的回应，体现了上市公司与同行业企业竞争互动中的主动性和积极性。本书主要分析金字塔结构布局形成的母子公司两权分离对上市公司回应式创新决策的影响，即从子公司创新决策角度考察上市公司金字塔结构布局的积极治理效应。

（四）探讨上市公司信息披露对母公司攫取控制权私利的抑制作用，以及子公司管理层权力对母公司利益侵占行为的影响

母公司作为子公司的控股股东，其侵占子公司中小股东利益的问题是第二类代理问题下的矛盾冲突，这种利益侵占表现为母公司攫取子公司的控制权私利。母公司"隧道行为"的根本原因是母子公司掌握信息的不对称和不透明，这也间接表明子公司透明度与母公司控制权私利之间存在某种内在联系。以往文献从公司治理和社会法律等角度对公司透明度与控制权私利的

关系进行探究，并且取得了许多有广泛理论和现实意义的研究结论。本书认为子公司信息披露是子公司与母公司讨价还价进行博弈的结果。选取 2013~2017 年山东省国有控股上市公司为研究样本进行实证检验，试图在综合现有文献的基础上，立足双向治理视角探讨上市公司信息披露对母公司攫取控制权私利的抑制作用，以期为该领域的研究提供一个有益的思路。

母公司对子公司的影响非常重要，它有效地解释了一些子公司比其他公司获得更高成就的原因。通过集团内部关系，子公司可以用较低的成本获得资源，从而提升市场竞争力。然而，母公司和子公司的利益并不总是一致的。为了自身的利益，母公司可能会做出侵害子公司的行为。通过梳理相关的文献，有学者认为子公司具有讨价还价的能力，在与母公司的博弈中能够获得一定的自主权。基于此，选取 2013~2017 年山东省民营上市公司为研究样本进行实证检验，从双向治理的视角出发研究子公司管理层权力对母公司利益侵占行为的影响，并进一步探究在机构投资者持股比例的情境下子公司管理层权力对母公司利益侵占行为的影响。

（五）金字塔结构下母子公司双向治理的优化：相机治理

母子公司双向治理不仅要求母公司从集团的整体利益出发来治理子公司，而且还要求母公司认识到在提高监管效率的过程中自己也可能存在道德风险问题，因此必须充分尊重子公司的自主性，允许子公司基于自身利益进行合理的讨价还价。子公司自主性的制衡，可能基于自身自主性进行制衡，实现其在股权控制链中的层级下沉，制衡手段不仅包括更为完备的公司治理机制，还包括核心利益相关者的相机治理。相机治理的实质是公司治理的动态化，研究基础主要是剩余控制权与剩余索取权的状态依存，即相对于不同的经营状态，不同的经营情境就有不同的所有权安排与之相对应。以此为基础，本书从以下两个部分进行深入探讨：一是通过考察母子公司关系战略与利益的契合度，提出四种情境的相机治理机制；二是通过考察子公司不同权力制衡的来源方式探讨上市公司制衡能力对企业价值的影响，验证子公司战略差异性的治理效应与经济效应。

（六）上市公司自主性与企业绩效关系研究

子公司作为独立法人，虽然被置于实际控制人主导的金字塔结构下，但是同时拥有其他中小股东等利益相关者，这就使得子公司具有一定制衡能力。但子公司自主性对公司绩效的影响仍未在学界达成一致。子公司自主性与公司绩效结论不一致的原因在于未考虑子公司连锁董事所带来的资源能力对其行为的影响。基于此，选取 2013~2017 年 A 股上市公司为研究样本，探究了子公司自主性对公司绩效的影响及连锁董事的调节作用，进一步揭示子公司自主性的治理效用及影响因素，为母子公司框架下充分发挥子公司自主性提供了理论支撑与经验借鉴。

二、研究框架

本书期望结合中国资本市场的特征以及山东省文化情境因素，并引入双向治理视角，探析母公司与子公司互动对于金字塔结构布局的影响，并进一步检验其治理效应。为了明确本书研究的逻辑步骤，研究框架如图 1-1 所示。

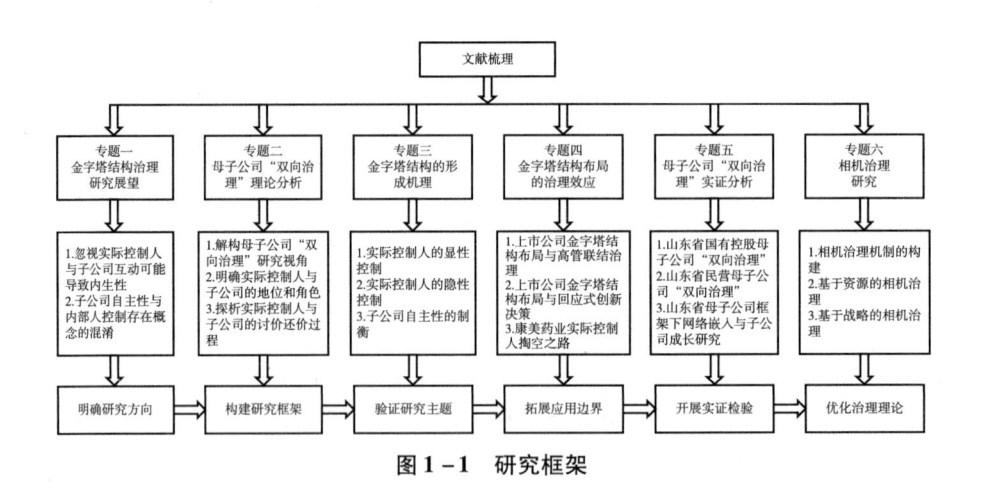

文献梳理					
专题一 金字塔结构治理 研究展望	专题二 母子公司"双向治理"理论分析	专题三 金字塔结构的形成机理	专题四 金字塔结构布局的治理效应	专题五 母子公司"双向治理"实证分析	专题六 相机治理研究
1.忽视实际控制人与子公司互动可能导致内生性 2.子公司自主性与内部人控制存在概念的混淆	1.解构母子公司"双向治理"研究视角 2.明确实际控制人与子公司的地位和角色 3.探析实际控制人与子公司的讨价还价过程	1.实际控制人的显性控制 2.实际控制人的隐性控制 3.子公司自主性的制衡	1.上市公司金字塔结构布局与高管联结治理 2.上市公司金字塔结构布局与回应式创新决策 3.康美药业实际控制人掏空之路	1.山东省国有控股母公司"双向治理" 2.山东省民营母公司"双向治理" 3.山东省母子公司框架下网络嵌入与子公司成长研究	1.相机治理机制的构建 2.基于资源的相机治理 3.基于战略的相机治理
明确研究方向	构建研究框架	验证研究主题	拓展应用边界	开展实证检验	优化治理理论

图 1-1 研究框架

第四节 研究方法

本书遵循理论演绎与分析—数理模型构建—数据分析—案例分析的思路探析上市公司金字塔结构布局的形成机理与治理效应。具体采用的研究方法主要包括文献分析法、理论演绎法、实证研究法、案例研究法等。

一、文献分析法

为了梳理现有文献和完成前期准备工作，本书采用文献分析法进行文献整理，归纳现有关于金字塔结构的研究存在的不足，即母公司单向治理研究缺陷，并发现由单向治理向母子公司双向治理研究视角演进的趋势。

二、理论演绎法

基于委托代理理论、资源依赖理论和交易费用理论，以及引入参照点契约理论，系统论述母子公司双向治理研究视角，推动金字塔结构研究由实际控制人或者母公司的单边治理观向纳入子公司自主性的双边治理观演进。通过分析单边治理观的不足，以及旨在考虑实际控制人与子公司互动的"双向治理"视角引入，系统论述母子公司"双向治理"的有效途径，并结合现有研究进行理论解构和框架构建，期望探析上市公司金字塔结构布局的形成机理及其治理效应，为现有研究分歧提供合理的解释。

三、实证研究法

本书的数据分析将主要借助多元回归分析的不同处理方法，辅以配对分析方法，以进行相关治理机制适用情境的比较分析。其中配对分析方法将作为辅助分析方法引入本研究实证分析，主要用于不同治理机制在母公司隐性控制和子公司自主性制衡中的作用对比。而多元回归分析则被贯穿于上市公司金字塔结构布局的形成机理及其治理效应逻辑框架分析中。

四、案例研究法

案例研究法在本书中主要用于支持相关理论分析。本书将选取若干实践案例，揭示母公司对于上市公司的治理不应是单向的、自上而下的控制，单向治理可能面临上市公司、尤其是机构投资者的制衡。实际上，上市公司治理存在着母公司与子公司的讨价还价过程。因此，本书将结合相关理论分析引入案例研究法，将母子公司双向治理的研究与母子公司治理实践结合起来，强化相关理论分析的稳健性与合理性。

第五节 创 新 点

本书的创新点主要体现在以下四个方面。

（一）突破了传统委托代理理论研究框架，提出母子公司双向治理理论研究视角

基于母子公司治理研究结论存在分歧的现状，本书在尝试回答研究分歧原因的过程中，指出传统委托代理理论假定委托人与代理人的关系是单向的、固定的这一前提假设存在缺陷，导致了现有研究过分关注于以"母公司控制"为主要内容的"单向治理"。在放松这一前提假设后，母子公司间的互动性被引入研究框架，提出了以母子公司双向互动为主要内容的"双向治理"理论研究视角，进而实现了母子公司研究由单边主义治理观向多边主义治理观、由局部均衡分析向一般均衡分析的转变，为上市公司母子公司有效治理提供了新的思路与方法。

本书构建了基于母子公司博弈过程的数理模型，为假设的提出提供数理依据。通过构建模型，发现有利于增强子公司自主性的公司治理机制与子公司自主性之间存在的潜在关系，并根据模型结果选择实证分析的主要变量，以识别相关机制是否能够有效增强子公司的自主性，以及是否存在各种机制间的协同效应（互补或者替代关系），为提高上市公司自主性提供了路径指引。

（二）通过分析和识别母子公司的治理特点，为建立子公司自主性及有效的治理机制提供思路

充分考虑母子公司治理与单体公司治理的不同，结合母子公司治理的特

点（不容忽视的母公司控制因素）和子公司自身治理的特点（哪些公司治理机制可能绕开母公司的控制？），进行较为细致的遴选。如内部治理机制方面，在母公司控制存在的情况下，子公司董事会、监事会以及经理层可能因为母公司选派深度的影响而无法有效发挥治理效应，进而股东治理可能成为较为有效的治理机制，故选取股权制衡作为内部治理机制变量。

（三）明确了上市公司自主性对公司绩效的积极影响及提升公司绩效的路径

通过分析母公司任职并担任子公司董事和高管的比例来衡量子公司的自主决策程度，发现兼任比例越低，子公司自主性水平越高，公司绩效越好，为母子公司协同发展提出了理论指导。通过研究还发现连锁董事对子公司自主性和公司绩效之间产生的积极作用。从连锁董事入手，不仅考虑连锁董事的数量，还考虑连锁董事获取资源途径（连锁企业数量与复合连锁董事）这一质量问题，通过对连锁董事数量与质量的衡量，发现连锁企业数量与复合连锁董事数量越多，其为公司带来的资源以及监督能力越好，对子公司自主性和公司绩效之间起到了积极的调节作用，且进一步发现这种积极作用在非国有企业尤其显著。

（四）借助案例分析和实证研究，证实了母子公司双向治理的理论合理性和实践的有效性，为后续该理论的进一步落地提供了指引

区别于西方国家普遍存在的股权分散的资本市场情境，中国公司治理需要充分考虑股权集中情境下实际控制人的影响，这就需要建立本土化创新的公司治理理论。而本书基于中国上市公司治理结构，深入探析实际控制人主导的母公司与子公司的治理协同过程，为未来中国公司治理理论创新提供了有益的理论探索，也为上市公司治理实践提供了经验借鉴和有益参考。

参 考 文 献

[1] Almeida H, Kim C, Kim. Internal Capital Markets in Business Groups: Evidence from the Asian Financial Crisis [J]. *Journal of Finance*, 2015, 70 (6):

2539-2586.

[2] Krause R, Semadeni M, Cannella A. CEO Duality: A Review and Research Agenda [J]. *Journal of Management*, 2014, 40 (1): 256-286.

[3] Lepetit L, Saghi-Zedek N, Tarazi A. Excess Control Rights, Bank Capital Structure Adjustments, and Lending [J]. *Journal of Financial Economics*, 2015, 115 (3): 574-591.

[4] Mookherjee D, Tsumagari M. Mechanism Design with Communication Constraints [J]. *Journal of Political Economy*, 2014, 122 (5): 1094-1129.

[5] Patel P, Cooper D. Structural Power Equality between Family and Non-family TMT Members and the Performance of Family Firms [J]. *Academy of Management Journal*, 2014, 57 (6): 1624-1649.

[6] Plourde Y, Parker S, Schaan J. Expatriation and its Effect on Headquarters' Attention in the Multinational Enterprise [J]. *Strategic Management Journal*, 2014, 35 (6): 938-947.

[7] Singla C, Veliyath R, George R. Family Firms and Internationalization Governance Relationships: Evidence of Secondary Agency Issues [J]. *Strategic Management Journal*, 2014, 35 (4): 606-616.

[8] 陈睿、王治、段从清：《独立董事"逆淘汰"效应研究——基于独立意见的经验证据》，载《中国工业经济》2015年第8期。

[9] 陈志军、郑丽：《不确定性下子公司自主性与绩效的关系研究》，载《南开管理评论》2016年第6期。

[10] 方政、徐向艺：《母子公司治理研究脉络梳理与演进趋势探析》，载《外国经济与管理》2013年第7期。

[11] 方政、徐向艺、陆淑婧：《上市公司高管显性激励治理效应研究——基于"双向治理"研究视角的经验证据》，载《南开管理评论》2017年第2期。

[12] 李彬、潘爱玲：《母子公司协同效应的三维结构解析及其价值相关性检验》，载《南开管理评论》2014年第1期。

[13] 李维安、韩忠雪：《民营企业金字塔结构与产品市场竞争》，载《南开管理评论》2013年第1期。

［14］邵帅、吕长江：《实际控制人直接持股可以提升公司价值吗？——来自中国民营上市公司的证据》，载《管理世界》2015年第5期。

［15］徐向艺、方政：《子公司信息披露研究——基于母子公司"双向治理"研究视角》，载《中国工业经济》2015年第9期。

［16］杨阳、王凤彬、孙春艳：《集团化企业决策权配置研究——基于母子公司治理距离的视角》，载《中国工业经济》2015年第1期。

［17］甄红线、杨慧芳、王晓枫：《金字塔结构下企业集团的支撑效应——来自中国集团上市公司盈余公告效应的经验研究》，载《会计研究》2015年第8期。

［18］祝继高、叶康涛、陆正飞：《谁是更积极的监督者：非控股股东董事还是独立董事》，载《经济研究》2015年第9期。

第二章

理论分析与文献回顾[*]

本章基于前面提出的研究框架,从实际控制人、大股东(或者母公司)、上市公司自主治理三个方面,对公司治理问题和研究进展进行梳理和评述,为后续研究提供理论指导。

第一节 金字塔结构下实际控制人"隐性"控制

对金字塔结构相应的公司治理体系进行系统的梳理和总结之后发现,在当前该领域的研究和探索中,将目光放在对母公司的控制效率方面,其本质是一种专注于单向治理的"自上而下"的问题,而很少有学者对上市公司之间的互动性以及本身的自主性加以研究和讨论。这种情况的存在,不仅和现有研究成果中过分关注大股东的倾向有关,而且也是为了更好地迎合实际控制人进一步加强对上市公司控制力的实际需求而出现的(杨阳等,2015)。虽然在单向治理方面,目前已经形成了相对完整的理论体系,但是目前很多结论实际上尚未得到广泛的认可,如在公司实际控制人掏空方面(Claessens et al., 2000; Friedman et al., 2003)。这种结论上的分期,其原因在于没有对上市公司和实际控制人的互动性给予应有的重视。同样也有部分专家、学者认识到了这一问题,开始就上市公司行为和实际控制人之间互

---

* 本章主要内容发表于《人民论坛·学术前沿》2019年第22期。

动行为，在公司治理方面所具有的重要作用展开分析，（徐向艺和方政，2015；李彬和潘爱玲，2014；陈志军和郑丽，2016），即研究视角逐步从双向治理开始取代传统的单向治理。

一、实际控制人界定

首先重点分析企业实控人在实践层面和理论层面的内涵以及外延。针对上市公司实际控制人，在我国现行的 2020 年修订后的《上市公司收购管理办法》中，明文规定：公司为收购人所实际控制，应满足以下情形中的某一条：（1）在一个上市公司股东名册中持股数量最多的；（2）能够行使、控制一个上市公司的表决权超过该公司股东名册中持股数量最多的股东的；（3）持有、控制一个上市公司股份、表决权的比例达到或者超过 30% 的；（4）通过行使表决权能够决定一个上市公司董事会半数以上成员当选的；（5）中国证监会认定的其他情形。

实际上，上海交易所、深圳交易所公开发行的《股票上市规则》等多部文件中，都以明文的形式，确定了实际控制人的界定标准。具有如下几点之一的收购人，为目标企业的实控人："单独或者联合控制一个公司的股份、表决权超过该公司股东名册中持股数量最多的股东行使的表决权；单独或者联合控制一个公司的股份、表决权达到或者超过百分之三十；通过单独或者联合控制的表决权能够决定一个公司董事会半数以上成员当选的；能够决定一个公司的财务和经营政策、并能据以从该公司的经营活动中获取利益的；有关部门根据实质重于形式原则判断某一主体事实上能对公司的行为实施控制的其他情形。"

综上，实际控制人，主要是指掌握了上市公司实际控制权力的自然人或者法人，也可能是某些组织。

公司股东在所有权相对简单的情况下，直接凭借所掌握的股份而实现对公司经营成果的分享，或者对经营亏损的分担。而股东对企业的控制权和所有权，主要受到其持股比例的决定性影响。在这种情况之下，股东所掌握的控制权，其比例等同于所掌握的现金流权。但是在现代企业中，尤其是大型企业中，企业股权相对集中，一般呈现交叉持股、金字塔结构等多种形式，并不需要过多的现金流权即可掌握企业的控制权。这种情况的客观存在，为实际控制人侵占上市公司利益提供了条件。显然，对公司直接控股股东加以分析，已经远不足以让我们更为全面而深入地了解上市公司自主性的产生根源，而是要从实际控制人角度，对这一问题加以分析和讨论。

在研究中，以上市公司实控人为研究的着眼点，对公司治理过程中实控人的"隐性"作用加以针对性的研究尤为重要。在拉·波塔等（La Porta et al.，1999）的研究成果认为，在上市企业的经营过程中，存在实控人对公司加以控制，其主要控制方式包括如下三种形式：首先，金字塔结构是最为常见的一种形式，以金字塔的形状构建控制权结构，上层对下层实现逐层控制，而金字塔的顶端，就是实际控制人，凭借多条控制链而实现对上市企业各个方面的有效控制；其次，交叉持股也同样是一种较为常见的形式，这种模式中的实际控制人往往是一个集团，该集团内部的各个成员交叉持有某一上市公司的股份，并对外以集体的形式行使控制权。这种模式在实际的应用过程中，对于集团的整体实力的强化有一定的积极意义；最后，双重持股形式，股东通过对不同类型股票的持有，实现了现金流权和控制权的分离，如某一股东持有普通股和优先股，而优先股不具有表决权，只有普通股有表决权，这种情况下，现金流权显然会和股东的控制权出现不对等的情况。在本书的研究中，综合了拉·波塔等（La Porta et al.，1999）和克拉塞森斯（Clasessens，2000）的概念，并且充分借鉴和参考了我国证监会所给出的定义。因此，本书中的实际控制人的概念为：居于控制链条顶端，并且掌握控制性权益的股东，能够通过董事会或者股东大会而实现对目标公司财务经营决策的控制的组织或者法人、自然人。

二、实际控制人与公司治理研究

在公司的治理结构中，实际控制人占据核心法律地位。而我国的公司治理机制受到产权性质这一要素的深刻影响，这是因为在公司治理结构中，不同产权性质的实际控制人所发挥的作用不甚相同。实际控制人往往希望建立多层级金字塔股权结构，以低成本获得低层级公司的高控制权，由于实际控制人缺乏自主披露自身信息的积极性，这种方式能够帮助实际控制人以较低成本侵占中小股东利益（徐向艺和方政，2015）。2015年中国证监会发布的《公开发行证券的公司信息披露内容与格式准则》中规定，国有控股主体或者自然人，是实际控制人披露的界限。而国资监管机构下属的相关企业，通常以国资监管机构作为实际控制人；而对于民营企业来说，实际控制人一般是自然人；当然，部分企业也将某些研究所、大学甚至是村委会等作为实际控制人。虽然在我国最新版本的《中华人民共和国企业国有资产法》中，以明文的方式要求，国资委履行出资人职责，但是由于监管无法统一，因此国有资产多头共管等问题仍然非常突出，所以难以落实国资委出资人权利与责任。因此在当前资本市场中，许多国有控股企业并没有明确的实际控制人，导致对国有控股公司监管权责模糊、职责不清。

  国内外学者从多个角度出发，分析了上市公司金字塔结构治理问题，提出的研究成果各有不同。卡尼等（Carney et al.，2011）认为在金字塔结构中，实际控制人所承担的角色也并不相同，有的实际控制人是公司治理的"掠夺者"，而有的实际控制人是"支持者"（Perotti；Gelfer，2001），有的实际控制人是"英雄"，但有的实际控制人却是"恶魔"（Claessens，2000）。实际控制人的股权关系结构，在整个金字塔结构中占据着核心地位，这里的股权关系代表着实际控制人对整个企业的控制强度。彰显实际控制人主导地位的核心要素就是股权控制，股权控制是实际控制人能够开展各种控制手段的基础，例如财务控制、人事控制、战略控制等。因此，只有当被控上市公司在股权关系链条中靠近实际控制人的层级，才更有利于实际控制人掌控上市公司，这就要求实际控制人预先设计好金字塔结构（方政和徐向艺，2015）。在本书中，我们认为实际控制人选择上市公司会受到两种因素的影响：第一，对股权收益产生影响的因素。股权关系往往体现了上市公司和实际控制人之间的关系，因此，实际控制人在选择上市公司时，往往会回避所有有可能对股权收益产生影响的因素，例如上市公司的盈利能力、所处行业的风险系数、在集团公司中的重要性程度等。第二，对实际控制人控制效率产生影响的因素。实际控制人选择上市公司，一方面要获得普通收益，这部分收益将与其他股东共享；另一方面要获得私利，这部分私利来自实际控制人对上市公司的控制权，因此，实际控制人在调整股权控制链条时，其控制链顶端往往会放置自己无法有效控制的上市公司，这种做法能提高实际控制人对于上市公司的控制效率。

方政、徐向艺（2015）对实际控制人展开深入分析后发现，为了能够加强对上市公司的控制，实际控制人往往会预先安排资本控制，例如当上市公司的治理机制存在问题时，实际控制人为获得控制权私利，极有可能会利用这一问题的存在实施"内部人控制"。在这个过程中，实际控制人会进一步分离控制权和现金流权，这种做法除了能够为实际控制人获得更多的控制权私利以外，还能帮助实际控制人规避获得控制权私利以后面临的一系列风险，这种做法也被人们称为"掏空行为"。实际控制人获得更多的控制权私利以后，在整个金字塔结构体系中，上市公司会由高层级逐渐向低层级转移，这就是实际控制人对上市公司的隐性控制，目前已经有不少学者开始研究这种隐性控制问题。李维安、韩忠雪（2013）认为实际控制人在搭建金字塔结构时，出于不同想法和原因，针对上市公司采取的控制行为各有不同。

如表2-1所示，为我国上市公司的主要类别。截至2020年底，参考国泰安数据库划分标准，以实际控制人性质差异为主要依据，我国总计有8种类别上市公司，其中25.39%为国有企业，共计1032家。在所有上市公司的实际控制人中，国有控股（含央企）、省级以下机构控股分别为11.6%、13.8%；民营企业和自然人为实际控制人的占比65.1%；其他实际控制人及年报披露无实际控制人企业占比9.5%。从上述数据来看，我国不同类型上市公司的实际控制人并不相同。

表2-1　　　　　　　　　上市公司类别

实际控制人性质		沪市主板	科创板	深市主板	创业板	中小板	合计
国有企业	国有控股企业	160	6	80	21	58	325
	中央机构控制	96	2	28	8	11	145
	省级及以下机构控制	262	6	145	48	101	562
集体企业		5	1	1	1	2	10
民营企业		814	189	134	795	714	2646
社会团体控制		9		8		1	18
行政机关、事业单位控制		25	1	6	11	9	52

续表

实际控制人性质	沪市主板	科创板	深市主板	创业板	中小板	合计
港澳台资企业	42	18	10	4	32	106
外资企业	25	6	2	3	16	52
无实际控制人	50	8	30	21	39	148
合计	1488	237	444	912	983	4064

资料来源：经国泰安数据库整理。

尽管我国也进行了国有集团的全面深化改革，但仍然未能改变国企一股独大的问题，国有控股公司的实际控制人仍然是我国各级国资委，甚至各级国资委的控股比例还在逐年攀升，尤其是中央企业。而民营控股公司的股权集中度在逐步下滑，各大民营企业的实际控制人平均持股比例在逐年下滑。相比于国有控股公司而言，民营控股公司拥有更加灵活的股权结构，实际控制人和上市公司董事长本身存在差异，本书将基于实际控制人的直接控制和间接控制不同方式，进一步分析实际控制人对上市公司的控制行为。

（一）实际控制人持股比例

在实践中，往往需要严格认定上市公司的实际控制人，证监会、证券交易所，要求拟挂牌公司和拟上市公司在认定了实际控制人以后，才能提出上市申请，尤其是在上市公司的投资活动中，认定实际控制人也极其重要。根据我国相关法规，认定实际控制人以后，才能明确该上市公司实际控制人的责任义务，上市公司的各项投资活动以及投资项目才能顺利开展。在现阶段的研究中，除了要明确认定上市公司的实际控制人以外，还要明确实际控制人对上市公司属于直接控制还是间接控制。因此，如果仅考虑实际控制人的间接控制行为，分析上市公司的控制问题，得出的结论并不全面，在学者们对上市公司控制问题的研究框架中，还需要考虑实际控制人的间接控制和直接控制这两种控制行为。根据协同理论，学者们普遍认为，实际控制人对于上市公司的控制力度，随着持股比例的提升而提升。林明等（2018）认为当实际控制人的持股比例较高时，实际控制人和上市公司就拥有了更加紧密的利益关系，因此，实际控制人在上市公司的监管中也会发挥主观能动性。

吴国鼎（2015）重点研究了我国上市公司的控制问题，他认为如果上市公司所处行业的竞争极其激烈，实际控制人就拥有了监管上市公司的动力，这与实际控制人的危机意识有关。对实际控制人的直接控制和间接控制做出判断，就能明确实际控制人的股权表决权和上市公司股东大会决议之间的内在关联，此时就能明确实际控制人对上市公司所采取的控制手段。

（二）上市公司董事长和实际控制人差异性

资本市场总是瞬息万变，上市公司的董事长和经营管理团队，需要根据上市公司所处的背景来制定决策，公司高管只有具备丰富的从业经验和对事物的准确认知，才能得到大股东或者母公司的信任，获得较高的自主决策权（武立东和王建，2008）。因此，上市公司的高管所掌握的自主决策权，与其工作经验、政治背景、社会关系网、胜任能力等要素息息相关，而这些要素是典型的可观测要素。在中国资本市场中，企业集团建立了多层级的金字塔结构，在整个金字塔体系之内，上市公司的控制权会进行层层传递，因此，上市公司真正控制人的权利能够在金字塔结构中得以隐藏（刘慧龙，2017）。本书将上市公司划分为国有企业和民营企业两种类型，分别研究了实际控制人的控制行为。这是因为不同性质的上市公司，其高管团队所掌握的经营自主权并不相同，认定实际控制人的方法也存在差异。上市公司的最高责任人是董事长，要对公司所作出的各项重大决策负责，确保公司能够制订与未来发展规划与发展目标高度契合的中长期战略，因此，上市公司董事长与实际控制人的关系极为密切。一般情况下而言，实际控制人都会提名董事长或者兼任公司董事长，以达到对于上市公司的生产运营活动进行间接控制的目的。余澳（2010）认为如果实际控制人兼任公司董事长，那么在公司做出各项管理决策或经营决策时，实际控制人就占据着绝对的主导地位。张丽（2017）收集了我国深圳创业板上市公司 2011～2015 年的面板数据，通过对这些数据进行统计分析发现，如果实际控制人兼任上市公司的董事长，那么实际控制人在公司内部治理以及经营活动中就会产生更加显著的影响。马金城、王磊（2009）则认为如果上市公司董事长就是实际控制人，那么更方便大股东掏空上市公司，为实际控制人获得控制权私利。如表 2-2 所示，为我国 2018～2019 年上市公司实际控制人的主要问题事件。

表 2-2　　　　2018~2019 年上市公司实际控制人问题事件

公司名称	实际控制人与上市公司董事长是否为同一人	主要事件概括
康得新	是	康得新涉嫌在 2015~2018 年，通过虚构销售业务等方式虚增营业收入，并通过虚构采购、生产、研发费用、产品运输费用等方式虚增营业成本、研发费用和销售费用。通过上述方式，康得新共虚增利润总额达 119 亿元，A 股历史上最大利润造假案
康美药业	是	2019 年 4 月 30 日，昔日白马股康美药业突然曝出 300 亿元货币资金"不翼而飞"，引起市场哗然一片，成为 A 股至今为止的最大现金造假案
千山药机	是	连续多年财务造假，四年净利润实际为负，或被强制退市
中弘股份	是	长期操纵股价，大股东随意减持
雏鹰农牧	是	严重造假；150 万头生猪被饿死，2019 年 7~8 月连续 20 个交易日市值低于面值 1 元，等待退市
辅仁药业	是	6000 多万元分红无法兑现，牵出 17 亿元资金占用，向控股股东及关联方提供借款余额 16.36 亿元
暴风集团	是	公司经营持续失血，极度困难；实控人冯鑫被公安机关采取强制措施
奥康国际	是	2012 年上市募集资金项目投入至今未完成，上市以来公司销量几乎停滞发展，巨额投资电商跨境电商兰亭集势，结果亏损严重，实控人股权全部质押
达华智能	是	并购决策不合理，大股东疯狂套现 38 亿元，高管更迭频繁，经营现金流一直为负，应收账款和预付账款历年递增，对外不断投钱，上市公司欺诈行为众多
大智慧	是	利润跨期调整；2019 年董事长张长虹被抓
东方金钰	是	财报造假，库存玉原石评估值百亿，实际可能一文不值
东旭蓝天	是	现金流差，净利润差，债务压力比较大，控股股东全部质押
康芝药业	是	儿童医药，高溢价收购涉嫌利益输送，各种收购进而恶意消耗超募 11 亿元资金，减持套现大额资金，质押全部股份，该公司大股东基本上以赤裸裸诈骗的方式掏空上市公司

第二节　金字塔结构下的大股东抑或母公司"显性"控制

一、大股东和母公司控制界定

（一）大股东界定

早期学者们在研究大股东时，认为当上市公司处于股权分散结构之下时，外部股东和管理者之间就会出现利益冲突，这是第一类代理问题（Jensen and Meckling，1976）。而股权分散结构逐渐转化为股权集中结构以后，人们开始重点分析控股股东和中小股东之间存在的利益冲突（Shleifer and Vishny，1997；Denis and Mcconnell，2003）。戈麦斯和诺瓦埃斯（Gomes and Novaes，2005）认为公司的大股东本身就承担着监督职责，而股东之间的控制权分享行为，有利于上市公司形成新的治理机制。米顿（Mitton，2002）认为为了避免控股股东获得控制权私利，掏空上市公司，大股东可以利用自己的权利，加大对上市公司的监督。如果公司存在一个控股股东和多个大股东，那么大股东之间就有可能会出现利益冲突，这是第二类代理问题。拉·波特（La Porta，1999）收集了27个国家的上市公司样本数据，发现有多个大股东的上市公司占比高达25%（Thillainathan，1999），这种现象实质上在马来西亚和西欧上市公司中较为普遍（Faccio，2002）。戈麦斯等（Gomes et al.，2005）在研究中发现，当公司存在一个持股比例在20%以上的最大股东，同时存在多个持股比例在10%以上的股东时，就证明该上市公司已经形成了多个大股东结构。贝洛特（Belot，2010）收集了法国上市公司的数据进行建模分析，发现有两个及以上大股东的上市公司占比高达37.2%。结合学者们的研究成果，在本书分析中，也将进一步探讨若上市公司属于多个大股东结构时，大股东的控制行为和公司治理之间的关系。

我国学者认为，大股东指的是上市公司持股比例排名前10的股东；也有学者认为，大股东指的是上市公司持股比例排名前 5 的股东（赵旸，2012）。莫里和帕尤斯特（Maury and Pajuste，2005）认为上市公司的大股东，指的是投票权超过 10% 的股东。哈姆扎赫塔尔（Hamzah et al.，2014）认为大股东指的是持股比例在 10% 以上但少于控股股东的股东；中小股东指的是持股比例在 10% 以下的股东（张瑞稳等，2007）。这是因为当股东的持股比例在 10% 以上，才会影响公司的经营决策，能够对其他股东产生制衡作用，因此，也有不少学者将第二大股东看作是控股股东以及其他股东的制衡股东（涂国前和刘峰，2010）。事实上，第二大股东要想真正竞争公司的控制权，除了要持股比例在 10% 以上以外，还必须拥有参与公司各项经营管理决策的能力和积极性。本书参考学者们关于上市公司控股股东和大股东的划分方法，认为第二大股东指的是上市公司持股比例在 10% 以上，但少于控股股东的股东。一般情况下而言，公司的第一大股东即为公司的控股股东，因此，在本书的研究中也将二者看为同一主体。

（二）母公司控制界定

学术界在研究我国上市公司的控制问题时，也重点研究了上市公司的各种关系问题。对于母公司而言，上市公司的运营状况直接关系其收益，因此，母公司往往会加强对上市公司的管理与控制（孟执芳和陈志军，2007）。艾森哈特等（Eisenhardt et al.，2007）则认为母公司和上市公司是典型的委托代理关系，母公司作为委托方，为进一步控制其代理成本，通常希望能够加强对上市公司作为代理方的控制。但二者的区域环境以及市场背景并不相同，上市公司在做出各项经营管理决策时，通常会考虑其所在当地的背景情况，母公司也不能进行强加干涉。但是母公司和上市公司并不完全拥有共同的利益诉求，为避免上市公司因私利而损坏母公司的利益，母公司也必须加强对上市公司的控制，甚至不能向上市公司下放全部的控制权和决策权。巴特利特和戈沙尔（Bartlett and Ghoshal，1988）认为上市公司在发展进程中，必须从自身所处区域和社会背景出发做出各种决策，例如政府干预、文化差异、技术差异等。而母公司和上市公司之间存在的文化差异和地理距离，一方面导致二者之间难以进行有效的合作；另一方面也会极大地增加母公司的控制成本。因此，当母公司选择区域多元化发展时，最大的难点就在于监管处于不同区域的上市公司，过松或者过紧都有可能不利于企业发展。"控制"是母公司处理与上市公司关系最重要的职能之一，事实上，在学者们研究上市公司自主权程度和上市公司关系时，也常常提到控制一词。这里就涉及母公司设计内部监管体系的问题，企业要实施跨区域战略，必然面临对各区域上市公司的监管和控制问题，建立一套科学完善的内部监管体系显得尤为重要。企业绩效系统的建立，必须考虑到上市公司所处的地域环境、社会背景，但针对所有上市公司的经营业绩进行评估时，又需要采取统一的评价机制。学者们对母公司的控制方式提出了不同的观点，但无一例外都与组织绩效、行为规范过程、组织设置等内容相关。蔡尔德（Child，1973）认为控制实质上就是管理组织内行为，要求上市公司要按照既定的规划和目标制订各类生产经营决策，母公司对上市公司的控制工作，其最终目的也是为了能够实现其既定的各项规划与目标。学者们基于代理理论，认为委托方主要采取战略控制、产出控制和行为控制这三种控制机制（Hitt et al.，2003）。在本书的分析中，将重点研究行为控制和产出控制。

行为控制主要指的是母公司会直接控制上市公司的行为和决策，这就要求母公司必须充分了解上市公司所制订的战略规划以及战略目标；了解上市公司实现其战略规划和战略目标的方法与对策；通过建立完善的绩效考评机制，对上市公司的运营活动进行指引或矫正。只有当母公司充分了解上市公司所处的内外部环境以后，才能真正涉足到上市公司的经营活动中，控制上市公司的行为和决策，并避免上市公司在生产经营活动中出现各类风险。产出控制也被称为财务控制，主要指的是母公司可以对上市公司的各类经营效益指标进行考核，并根据其考核结果对上市公司实施监督，以求达到控制上市公司的目的。如果母公司本身没有时间和能力控制上市公司的各项经营决策，也不了解上市公司所处行业以及行业背景，那么产出控制就成为母公司控制上市公司的重要手段，以确保可以获得既定的投资收益和财务收益（马洪伟和蓝海林，2004）。

二、大股东和母公司控制相关研究

上市公司通过股东大会进行投票选举董事，而母公司和大股东拥有绝对的控股权，往往会将自己信任的董事派遣至上市公司任职，以达到对上市公司战略规划和行为决策进行直接控制的目的。施纳特利等（Schnatterly et al.，2008）认为母公司利益和上市公司的经营决策息息相关，因此，母公司为保障自身利益，往往会直接任命上市公司的董事或者监事，以达到对上市公司经营行为进行监督与控制的目的，但这种行为也在事实上削弱了上市公司的自主决策权。那么上市公司接受大股东或母公司干预的动机是什么？基于交易费用理论和资源依赖理论，国内学者发现，母公司因为拥有上市公司较高的持股比例，在上市公司拥有绝对的核心地位；基于委托代理理论，则认为母公司作为委托方，为控制代理成本，避免效率流失，必然会选择控制上市公司。上市公司处于母子公司金字塔结构的底端，如果能够拥有丰富的创新资源和管理能力，就能更好的应对瞬息万变的市场，即使市场拥有激烈的竞争，也能避免过度依赖母公司或者大股东（Ghoshal and Nohria，1989）。由此来看，如果上市公司本身拥有丰富的创新资源和超强的管理能力，那么母公司集权的控制办法，反而不利于上市公司的健康发展，同时也会导致母公司的利益受损，因此，母公司也需要根据上市公司的实际情况出发来决定控制机制，赋予上市公司恰当的自主决策权（方政和徐向艺，2013）。为加强对上市公司的控制，母公司往往会直接向上市公司派遣核心高管和部分董事；同时，为了母公司自身的利益，也不会过度剥夺上市公司的自主经营权和决策权（陈志军和郑丽，2016）。目前上市公司的实际控制人往往拥有较强的决策权和控制权，能够直接决定上市公司的董事和高管，这些董事和高管在上市公司的经营活动中往往无法保持独立性。但上市公司的董事，应充分理解董事的任务以及责任，可以通过声誉激励的方式，对上市公司的未来发展负责；公司高管也应当从全体股东的整体利益出发做出日常经营决策，而不是直接听命于实际控制人或大股东。另外，在当前的信息化社会中，上市公司也必须充分关注顾客的个性化需要，如果实际控制人和大股东过度干预上市公司的经营决策，并不利于上市公司满足客户需要。

第三节　基于双向治理的上市公司自主治理

一、上市公司自主治理的产生与发展

（一）从实际控制人抑或母公司的控制到自主性治理的演进

伯勒和米恩斯（Berle and Means，1932）提出公司所有权和经营权的分离，将更有利于企业的现代化发展，但管理者在掌握了企业的经营权以后，也有可能会因为个人私利而损害所有者的利益，随后国内外学者开始广泛关注公司治理问题。投资者向公司投入资金以后，就不再拥有该笔资金的控制权和主导权，一方面，投资者将重点关注收回收益的方式；另一方面，投资者也需要对管理者进行监管，避免管理者非理性利用资金或直接占用资金。詹森（Jensen，1986）深刻的分析了自由现金流理论，他认为企业的经理人并不愿意将资金还给投资者，即使将投资资金运用于项目中会获得收益，也更倾向于将这笔资金投入到其他项目中。例如在20世纪中期的石油产业中，复合油生产者宁愿出资购买已经探明的石油储量，也不愿意将投资者的收益发放给投资者。

青木昌彦（2001）认为在投资者和经理人的相互博弈过程中，二者之间的冲突会得到协调，尤其是在外部法律监管机制的推动之下，促进公司治理制度的不断优化。完善的公司治理机制，一方面可以降低该公司的委托代理成本；另一方面也可以对于代理者的行为进行有效约束，避免代理人做出有悖公司未来发展的决策或行为，更好的保护投资者的合法权益。成熟市场经济国家往往会通过强制性规定的方式保护投资者权益，这种方式能够避免资本市场中出现大量的机会主义行为，有效降低了委托人和代理人之间的代理成本。事实上，社会上出现的公司控制机制，就是母公司或实际控制人对上市公司的控制行为手段。但这种控制行为还并不足以真正保障上市公司的健康发展，上市公司还必须学会自主治理，这就要求上市公司必须建立完善

的公司治理机制。要想尽可能减少上市公司和投资者之间的冲突，上市公司就必须加强自主治理，并自觉主动地向投资者和其他投资实体披露与上市公司相关的财务或非财务信息，这里的非财务信息包括公司的发展规划、发展需要以及战略理念等。此时投资者才能够对上市公司产生信任，并支持上市公司的发展。伊斯特布鲁克（Easterbrook，1991）认为上市公司在发展过程中，本身就应当自行履行融资契约，向投资者自觉披露信息。罗（Roe，2000）认为政府对于上市公司的治理行为，实质上也是母公司或实际控制人对上市公司的控制行为，如果上市公司具有自发的治理行为，则可以被看作是自主性治理行为。

阿南德（Anand，2005）早在21世纪初就提出了自主性治理理论，他认为目前的公司治理，最主要的目的是为了督促上市公司的合规经营，这实质上也属于母公司或实际控制人的控制行为，但如果上市公司能够实现自主控制，就被称为自主性治理。由此可见，实际控制人或母公司的控制，其主要目的是为了保护投资者的合法权益，实现上市公司的合规经营；自主性治理则除了要实现合规经营以外，还要求上市公司必须自觉主动地保障投资者利益，这不仅有利于上市公司维护现有的投资者权益，同时还可以帮助公司吸引更多的其他投资者，以便于为公司创造更大的价值。自主性治理是有别于控股公司控制的一种全新治理方式，在这种公司治理体制之下，要求上市公司进行治理机制改革，自觉主动地保护公司利益和投资者利益，提升公司价值。在自主性治理中，投资者能够掌握上市公司更多的财务信息或者非财务信息，更有利于投资者做出最优的投资决策。在爆发1997年亚洲金融危机以后，美国又升级爆发了安然公司、世界电信公司等治理丑闻，随后全球各国的学者开始广泛的研究公司的自主性治理问题，自深刻意识到上市公司信息披露的重要性。尤其是在爆发亚洲金融危机以后，越来越多的外部投资者要求上市公司必须依法披露财务信息，加强自主治理。

从宏观层面看，各国政府开始出台强制性信息披露规则，例如2000年8月，美国证券交易委员会（SEC）就通过了《公平披露规则》，此项规则的落实，为社会公众获得资本市场的信息提供了更多的渠道。2002年，美国正式颁布萨班斯·奥克斯利法案，该项法案的确立，也进一步提高了公司的自主治理水平。

从微观层面看，各大公司面对政府的要求，开始加强治理制度改革，提高自主性治理水平。石井和米特里克（Ishii and Metrick，2003）重点研究了美国上市公司的治理问题，发现能够建立完善自主性治理机制的公司，往往具备良好的销售能力、盈利能力和并购能力，且更吸引投资者的关注，降低资本支出，为公司创造更大的价值。鲍尔和京斯特（Bauer and Guenster，2003）收集了300多家欧洲公司进行统计分析，他发现提高上市公司的自主性治理水平，有利于公司价值创造，而这一结论对于俄罗斯公司和韩国公司而言同样适用。赫拉斯基（Hrasky，2005）收集了澳大利亚299家上市公司的数据进行统计分析，发现仅只有10%的上市公司愿意披露公司的治理信息，且这些上市公司披露的信息程度各有不同。部分国家的母公司和实际控制人缺乏良好的控制能力，国家政府并未出台投资者保护政策时，如果上市公司能够建立完善的自主性治理机制，将更有利于保护公司投资者的权益，这必然可以提高上市公司对投资者的吸引力。如果上市公司本身缺乏良好的治理环境，这就要求上市公司应当加强自主性治理。尤其是部分国家和地区本身无法有效保护投资者，自主性治理能够显而易见的提高上市公司的价值。目前，理论界和企业界开始广泛的关注上市公司的自主性治理问题，并认为公司的自主性治理水平、信息披露程度等，对资本市场的发展将产生极大的影响。

国内外学者均认为，目前自主性治理理论正处于发展初期，上市公司的自我调控显得尤为重要。相比于国外学者而言，国内学者研究自主性治理的时间较短，马连福（2008）认为我国上市公司除了要建立合理的治理结构以外，还必须根据我国的资本市场环境对治理结构进行创新。事实上，自主性治理就是公司的一种创新治理行为，能够赋予投资者更多的监督权和建议权，投资者也能据此做出更加正确的投资决策。陈德球（2008）分析了自主性治理和实际控制人或母公司控制的异同点，分析了不同治理机制的动力、作用机制。

国内学者结合国外学者的研究成果和本国国情，对自主性治理提出了诸多有价值的研究成果，在本书的分析中，也将参考与借鉴这些关于自主性治理的研究成果。在我国资本市场发展的早期并未制定严格完善的证券法，社会各界也并未真正理解公司和投资者之间的关系。伴随着我国多层级资本市场的逐渐发展与成熟，投资者关系对公司后续发展所产生的影响越来越深远，越来越多的公司意识到和投资者保持良好战略关系的重要意义，并认为自主性治理在公司治理活动中占据着重要地位。因此，不少上市公司在董事会会议中也邀请了部分投资者参加，加深了公司和投资者之间的联系，也使得公司吸引了更多投资者的关注。

从公司竞争压力的角度来看，如果能够提高上市公司的自主性治理水平，将有利于提高上市公司在市场中的竞争力。事实上，早期的实际控制人或母公司控制，只是上市公司对投资者关系的被动管理；进入到自主性治理阶段以后，上市公司意识到投资者管理对公司战略规划的重要意义，开始加强对公司战略制订与实施的能动性与自主性。

（二）自主性治理与公司治理准则

上市公司控制权和所有权分离以后，高层管理人员在经营管理活动中，有可能牺牲股东利益来实现个人利益。资本市场监管机构颁布了各项会计准则和自主性治理守则，希望能引导上市公司尽快建立健全的公司治理结构，一方面可以加强上市公司的信息披露，为外部投资者获得信息提供帮助；另一方面又能够减少上市公司的代理成本，解决代理问题。上市公司如果能够向外部投资者公开财务信息或非财务信息，就会对公司管理层的经营管理行为形成约束，一旦其作出的各项管理决策牺牲股东利益，一方面会对自己的个人声誉造成不利影响；另一方面也有可能会遭受国家法律法规的严惩。

在发达国家的资本市场中，上市公司很早就已经开始加强自主性治理，国家也出台了公司治理准则，上市公司逐步将公司治理准则和自主性治理充分结合起来。1992年，坎特伯雷委员会公布了《最佳实务规则》，该文件进一步明确了上市公司董事会的职责以及结构。伦敦证券交易委员会，要求上市公司必须向社会公众公布其《上市公司守则》中各项内容的实施情况，如果上市公司无法做到，委员会可以立即提起诉讼（Dahya et al.，2002）。达亚（Dahya，2002）认为英国在发布《坎特伯雷报告》以后，英国上市公司开始频繁地更换高管，另外，公司的绩效越低，更换高管的频率越高。麦克奈特（McKnight，2005）认为如果上市公司能够遵循《坎特伯雷报告》，就可以为公司创造更高的价值。西班牙在20世纪末出台了《自主性治理守则》，该项文件中明确提出，西班牙上市公司必须出具遵守守则的具体情况，并应当接受相关监管部门的监管。德国在2002年正式出台《德国公司治理准则》，要求公司需要向社会公众披露其未来的发展战略以及历史数据。目前学者们在研究自主性治理守则和公司价值之间的关系时，仍未提出统一的说法。部分学者认为，采纳自主性治理守则，上市公司只能进行自我调节，并不会影响公司股价。阿尔维斯和门德斯（Alves and Mendes，2004）专门针对葡萄牙公司、日本公司和荷兰公司进行分析后，也认为自主性治理守则并不会提高公司价值。西尔弗拉等（Silverra et al.，2007）收集了200家巴西上市公司1998~2004年的样本数据，他通过实证分析探讨了自主性治理机制的影响因素，认为公司价值、所有者权益、公司规模并不会因公司自主性及治理水平的提升而发生变化。但也有部分学者提出了相反的观点。麦克奈特等（Mcknight et al.，2005）主要研究了英国公司，他发现遵守自主性治理守则，也不会显著提高公司价值。后来不少公司在实践中发现，如果遵循公司治理准则，能够有效提升公司价值，因此，越来越多的上市公司开始自主性治理。例如，国际会计准则协会（IASC）所颁布的国际财务报告准则（IFRS：International Financial Reporting Standards）被许多公司所采用，该准则要求上市公司必须出具拥有公司真实财务信息或经营数据的财务报告，方便投资者充分了解上市公司的盈利能力以及现有的流动资金，进而做出正确的投资决策。根据我国的《上市公司治理准则》，明确要求上市公司必须持续性向社会披露财务信息，向股东及其他利益相关者及时披露会对其做出正确决策产生实质性影响的信息，包括公司的治理制度、盈利能力、管理现状、组织架构等，确保公司的投资者和股东能够通过这些信息充分了解公司的发展现状，保护所有股东及公司的合法权益。

二、上市公司自主治理的研究

公司治理可以保护投资者合法权益，敦促上市公司向投资者披露能够影响其各项投资决策的信息。在投资者关系管理中，上市公司往往需要通过自主性治理的方式和投资者进行信息互换，实现公司和投资者之间的共赢。在上市公司的信息传递过程中，包括信息的发送者和接受者、传递渠道以及传递信息，这里的信息发送者和接受者分别指上市公司和投资者，传递渠道主要指的是股东会议、期中报告和年度报表，传递的信息则主要指的是上市公司有可能会影响股东利益的各类决策信息。

马连福等（2008）认为投资者关系管理是上市公司自主性治理的重要组成部分，也是上市公司治理契约执行机制逐渐完善的过程。2005年7月，证监会正式颁布并实施《上市公司与投资者关系工作指引》，该项文件也明确要求上市公司必须充分重视投资者关系管理，除了强制性要求上市公司向投资者披露财务信息以外，上市公司还需要披露投资者利益相关的其他信息。根据指引中的要求，上市公司需要加强和投资者之间的沟通与交流，要建立严格完善的重大事项沟通机制，此项机制的建立与落实，也有利于上市公司自主性治理的深化改革。此外，在文件中还为上市公司加强投资者关系管理提供了各项指导意见。从公司层面看，要求上市公司在日常的生产经营活动中多听取投资者意见，要加强和投资者之间的信息互换；从沟通渠道层面看，上市公司除了要通过年度报表向投资者披露信息以外，也需要通过各种会议向投资者传递与其利益息息相关的信息，加强公司和投资者之间的联系；从沟通方式来看，上市公司应充分了解投资者的想法和建议，也需要为投资者参与提供便利的渠道。自主性治理的信息传递，一方面指上市公司向投资者志愿披露信息的行为，这属于由上市公司向投资者的单向信息传播，投资者往往无法在第一时间内向上市公司反馈信息；另一方面指上市公司和投资者之间的互动沟通，这属于二者之间的双向信息传播，上市公司往往能够在第一时间内收到投资者的反馈信息。在实际控制人或母公司控制中，上市公司只是出于各项法规或规章向投资者披露信息，但随着社会各界对自主性治理的重视程度不断加深，上市公司也开始尊重投资者的知情权和信息权，因此加强了上市公司的治理改革与创新，采取多种渠道和多种方式向投资者披露上市公司的各项财务数据和非财务信息，与此同时，上市公司也开始加强和投资者之间的双向互动，重视收集和听取投资者的反馈与意见。自主性治理强调了公司向投资者进行自愿性的信息披露，且双方能够进行信息的双向互动。

国外学者在自愿性信息披露方面获得了诸多有参考价值的研究成果，主要体现在认为自主性治理有利于解决上市公司和投资者之间的信息不对称问题。早期学者们在研究自主性治理时，也主要研究了上市公司的自愿性信息披露行为。希利和帕利普（Healy and Palepu，2001）通过研究发现，上市公司之所以愿意自愿披露信息，是因为想解决代理问题和信息不对称问题，帮助投资者在资本市场中做出有利于自己的决策。吉宾斯等（Gibbins et al.，1992）认为信息披露可以被划分为两种形式：一种是自主性信息披露，这是上市公司自主性治理的重要内容，早期学者们主要从上市公司的发展战略出发研究了自愿性信息披露；另一种是强制性信息披露，证监会等监管部门要求上市公司披露的各类财务信息。米克等（Meek et al.，1995）认为自主性信息披露指的是国家证监会要求披露的信息以外的能够对投资者利益和决策产生影响的信息。上市公司在进行信息披露时，要尽可能保证表述正确、信息完整。根据自愿性披露信息的内容，可以划分为财务信息和非财务信息，这里的非财务信息主要指的是上市公司的战略规划、文化背景和管理机制等。早期学者们在研究上市公司的自主性治理时，研究重点就是自愿性信息披露中的财务信息。但随着社会的发展，资本市场逐渐成熟，投资者对上市公司的信息披露也提出了更高的要求，这就进一步拓展了自愿性信息披露的深度和广度，除了要求上市公司披露财务信息以外，也要求上市公司及时向投资者披露与其利益相关的非财务信息。事实上，投资者在作出投资决策时，财务信息和非财务信息同等重要。美国法律界早在20世纪30年代就区分了上市公司的信息类型，包括结构性信息和非结构性信息。结构性信息披露主要指的是公司要以规范的形式向投资者披露其经营数据，例如财务报表、年度报告等。非结构性信息披露所应当遵循的原则更加宽泛，上市公司可以根据自身需要和投资者需要来自主披露信息，且披露信息的途径包括媒体见面会、投资者会议、电话会议、广告、新闻稿等多种形式。非结构性信息披露则属于自愿性信息披露，是公司进行自主性治理的行为。各个国家从立法层面要求上市公司必须进行强制性的信息披露，而这种强制性信息披露制度下，上市公司向投资者公开的信息相对固定，但并不全面。现代公司在发展过程中往往会涉及诸多复杂的内容，自愿性信息披露有利于向社会公众，尤其是投资者披露更全面的信息。自愿性信息披露和强制性信息披露，互为补充。投资者通过上市公司自愿性披露的信息，能够充分了解公司的发展现状以及未来发展规划，一方面能够减轻公司来自利益相关者和政府的压力;另一方面有利于提高上市公司对投资者的吸引力。自愿性信息披露是上市公司自发的行为,上市公司在充分评估信息披露的成本和收益以后,选择自觉主动地向投资者披露财务信息或非财务信息,而这种做法往往可以有效提高上市公司的核心竞争力。2003年10月,我国深交所正式出台《深圳证券交易所上市公司投资者关系管理指引》。在该文件中明确要求上市公司必须遵循公平原则进行自愿性信息披露,即上市公司要面对所有的客体进行公平公正的信息披露,而不是面向不同客体披露不同的信息。

综上所述,自愿性信息披露比强制性信息披露的灵活性更高,上市公司可以根据自身的实际情况和投资者需求,灵活的选择信息披露内容、披露时间和披露渠道。上市公司也主要根据产品市场和投资者需求来考虑自愿性信息披露的成本,在针对信息披露的成本和收益进行对比分析以后,选择更有利于公司未来发展的信息披露方式,赢得投资者的信赖与关注,提高公司价值。

三、上市公司自主治理的影响因素研究

(一) 公司特征对自主性治理的影响

公司的自主性治理行为往往会受到公司特征的影响,包括公司规模、所处行业、杠杆水平等。第一,学者们在研究中发现,公司的自主性治理与公司规模息息相关,甚至有部分学者认为公司的自愿性信息披露频率直接取决于公司规模。根据信息不对称理论,投资者往往要求大规模上市公司进行自愿性信息披露,而对小规模上市公司的自愿性信息披露的要求相对较低。事实上,上市公司通过自愿性信息披露,也可以有效解决公司和投资者之间的信息不对称问题。周和翁(Chow and Wong,1987)专门针对公司规模和自愿性信息披露之间的相关性进行了实证分析,发现二者存在显著正相关关系,即使是新兴国家市场,也存在这一现象。库文伯格(Kouwenberg,2006)主要收集了泰国上市公司的数据进行建模分析,他认为公司规模会影响上市公司的自主性治理水平,但二者之间的相关性并不显著。胡安和蔡(Juan and Chye,1993)认为上市公司的公司规模越大,公司非强制性财务信息披露

的可能性就越高。这是因为规模较大的上市公司的管理层更愿意进行自愿性信息披露。从诉讼风险的角度来看，上市公司规模越大则越有可能面临诉讼风险，如果能够主动向投资者披露信息，就能够减少公司所面临的诉讼。从政治成本的角度来看，自愿性信息披露往往会降低大公司的政治成本动机，这是因为如果公司自愿向社会披露信息，往往更容易得到社会的支持，同时能够缓和外部对上市公司的批评。正因为如此，当上市公司的规模越大时，越有可能向社会公众积极公布各类财务信息和非财务信息。尽管学者们的研究侧重点不同，但学者们均认为公司规模和自愿性披露水平呈现显著正相关关系。第二，杠杆水平会对公司自主性治理产生影响。公司的信息披露与资产负债率密切相关，负债经营往往会增加公司的代理成本，而自主性治理，又能够降低公司的代理成本。艾哈迈德（Ahmed，1999）在研究中发现，当上市公司的杠杆水平越高，公司的信息披露程度也就越高。但有不少学者在研究中提出了相反的意见，米克等（Meek et al.，1995）主要针对欧美公司展开研究，认为杠杆水平越高的上市公司越不愿意进行信息披露。第三，上市公司所在行业对自主性治理所产生的影响。安德鲁·S.（Andrew S.，1995）发现，公司的自愿性信息披露行为会受到其所处行业的影响。例如，高科技公司面临的股东诉讼风险更高，导致高科技公司的股价长期处于大幅波动的状态，如果公司能够提高自愿性信息披露水平，就可以有效降低诉讼风险，这无疑能够稳定公司股价，提升公司价值。另外，公司的信息披露水平也与行业竞争性有关，信息披露往往可以降低上市公司的竞争成本，如果本身在市场中缺乏核心竞争力的公司，就会选择进行自愿性信息披露来提高自身的核心竞争力。

（二）公司治理结构对自主性治理的影响

学者们在研究公司治理结构和公司自主性治理水平之间的关系时，也着力研究了公司的自愿性信息披露行为。威廉森（Williamson，1981）早在20世纪80年代初，就开始研究公司治理结构对信息披露的影响，他建立了公司治理结构和信息披露质量的研究框架。随后不少学者开始研究自愿性信息披露质量，并探讨对上市公司自愿性信息披露质量产生影响的因素，例如所有权结构、董事会特征等。

首先,所有权结构。目前学者们在研究中发现,公司所有权集中度越高,其自主性治理水平越低。这是因为上市公司经营权和所有权分离以后,自然而然就会出现委托代理问题,当委托方和代理方的利益冲突愈演愈烈后,就会产生高昂的代理成本。股东只能通过提高上市公司信息披露水平的方式来维护自身权益,同时缓解委托方和代理方之间的尖锐矛盾。但如果上市公司本身股权较为分散,则更倾向于进行自愿性信息披露,这也有利于股东更了解上市公司的发展战略和经营现状,保证自身利益不受侵害。因此,股权分散的上市公司更愿意进行自愿性信息披露。出现机构投资者以后,上市公司的治理结构也受到了较大影响。如果上市公司的机构投资者持股比例较高,就会促使上市公司积极进行自愿性信息披露。阿南德等(Anand et al., 2006)主要收集了加拿大上市公司的样本数据进行统计分析,他认为大股东或高管的持股比例越高,上市公司的自主性治理水平越低,公司的研发投入越高,自主性治理水平越高。他们认为资本需求是上市公司加强自主性治理的主要原因,当公司需要向外部融资时,就会通过自主性治理的方式,提高自身对投资者的吸引力。

其次,董事会特征。目前学者们在研究董事会特征时,侧重点包括董事会规模、领导权结构和组织架构。董事会的组织架构是其重要特征,主要指的是独立董事或外部董事在董事中的占比。周(Chow, 2007)收集了澳大利亚181家上市公司的样本数据进行统计分析,发现董事会的独立性与上市公司自愿性信息披露行为呈显著正相关关系,当董事会中有大量的独立董事、外部董事时,就会促使上市公司自愿性披露更多的信息,例如公司战略、未来发展规划等。另外,独立董事也希望上市公司能够积极进行自愿性披露,以达到保护声誉的目的。2003年3月,澳大利亚证交所正式颁布《良好公司治理准则和最佳实务操作建议》,在该文件中也明确提出应当提高独立董事在董事会中的占比。这是因为如果独立董事越多,上市公司越倾向于进行自愿性信息披露。董事会规模也会对公司内部治理产生较大影响。当公司的董事会规模较小,外部董事所占据的比例较高时,就能够加强对上市公司的监管,敦促经理层作出更有利于公司发展的经营管理决策。内部董事也会对上市公司的自主性治理产生影响。学者们在研究信号理论时,认为内部人和外部人之间的信息传递可以弱化逆向选择,帮助上市公司规避道德风险。如果上市公司自愿性信息披露所获得的收益远高于成本,那么上市公司就会产生积极的信息披露行为。相比于独立董事而言,内部董事掌握了公司生产经营活动中的准确信息,而内部董事也更倾向于促进上市公司进行自愿性披露,以确保内部董事和外部股东拥有相同的发展目标。如果企业的高管层本身喜欢进行股票交易,为了提高公司股票的流动性,也更倾向于提高上市公司的信息披露程度,加强上市公司的自愿性信息披露。

四、上市公司自主性治理水平评价研究

目前学者们在研究自主性治理评价时,一方面从公司治理的角度出发,综合性评估了上市公司的自主性治理水平;另一方面建立了评估体系,专门用于评估上市公司的自愿性信息披露水平。阿南德等(2006)收集了加拿大公司的样本数据进行统计分析,发现上市公司特征会显著影响其自主性治理水平。西尔弗拉等(2007)探讨了上市公司自主性治理的影响因素,建立了公司自主性治理水平的评估体系,在该评估体系中主要包括利益冲突、公司透明度、公司道德水平、董事会职能、股权结构等评估指标。早期学者们主要研究了公司年报的信息披露作用,这是因为大部分上市公司在进行信息披露时,都将公司年报作为唯一的信息披露渠道。但随着时代的发展,年报已经不再是公司唯一进行信息披露的渠道,人们开始研究网络、投资者关系实践、季报等和公司信息披露的关系,学者们关于上市公司信息披露渠道的研究也开始进一步深入,得到了更多更加丰富的研究成果。随后有学者开始对上市公司的信息披露水平进行量化评估,通过整理上市公司的年度报表等数据,设计了信息披露指数,而这里的信息披露包括自愿性信息披露和强制性信息披露。塞夫(Cerf)早在1961年就提出了信息披露指数,随后在学术界得到了广泛的应用。波托桑(Botosan)教授是学术界较早对上市公司的自愿性信息披露水平进行量化评估的学者,他设计了Bostosan指数,专门用于分析自愿性信息披露和权益资本成本之间的相关性,该信息披露指数的信度和效度较高,得到了学者们的广泛认可,因此,后来学者们在实证研究中也开始广泛的运用Bostosan指数。根据Bostosan指数,可以将公司的自愿性披露信息划分为背景信息、5~10年历史性信息、预测信息、关键的非

财务信息和管理层分析信息这5个部分，相比于其他学者关于信息披露的研究，波托桑教授主要着力于研究了预测性信息的披露情况，而非历史信息。邹和格雷（Chau and Gray，2002）提出的 Chau-Gray 指数主要用于量化评估上市公司的自愿性信息披露水平，这一指数在学术界也引起了广泛的轰动。米克等（1995）以中国香港和新加坡的上市公司为研究对象，基于 Chau-Gray 指数建立了自愿性信息披露量表，专门用于研究公司股权结构对公司自愿性信息披露水平产生了影响。邹和格雷（2002）在研究中发现，早期学者们主要研究了欧美等国家上市公司的自愿性信息披露行为，很少有学者以亚洲国家的上市公司为研究对象展开分析。这是因为中国香港地区和新加坡等国家的文化背景与欧美国家并不相同，尤其是在以华人为主体的社会中，上市公司的股权集中度较高，大部分股东以及经营者都不愿意进行信息披露。因此，香港和新加坡公司的自愿性信息披露水平相对较低。另外，长期债权方为了保证自身的债务安全，规避债务风险，往往会要求债务人加强信息披露。而香港和新加坡的上市公司大多为家族企业，公司的管理层中都为家族成员，且这些家族成员在公司拥有较高的持股比例。因此，这些上市公司的所有权结构和管理结构，会影响公司的自愿性披露水平。邹和格雷（2002）设计出 Chau-Gray 指数测量表，认为公司进行自愿性披露的信息，包括战略信息、财务信息和非财务信息，量表中还将这三类信息进行细分，共包括113个具体的项目。后来学者们开始在自愿性信息披露的实证分析中广泛的运用 Chau-Gray 量表、Botosan 量表，也基于这两个量表对上市公司的自愿性信息披露水平进行量化评估。此外，科塔里和肖特（Kothari and Short，2003）将上市公司所披露的信息划分为好信息和坏信息这两种类型，同时也建立了自愿性信息披露水平测量量表，量表中主要包括市场风险、公司战略、品牌声誉、构建组织性成本、政府法规、财务绩效、投资绩效、产业结构等内容，可用于对上市公司的自愿性信息披露水平进行量化评估。美国投资与管理研究协会（AIMR）提出的自愿性信息披露评级指数得到了学者们的广泛认可，该指数后来也被作为公司自愿性披露水平的代表性变量。美国企业信息化委员会（CIC）曾经从年报披露、季报披露、投资者关系及相关披露这三个角度出发，制定了公司信息披露水平的评估标准，可综合性评估上市公司的信息披露水平，也可侧面反映出上市公司和投资者之间的双向互动情况。

国内学者也广泛研究并建立公司信息披露评价体系。南开大学中国公司治理研究院根据我国与信息披露和公司治理相关的法律法规,在2003年就建立了信息披露评价指数体系,该体系可以综合性评估上市公司信息披露的相关性、及时性、可靠性,共分为7大类评估指标,有35个分项。该信息披露评价体系得到了国际公认,已成为我国上市公司在进行信息披露时应当充分遵循的基本原则。王咏梅等(2003)也根据波托桑(1997)建立的信息披露评价体系,设计了自愿性信息披露评分表,可主要用于对上市公司的年报披露行为和披露水平进行量化评估。谢志华、崔学刚(2003)重点探讨了上市公司信息披露的影响因素,在研究中发现,我国上市公司的信息披露水平主要与市场监管机制有关,随后他们建立了包含93个条目的信息披露评价体系,其中就包括自愿性信息披露和强制性信息披露等相关的内容。巫升柱(2007)建立了自愿性信息披露评价指标体系,其中主要参考了中国证监会所提到的公司信息披露内容和格式准则。目前学者们主要着力研究了上市公司的自愿性信息披露水平,研究侧重点都是自愿性信息披露的主要内容。还有学者着力于研究信息披露途径、信息披露和资本市场之间的关系。也有不少学者在研究中,以公司自愿性信息披露水平作为自主性治理水平的替代变量展开了实证分析。但是,学术界较少从投资者关系的角度出发分析上市公司的自愿性信息披露水平,未曾深入探讨上市公司和投资者之间进行双向信息互动的方法与对策,从而缺少母子公司双向信息互动有效性的研究及评价。

参考文献

[1] Ali, A., T. Chen and S. Radhakrishnan, Corporate Disclosures by Family Firms. *Journal of Accounting and Economics*, 2007, 44 (1): 238 – 286.

[2] Goldstein, I. and L. Yang, Good Disclosure, Bad Disclosure. *Journal of Financial Economics*, 2019, 131 (1): 118 – 138.

[3] Healy, P. M. and K. G. Palepu, Information Asymmetry, Corporate Disclosure, and the Capital Markets: A Review of the Empirical Disclosure Literature. *Journal of Accounting and Economics*, 2001, 31 (1): 405 – 440.

[4] Jensen, M. C. and W. H. Meckling, Theory of the Firm: Managerial Behavior, Agency Costs and Ownership Structure. *Journal of Financial Economics*, 1976, 3 (4): 305 – 360.

[5] La Porta, R., F. Lopez – de – Silanes, A. Shleifer and R. W. Vishny, Agency Problems and Dividend Policies around the World. *The Journal of Finance*, 2000, 55 (1): 1 – 33.

[6] Akerlof, G. A., The Market for "Lemons": Quality Uncertainty and the Market Mechanism. *The Quarterly Journal of Economics*, 1970, 84 (3): 488 – 500.

[7] Anderson, R. C. and D. M. Reeb, Founding – Family Ownership and Firm Performance: Evidence from the S&P 500. *The Journal of Finance*, 2003, 58 (3): 1301 – 1328.

[8] Anderson, R. X., C., and D. M. Reeb, Founding – Family Ownership, Corporate Diversification, and Firm Leverage. *The Journal of Law & Economics*, 2003, 46 (2): 653 – 684.

[9] Ang, J. S., R. A. Cole and J. W. Lin, Agency Costs and Ownership Structure. *The Journal of Finance*, 2000, 55 (1): 81 – 106.

[10] Bhattacharya, U., H. Daouk and M. Welker, The World Price of Earnings Opacity. *The Accounting Review*, 2003, 78 (3): 641 – 678.

[11] 窦欢、陆正飞:《大股东代理问题与上市公司的盈余持续性》, 载《会计研究》2017 年第 5 期。

[12] 方政、徐向艺、陆淑婧:《上市公司高管显性激励治理效应研究——基于"双向治理"研究视角的经验证据》, 载《南开管理评论》2017 年第 2 期。

[13] 贾军、魏雅青:《产品市场竞争、客户关系治理与企业创新关系研究——基于行业竞争程度与企业市场地位的双重考量》, 载《软科学》2019 年第 12 期。

[14] 李维安、郝臣、崔光耀、郑敏娜、孟乾坤:《公司治理研究 40 年: 脉络与展望》, 载《外国经济与管理》2019 年第 12 期。

[15] 李维安、李元祯:《上市公司治理新趋势》, 载《中国金融》2017

年第 10 期。

[16] 李维安：《中国公司治理：从事件推动到规则引领》，载《南开管理评论》2017 年第 3 期。

[17] 罗琦、彭梓倩、吴哲栋：《控股股东代理问题、现金股利与权益资本成本》，载《经济与管理研究》2017 年第 5 期。

[18] 吕晓亮：《控股股东股权质押与公司违规》，载《山西财经大学学报》2017 年第 11 期。

[19] 沈华玉、吴晓晖、吴世农：《控股股东控制权与股价崩盘风险："利益协同"还是"隧道"效应？》，载《经济管理》2017 年第 4 期。

[20] 王靖宇、付嘉宁、张宏亮：《产品市场竞争与企业创新：一项准自然实验》，载《现代财经（天津财经大学学报）》2019 年第 12 期。

[21] 魏志华、朱彩云：《超额商誉是否成为企业经营负担——基于产品市场竞争能力视角的解释》，载《中国工业经济》2019 年第 11 期。

[22] 夏纪军：《股权集中度与公司治理绩效》，载《世界经济文汇》，2017 年第 3 期。

[23] 谢露、王超恩：《控股股东股权质押与上市公司过度投资》，载《上海金融》2017 年第 7 期。

[24] 徐宁、张阳、徐向艺：《"能者居之"能够保护上市公司中小股东利益吗——上市公司"双向治理"的视角》，载《中国工业经济》2019 年第 11 期。

[25] 杨瑞龙、侯方宇：《产业政策的有效性边界——基于不完全契约的视角》，载《管理世界》2019 年第 10 期。

第三章

母子公司治理理论视角：从单向治理到双向治理

本章进行母子公司双向治理视角的理论分析，并选取可能影响子公司自主性的因素（内部治理机制、外部治理机制、子公司特征及母公司的控制等），构建旨在增强子公司自主性的讨价还价模型。随后，通过对模型进行分析，发现子公司自主性的最优解与子公司治理机制的完善正相关，而与母公司控制强度负相关。子公司自主性的最优解不仅证实了母公司与子公司之间博弈的存在性（方向相反），而且为研究假设提供了数理模型的支持。

第一节 母公司单向治理研究视角

基于国内外母子公司研究的成果，徐向艺等（2006）对该领域研究进行了梳理，指出母公司对于子公司控制的模式主要有三种类型，即直接控制模式、间接控制模式和混合控制模式，而控制手段则包括产权控制、战略控制、人事控制、财务控制与文化控制等。陈志军（2006）对母子公司管控模式进行了精炼，重新定义了母子公司控制模式，即行政管理型控制模式、治理型控制模式、管理型控制模式，并指出母公司控制手段有战略控制、文化控制、人力资源控制、财务控制、信息控制、绩效控制六类。

一、母公司控制模式

根据徐向艺等（2006）的观点，母公司对于子公司的控制模式主要有三种形式：直接控制、间接控制和混合控制模式。这三类控制模式的区别在于母公司对于子公司的控制强度和控制范围。

（一）直接控制模式

在直接控制模式下，母公司对于子公司享有绝对控制权，对子公司大多数活动进行全面控制，如子公司股权配置结构、直接选聘董事、监事或者高管，主导子公司战略决策，全面干预子公司日常经营等。对于母公司而言，采用直接控制模式能够最大限度地保证控制效率，既能够通过严格的控制压缩子公司管理层的代理问题，还可以保证实际控制人意志的落实和贯彻。但是，在直接控制模式下，子公司权益尤其是中小股东权益难以得到保障，基本处于子公司治理的边缘地带，缺乏自主性空间和话语权。在中国资本市场的成熟与发展、股权结构已经发生了较大变化的背景下，加之监管机构的监督和相关法律法规的规制，除了集中化经营的产业集团，越来越多的母公司或者实际控制人开始放弃这一控制模式，原因不仅在于客观上的监管强化，更在于主观上分散风险的动机。

（二）间接控制模式

间接控制模式主要源于母公司通过投资入股的方式，获得子公司的控股权。在这一模式下，虽然母公司并不直接控制子公司，但是可以利用控股的地位获取股东会的主导地位，选派匹配其控股地位数量的董事、监事或者高管，从而影响子公司的战略决策或者日常经营。间接控制模式的优点主要体现在通过控股子公司，获得对于子公司控制权，并与其他股东分享收益的同时，还可以利用有限责任制度降低风险。对于子公司而言，母公司的间接控制给予了子公司管理层一定的自主权，能够根据子公司实际情况进行战略决策，其目标函数不再仅仅是最大化作为资产所有者的母公司的利益，还要兼顾其他利益相关者，如中小股东、债权人的利益等。

(三) 混合控制模式

混合控制模式主要是指母公司通过投资控股子公司后,允许子公司的管理人员参股子公司,从而获得一定的决策权和收益权。在这一模式下,子公司管理人员也是子公司的资产所有者,尽管处于参股地位,但是较间接控制模式获得了更大空间的自主权。混合控制模式的优点在于实现了母公司实际控制人与子公司管理人员的激励相容,能够有效避免"内部人控制"问题。

二、母公司控制手段

母公司控制手段是母公司为了实现母子公司整体效益最大化而采用的控制子公司的措施和方法,也是母公司控制模式落地的保障。根据徐向艺等(2006)的观点,母公司对子公司的控制手段主要包括产权控制、战略控制、人事控制与财务控制等。

(一) 产权控制

在诸多控制手段中,产权控制居于核心位置,因为其源于母子公司的股权配置结构,也决定了其他控制手段的强度。母公司借助产权控制,可以根据其持股比例向子公司选派董事、监事或者其他高管,后者则作为母公司的代表,在子公司战略决策或者日常运营过程中行使出资人权力。

(二) 战略控制

作为母子公司的主要功能之一,内部资本市场能够为母子公司框架下的关联公司提供必要的投融资帮助,以规避源于市场失灵的外部风险。在这一过程中,母公司需要通过战略控制来协调子公司与关联公司间的关系,以形成一个统一、有机的整体,保证母子公司整体战略的有效性。

(三) 人事控制

通过任免董事、监事或者其他高管,母公司可以实现对于子公司的人事控制。人事控制的强度源于母公司对于子公司的控制程度:如果母公司控股该子公司，则母公司可以选派大部分董事，获得任免董事长的权力，进而获取对于其他高管的任免权，如总经理、财务总监等。

（四）财务控制

母公司对于子公司的财务控制不仅体现在母公司是否能够任免财务总监，还体现在借助财务制度（财务报告制度、内部审计制度等）控制子公司的财务活动，从而影响子公司的投融资决策（资本结构决策和资本预算决策），以保证母公司投资的安全性与稳健性。

三、母公司单向治理理论框架

综合母公司单向治理的理论与应用研究，委托代理理论、资源依赖理论与交易费用理论为主要理论基础，其中资源依赖理论与交易费用理论解释了母子公司的成因以及母公司获得主导权的缘由，而委托代理理论则从法人层面上给出了母公司控制子公司、"单向治理"的理由，即旨在降低由于代理问题导致的控制效率损失。

为了避免由于市场失灵导致的效率损失，资源依赖理论和交易费用理论分别证实了母子公司存在的必要性。在母子公司治理研究框架下，资源依赖理论从社会学视角出发，认为母子公司之间存在资源依赖关系，即子公司能够获取母公司的资源支持，实现资源的外部整合，并实现内部资本市场对于外部市场的替代，从而创造有利的竞争环境（Chang and Hong, 2000; Friedman et al., 2003; Peng et al., 2011）。同时，交易费用理论从经济学出发，认为母子公司的内部资本市场能够实现对于外部市场的替代，通过降低搜寻成本和契约订立成本，从而降低交易成本，提高交易效率。两种理论都认可母公司的核心地位，这就为母公司获得主导权提供了理论依据。随着母子公司的形成，由于子公司代理问题的存在，母公司需要强化和完善控制，以避免子公司代理问题导致的效率损失，而委托代理理论为母公司控制子公司提供了理论依据。

进一步分析，母公司在协调整个母子公司发展的过程中，既通过各种控制模式和手段获得主导权，从而担负着领导和协调的责任，也承担着相应的风险，这就决定了母公司不仅可以分享子公司收益，还可以利用主导地位获取控制权收益。格罗斯曼和哈特（Grossman and Hart，1988）率先研究了控制权收益，并将控股股东的收益分为两类，分别为全体股东共享的收益和控股股东独有的收益。因此，母公司通过控制子公司，不仅可以获得源于其股份比例的普通收益，还可以获得源于主导地位的控制权收益。

基于以上理论分析，本章构建母公司单向治理理论框架如图3-1所示。

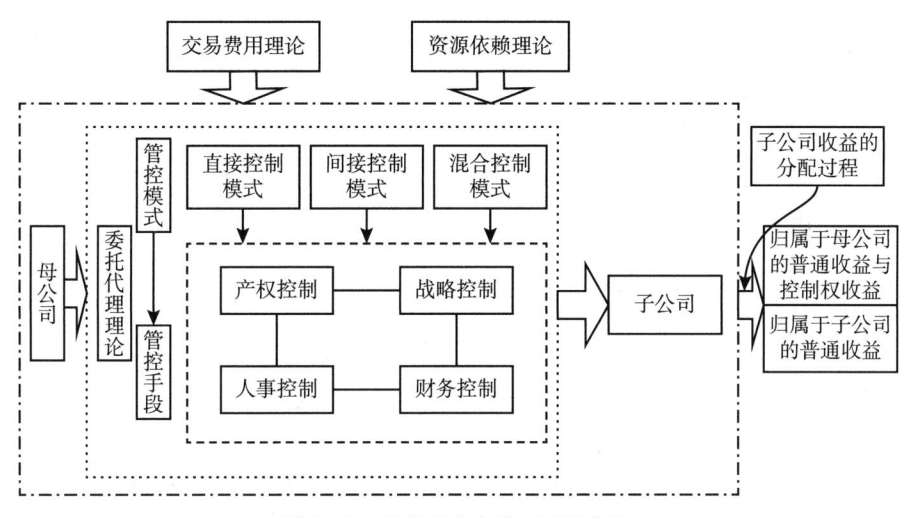

图3-1 母公司单向治理理论框架

四、母公司单向治理存在的问题

母公司单向治理虽然意在避免由于代理问题导致的控制效率损失，在一定程度上能够保证母公司的权益，但是这一控制过程却可能在保证母公司权益的同时损害子公司股东的权益。基于现有研究，本节梳理了母公司单向治理在理论层面、法律实践、商业实践中存在的问题。

（一）理论层面：第一类代理问题与第二类代理问题的权衡

委托代理理论认为，由于信息不对称、激励不相容、监管不完善等原因，代理人可能利用职务便利侵占委托人的权益，因此委托人需要借助一系列的激励和约束机制来规范代理人的行为。在母子公司研究框架内，母公司与子公司分别扮演着委托人与代理人的角色，母公司作为委托人需要强化对于子公司的控制，以避免由于子公司"内部人控制"问题导致的机会主义行为，保障母公司投入资本的安全与稳健。但是，需要注意的是母公司强化控制虽然能够避免子公司作为代理人的机会主义行为，即降低了第一类代理成本，但是却可能导致由于母公司或者实际控制人过度控制而产生的第二类代理问题，即"剥夺"子公司其他股东的第二类代理成本。因此，母公司单向治理容易产生两类代理成本的此消彼长，如何权衡两类代理成本是一个待解难题（见图3-2）。

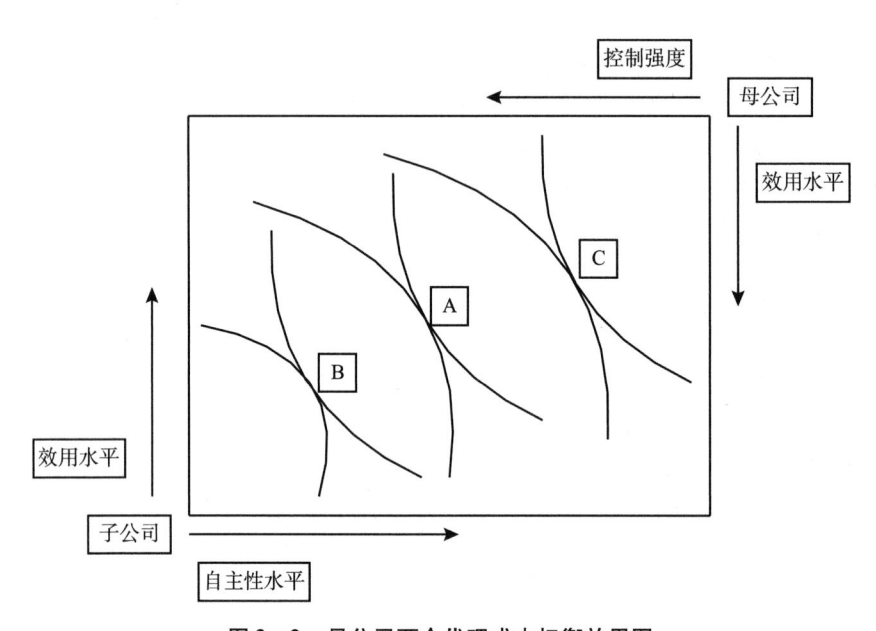

图3-2 母公司两个代理成本权衡效用图

图3-2中，A、B、C三个点分别为母公司与子公司效用曲线的切点。其中，C点处，由于母公司控制强度较低，而子公司自主性水平较高，所以可能存在较强的"内部人控制"问题，进而导致较高的第一类代理成本；B点处，由于母公司控制强度较强，而子公司自主性水平较低，则可能导致母公司过度控制问题，即存在较高的第二类代理成本；而A点则处于B点与C点之间，属于母公司权衡后的均衡状态，既保证了母公司的控制效率，也兼顾了子公司其他股东的权益。因此，母公司单向治理的效用更有可能出现

在 B 点,而非均衡的 A 点。

(二) 法律实践:有限责任与独立法人人格的冲突

徐向艺和孙召永(2002)指出,股东有限责任和独立法人人格是现代公司制度的两大基石,母子公司虽然也适用于有限责任制度,但是却对后者提出了挑战。按照有限责任与独立法人人格的相关法律解释,母公司通过资本控制链的延伸,对子公司的控制由直接控制转为间接控制,并按照法律规定"以出资额为限承担有限责任",这一方面能够分散母公司的治理风险,规避因为控制链延伸而存在的潜在效率损失;但另一方面根据"权责对等"的原则,承担有限责任也就只能享受有限权利,即不能利用实际控制人的身份将有限责任与有限权利割裂开来,也就是需要产权明晰条件下的子公司独立法人人格的维护。但是,母公司单向治理框架下,有限责任成为庇护母公司的法律制度,甚至丧失了其用以区分股东财产和公司资产的核心特性。因此,母公司利用有限责任不仅保护了自身利益,还模糊了母公司与子公司之间、子公司与关联公司之间的组织边界,严重影响了子公司独立法人人格的维护。

(三) 商业实践:母公司恶意经营行为

母公司单向治理研究主要关注了母公司如何借助各种控制模式与控制手段提高控制效率,但是很难守住适度控制的防线,容易导致母公司的过度控制。在商业实践中,母公司为了追求整体效率可能会影响个别子公司的运营效率,但是一些源于母公司自利动机的恶意经营行为却严重侵害了子公司其他股东的权益。徐向艺和谢永珍(2013)列举了诸多母公司恶意经营行为,如非市场化的关联交易(商品交易、无形资产转让、资产租赁与置换等)、关联交易的非法占款、恶意信用担保、高风险业务转嫁等。母公司通过这些"以小搏大"的恶意经营行为,在实现对子公司利益侵占和对子公司其他股东剥夺的同时,还可能增加公司经营风险,进而侵犯子公司债权人、员工等利益相关者的权益。

第二节　母子公司双向治理研究视角

基于传统委托代理理论，有效的合同是能够最大化母公司的效用，而不是最大化母公司与子公司的联合效用（O'Donnell, 2000; Tasoluk et al., 2006）。由于传统委托代理理论关于委托人与代理人单向、固定契约的假定存在不足（Bouquet and Birkinshaw, 2008），那么，我们是否应该修正传统委托代理理论以解释类似母子公司这种多层级代理问题（Luo, 2005）？为此，我们提出以委托人与代理人互动为核心的双向治理研究视角。

一、双向治理研究视角的理论基础

在母子公司治理研究框架下，资源依赖理论与交易费用理论分别从社会学和经济学出发，认为母子公司的内部资本市场能够实现对于外部市场的替代，通过降低搜寻成本和契约订立成本，从而降低交易成本，提高交易效率（Chang and Hong, 2000; Friedman et al., 2003; Peng et al., 2011），为母子公司的形成提供了理论支持，也是双向治理研究视角的理论基础。

但是，与母公司单向治理不同，双向治理研究视角既承认委托代理理论的基础性地位，同时关注子公司可能存在第一类代理问题，而且还对传统委托代理理论提出挑战。传统委托代理理论作为公司治理研究的主要基础理论，其不足主要体现在单边主义治理观，即关注委托人如何约束代理人，并且契约形式为单向、固定的，而忽视了代理人的主观能动性。基于传统委托代理理论，母公司单向治理研究主要研究思路为母子公司框架下的控制链延伸可能会导致由子公司的"内部人控制"产生效率损失问题，进而把母子公司治理研究聚焦于母公司如何对子公司实施自上而下的控制。但是，在母子公司运营过程中，母公司对于子公司的控制往往不是单向的，而是其控制行为有时可能受到子公司的制衡或者约束（Paterson and Brock, 2002; Ambos and Mahnke, 2010），也就是说子公司并不完全是一个被动的接受者，同时也是一个积极的参与者。既然委托代理理论并没有考虑到子公司的能动性,"双向治理"研究视角就需要引入相应的理论,以弥补传统委托代理理论的不足,这就是参照点契约理论(theory of reference-dependent preferences)。

哈特(Hart,2009)率先把行为经济学关于以上个体差异的观点引入新古典分析框架,深化了参照点契约理论。参照点契约理论认为,契约不再是可以完全预设的,而只能为契约双方提供了一个符合双方预期的参照点,允许双方就自身利益进行讨价还价。如果将参照点契约理论纳入母子公司治理研究框架,即承认母子公司双方存在互动性以及讨价还价的空间,则母公司单向治理也就转变为以母子公司互动为核心的双向治理研究视角。因此,参照点契约理论是母子公司双向治理研究视角的重要理论基础。

二、双向治理研究视角的理论框架

通过引入参照点契约理论,母子公司治理的理论体系更加完善,既能够借助交易费用理论与资源依赖理论解释母子公司的成因,也能够借助委托代理理论和参照点契约理论打开母子公司运作的黑箱,更加完整的解读母子公司间的"双向治理"。

由于"双向治理"研究视角突破了传统委托代理理论对于母子公司治理研究的束缚,承认了子公司的能动性以及母子公司间的互动性,那么双向治理就不仅包括母公司的控制模式与控制手段,还将涵盖子公司的响应与制衡行为。在双向治理研究视角下,子公司行为主要包括被动响应行为和主动制衡行为两类。被动响应行为主要涉及母子公司契约框架内所规定的子公司相关责任和义务,如收集与汇报经营信息、接受来自母公司派驻的董事或者高管、共享资源、提供建议等(Luo,2005)。主动制衡行为则主要指子公司为了保护自身利益,尤其是其他股东利益,采取的制衡母公司控制行为的相关措施和手段,如优化股权结构、更加健全的董事会制度、引进外部审计师、自愿性信息披露、构建社会资本网络等。需要指出的是,子公司主动制衡行为既有制衡母公司主观意志的初衷,也可能导致子公司"内部人控制"问题的出现,但是并不能因噎废食,仅仅因为可能存在的"内部人控制"问题就否认子公司主动制衡行为的积极作用。

双向治理研究视角下,母公司控制行为和子公司的制衡行为构成了一个讨价还价的双向路径，在这条双向路径上既有母公司基于整体效率的安排，也可能存在基于自身利益的过度控制行为；既有子公司服从母公司安排的被动响应行为，也可能存在保护自身利益的主动制衡行为。由于母公司控制行为与子公司制衡行为的相互作用，母公司的过度控制行为将受到约束，虽然可能压缩了母公司的利润水平，但是能够提升母公司控制行为的合理性、更能够保证子公司运营的有效性。在这一过程中，母公司的收益还是包括两个部分：源于其股份比例的普通收益、源于其主导地位的风险控制权收益。与母公司单向治理研究不同，"双向治理"研究视角下，母公司的控制权收益为风险控制权收益（因为组建母子公司、入股子公司、协调母子公司运作等需要承担相应的风险，而承担这些风险是应该得到补偿的，这不仅符合母公司的利益，而且有利于资本市场的健康发展），消除或者减少了非风险控制权收益（单纯依靠其主导地位，以牺牲子公司利益为条件的过度控制行为所带来的控制权收益，尽管可能提升母公司整体效率，但是显著侵害了子公司其他股东的合法权益）。

因此，基于母子公司治理的理论基础，提出母子公司"双向治理"研究框架（见图3-3）。

第三节 母子公司双向治理数理模型构建

基于前面理论分析，本章基于母子公司讨价还价过程构建"双向治理"数理模型，意在发现影响子公司参与讨价还价的影响因素，为子公司自主性研究提供数理依据。

一、理论来源

母子公司作为应对外部市场失灵的一种契约形式，其契约各方虽然以整体利益最大化为治理目标，但可能存在的利益攫取或者租金分歧又容易导致各方治理行为的目标并不总是一致的。在这种情况下，一个关键问题出现了：如何能够兼顾母公司的控制效率和子公司的自主性，以避免子公司其他

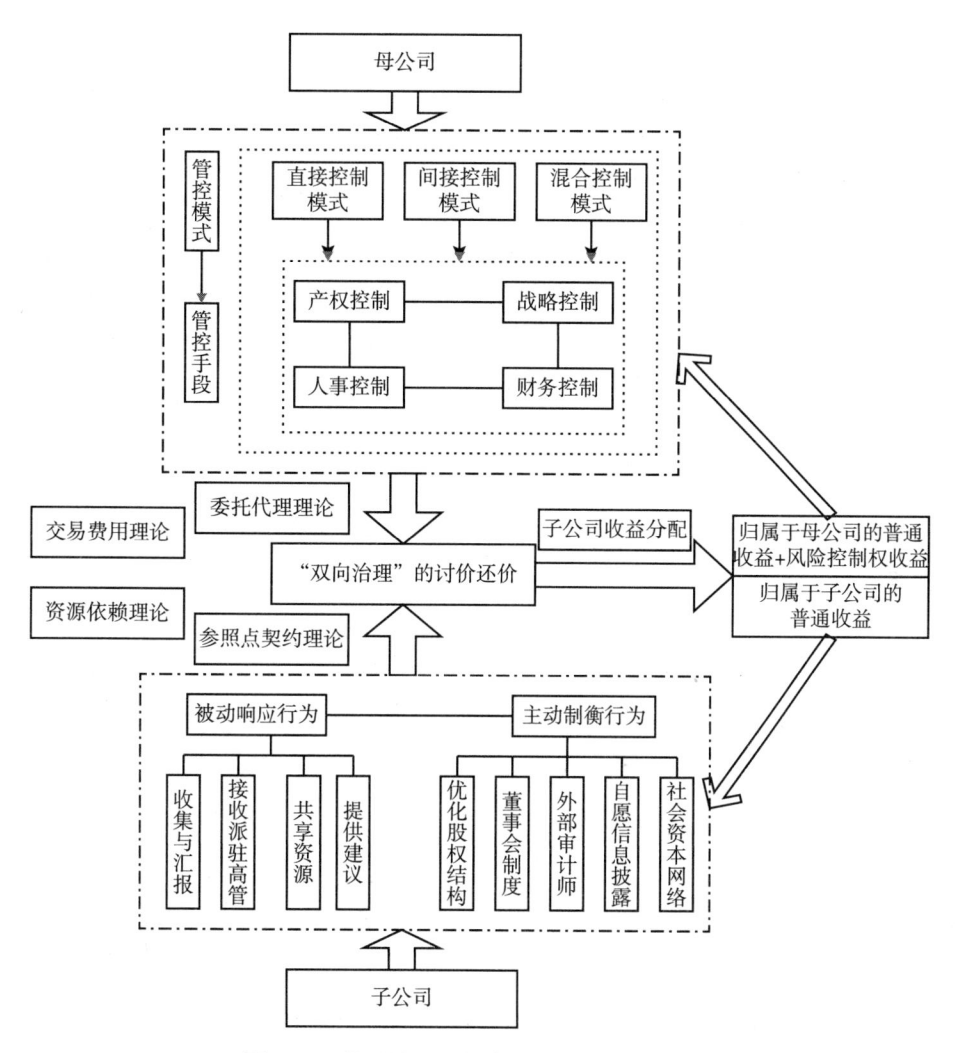

图 3-3 母子公司双向治理研究视角理论框架

股东的利益受到侵害？这就为契约各方基于合作而提供了讨价还价的空间。本章假设这一问题的答案取决于母公司与子公司讨价还价的结果，而不是给定的母公司控制效率。因此，在双向治理视角下，为了验证母公司与子公司的互动性（双方讨价还价的博弈过程）的存在，本章借助合作博弈理论下的讨价还价模型，构建旨在增强子公司自主性的讨价还价模型。

另外，随着市场化水平的提高以及旨在保护投资者利益的法规陆续出台，母公司基于实际控制权的治理行为能够受到一定程度的制衡，而子公司的自主性得到了较大的提升。具体来说，证券监督管理部门以及新闻媒体等公司治理媒介在上市公司治理过程中所发挥的作用越来越重要，一方面能够约束母公司的控制行为；另一方面能够保证子公司的透明度、自主性，这就使得母公司与子公司的讨价还价过程非常容易传递给监管部门或者新闻媒体，所以母公司与子公司双方都趋向于有限次的博弈，以避免由于博弈过程的延长而导致的"负面"信号。因此，为了更好地解读母子公司间的讨价还价行为，本章借鉴合作博弈理论的讨价还价模型，构建旨在增强子公司自主性的讨价还价模型，以期获得影响子公司讨价还价能力的影响因素，为后续实证研究提供理论证据。

二、母子公司期望效用函数

母子公司讨价还价的目的在于最大化其收益水平，但是随着对于社会责任的关注日益提升，上市公司开始越来越多的关注社会责任产生的动态效益。为了模型构建的简化，本章借鉴古典主义学派的社会责任观，即企业有且仅有一个社会责任——利用现有资源实现收益最大化。另外，母公司与子公司对于风险的态度也将显著影响其对于资源的诉求水平以及决策的倾向性，本文假定母公司与子公司均为风险中性，即期望利润效用与利润的期望效用一致，这就使得双方在讨价还价过程中不受风险态度的影响。据此，提出模型前提1：

前提1：母子公司讨价还价的对象是子公司净利润，且对于风险的敏感程度是中性的，那么其讨价还价目标为各自效用最大化，具体分为两部分：母公司基于控制权的收益效用与子公司基于自主性的收益效用。

基于前提1，构建母子公司双方的期望效用函数：

母公司期望效用 $U_p = \alpha_t \times A_t$

其中，α_t 表示母公司在 t 期的收益比例（不仅取决于母子公司间的契约，还包括母公司基于控制权的收益），A_t 表示子公司在 t 期的净利润的效用。

由母公司期望效用函数，可以得到子公司期望效用函数：

子公司期望效用 $U_s = (1 - \alpha_t) \times A_t$，其中 $1 - \alpha_t$ 表示子公司在 t 期的收

益比例。

三、母子公司讨价还价模型

阿南科蒂库和艾肯格林（Ananchotikul and Eichengreen，2009）指出法律法规没有办法规划出有效的公司治理机制，而有效的公司治理是源于契约各方互动产生的。基于对现有文献的梳理，子公司特征、外部治理机制以及内部治理机制都是影响母子公司讨价还价能力的因素。另外，由于母公司的核心地位，子公司需要在利益最大化的条件下，服从于母子公司的整体利益，所以来自母公司的控制强度也是不容忽视的力量。因此，子公司自主性同时受到两方面因素的影响：母公司的控制行为与子公司借助公司治理机制的制衡行为。固提出前提2：

前提2：子公司自主性是子公司特征、外部治理机制、内部治理机制以及来自母公司的控制强度相互博弈的结果。

李维安、韩忠雪（2013）率先关注到中国民营企业的金字塔结构组建动机与金字塔结构的关系，认为民企金字塔结构存在"融资约束"与"利益攫取"两种不同的动机，动机的差异显著影响金字塔结构的复杂性。通过将讨价还价能力的概念引入双向治理视角，母公司与子公司的讨价还价能力将成为子公司自主性水平的决定力量，即子公司自主性是母公司与子公司讨价还价过程的结果（Taggart and Hood，1999；Vachani，1999）。基于此，无论母公司建立子公司的动机是"帮助之手"还是"攫取之手"（"融资约束"还是"利益攫取"），或者母公司的治理行为倾向于"掏空"还是"支持"行为，讨价还价的过程能够在一定程度上消除动机或者行为因素的影响，也能够为目前研究结论分歧的解决提供可能。因此，双向治理视角下的子公司自主性问题被纳入母子公司治理研究框架之后，母子公司建立的动机不再是其治理效果的决定因素，据此提出前提3：

前提3：随着讨价还价能力的引入，母子公司设立动机不再是影响治理效果的权变因素。

根据合作博弈理论的讨价还价模型，博弈双方基于自身利益的讨价还价过程取决于双方偏离自身最优利益水平承受能力的博弈。具体来说，母公司讨价还价能力取决于子公司偏离最优利益水平的治理程度在母子公司双方偏离最优利益水平的治理程度中所占的比重，而子公司讨价还价能力则取决于母公司偏离最优利益水平的治理程度所占的比重。

母公司偏离最优利益水平的治理程度：

$$E = \sum [C_{pi}(a) - C_{pi}(a')]$$

其中，$C_{pi}(a)$ 表示母公司治理行为 i 基于契约和控制权收益的最优治理水平，$C'_{pi}(a)$ 则表示母公司治理行为 i 的次优解。

考虑到子公司特征不仅影响子公司自主性（Tong et al., 2012），而且还可能是显著影响母公司行为选择的权变因素，即如果子公司在整个母子公司中处于非常重要的地位，那么母公司一定会借助其实际控制权对内、外部治理机制进行干预，以期获取稳定的控制权收益。因此，针对研究的可行性，提出前提4：

前提4：假定在不考虑子公司特征的情况下，内、外部治理机制对于治理行为不存在交互影响，即子公司特征可能通过调节效应影响内、外部治理机制与子公司自主性的关系。

基于前提4，子公司偏离最优利益水平的治理程度：

$$F = \sum C_{si}(b) - C_{si}(b')$$

其中，$C_{si}(b)$ 表示子公司治理机制 i 最优治理水平，$C'_{si}(b)$ 表示子公司治理机制 i 的次优解。另外，$C_{si}(b)$、$C'_{si}(b)$ 是源于子公司内、外部治理机制以及子公司特征相互影响的两个复合变量。

综合以上，母公司讨价还价能力 $P = \dfrac{F}{E+F}$，而子公司讨价还价能力 $S = \dfrac{E}{E+F}$。

四、模型均衡解

基于以上分析，构建母子公司讨价还价模型如下：

$$U = (U_p - d_p)^P (U_s - d_s)^S$$

其中，d_p、d_s 表示没有达成一致的效益损失，故假设母子公司没有达成

一致,将在最短时间内进行新的讨价还价过程,即不存在效益损失,则模型改写为:

$$U = U_p^P \times U_s^S = (\alpha \times A)^P [(1-\alpha) \times A]^S$$
$$= \alpha^P (1-\alpha)^S A^{P+S}$$

两端取对数得到:

$$\log U = P\log\alpha + S\log(1-\alpha) + \log A$$

为了获得最大效用,对上式两端对 α 求偏导得:

$$\frac{\partial \log U}{\partial \alpha} = \frac{P}{\alpha} - \frac{S}{1-\alpha} = 0$$

解得:

$$\alpha = \frac{P}{P+S} = P$$
$$1 - \alpha = S$$

子公司讨价还价能力 $S = \frac{E}{E+F}$。

结果显示,决定自主性水平的子公司讨价还价能力取决于母子公司治理机制的博弈,其中母公司偏离最优利益水平的治理程度与子公司独立性收益能力呈现正向关系,而子公司特征及治理机制偏离最优利益水平的治理程度则与子公司独立性收益能力呈现负向关系。具体来说,母公司越能够兼顾子公司利益而弱化控制强度,越有利于子公司自主性的提升;而子公司特征及治理机制越能够有效发挥治理作用,子公司自主性也越强。进一步分析,如果子公司偏离最优利益水平的治理程度越小,则其讨价还价能力越强,即有效的子公司治理水平能够强化其讨价还价能力,增强子公司的自主性。

参 考 文 献

[1] Ambos B, Mahnke V. How Do MNC headquarters add value?[J]. *Management International Review*, 2010, 50 (1): 403-412.

[2] Ananchotikul S, Eichengreen B. Corporate governance reform in emerging markets: How much, why, and with what effects?[J]. *Journal of the Japanese and International Economics*, 2009 (23): 149-176.

[3] Bouquet C, Birkinshaw J. Managing power in the multinational corporation: How low-power actors gain influence. *Journal of Management*, 2008, 34

(3): 477-508.

[4] Chang S, Hong J. Economic performance of group-affiliated companies in Korea: intragroup resource sharing and internal business transactions [J]. *Academy of Management Journal*, 2000, 43 (6): 429-448.

[5] Friedman E, Johnson S, Mitton T. Propping and tunneling [J]. *Journal of Comparative Economics*, 2003, 31 (4): 732-750.

[6] Grossman S, Hart O. One share-one vote and the market for corporate control [J]. *Journal of Financial Economics*, 1988, 20 (1-2): 175-202.

[7] Hart O. Hold-up, asset ownership and reference points [J]. *Quarterly Journal of Economics*, 2009, 124 (1): 267-300.

[8] Luo Y. Corporate governance and accountability in multinational enterprises: Concepts and agenda [J]. *Journal of International Management*, 2005, 11 (1): 1-18.

[9] O'Donnell S. Managing foreign subsidiaries: agents of headquarters, or an interdependent network? [J]. *Strategic Management Journal*, 2000, 21 (5): 525-548.

[10] Paterson S, Brock D. The development of subsidiary-management research: Review and theoretical analysis [J]. *International Business Review*, 2002, 11 (2): 139-163.

[11] Peng W, Wei K, Yang Z. Tunneling or propping: Evidence from connected transactions in China [J]. *Journal of Corporate Finance*, 2011, 17 (2): 306-325.

[12] Taggart J, Hood N. Determinants of autonomy in multinational corporation subsidiaries [J]. *European Management Journal*, 1999, 17 (2): 226-236.

[13] Tasoluk B, Yaprak A, Calantone R. Conflict and collaboration in headquarters-subsidiary relationships: An agency perspective on product rollouts in an emerging market [J]. *International Journal of Conflict Management*, 2006, 17 (4): 332-351.

[14] Tong C, Wong A, Kwok E. Major determinants affecting the autonomy

of multinational corporation subsidiaries in China [J]. *Journal of Management Research*, 2012, 4 (1): 1 – 33.

[15] Vachani S. Global diversification's effect on multinational subsidiaries' autonomy [J]. *Journal of International Business Studies*, 1999, 8 (5 – 6): 535 – 560.

[16] 陈志军:《母子公司管理控制研究》,经济科学出版社 2006 年版。

[17] 李维安、韩忠雪:《民营企业金字塔结构与产品市场竞争》,载《中国工业经济》2013 年第 1 期。

[18] 徐向艺等:《公司治理制度安排与组织设计》,经济科学出版社 2006 年版。

[19] 徐向艺、孙召永:《论母子公司制条件下有限责任制度》,载《东岳论丛》2002 年第 1 期。

[20] 徐向艺、谢永珍:《现代公司治理》,经济科学出版社 2013 年版。

第四章

母公司对上市公司的股权控制
——基于信息披露的视角

在借鉴西方相关研究的同时,有的研究者忽略了本国自身资本市场的特点,即实际控制人的存在可能导致上市公司信息披露缺乏自主性。虽然部分母子公司治理研究关注到了母公司对子公司的股权控制,但是忽略了子公司的自主性以及母子公司间的互动性,导致现有研究陷入母公司单向治理的窠臼。本章以沪深两市上市公司作为研究样本,分析了基于双向治理研究视角的母公司对子公司的股权控制以及子公司信息披露理论框架的合理性,证实了母公司对子公司信息披露控制的差异性,以及母公司与子公司在信息披露方面的互动性。

第一节 问题的提出

作为消除信息不对称的有效中介桥梁,信息披露机制一方面可以满足外部投资者的信息需求;另一方面还能够营造良好的外部环境、降低上市公司融资成本。但是,受到西方发达资本市场关于信息披露研究的影响,中国学者在借鉴了先进的理念和方法论的同时,忽略了自身资本市场的特点,其中最为突出的就是母子公司框架下实际控制人的存在而导致上市公司的信息披露显著区别于英美国家的理论与实践。在母子公司框架下,上市公司不再是单体、独立的公司法人,而是从属于某一企业集团的公司法人,其独立性更多体现在形式上、而无法真正落实到实质上，母公司或者实际控制人能够借助各种纽带（资本、关系等）对子公司施加相应的控制，以保证控制效率和收益。考虑到中国资本市场的特殊股权性质和结构，尤其是实际控制人的存在，信息披露研究如果继续沿袭西方学者的研究思路，不利于探索和发现自身可行的公司治理路径。因此，中国母子公司框架下，上市公司信息披露是否区别于西方资本市场，存在母子公司框架的特殊影响？这一问题的提出，体现了本章研究的必要性。

为什么子公司需要接受母公司的干预或者控制？国外学者通过资源依赖理论和交易费用理论分别从社会学和经济学视角，论证了母公司核心地位的合理性，为母公司获得主导权提供了理论依据，而委托代理理论则为母公司控制子公司提供了理论依据：随着企业集团的形成，由于子公司代理问题的存在，母公司需要强化和完善控制，以避免子公司代理问题导致的效率损失。尽管理论视角的日趋丰富能够引导学者们关注母公司对于子公司的信息披露控制（Morck et al., 2000；Khanna and Thomas, 2009；李增泉等, 2011；Aggarwal and Dow, 2012），但是当前研究并没有打开母子公司治理的"黑箱"，即过于关注母公司控制的结果，而忽视了对于其过程的研究，即缺乏关注母子公司框架下母公司控制强度差异性的作用机理，即忽视了母子公司间的互动关系，假定母公司对于子公司的控制属于单向契约，子公司只能被动接受，没有讨价还价的空间，不能基于自身利益展开经营活动，导致了"母公司单向治理"视角的广泛应用，而忽视了子公司的自主性和能动性。但是近年来上市公司与外部投资者的控制权争夺数度上演从资本市场实践对于这一领域研究提出了质疑，既有为人熟知的娃哈哈宗庆后与达能、国美电器黄光裕与贝恩资本，其背后都是源于创始人或者创业团队与外部投资者的分歧。如果遵循母公司单向治理的研究思路，由于子公司缺乏自主性，这些案例不可能出现在实际资本市场运作中。尽管部分学者通过理论分析和模型推导证实了母公司与子公司互动性的存在（冯根福和赵珏航, 2012），但是涵盖了子公司自主性和母子公司间互动性的研究视角依旧没有引起学界的关注。基于此，我们认为母公司的控制后果可能是母子公司之间讨价还价的结果，不能简单地通过治理效果解读母公司的治理行为，而需要充分考察潜在的治理过程。基于以上不足，本章一方面将引入涵盖了子公司自主性和母子公司互动性的双向治理视角；另一方面，将继续深入探讨母子公司框架下的信息披露问题，期望检验母子公司治理行为是否存在互动性，以强化现有研究视角的逻辑体系，为今后的研究提供有益的理论探索。

作为打开母子公司治理"黑箱"的一次理论探索，本章选取信息披露机制作为研究对象，考察子公司信息披露是否显著受到其在母子公司资本控制链位置的影响，即为了确保母子公司整体利益最大化，母公司存在控制或者干预子公司信息披露的动机，但是随着资本控制链的延伸，母公司的直接控制不可避免的转变为间接控制，那么母公司对于子公司信息披露的控制伴随着资本控制链的延伸是否存在差异性？另外，为了避免研究陷入"母公司单向治理"的窠臼，本章引入将母子公司之间的互动性纳入理论框架的母子公司"双向治理"研究视角（方政和徐向艺，2013），意图探究母公司对于子公司信息披露控制的过程，即在这一过程中，子公司是一个被动的接受者还是积极的制衡者？子公司信息披露是否存在母公司与子公司的博弈？是否存在本章选取在中国沪、深两市上市、同时隶属于其他法人的上市公司作为研究对象，以期对上述问题进行解答。

第二节 理论分析与假设提出

传统的委托代理理论认为，随着代理链条的增多，委托人监管力度的减弱容易导致代理人的机会主义行为，侵害委托人的利益。具体变现为随着集团公司金字塔层级的延伸，由内部人控制而引发的代理问题愈发严重（钟海燕等，2010），处于末端的子公司效率损失显著大于处于顶端的子公司（陆正飞和张会丽，2010），所以应该强化母公司的控制。虽然母公司控制有利于提升整体控制效率，但是委托代理理论隐含的一个假设应该受到重视：子公司天然具有机会主义倾向。目前，针对英美等发达资本市场的公司治理研究，作为广为接受的观点，在股权高度分散的背景下，经理人具有侵占股东利益的机会主义倾向。

然而，这一观点是否依旧适用于中国资本市场是值得怀疑的。中国资本市场除了在法治水平、市场化水平等"硬实力"方面与发达资本市场存在短板外，其差异更体现在"软文化"层面，即"关系型"文化显著区别于英美发达资本市场的"市场型"文化。在"关系型"文化影响下，中国经理人在两个方面显著区别于西方公司经理人：首先，经理人选聘的"关系导向"，即股东选聘经理人的时候受到"关系导向"的影响，股东倾向于聘用"熟人"担任经理人，既能够降低事前的搜寻成本，又能够降低事后的代理成本，如国有上市公司董事、经理的派驻制度等；其次，经理人的自我激励与约束，即作为某个社会资本网络的节点，为了维系良好的关系结构，经理人存在自我激励与约束的动机，自发抑制机会主义倾向，以获取更多社会资本的支持，如国有上市公司的董事、经理，相较于薪酬激励，未来的声誉激励和晋升激励对他们更有诱惑力。所以，在中国资本市场情境下，经理人的机会主义倾向不仅受到母公司控制的影响，还受到"关系型"文化的约束。延伸到母子公司治理研究框架，随着资本控制链的延伸以及母公司控制强度的弱化，子公司在获取一定程度的自主性后，并不一定产生机会主义倾向，而是受到"关系型"文化的约束，为了获取更高的声誉和更多的晋升路径，自发抑制机会主义动机，降低"内部人控制"的可能性。综合以上，在中国资本市场中，子公司获取自主性后可能出现两类治理结果：第一，子公司高管更加了解本公司所处的市场、行业环境，能够利用自主性进行自主决策，寻求提升公司绩效的路径；第二，母公司并不希望子公司获取更多的自主性而强化控制，可能导致子公司偏离最优的经营路径，不利于子公司绩效的提升。但是，随着资本控制链的延伸，母公司对于子公司的控制由直接控制转变为间接控制，其控制强度不可避免地被弱化了，此时子公司能够获得一定程度的自主性，而子公司的经理人可能受到"关系型"文化的约束，自发抑制机会主义倾向，有助于子公司根据所处市场、行业环境进行高效率的决策和经营，最终提升治理效果和经营绩效。

部分学者关注到了企业集团或母子公司内部控制强度差异性的问题（Morck，2007；方政和徐向艺，2013），指出位于集团股权控制链底部的子公司比靠近股权控制链顶部的子公司拥有更加优化的市场表现，原因就在于母公司的风险水平与股权控制链的延伸呈现负相关关系导致的控制强度降低，此时子公司在一定程度上能够实现适度的自主性，也就具备了实现自我激励的条件，即子公司能够自主决策。由于信息披露承担着上市公司内部与外部沟通的桥梁作用,其有效性关系到是否能够得到市场的正确评价,所以子公司高管存在借助信息披露强化自身自主性的动机,即通过法律、法规框架下的信息披露向外部市场释放能够影响市场评价的相关信息,既能够提升信息披露质量,还可以依靠外部监督的力量约束母公司的控制水平、提升自身的自主性水平,如自愿性信息披露。需要指出的是,这里所论及的子公司"自主性"并不是绝对意义上的完全自主,子公司的完全自主或者母公司的完全控制都是不存在的,而是基于母子公司整体利益以及制衡母公司或者实际控制人过度控制的"适度"自主性。如果子公司具有适度"自主性",那么信息披露过程中就能够基于母公司控制和子公司自身需要进行权衡与选择,进而有效提升信息披露质量。另外,母公司为了保证管控效率,会对子公司进行必要的监管,以减少因为代理成本造成的效率损失。但是,随着资本控制链的延伸,母公司对于子公司的控制由直接控制转变为间接控制,这容易导致母公司控制效率的下降,一定程度上增加了子公司的自主性,给予子公司基于自身利益进行信息披露提供了空间。因此,我们认为由于母公司基于控制权私利的控制强度会随着资本控制链的延伸而存在差异,同时子公司能够获得一定程度的自主性空间,基于自身利益进行相关信息披露,有利于子公司信息披露质量的提升,提出如下假设:

假设 H1:随着资本控制链的延伸,处于末端(远离母公司)的子公司信息披露质量相较于处于顶端(靠近母公司)的子公司信息披露质量更高。

进一步分析,随着资本控制链的延伸,子公司信息披露质量的提升是否源于子公司自主性的提升?是否是母公司控制与子公司自主性博弈的结果?为了回答这一问题,需要深入探究母公司与子公司博弈过程的存在性,以及二者的影响机理,这就需要关注到母子公司的另一个不足:母公司与子公司的利益协调问题导致的有限责任和独立法人人格的冲突。由于各参与主体以出资额为限承担有限责任,母子公司能够在产权明晰的基础上分散参与主体的风险。但是,母公司在实践过程中容易忽视"权责对等"原则,即承担有限责任,只能享有有限权利。所以在母子公司框架下,母公司虽然通过资本或者股权联结与子公司建立稳定的组织形式,承担相应风险,但却产生了追逐控制权私利的动机,这在一定程度上弱化了子公司的独立法人人格,主要体现在现金流权与控制权分离程度的治理效应方面(Claessens et al.,

2002；Yeh，2005；王蓓和郑建明，2010）。不完全契约理论认为，由于市场环境的复杂性与不确定性，集团公司各参与主体的利益诉求容易产生分歧，导致参与主体间的"敲竹杠"问题，不仅体现在子公司或者关联公司之间，也体现在母公司与子公司之间，这就使得母公司面临集权还是分权的权衡取舍问题，母公司的过度集权容易侵害子公司的利益、扼杀子公司的创新动力，但是母公司的过度分权又可能弱化控制效率、滋生代理问题。为了解决上述问题，本章提出母子公司"双向治理"研究视角，正视母公司集分权问题的两个方面：既存在资本控制链上代理人的机会主义行为，还可能存在母公司的道德风险问题。其中，后者往往被现有研究所忽视。基于此，我们认为应该将母公司和子公司的治理实践看成是双方讨价还价的过程，即不仅存在母公司"自上而下"的控制行为，也存在子公司"自下而上"的响应和制衡行为。

基于传统公司治理的观点，随着资本控制链的延伸，子公司能够获得一定程度的自主性空间，进而可能产生潜在的"内部人控制"问题，导致第一类代理问题的出现，从而得出与假设H1不同的结论。这一潜在的结论分歧，显示了引入母子公司"双向治理"研究视角的必要性，即承认母公司与子公司的博弈过程决定了最终的治理效果，在这一过程中，母公司的控制可能约束子公司的"内部人控制"问题，而子公司的制衡可能限制母公司的过度控制行为。因此，母公司与子公司的博弈行为如何影响子公司信息披露，是本章需要解决的另一个问题。进一步分析，考虑到信息披露机制在市场评价方面的重要作用，母公司存在强化控制的必要性，以期借助信息披露，尤其是自愿性信息披露获得合理的市场定价或者预期的控制权收益。然而，根据母子公司双向治理研究视角，子公司其他股东或者利益相关者并不是母公司治理行为的被动接受者，即有可能基于私利产生"内部人控制"问题，导致代理成本的提高，也有可能采取积极措施制衡和约束母公司的不合理治理行为。所以，当母公司倾向于加强对于子公司的控制时，一方面母公司的控制可以约束子公司管理层的"内部人控制问题"；另一方面子公司也会采取相应措施，如公司治理机制、外部监督等，对母公司的控制行为进行限制和约束。

综合以上分析，我们认为母公司的控制强度和子公司的制衡行为，显著调节子公司处于金字塔结构资本控制链的位置与母公司对于子公司信息披露控制强度的关系，但是由于二者作用的对立性，其调节效应可能存在对立性差异。因此，提出假设如下：

假设 H2：母公司的控制强度和子公司的制衡行为在子公司处于金字塔结构资本控制链的位置与信息披露质量的关系中发挥调节作用，且调节方向相反。

制度经济学派认为，制度环境不是影响企业绩效的外生变量，而是具有显著影响的内生变量。结合委托代理理论，上市公司所有权安排不仅涉及到权力配置问题，而且本身也是一个包含了激励机制的效率问题。但是，中国上市公司治理很难回避的一个问题就是在转轨经济背景下，将政治从治理实务中严格分离是很困难的。考虑到中国大部分上市公司脱胎于国有企业的客观事实，具体分析国有控股上市公司与民营控股上市公司治理结构的有效性就显得十分必要。

由于国有控股上市公司产权属性的特殊性，其治理效率及绩效水平受到了部分学者的质疑，究其原因主要有三个：首先，国有产权本身就存在模糊性，导致了代理成本的增加。国有产权的实际所有者是全体人民，但政府充当了国有产权所有者代表，这本身就延伸了委托链条，一定程度上导致了效率的损失（郑海航，2008）。同时，由于代理关系的多层次性以及复杂性，国有企业的代理成本显得特别昂贵，具体而言代理层次不仅包括各级政府的层层委托，还包括传统的股东会、董事会与经理层的委托链条。其次，国家信用保障的存在，一定程度上弱化了国有控股公司的市场化水平，如能够获得更多的长期贷款（方军雄，2010），甚至更优惠的利率（Faccio，2006）。最后，国有产权的特殊性，需要兼顾利益相关者的利益，即除了经济效益外，还要兼顾社会效益，可能导致经济效率的损失。综合以上原因分析，本章认为由于国有属性能够为国有控股公司提供隐形担保，使得国有控股公司的市场化水平较低，进而导致国有控股实际控制人以及所属子公司的互动性需求降低。所以，提出假设如下：

假设 H3：实际控制人为民营公司的母子公司中，母公司控制强度和子公司制衡行为的调节作用显著强于实际控制人为国有投资机构或国有公司的母子公司。

第三节 研究设计

一、变量定义

（一）被解释变量：信息披露质量（SPI）

本章选用股价信息含量这一指标作为信息披露质量的替代变量。信息披露质量通常包含了合规性、及时性、重要性、易读性等特征，但是目前学者们的度量方式更多的是侧重某一方面，而没有一个系统性的评价指标。本章认为股价信息含量能够解决这一问题，因为股价信息含量侧重于公司层面信息的权重，体现了市场对于上市公司信息披露的接受程度和评价水平，真正是从"需求"方的角度而不是从"供给"方的角度评价信息披露质量。股价信息含量是上市公司股价中关于未来盈余的预测有多少被资本化在股票价格中（Collins et al., 1994；杨继伟，2011）。由于具有消除宏观因素影响以及最大限度强化公司层面信息权重的特点，股价信息含量作为信息披露有效性的替代变量在近年来得到了越来越多学者的认同（杨继伟，2011；Brockman and Yan，2009；陈小林和孔东民，2012；屈文洲等，2011）。本章认为随着母公司控制强度的增强，子公司的信息披露会因为外部干预而偏离最优披露水平，进而降低了子公司股价的信息含量。股价波动非同步性指标是股价信息质量重要计量方法，优点在于将市场、行业收益率一起纳入分析框架，能够全面地反映股票价格所反映的上市公司信息。计算方法如下：

$$R_{i,t} = \alpha_i + \beta_i R_{m,t} + \varphi_i R_{n,t} + \varepsilon_{i,t}$$

其中，$R_{i,t}$表示 i 公司在 t 期的股票收益率，$R_{m,t}$表示 t 期的资本市场股票收益率，$R_{n,t}$表示 t 期的行业股票收益率。

回归方程样本可决系数R^2即为信息披露质量的替代变量。系数R^2越大，说明上市公司的股票收益率受到资本市场股票收益率、行业股票收益率的影响越大，即股票收益率中包含的公司层面信息越少，信息披露质量越低。

为了研究以及结论解释的便利,进行转换如下:
$$SPI = 1 - R^2$$

(二) 解释变量:子公司层级 (Layer)

为了较为准确的衡量子公司在母子公司资本控制链中所处的位置,子公司层级作为子公司位置的替代变量已经得到了大部分学者的认可和采纳 (Masulis, 2011; Fan et al., 2013)。本章借鉴范等 (Fan et al., 2013) 研究,采用从实际控制人到子公司所在层级的最长链条数度量子公司层级 (见表4-1)。

表4-1　　　　　　　　　变量汇总表

变量	变量名称	变量符号	测度方法
被解释变量	股价信息质量	SPI	股价波动非同步性指标,方法如上
解释变量	两权分离度	Layer	实际控制人到子公司所在层级的最长链条数
调节变量	第一类代理成本	Type 1 Agency Cost	管理费用率
	第一类代理成本	Type 1 Agency Cost 2	总资产周转率
	第二类代理成本	Type 2 Agency Cost	其他应收款
	第二类代理成本	Type 2 Agency Cost 2	支付其他与经营活动有关的现金流量
控制变量	两职合一性	Duality	如果董事长与总经理两职分离,则取2;反之,取1
	董事会规模	B-Size	董事会董事人数
	独立董事比例	B-Ind	董事会独立董事占比
	委员会数量	Committee	公司设置的专业委员会数量
	董事会次数	B-Activity	董事会每年召开会议次数
	股东大会出席比例	Sh-Activism	股东大会出席股东所持股份比例
	公司规模	Size	上市公司总资产对数
	成长性	Growth	主营业务增长率

资料来源:笔者整理。

(三) 调节变量

本章采用两类代理成本作为母公司控制强度和子公司自主性的替代变量。第一类代理成本（Type 1 Agency Cost）采用管理费用率度量，用于表示子公司自主性，即第一类代理成本越大，子公司高管的自主性越强，进而保证了子公司的自主性；而第二类代理成本（Type 2 Agency Cost）采用其他应收款度量，用于表示母公司控制强度，即第二类代理成本越大，母公司对于子公司的干预程度越高，进而导致母公司控制强度的提高。另外，为了检验结论的稳健性，还分别采用总资产周转率和支付其他与经营活动有关的现金流量作为两类代理成本的替代变量进行稳健性检验。

(四) 控制变量

考虑到子公司的治理结构可能影响母子公司的博弈过程，为了避免由此可能产生的内生性问题，本章参照现有关于金字塔结构的相关研究（武常岐和钱婷，2011），以及研究思路选取多个可能影响子公司自主性以及母公司干预水平的子公司治理结构变量作为控制变量：两职合一性（Duality）、董事会规模（B-Size）、独立董事比例（B-Ind）、委员会数量（Committee）、董事会次数（B-Activity）、股东大会出席比例（Sh-Activism）等。原因在于这些涉及子公司治理结构的变量都能够在理论上提升子公司的独立性，例如两职合一性（Duality）能够提升子公司管理层的权力；董事会相关变量则能够提升母公司干预子公司日常经营和决策的成本；股东大会出席比例（Sh-Activism）不仅能够体现子公司股东参与子公司日常经营和决策的积极性，而且可以作为制衡母公司或者实际控制人的有效途径。另外，公司规模（Size）、成长性（Growth）以及年份哑变量、行业哑变量也进行了控制，以方便实证分析过程中的聚类效应检验。

二、模型设计

为了检验金字塔结构下子公司信息披露质量问题，以及来自母子公司博弈的调节效应研究，构建模型方程如下：

模型 I：

$$SPI = \alpha_0 + \alpha_1 Layer + \alpha_2 \sum Control + \varepsilon$$

模型 II：

$$SPI = \alpha_0 + \alpha_1 Layer + \alpha_2 Type1AgencyCost + \alpha_3 Layer \times Type1AgencyCost + \alpha_4 \sum Control + \varepsilon$$

模型 III：

$$SPI = \alpha_0 + \alpha_1 Layer + \alpha_2 Type2AgencyCost + \alpha_3 Layer \times Type2AgencyCost + \alpha_4 \sum Control + \varepsilon$$

其中，模型 I 用于检验假设 H1，Control 不仅包括表 4-1 所列示的控制变量，还包括了年份哑变量和行业哑变量；模型 II 和模型 III 则用于检验假设 H2，即分别进行母公司控制强度和子公司自主性对于子公司信息披露质量的调节效应检验。

三、样本选择与数据处理

本章选取沪深证券交易所 2008~2012 年度 A 股上市公司为研究对象，相关变量数据源自国泰安 CSMAR 数据库。另外，考虑到数据的代表性以及对研究结果的影响，预先处理下载数据，并剔除相关样本数据，具体标准如下：剔除金融类公司；剔除 2008~2012 年间被 ST 和 PT 的公司；剔除极端值公司。按照以上标准，最终获取 2042 家上市公司非平衡面板数据作为研究样本。本章分别采用 Excel、Stata12.0 进行数据收集与整理和多元回归分析。

第四节 实证研究及结果分析

一、描述性统计

表 4-2 整理了主要变量的描述性统计结果，样本公司的股价信息质量

均值与方差分别为 0.209 与 0.268，说明中国资本市场整体股价信息质量相对较低，股价信息受到市场和行业风险的影响较大，一定程度上证明了中国资本市场弱式有效的假说；子公司层级均值与方差分别为 3.445 和 1.062，这表明样本公司的大多布局于资本控制链的第三层与第四层，同时，最小值为 2，最大值为 15，也表明我国上市公司资本控制链的复杂性。其他控制变量的方差普遍较小，基本排除了异常值对于实证结果的干扰。值得注意的是，独立董事自主性指标均值为 0.367，而最小值为 0.091（出现在 2008 年），即尽管相关公司治理准则及其法规要求独立董事占上市公司董事会的人数比例至少为 1/3，但是在治理实践中严重缺乏主动性，聘用独立董事的内在动机不足，这也就导致了独立董事是增强董事会独立性还是"橡皮图章"的分歧。表 4-3 列示了主要变量相关系数检验的结果，基本可以排除潜在的自相关问题。另外，SPI 与 Layer 呈现正相关关系，为假设 H1 提供了初步支持。

表 4-2　　　　　　　　　　主要变量描述性统计

变量	Obs	Mean	Std. dev	Min	Max
SPI	7318	0.209	0.268	0.001	1.000
Layer	9146	3.445	1.062	2	15
Type 1 Agency Cost	9054	0.159	1.529	0.002	87.453
Type 2 Agency Cost	9254	18.668	1.494	9.674	26.205
B-size	9163	9.118	1.957	4	20
B-ind	9163	0.367	0.054	0.091	0.800
Committee	9128	3.923	0.569	0	11
B-activity	9144	2.900	1.508	1	14
Sh-activism（%）	9144	0.504	1.365	1.813	100
Size	9258	21.796	1.528	10.842	30.496

表 4-3　　　　　　　　　　主要变量相关系数检验

变量	SPI	Layer	Type 1	Type 2	B-size	B-ind	Comm	B-act	Sh-act
Layer	0.039								

续表

变量	SPI	Layer	Type 1	Type 2	B-size	B-ind	Comm	B-act	Sh-act
Type 1	-0.016	0.010							
Type 2	0.074	0.039	-0.081						
B-size	0.017	0.053	-0.034	0.211					
B-ind	0.014	-0.058	0.010	0.025	-0.308				
Comm	0.007	-0.012	-0.020	0.029	0.033	0.049			
B-act	0.002	0.019	-0.011	0.013	-0.014	0.020	0.009		
Sh-act	0.012	-0.002	-0.002	-0.016	-0.018	-0.011	0.017	0.021	
Growth	-0.002	-0.007	-0.001	-0.006	0.001	-0.006	0.002	0.026	-0.008

二、母子公司金字塔结构与子公司信息披露质量分析

考虑到研究对象为金字塔结构下的子公司信息披露质量，本章采用固定效应模型进行实证检验。原因主要来自两个方面：首先，固定效应与随机效应的一个重要区别在于误差项是否存在与相关自变量不相关的情况，其中固定效应允许误差项与自变量任意相关。如前面分析，子公司信息披露质量的影响因素主要来自母子公司内部，即母公司及其实际控制人的干预或者子公司"自主性"的影响，同时受到外部影响相对较小，而模型也对可能影响上述关系的公司治理结构与公司特征变量加以控制，所以固定效应模型更为适合检验本章假设。其次，本章借助 Hausman 检验对固定效应与随机效应模型进行了取舍，检验结果也证实了固定效应的有效性。

表4-4列示了对于假设 H1 和假设 H2 的分析结果，采用固定效应模型进行检验，并对聚类效应进行了控制。模型Ⅰ显示子公司所处层级与股价信息质量呈现显著正相关关系，且显著性水平均为1%，说明随着母子公司资本控制链的延伸，处于资本控制链上的子公司股价信息质量逐渐提高。原因主要来自母子公司两个方面：母公司方面，随着控制链的延伸，母公司控制方式由直接控制变为间接控制，不可避免的导致管控效率下降，其对于上市公司信息披露的控制强度也就相应得到了弱化；而子公司方面，随着母公司管控效率的降低，子公司则能够相对独立、客观的进行信息披露。因此，假

设 H1 得到验证。其他变量的结果也具有一定的理论意义：首先，独立董事比例与股价信息质量并不存在显著相关关系，说明独立董事制度在公司治理实践中并没有发挥有效的治理效应，这一结果为独立董事"橡皮图章"的论断提供了来自中国上市公司的证据；其次，公司规模变量与股价信息质量显著正相关，表明规模较大的公司能够受到外部投资者或者社会的监督，即外部治理环境能够提升子公司的股价信息质量。

表 4-4　　　　　金字塔结构与子公司信息披露质量分析结果

变量	SPI		
	模型Ⅰ	模型Ⅱ	模型Ⅲ
Layer	0.043 *** (4.54)	0.044 *** (4.74)	-0.202 * (-1.92)
Type 1 Agency Cost		0.001 *** (11.50)	
Type 2 Agency Cost			-0.013 (-0.63)
Type 1 Agency Cost × Layer		-0.001 *** (-9.34)	
Type 2 Agency Cost × Layer			0.013 ** (2.33)
Duality	-0.040 ** (-2.00)	-0.041 ** (-2.09)	-0.038 * (-1.89)
B-size	0.002 (0.32)	0.001 (0.08)	0.001 (0.24)
B-ind	-0.007 (-0.05)	-0.031 (-0.24)	-0.001 (0.00)
Committee	-0.016 (-1.13)	-0.012 (-0.78)	-0.018 (-1.25)
B-activity	0.001 (0.32)	0.001 (0.13)	0.001 (0.21)

续表

变量	SPI		
	模型 I	模型 II	模型 III
Sh – activism	0.001 (1.09)	0.001 (1.09)	0.001 (1.14)
Growth	-0.003 (-1.39)	-0.001 (-1.40)	-0.001** (-2.23)
Size	0.110*** (9.46)	0.112*** (9.45)	0.084*** (6.52)
Year	Controlled		
Industry	Controlled		
Constant	-2.259*** (-8.04)	-2.283*** (-8.04)	-1.428 (-2.97)
N	6494	6396	6489
F	11.11***	19.83***	12.74***
Adjusted R^2	0.0382	0.0387	0.0441

注：***、**、*分别表示1%、5%、10%的显著性水平，括号内为t值。

模型 II 和模型 III 分别检验了母公司控制强度和子公司自主性的调节效应。结果显示调节变量交叉项 Type 1 Agency Cost × Layer、Type 2 Agency Cost × Layer 分别与子公司股价信息质量显著相关，并且系数符号相反，证实了二者对立性的部分调节效应的存在，假设 H2 得到了证实。进一步分析，子公司自主性调节变量 Type 1 Agency Cost × Layer 与股价信息质量呈现显著负相关关系，并且显著性水平为1%，负向调节子公司层级与股价信息质量的关系，即随着子公司自主性的增强，接近控制链末端子公司的股价信息质量反而下降，原因在于子公司自主性增强的同时还可能带来由第一类代理问题引发的负面效应。但是，如果将子公司自主性调节变量 Type 1 Agency Cost × Layer 与子公司层级变量 Layer 的系数 -0.001 与 0.044 综合分析，二者加总后的综合调节效应还是显示子公司自主性的积极调节效应。母公司控制强度调节变量 Type 2 Agency Cost × Layer 与股价信息质量呈现显著正相关关系，并且显著性水平为5%，正向调节子公司层级与股价信息质量的关系，即随着母公司控制强度的增强，控制链末端子公司的股价信息质量能够得到提升，相对于子公司自主性调节变量的原因，这一结果可能源于母公司的控制能够弱化第一类代理问题的影响。同理，如果将母公司控制强度调节变量 Type 2 Agency Cost × Layer 与子公司层级变量 Layer 的系数 0.013 与 -0.202 综合分析，母公司控制强度的综合调节效应还是呈现消极效果。因此，母公司控制强度和子公司自主性的对立调节效应得到证实，即子公司的信息披露存在一个母子公司博弈的过程。

表 4-5 提供了假设 H1 和假设 H2 的稳健性检验结果，分别采用总资产周转率和支付其他与经营活动有关的现金流量替代管理费用率和其他应收款进行检验，结果基本一致（总资产周转率与管理费用率的符号相反，因为总资产周转率越高，第一类代理成本越低），表明实证结果具有稳健性。

表 4-5 金字塔结构与子公司信息披露质量分析结果（稳健性检验）

变量	SPI		
	模型Ⅰ	模型Ⅱ	模型Ⅲ
Layer	0.043 *** (4.54)	0.034 *** (2.84)	-0.040 (-0.72)
Type 1 Agency Cost 2		-0.044 *** (-11.02)	
Type 2 Agency Cost 2			-0.014 (-1.15)
Type 1 Agency Cost 2 × Layer		0.014 (1.34)	
Type 2 Agency Cost 2 × Layer			0.005 (1.53)
N	6494	6486	6407
F	11.11 ***	9.17 ***	10.44 ***
Adjusted R^2	0.0382	0.0380	0.0389

注：***、**、* 分别表示 1%、5%、10% 的显著性水平，括号内为 t 值。篇幅所限，其他变量并没有在此列出。

三、实际控制人股权性质的差异化分析

表4-6整理了假设H3的实证检验结果,本部分采用固定效应模型进行检验,并对聚类效应进行了控制。民营样本组中的子公司自主性调节变量与子公司股价信息质量显著相关,且显著性水平为1%,而国有样本组并没有调节变量存在显著的相关关系,说明民营样本组的调节效应更为显著,证实了假设H3。另外,虽然各个变量显著性水平与假设H1、假设H2的检验结果存在差异,但是符号基本一致,进一步证实了相关结果的稳健性。

表4-6 实际控制人股权性质的差异化分析结果

变量	SPI					
	国有样本组			民营样本组		
	模型Ⅰ	模型Ⅱ	模型Ⅲ	模型Ⅰ	模型Ⅱ	模型Ⅲ
Layer	0.054*** (4.08)	0.054*** (4.05)	-0.161 (-0.97)	0.023 (1.59)	0.026* (1.85)	-0.168 (-1.24)
Type 1 Agency Cost		0.009 (0.85)			0.001*** (6.18)	
Type 2 Agency Cost		-0.010 (-0.33)			-0.007 (-0.23)	
Type 1 Agency Cost × Layer			-0.004 (-1.10)			-0.001*** (-4.67)
Type 2 Agency Cost × Layer			0.011 (1.29)			0.011 (1.44)
Duality	-0.041** (-1.39)	-0.039 (-1.31)	-0.041** (-1.39)	-0.021 (-0.72)	-0.028 (-0.96)	-0.020 (-0.71)
B-size	0.002 (0.29)	0.003 (0.32)	0.002 (0.24)	0.002 (0.17)	-0.003 (-0.26)	0.001 (0.03)
B-ind	-0.001 (-0.00)	-0.003 (-0.02)	-0.003 (-0.02)	0.045 (0.21)	-0.002 (-0.01)	0.027 (0.13)

续表

变量	SPI					
	国有样本组			民营样本组		
	模型Ⅰ	模型Ⅱ	模型Ⅲ	模型Ⅰ	模型Ⅱ	模型Ⅲ
Committee	-0.003 (-0.15)	0.007 (0.30)	-0.004 (-0.18)	-0.041** (-2.25)	-0.042** (-2.25)	-0.042** (-2.34)
B-activity	0.004 (1.15)	0.003 (1.02)	0.003 (1.06)	-0.004 (-0.92)	-0.004 (-1.11)	-0.004 (-0.97)
Sh-activism	0.001 (0.10)	0.001 (0.09)	0.001 (0.14)	0.001* (1.75)	0.001* (1.81)	0.001* (1.75)
Growth	-0.001** (-2.39)	-0.001** (-2.48)	-0.001*** (-3.10)	0.001 (0.29)	0.001 (0.29)	0.001 (0.31)
Size	0.151*** (8.46)	0.151*** (8.37)	0.125*** (6.22)	0.083*** (4.78)	0.083*** (4.81)	0.061*** (3.35)
Year	Controlled					
Industry	Controlled					
Constant	-3.284*** (-7.76)	-3.329*** (-7.79)	-2.498*** (-3.37)	-1.512*** (-3.60)	-1.448*** (-3.48)	-0.912 (-1.41)
N	3908	3846	3903	2584	2549	2584
F	9.59***	13.00***	9.47***	3.31***	61.57***	3.81***
Adjusted R^2	0.0521	0.0525	0.0560	0.0248	0.0262	0.0299

注：***、**、*分别表示1%、5%、10%的显著性水平，括号内为t值。

第五节　研究结论与政策建议

本章选取沪、深两市2008~2012年度2042家A股上市公司作为研究样本，研究了母子公司"双向治理"视角下的上市公司信息披露问题，并进一步验证了母子公司关于子公司信息披露问题的博弈过程的存在。

一、主要研究结论

（一）子公司处于母子公司资本控制链的位置显著影响其信息披露质量

具体说来，随着资本控制链的延伸，子公司的信息披露质量逐渐提高，一方面这是因为母公司由于在资本控制链末端的现金流权相对较低，其风险程度较控制链前端相对较低；另一方面其控制方式也由直接控制变为间接控制，所以其对于上市公司信息披露的控制动机也就相应得到了弱化，而随着自主性的增强，子公司能够相对独立、客观的进行信息披露。

（二）母公司控制强度、子公司自主性在子公司资本控制链的位置与信息披露质量关系中发挥部分调节作用，并且二者存在对立性调节效应

这一结果证明了子公司信息披露存在着一个母公司与子公司博弈的过程，即母公司实际控制人与子公司管理层的"双向治理"过程，二者讨价还价能力的此消彼长显著影响了子公司信息披露质量水平。具体来说，母公司的控制可能约束子公司的"内部人控制"问题，而子公司的制衡可能限制母公司的过度控制行为。这一结论，在一定程度上说明相较于第一类代理问题，第二类代理问题是在中国资本市场中的上市公司中更为严重。母公司控制强度、子公司自主性的调节效应在实际控制人为民营股份母子公司显著强于实际控制人为国有股份的母子公司。结论证明，在中国的制度环境下，具有国有背景的公司市场化水平较低，其对于风险水平的敏感性较低；而民营背景的公司则相反，具有较高的市场化水平以及对于风险水平更为敏感。

针对主要研究结论，中国上市公司信息披露确实存在母公司与子公司的博弈，但是上市公司是否具备足够的讨价还价能力制衡母公司或者实际控制人的干预和控制？这一问题是优化子公司信息披露的关键。

二、政策建议

旨在为这一问题的解决提供可行路径，本章分别从法律法规、母公司和子公司三个层面提出相应政策建议。

（一）建立以"明确权责、双向披露、保障独立"为核心的母子公司治理法律法规体系，切实结合中国情境约束母公司的过度干预与控制、保护母子公司股东的合法权益

首先，由于子公司相较于母公司的弱势地位，制衡母公司的主观意志存在局限性，因此，进一步明确母公司与子公司的责任划分，采取"母子公司倒置举证"原则，旨在保护子公司利益不受到来自母公司实际控制权的侵犯。具体来说，如果子公司认定母公司凭借控制权对自身决策或者经营施加了过度的干预和控制，子公司可以要求母公司通过举证，来证明其对子公司施加的干预或者控制是合法的、适度的，并且从长期看是符合母子公司发展的。其次，提倡适用于母子公司间的"双向信息披露"，要求子公司对母公司进行汇报、披露等信息的同时，母公司也应该将有涉及子公司利益关系的信息向子公司予以披露，以利于子公司更好地了解母公司的控制意图，实现母公司与子公司间一定程度的对等沟通，避免由于沟通不畅导致的控制效率损失。最后，出台旨在激励董事承担忠诚义务的相关法规，给予子公司董事以及独立董事更大的独立决策空间，如子公司董事责任险的强制购买、明确禁止董事罢免权、建立交易所独立董事资源库等。具体来说，强制购买董事责任险，目的在于通过为董事提供离职后的保障，提升其任职期间的独立性，如果某董事因为在任职期间出于善意、保护子公司的利益而制衡母公司的主观意志，而在任期满后遭遇不公平的评价或者待遇，有权获得经济或者名誉上的补偿；明确禁止董事罢免权方面，借鉴独立董事的相关规定，应该明确强调禁止控股公司或者实际控制人在董事任期内行使对于董事的罢免权，一方面保障董事忠诚、勤勉的履行义务；另一方面也能够促使股东更加认真地对待其对于董事的提名权；建立交易所独立董事资源库，由证券交易所主持构建董事资源库平台，包括对于董事的准入、筛选、聘用、酬报、考

核等，而上市公司只需要由股东提出对于董事的相关需求（年龄、行业、专业知识等），并向交易所申请董事资源，其中董事的薪酬也由交易所根据目标上市公司所处的地区、行业等特点统一制定支付标准，以确保独立董事的事实独立性。

（二）母公司积极转变控制理念，由追求对于子公司的控制转变为寻求与子公司的协同

母公司应该构建"双赢"思维、正确认识子公司自主性，摒弃"零和"思维、避免过度控制导致的效率损失。随着母子公司治理研究的深化，母公司应该转变原有的"单向治理"思维，正确认识其在子公司所承担的有限责任与子公司的独立法人人格，在充分享有和运用"有限权利"、适度控制与监督子公司的前提下，尊重子公司其他股东的权利，并积极引导子公司其他股东参与共同治理，提升子公司决策的合理性，以及运营的可持续性。为了实现母公司的适度控制，具体路径可分为两个方面：第一，母公司选聘信任的董事、高管，并派驻到子公司，依托社会资本网络，为选聘的董事和高管提供声誉和未来晋升方面的激励和约束，在保证母公司利益的同时，促使子公司董事、高管自发抑制机会主义动机，降低因为"内部人控制"问题导致的损失；第二，母公司积极引导子公司构建合理、完备的公司治理机制，尽管可能制衡和约束母公司的控制行为，但是更大的作用体现在帮助母公司监督和约束子公司的董事、高管，实现决策的科学性、合规性，不仅能够保证母公司的投资收益，还能够实现母公司与子公司的"双赢"，达到母子公司整体利益最大化的目标。

（三）子公司围绕优化股权结构、聘用高质量的外部审计师等治理机制为核心构筑"三道防线"

维护子公司适度的自主性，进而构建中国情境下完备的子公司治理机制，实现由母子公司治理实践中母公司治理的客体转变为母子公司双向治理的参与主体的演进。作为母子公司"双向治理"研究视角下的行为主体，子公司需要积极寻求母公司适度控制与自身适度自主性的平衡，既能够获取来自母公司的信任，又能够合理利用自主性提升自身的运营效率。但是，由

于实际控制人的存在,许多西方发达市场有效的公司治理机制能否在中国情境下发挥预期的效应是值得怀疑的,例如董事会的监督职能、高管的激励约束等,原因在于子公司的董事、高管多来自母公司的派驻,其日常决策、经营难以摆脱母公司意志而保持独立。因此,子公司可以通过构筑"三道防线"以保持适度自主性:第一道防线,子公司董事、高管强化自律与责任意识。尽管可能受制于母公司或者实际控制人社会资本网络的束缚,以及未来晋升激励的诱惑,难以保持独立性,但是子公司董事、高管在保持职业操守的同时,可以借助声誉激励进行自我激励与约束,为子公司保持适度自主性做出自己的贡献。其中,子公司董事应当正确理解董事忠诚、勤勉义务的含义,即对所服务的公司及全体股东承担义务,而不是仅仅为实际控制人或者大股东承担义务,子公司董监高必须在日常经营中力求实现任职公司及股东整体利益最大化,而不是片面遵循控股母公司或实际控制人的意志。第二道防线,子公司围绕优化股权结构、聘用高质量的外部审计师等治理机制,构筑适用于中国情境的公司治理机制。由于母公司或者实际控制人的存在,公司治理机制的有效性值得重新思考:如果董事会、监事会、经理层难以独立于母公司或者实际控制人,什么样的公司治理机制是可以信赖或者依靠的?股权结构和高质量的外部审计师也许可以为上述问题提供分别来自内部与外部治理的答案。原因在于股权机构的合理分配能够稀释母公司或者实际控制人的控制权,增强子公司其他股东,尤其是机构投资者的话语权。但是,为了保证控制权,有的子公司可能无法实现股权结构的合理配置,这时候就需要依赖高质量的外部审计师对母公司或者实际控制人控制行为的制衡与约束,即实现外部日趋完善的法律监管与内部公司治理机制的契合。如果前两道防线依旧无法维持子公司适度的自主性,还有侧重于强制实现的第三道防线:集体诉讼制度、代表诉讼制度与"揭开公司法人面纱"原则等法律诉讼与保护措施,旨在保障子公司及其中小股东的利益。集体诉讼制度与代表诉讼制度在我国应用并不普遍,但是其优点是非常显著的,集体诉讼制度一方面能够激励中小股东强化维权动机、便捷地进行维权;另一方面可以强化来自内部的制衡力量,弱化侵害子公司利益的动机。而代表诉讼制度与"揭开公司法人面纱"原则对于母子公司框架下,子公司实现自我保护具有重要的法律与实践意义,能够突破受到一定程度受到弱化的子公司"独立法人人格",强化母公司或者实际控制人的法律义务,降低其过度控制行为的概率。

参考文献

[1] Aggarwal R, Dow S. Dividends and Strength of Japanese Business Group Affiliation [J]. *Journal of Economics and Business*, 2012, 64 (3): 214-230.

[2] Ambos B, Mahnke V. How Do MNC Headquarters Add Value [J]. *Management International Review*, 2010, 50 (1): 403-412.

[3] Bouquet C, Birkinshaw J. Managing Power in the Multinational Corporation: How Low-Power Actors Gain Influence [J]. *Journal of Management*, 2008, 34 (3): 477-508.

[4] Brockman P, Yan X. Block Ownership and Firm Specific Information [J]. *Journal of Banking & Finance*, 2009, 33 (2): 308-316.

[5] Claessens S, Djankov S, Fan J, Lang H. Disentangling the Incentive and Entrenchment Effects of Large Shareholdings [J]. *Journal of Finance*. 2002, 57 (6): 2741-2772.

[6] Collins D, Kothari S, Shanken J, Sloan R. Lack of Timeliness and Noise as Explanations for the Low Contemporaneous Return-Earnings Association [J]. *Journal of Accounting and Economics*, 1994, 18 (3): 289-324.

[7] Faccio M. Politically Connected Firms [J]. *The American Economic Review*, 2006 (1): 369-386.

[8] Fan J, Wong T, Zhang T. Institutions and Organizational Structure: The Case of State-Owned Corporate Pyramids [J]. *Journal of Law, Economics, & Organization*. 2013, 29 (6): 1217-1252.

[9] Khanna T, Thomas C. Synchronicity and Firm Interlocks in an Emerging Market [J]. *Journal of Financial Economics*, 2009, 92 (2): 182-204.

[10] Luo Y. Corporate Governance and Accountability in Multinational Enterprises: Concepts and Agenda [J]. *Journal of International Management*, 2005, 11 (1): 1-18.

[11] Masulis R, Pham P, Zein J. Family Business Groups around the

World: Financing Advantages, Control Motivations, and Organizational Choices [J]. *Review of Financial Studies*, 2011, 24 (11): 3556 – 3600.

[12] Morck R. A History of Corporate Governance around the World: Family Business Groups to Professional Managers [M]. *Chicago: University of Chicago Press*, 2007.

[13] Morck R, Yeung B, Yu W. The Information Content of Stock Markets: Why Do Emerging Markets Have Synchronous Stock Price Movements [J]. *Journal of Financial Economics*, 2000, 58 (1 – 2): 215 – 260.

[14] O'Donnell S. Managing Foreign Subsidiaries: Agents of Headquarters, or an Interdependent Network [J]. *Strategic Management Journal*, 2000, 21 (5): 525 – 548.

[15] Paterson S, Brock D. The Development of Subsidiary – management Research: Review and Theoretical Analysis [J]. *International Business Review*, 2002, 11 (2): 139 – 163.

[16] Tasoluk B, Yaprak A, Calantone R. Conflict and Collaboration in Headquarters – subsidiary Relationships: An Agency Perspective on Product Rollouts in an Emerging Market [J]. *International Journal of Conflict Management*, 2006, 17 (4): 332 – 351.

[17] Yeh Y. Do Controlling Shareholders Enhance Corporate Value [J]. *Corporate Governance*, 2005, 13 (2): 313 – 325.

[18] 陈小林、孔东民：《机构投资者信息搜寻、公开信息透明度与私有信息套利》，载《南开管理评论》2012 年第 1 期。

[19] 方军雄：《民营上市公司，真的面临银行贷款歧视吗》，载《管理世界》2010 年第 11 期。

[20] 方政、徐向艺：《金字塔结构、股权制衡与上市公司股价信息质量》，载《经济管理》2013 年第 3 期。

[21] 方政、徐向艺：《母子公司治理研究脉络梳理与演进趋势探析》，载《外国经济与管理》2013 年第 7 期。

[22] 方政、徐向艺：《金字塔结构与股价信息含量——基于审计师声誉的调节效应研究》，载《华东经济管理》2013 年第 7 期。

[23] 冯根福、赵珏航：《管理者薪酬、在职消费与公司绩效——基于合作博弈的分析视角》，载《中国工业经济》2012年第6期。

[24] 李增泉、叶青、贺舟：《企业关联、信息透明度与股价特征》，载《会计研究》2011年第1期。

[25] 陆正飞、张会丽：《所有权安排、寻租空间与现金分布——来自中国A股市场的经验证据》，载《管理世界》2010年第5期。

[26] 屈文洲、谢雅璐、叶玉妹：《信息不对称、融资约束与投资-现金流敏感性——基于市场微观结构理论的实证研究》，载《经济研究》2011年第6期。

[27] 王蓓、郑建明：《金字塔控股集团与公司价值研究》，载《中国工业经济》2010年第2期。

[28] 武常岐、钱婷：《集团控制与国有企业治理》，载《经济研究》2011年第6期。

[29] 杨继伟：《股价信息含量与资本投资效率——基于投资现金流敏感度的视角》，载《南开管理评论》2011年第5期。

[30] 郑海航：《内外主体平衡论——国有独资公司治理理论探讨》，载《中国工业经济》2008年第7期。

[31] 钟海燕、冉茂盛、文守逊：《政府干预、内部人控制与公司投资》，载《管理世界》2010年第7期。

第五章

上市公司对母公司的股权制衡
——基于社会资本控制链的视角

根据委托代理理论，基于利益最优化，委托人与代理人将进行控制权的重新配置。正如奈茨（Knight，1921）指出，没有人愿意替他人承担风险而不要求控制权，也没有人能不替他人承担风险就能取得控制权。所以在母子公司治理实践中，母公司为了自身利益以及母子公司的整体利益，通过资本控制链对子公司进行直接或者间接的控制。同时，基于有效市场假说，由于作为公司内外部沟通桥梁的信息披露在获得合理的市场评价方面发挥重要的作用，母公司存在较强的动机对于子公司信息披露施加必要的控制。因此，金字塔结构下，上市公司的信息披露是否能够保持独立是一个需要研究的问题。进一步分析，根据传统的委托代理理论，有效的内部治理机制能够优化公司治理结构，有效的提升公司决策水平。股权制衡作为重要的内部治理机制是否能够有效的优化子公司的治理结构，实现对于子公司独立法人人格的保护也将被纳入本章的研究框架。另外，通过引入社会资本理论和社会资本控制链的思想，将股权制衡进行细分，分别研究其制衡效果，发现两类股权制衡的治理效应存在显著差异，为后续研究进行有益的探索。

第一节 文献综述

如何合理的识别上市公司信息披露的有效性就成为目前学者们较为关注

的问题。王美今和林建浩（2012）指出现代经济生活极大的复杂性，使得发现并建立真实模型往往成为奢望，这是一个探索的过程，也就允许研究者多方尝试，从而模型的设定呈现多样性。基于消除宏观因素的影响以及最大限度强化公司层面信息的权重的考虑，股价信息质量作为解释上市公司业绩指标与市场评价关联程度的指标被应用于信息披露有效性的识别研究中。袁知柱和鞠晓峰（2009）指出股价能否反映上市公司的内在价值信息，即股价信息含量，决定了股价信息是否能够发挥引导资源优化配置的作用。由于计量的是上市公司股价信息中涉及公司层面信息的权重，不仅包括了及时性、重要性，而且还涵盖了可靠性等特征，股价信息质量较股价信息含量更能体现该变量的实际内涵。

母子公司框架下，子公司的股价信息质量是否受到其在资本控制链中位置的影响？针对这一问题，国内学者的研究则还处于起步阶段，主要原因在于中国资本市场监管机构在2003年之前并没有要求上市公司向公众披露有关金字塔结构的信息（李增泉等，2008）。莫克尔等（Morck et al.，2000）、卡纳等（Khanna et al.，2009）通过研究指出，尤其是在发展中国家，如果上市公司隶属于企业集团中的集团公司，则其股价信息质量普遍低于其他没有隶属关系的上市公司。国内学者李增泉等（2011）较早的关注处于集团公司资本控制链下的上市公司信息披露问题，研究选取中国上市公司作为样本，结论显示上市公司与其隶属的集团公司关联度越强，其股价同步性越高，股票的大涨、大跌风险越大。但是，部分学者注意到了控制权与现金流权的分离会导致信息披露质量下降的问题。约瑟夫等（Joseph et al.，2002）研究指出上市公司控制权与现金流权的两权分离和会计盈余信息含量呈现显著负相关关系，即随着两权分离度的增大，上市公司会计盈余信息含量相应降低。王俊秋和张奇峰（2007）选择中国家族控制的上市公司作为样本，研究发现上市公司实际控制人控制权和现金流权的偏离能够加剧控制性股东与小股东之间的代理冲突，从而产生"隧道效应"，降低盈余信息含量。

通过梳理相关文献，学术界关于金字塔结构与股价信息质量的研究还存在以下不足：首先，关于金字塔结构与股价信息质量的研究尚不成熟，还没有学者基于母子公司研究框架对子公司的信息披露是否受到其在资本控制链中位置的影响展开研究，即缺乏对于金字塔结构下的控制强度差异性的关注；其次，现有的关于两权分离度与信息披露质量的研究主要采用盈余信息含量作为信息披露质量的替代变量，这一思路在信息含量的度量问题上存在一定的不足，即赋予了会计信息相对较高的权重，而对于年报中关于治理结构的信息缺乏关注。最后，现有研究忽略了母子公司参与主体间的互动关系，仅仅假定母子公司间的契约为单向契约，即子公司只是被动接受方，这也导致了目前的研究结论存在分歧。基于以上不足，关于金字塔结构下的股价信息质量研究呈现出了必要性。另外，中国上市公司被强制要求披露金字塔持股结构，也为本研究的数据收集提供了可能性。

第二节　理论分析与假设提出

在竞争日益加剧、可预测性降低的不确定性市场条件下，公司通过走向联合以寻求分散风险、增强稳定性的有效路径。由于资本纽带的稳定性，母子公司成为较为普遍的企业集团形式，而其金字塔结构的资本控制链也作为控股股东治理的重要组成部分成为公司治理研究的热点。考虑到金字塔结构能够实现控制权与现金流权的两权分离，母公司或者处于资本控制链上端的公司可以实现"以小博大"，既降低了经营风险，又能够以较低的交易成本实现最大限度的资源整合（游家兴等，2007；陈晓红等，2007）。根据委托代理理论并结合金字塔结构的特点，即通过现金流权与控制权的两权分离实现控制权对于所有权的弱化，而且可以借助延伸的资本控制链条增强实际控制权的隐蔽性，获得超额的控制权收益，为了获得控制权收益，母公司存在借助其在母子公司中的核心地位控制子公司的决策与经营的动机，使得子公司在决策与经营中丧失自主权，这在一定程度上弱化子公司的独立法人人格。

由于信息披露机制作为消除信息壁垒的有效途径，在满足外部投资者需求方面发挥了积极的作用，母公司也就有较强的动机控制上市公司的信息披露，以获取市场溢价与控制权收益。弗兰西斯等（Francis et al., 2005）考虑到美国拥有发达资本市场以及较高程度的投资者保护水平，选取美国上市公司作为研究样本，指出实际控制人存在通过控制上市公司信息披露实现控制权私利最大化的动机。马忠和吴翔宇（2007）以中国家族控股上市公司为样本，研究结论显示上市公司实际控制人两权分离度越高，上市公司自愿性信息披露程度越低，即上市公司实际控制人为了获取控制权私利，倾向于抑制对外披露私人信息。但是，基于传统财务风险观与控制权理论，部分学者虽然没有直接研究金字塔结构与信息披露机制的关系，但也为该领域研究提供了有益的理论与实践探索，例如王雪梅（2012）采用更为全面反映企业治理效果的 EVA，研究了金字塔控制层级与 EVA 的关系，结论指出二者呈现显著负相关关系，即控制层级越高，子公司受到的母公司控制越强。综合以上，研究结论分歧主要源于委托代理理论的缺陷，即假定委托人与代理人的契约属于单向固定的，而忽视了委托人与代理人的互动性。冯根福、赵珏航（2012）也通过研究证实了委托人与代理人契约互动性的存在。因此，母子公司治理机制框架下，直接研究母公司对于子公司的控制效果而忽视了母子公司的互动性存在一定的逻辑跳跃性。

  金字塔结构下，随着资本控制链的延伸，两权分离度呈现加大的趋势，即控制权与现金流权分离程度加大。在将母子公司的互动性纳入分析框架后，处于资本控制链末端的子公司由于两权分离度的加大，即母公司现金流权的稀释，母公司承担的风险也相应地降低，其对于子公司信息披露的控制也相应减弱，子公司由于能够相对自主的进行信息披露，其内部人就能基于自身利益提升信息披露的有效性，从而有助于股价信息质量的提升；相反，如果一个子公司处于资本控制链的顶端，由于其两权分离度较小，即母公司现金流权相对较高，也就需要承担相对较高的风险，其对于子公司信息披露的控制动机也就越强，由于子公司不能自主的进行信息披露，需要服从母公司整体利益，也就不利于股价信息质量的提升。基于以上分析，提出假设如下：

  假设 H1：金字塔结构下，子公司处于资本控制链的位置与股价信息质量呈现负相关关系，即子公司两权分离度与股价信息质量呈现正相关关系。

  根据传统的委托代理理论，有效的内部治理机制能够优化公司治理结构。股权制衡作为基于股权结构的内部治理机制，其在母子公司治理，尤其是子公司中小股东保护方面发挥了重要作用，是子公司自我保护以及独立法人地位得到保障的有效途径。关于股权制衡的实践效果，学者倾向于认为股权制衡作为一种内部治理机制能够通过股东层面的治理达到抑制控股股东侵害中小股东的行为,并进而改善公司绩效(Shleifer et al.,1986;La Porta et al.,1999;陈德萍等,2011)。另外,学者们还研究指出了股权制衡其他的积极作用,如吴红军和吴世农(2009)研究结论指出随着其他股东对于第一大股东制衡能力的增强,第一大股东的掏空程度呈现先升后降的倒"U"型关系,企业价值呈现先降后升的"U"型关系;徐向艺和王俊韡(2011)也通过研究得出了股权制衡对公司绩效的影响呈现"U"型关系的结论;洪剑峭和薛皓(2008),吕怀立和李婉丽(2010)指出股权制衡能够有效遏制控股股东的关联交易;李琳等(2009)指出股权制衡能够有效地降低公司业绩波动性和离散程度,保证公司运营的稳健性。基于此,并结合委托代理理论,提出假设如下:

假设 H2:金字塔结构下,股权制衡能够调节两权分离度与股价信息质量的关系,提高上市公司股价信息质量。

但是,部分学者也对股权制衡的效果提出了质疑,如莱文(Laeven,2008)认为多个大股东共存,存在合谋的可能,并侵害公司利益;毛世平(2009)研究指出股权制衡的作用存在权变性,既存在激励效应,也存在合谋倾向。针对以上研究分歧,学者们开始关注可能存在的遗漏变量,如股权性质的作用(Maury et al.,2005;刘星等,2007;涂国前等,2010)、所有权状态(朱滔,2007),分析指出股权制衡需要发挥正面治理效应是需要条件的(毛世平,2009)。

莫里等(Maury et al.,2005),刘星、刘伟(2007),涂国前和刘峰(2010)都通过自己的研究指出股权制衡与股权性质的内在联系,即由于股权性质的差异,股权制衡的治理效应存在差异。进一步分析,基于社会资本理论,高闯和关鑫(2008),关鑫、高闯和吴维库(2010)开创性地提出了终极股东社会资本控制链问题,认为仅凭借股权控制链无法完全揭示终极股东的隐蔽性,应该将股权控制链及其相关的社会资本控制链结合起来分析实际控制权。结合以上研究,股权制衡不仅受到股权性质的影响,还可能受到上市公司实际控制人社会资本的影响,所以研究应该将不同特点的股权制衡进行区分,即实质型股权制衡与形式型股权制衡,以更加合理、准确的评价股权制衡的作用。基于此,根据社会资本理论以及社会资本控制链的思想,提出以下假设:

假设 H3：金字塔结构下，实质型股权制衡治理效应显著优于形式型股权制衡。

第三节 研究设计

一、变量定义

（一）被解释变量：股价信息质量（SPI）

本文选用股价波动非同步性指标进行股价信息质量计量，这一方法也得到了较多的学者的认可（Morck et al.，2000；Jeffrey，2000；Durnev et al.，2004；Brockman et al.，2009；李增泉等，2011）。该指标通过以下公式进行度量：

$$R_{i,t} = \alpha_i + \beta_i R_{m,t} + \varphi_i R_{n,t} + \varepsilon_{i,t}$$

其中，$R_{i,t}$ 表示 i 公司在 t 期的股票收益率，$R_{m,t}$ 表示 t 期的资本市场股票收益率，$R_{n,t}$ 表示 t 期的行业股票收益率。通过上述方程回归的样本可将系数 R^2 作为股价信息质量的替代变量。这一方法的优点在于将市场、行业收益率均纳入分析框架，能够全面地反映股票价格信息。系数 R^2 越大，说明上市公司的股票收益率受到资本市场股票收益率、行业股票收益率的影响越大，即股票收益率中包含的公司层面信息越少，股价信息质量越低。另外，考虑到 R^2 取值服从 [0, 1] 区间，所以进行对数转换：

$$SPI = \ln \frac{1 - R^2}{R^2}$$

（二）解释变量

两权分离度（Div）。由于子公司位于母子公司资本控制链的层级与两权分离度关系较为密切，即随着资本控制链层级的延伸，母公司两权分离度将呈现增大的趋势，因此，采用两权分离度作为子公司位于金字塔结构层级

的替代变量。具体计算方式如下式:

$$Div_1 = CR - CFR \text{ 与 } Div_2 = \frac{CR}{CFR}$$。其中,CR 表示控制权,CFR 表示现金流权。

(三) 调节变量

股权制衡度 (Bal),采用第二至第五大股东持股比例之和与第一大股东持股比例的比值度量,并进行排序,若高于中位数,则赋值为 2;反之,赋值为 1。学者们倾向于认为股权制衡度较高的上市公司,相对于一股独大的上市公司具有较好的治理效果,也能较好的服从资本民主原则,能够遏制控股股东对于其他股东的侵占行为。

根据社会资本理论以及社会资本控制链的思想,直接根据股东持股比例进行股权制衡的度量并不能真实反映股权分布状况,而需要进一步考虑股权控制链背后的相关社会资本控制链状况。因此,本章将股权制衡分为实质型股权制衡与形式型股权制衡两类,期望更加真实、合理的探讨股权制衡治理效应。考虑到中国上市公司大多脱胎于国有企业,且股权集中度依旧较高,并结合社会资本控制链,具体度量方法如下:形式型股权制衡满足任一条件:(1)前两大股东同为国有背景、国有控股背景;(2)前两大股东的公司来自同一城市;(3)前两大股东隶属于同一集团公司;(4)前两大股东有一方为公司创始人;(5)前两大股东为自然人,且二人为亲属关系。反之,则定义为实质型股权制衡。如果股权制衡属于实质型,则取值为 2,以期增大该类股权制衡的权重;形式型股权制衡,则取值为 1。

(四) 控制变量

为了保证研究的稳健性,将其他可能对研究产生影响的因素一起纳入研究模型,选取控制变量如下(见表 5-1)。

表 5-1　　　　　　　　变量汇总表

变量	变量名称	变量符号	测度方法
被解释变量	股价信息质量	SPI	股价波动非同步性指标,方法如上

续表

变量	变量名称	变量符号	测度方法
解释变量	两权分离度	Div_i	控制权与现金流权的差值和比值
调节变量	股权制衡度	Bal	第二至第五大股东持股比例之和与第一大股东持股比例的比值,并进行排序赋值
	实质型股权制衡	Bal-Type	具体条件如前文所述
	形式型股权制衡		实质型股权制衡的其他情况
控制变量	独立董事自主性	Ind	董事会独立董事占比减去规定的1/3
	β系数	Beta	
	资本结构	Lev	资产负债率
	公司规模	Size	上市公司总资产对数
	成长性	Growth	主营业务增长率

独立董事自主性（Ind）。借鉴曹廷求等（2012）的概念和方法，采用董事会独立董事占比度量减去法规规定的独立董事比例1/3。委托代理理论认为，独立董事作为"外部人"，能够保证董事会的独立性和制衡大股东，进而保证上市公司信息披露的真实性。但是，在梅斯（Mace，1986）指出独立董事投票权属于"橡皮图章"后，独立董事的有效性开始受到质疑。因此，为了有效衡量独立董事的作用，有必要引入独立董事自主性概念。

β系数（Beta）。资本资产定价模型将β系数视为公司层面唯一影响定价的因素，也是测度上市公司对于资本市场风险的敏感性指标。如果上市公司潜在的经营风险较大，母公司为了保住子公司的"壳资源"而具有强烈的保壳动机，存在施加"支持行为"的可能。

资本结构（Lev）。采用资产负债率度量。如果上市公司具有较高的财务杠杆，其对上市公司利润的影响也被相应放大，这就意味着上市公司背负着较大的债务压力，可能弱化母公司的剥夺动机。

公司规模（Size）。采用上市公司总资产对数度量。由于规模较大的公司可能受到社会的关注，外部监督机制相对完善，一定程度上可以弱化母公司对于控制权私利的追逐动机。

成长性（Growth）。采用主营业务增长率度量。根据现金流假说，富裕的现金流能够满足企业投资的需求，导致过度投资，所以母公司有动机占有上市公司的富裕现金流，侵害上市公司股东利益。

二、模型设计

本章采用多元回归分析进行假设检验，构建模型如下：

模型 I：
$$SPI = \alpha_0 + \alpha_1 Div_i + \alpha_2 Ind + \alpha_3 Beta + \alpha_4 Lev + \alpha_5 Size + \alpha_6 Growth + \varepsilon$$

模型 II：
$$SPI = \alpha_0 + \alpha_1 Bal + \alpha_2 Ind + \alpha_3 Beta + \alpha_4 Lev + \alpha_5 Size + \alpha_6 Growth + \varepsilon$$

模型 III：（检验调节效应）
$$SPI = \alpha_0 + \alpha_1 Div_i + \alpha_2 Bal + \alpha_3 Div_i \times Bal + \alpha_i Control + \varepsilon$$

三、样本选择与数据处理

本章选取上海、深圳两个证券交易所 2007~2011 年度 A 股上市公司为研究对象，相关变量数据取自国泰安 CSMAR 数据库，部分缺失数据根据公司年度报告手工整理。另外，对于数据进行预处理，剔除相关样本数据，具体标准如下：剔除金融类公司；剔除 2007~2011 年间被 ST 和 PT 的公司；剔除极端值公司；剔除整体上市的公司及母公司资料不清晰的上市公司。按照以上标准，最终获取 1022 家上市公司数据作为研究样本。

本章分别采用 Excel、SPSS17.0、Stata10.0 进行数据收集与整理、数据前期处理和多元回归分析。

第四节 实证研究及结果分析

一、描述性统计

通过描述性统计，样本公司的股价信息质量均值与方差分别为 0.141 与

0.080，表明目前上市公司的股价信息质量相对较低，并且不存在显著的差异；两权分离度均值分别为 6.249 与 1.541，方差分别为 9.686 与 2.331，这显示了样本公司的两权分离度相对较大，并且存在显著的差异，这一定程度上说明了所选取的样本公司具有较强的普遍性，能够较为客观的揭示资本链复杂性；股权制衡度、资产负债率、独立董事自主性等指标方差较小，基本排除了异常值对于实证结果的干扰。另外，独立董事自主性指标均值为 0.030，而最小值为 -0.333，也就是说尽管公司治理准则要求上市公司董事会至少需要配置 1/3 的独立董事，但是严重缺乏主动性，并且还有部分上市公司没有严格落实相关比例要求，这说明中国上市公司聘用独立董事的内在动机不足，导致了独立董事是增强董事会独立性还是"橡皮图章"的分歧（见表 5-2）。

表 5-2 主要变量描述性统计

变量	Mean	Median	Variance	Min	Max
SPI	0.141	0.035	0.080	0.000	2.625
Div_1	6.249	0.232	9.686	0.000	39.253
Div_2	1.541	1.012	2.331	1.000	48.266
Bal	0.489	0.319	0.238	0.010	3.695
Ind	0.030	0.000	0.004	-0.333	0.381
Lev	0.566	0.537	0.166	0.002	6.740
Size	21.853	21.746	1.979	16.520	30.370

二、母子公司金字塔结构与子公司股价信息质量分析

根据回归分析的基本要求，在进行多元回归分析之前，首先排除了异常值、自相关与异方差等潜在扰动影响因素后，采用 STATA10.0 对面板数据进行了 Hausman 检验后选用固定效应对模型 Ⅰ 进行回归分析。具体结果如表 5-3 所示。

表5-3 金字塔结构与子公司股价信息质量分析结果

变量	模型 I 股价信息质量（SPI）	
Constant	2.243*** (3.51)	2.291*** (3.53)
Div_1	0.003** (1.94)	
Div_2		0.004** (1.96)
Ind	-0.025 (-0.22)	-0.037 (-0.32)
Beta	-0.038 (-0.81)	-0.047 (-0.97)
Lev	0.009 (0.36)	0.009 (0.36)
Growth	0.008*** (3.22)	0.009*** (3.04)
Size	-0.096*** (-3.34)	-0.097*** (-3.31)
F值	2.63***	2.08**
Adjust R^2	0.270	0.230

注：***、**、*分别表示1%、5%、10%的显著性水平，括号内数字为t值或z值。

表5-3结果显示控制权与现金流权两权分离度与股价信息质量呈现显著正相关关系，且显著性水平均为5%，说明随着母子公司资本控制链的延伸，位于资本控制链末端的子公司，随着其两权分离度的增大，股价信息质量也就相应的增加。具体来说，母公司由于在资本控制链末端的现金流权相对较低，一方面其风险程度较控制链前端相对较低；另一方面其控制方式也由直接控制变为间接控制，所以其对于上市公司信息披露的控制动机也就相应得到了弱化，证实了假设H1。另外，应该注意到，独立董事自主性与股价信息质量并不存在相关关系，这说明独立董事制度虽然已经作为重要的公

司治理机制运用于公司治理实践中,但是其应用在更多情况下充当传递信息的"信号",却不能有效改善董事会的独立性,为独立董事"橡皮图章"的论断提供了来自中国上市公司支持。

三、股权制衡的调节效应分析

通过加入股权制衡调节虚拟变量,并借助模型Ⅱ与模型Ⅲ进行调节作用分析。采用STATA10.0对数据进行了Hausman检验后仍然选用随机效应进行回归分析。具体结果如表5-4所示。

表5-4 股权制衡调节作用分析结果(一)

变量	模型Ⅱ	模型Ⅲ	
	股价信息质量(SPI)		
Constant	0.349*** (3.38)	0.089*** (2.93)	0.097*** (2.88)
Div_i		-0.001 (-0.17)	0.019** (2.31)
Bal	0.027* (1.89)	0.012 (0.65)	0.006 (0.33)
Div_i*Bal		0.003* (1.78)	0.017** (2.18)
Ind	0.119 (1.53)	0.039 (0.58)	0.023 (0.34)
Beta	-0.001 (-0.04)	0.006 (0.23)	-0.001 (-0.21)
Lev	-0.021 (-1.60)	0.003 (0.23)	0.003 (0.24)
Growth	0.009 (1.36)	0.004** (2.17)	0.003*** (3.12)
Size	-0.010** (-2.47)	-0.001** (-2.29)	-0.001*** (-2.74)
Wald	14.21**	25.63***	23.32***
Adjust R^2	0.162	0.249	0.253

注:***、**、*分别表示1%、5%、10%的显著性水平,括号内数字为t值或z值。

模型Ⅱ结果显示股价信息质量与股权制衡存在显著正相关关系，且显著性水平为10%，即股权制衡作为调节变量，对于股价信息质量存在主效应影响；其他变量结果与模型Ⅰ基本一致。模型Ⅲ结果部分证明了两权分离度与股价信息质量仍然呈现显著正相关关系，且显著性水平为5%，与模型Ⅰ检验结果基本一致。为了验证调节作用，将股权制衡引入方程后，两权分离度与股价信息质量呈现显著正相关关系，且显著性水平分别为10%与5%，说明随着股权制衡度的提高，能够调节两权分离度与股价信息质量的关系，即提升上市公司股价信息质量，证实了假设 H2。其他变量的结果基本与模型Ⅰ一致，一定程度上证明了结论的稳健性。

四、股权制衡效应具体化分析

基于前面分析，继续深化股权制衡效应分析，将股权制衡细分为形式型股权制衡与实质型股权制衡，并借助模型Ⅱ与模型Ⅲ进行相关调节作用分析。具体结果如表 5-5 所示。

表 5-5　　　　　　　股权制衡调节作用分析结果（二）

变量	模型Ⅱ	模型Ⅲ	
	股价信息质量（SPI）		
Constant	0.128 *** (2.96)	0.131 *** (2.79)	0.127 ** (2.43)
Div_i		-0.002 (-1.25)	0.013 * (1.75)
Bal - Type	0.018 ** (1.97)	0.013 (1.32)	0.011 (0.97)
$Div_i *$ Bal - Type		0.003 ** (1.96)	0.012 * (1.76)
Ind	0.025 (0.36)	0.028 (0.41)	0.015 (0.22)
Beta	-0.007 (-0.26)	-0.005 (-0.19)	-0.008 (-0.32)

续表

变量	模型Ⅱ	模型Ⅲ	
	股价信息质量（SPI）		
Lev	0.036 (1.53)	0.035 (1.56)	0.036 (1.62)
Growth	-0.004 (-1.01)	0.004** (2.05)	0.004** (2.21)
Size	-0.001** (-2.18)	-0.001** (-2.30)	-0.002** (-2.19)
Wald	21.74***	23.33***	23.79***
Adjust R^2	0.259	0.291	0.282

注：***、**、*分别表示1%、5%、10%的显著性水平，括号内数字为t值或z值。

模型Ⅱ结果显示股价信息质量与股权制衡类型存在显著正相关关系，且显著性水平为5%，一方面说明股权制衡类型作为调节变量，对于股价信息质量存在主效应影响；另一方面说明实质型股权制衡的治理效应较形式型股权制衡更为显著。为了进一步验证不同类型股权制衡的调节作用，将股权制衡类型引入模型Ⅲ，结果显示两权分离度与股价信息质量呈现显著正相关关系，且显著性水平分别为5%与10%，实质型股权制衡比形式型股权制衡具有更加显著的治理效应，能够在金字塔结构下显著提升上市公司股价信息质量，证实了假设H3。

第五节 研究结论与政策建议

本章选取上海、深圳证券交易所2007~2011年度1022家A股上市公司作为研究样本，研究了金字塔结构与股价信息质量的关系，以及股权制衡的调节作用，以验证在两权分离情况下，是否存在母公司对于子公司的信息披露控制问题，以及股权制衡是否能够约束母公司的控制行为。

一、研究结论

（一）基于母子公司资本控制链形成的金字塔结构，母公司两权分离度与上市公司股价信息质量呈现显著正相关关系

结论证明在金字塔结构下，处于控制链顶端的子公司一方面由于两权分离程度较小，母公司需要承担相对较大的风险和责任；另一方面母公司对于子公司的控制方式还属于直接控制的范畴，因此母公司具有控制子公司信息披露的动机，导致上市公司股价信息质量偏低；同时，处于控制链底端的上市公司由于两权分离程度较大，母公司的现金流权相对较低，其风险与责任得以分散，而且控制方式也由直接控制转为间接控制，所以其控制动机也相应降低，股价信息质量也伴随着子公司自主性的提高而得到提升。

（二）金字塔结构下，股权制衡能够调节两权分离度与股价信息质量的关系，提高上市公司股价信息质量

结论证明股权制衡作为重要的内部治理机制，在母子公司金字塔结构下，股权制衡的治理效应能够有效提升子公司股价信息质量，切实保护失去实际"独立法人人格"的子公司的独立性，尤其是中小股东的权益。

（三）金字塔结构下，实质型股权制衡治理效应显著优于形式型股权制衡，即实质型股权制衡较之于形式型股权制衡能够更加有效的提升股价信息质量

学者们已有的关于股权制衡的研究结论存在分歧，除了指标选取方式、变量度量方法以及研究模型的差异外，对于股权制衡的机械使用是主要原因。本章通过引入社会资本理论和社会资本控制链的思想，将股权制衡进行细分，分别研究其制衡效果，发现两类股权制衡的治理效应存在显著差异，为后续研究进行了有益的探索。

二、政策建议

（一）鼓励机构投资者积极参与公司治理

欢迎上市公司引入境外战略机构投资者，简化外国投资者投资中国非战略行业上市公司的审批程序，实现股权制衡为导向的股权结构优化。通过简化审批程序，境外机构投资者能够更加便捷的参股中国非战略行业的上市公司，一方面实现股权结构的分散化；另一方面有利于增进资本市场的活跃程度。境外战略投资者不仅具有先进的投资理念与治理经验，而且其外部人的身份能够完善公司治理结构，形成实质型股权制衡，增强上市公司，尤其是子公司的独立性，保护中小股东的合法权益。

（二）强化上市公司年报股东情况信息披露

进一步细化有关股东间是否存在社会关系等信息披露，如自然人或者法人股东是否存在社会联系、自然人与法人股东间是否存在社会联系等，从而实现关联关系或一致行动人的形式与实质区别。为了有效发挥股权制衡机制的治理作用，对股权制衡的性质进行区分显得十分必要。通过强化股东情况披露的信息含量，投资者能够直接、清晰的了解股东的关联关系，以更为准确的把握上市公司股东构成情况，切实保护中小股东的知情权与收益权。

参考文献

[1] Abeler, J., Falk, A., Goette, L., Huffman, D. Reference Points and Effort Provision [J]. *American Economic Review*, 2011, 101 (2): 470 – 492.

[2] Belghitar, Y., Clark, E. Managerial Risk Incentives and Investment Related Agency Costs [J]. *International Review of Financial Analysis*, 2015, 38 (3): 191 – 197.

[3] Benmelech, E., Kandel, E., Veronesi, P. Stock – based Compensation and CEO (dis) Incentives [J]. *Quarterly Journal of Economics*, 2010,

125 (4): 1769 – 1820.

[4] Benson, B., Davidson, W. Reexamining the Managerial Ownership Effect on Firm Value [J]. *Journal of Corporate Finance*, 2009, 15 (5): 573 – 586.

[5] Brookman, J., Thistle, P. Managerial Compensation: Luck, Skill or Labor Markets [J]. *Journal of Corporate Finance*, 2013, 21 (1): 252 – 268.

[6] Burns, N., McTier, B., Minnick, K. Equity – incentive Compensation and Payout Policy in Europe [J]. *Journal of Corporate Finance*, 2015, 30 (3): 85 – 97.

[7] Chen, J., Ezzamel, M., Cai, Z. Managerial Power Theory, Tournament Theory, and Executive Pay in China [J]. *Journal of Corporate Finance*, 2011, 17 (4): 1176 – 1199.

[8] Coles, J., Lemmonb, M., Meschke, J. Structural Models and Endogeneity in Corporate Finance: The Link between Managerial Ownership and Corporate Performance [J]. *Journal of Financial Economics*, 2012, 103: 149 – 168.

[9] Conyon, M., He, L. Executive Compensation and Corporate Governance in China [J]. *Journal of Corporate Finance*, 2011, 17 (4): 1158 – 1175.

[10] Corea, J., Guaya, W., Larcker, D. The Power of the Pen and Executive Compensation [J]. *Journal of Financial Economics*, 2008, 88 (1): 1 – 25.

[11] Estrin, S., Prevezer, M. The Role of Information Institutions in Corporate Governance: Brazil, Russia, India, and China Compared [J]. *Asia Pacific Journal of Management*, 2011, 28 (1): 41 – 67.

[12] Evans, A. Portfolio Manager Ownership and Mutual Fund Performance [J]. *Financial Management*, 2008, 37 (3): 513 – 534.

[13] Faulkender, M., Yang, J. Inside the Black Box: The Role and Composition of Compensation Peer Groups [J]. *Journal of Financial Economics*, 2010, 96 (2): 257 – 270.

[14] Foster, D., Young, H. Gaming Performance Fees by Portfolio Managers [J]. *Quarterly Journal of Economics*, 2010, 125 (4): 1435 – 1458.

[15] Frydman, C., Saks, R. Executive Compensation: A New View from a Long-term Perspective, 1936-2005 [J]. *Review of Financial Studies*, 2010, 23 (5): 2099-2138.

[16] Goergena M, Limbach P, Scholz M. Mind the Gap: The Age Dissimilarity between the Chair and the CEO [J]. *Journal of Corporate Finance*, 2015, 35 (6): 136-158

[17] Harris, M., Raviv, A. Optimal Incentive Contracts with Imperfect Information [J]. *Journal of Economic Theory*, 1979, 20 (2): 231-259.

[18] Hart O., Moore, J. Contracts as Reference Points [J]. *Quarterly Journal of Economics*. 2008, 123 (1): 1-48.

[19] Hua, Y., Zhou, X. The Performance Effect of Managerial Ownership: Evidence from China [J]. *Journal of Banking & Finance*. 2008, 32 (10): 2099-2110.

[20] Larkin, I., Pierce, L., Gino, F. The Psychological Costs of Pay-for-Performance: Implications for the Strategic Compensation of Employees [J]. *Strategic Management Journal*, 2012, 33 (10): 1194-1214.

[21] Lian, Y., Su, Z., Gu, Y. Evaluating the Effects of Equity Incentives Using PSM: Evidence from China [J]. *Frontiers of Business Research in China*, 2011, 5 (2): 266-290.

[22] Lie, E. On the Timing of CEO Stock Option Awards [J]. *Management Science*. 2005, 51 (5): 802-812.

[23] Liu Y, Miletkov M, Wei Z, Yang T. Board Independence and Firm Performance in China [J]. *Journal of Corporate Finance*. 2015, 30 (1): 223-244.

[24] Minnick, K., Unal, H., Yang, L. Pay for Performance? CEO Compensation and Acquirer Returns in BHCs [J]. *Review of Financial Studies*, 2010, 24 (2): 439-472.

[25] Mishra, D. The Dark Side of CEO Ability: CEO General Managerial Skills and Cost of Equity Capital [J]. *Journal of Corporate Finance*, 2014, 29 (10): 390-409.

［26］Murphy, K. Executive Compensation ［J］. *Handbook of Labor Economics*, 1999, 3: 2485 – 2563.

［27］Newton A. Executive Compensation, Organizational Performance, and Governance Quality in the Absence of Owners ［J］. *Journal of Corporate Finance*, 2015, 30 (1): 195 – 222.

［28］Norliø, Ostergaard C, Schindele I. Liquidity and Shareholder Activism ［J］. *Review of Financial Studies*, 2015, 28 (2): 486 – 520.

［29］Pepper, A., Gore, J., Crossman, A. Are Long – term Incentive Plans an Effective and Efficient Way of Motivating Senior Executives ［J］. *Human Resource Management Journal*, 2013, 23 (1): 36 – 51.

［30］Robinson, D., Sensoy, B. Do Private Equity Fund Managers Earn Their Fees? Compensation, Ownership, and Cash Flow Performance ［J］. *Review of Financial Studies*, 2013, 26 (11): 2760 – 2797.

［31］Xu, P. Managerial Incentives and a Firm's Cash Flow Sensitivities ［J］. *International Review of Economics & Finance*, 2013, 27 (6): 80 – 96.

［32］曹廷求、张光利：《上市公司高管辞职的动机和效果检验》，载《经济研究》2012年第6期。

［33］陈冬华、陈信元、万华林：《国有企业中的薪酬管制与在职消费》，载《经济研究》2005年第2期。

［34］陈仕华、姜广省、李维安、王春林：《国有企业纪委的治理参与能否抑制高管私有收益》，载《经济研究》2014年第10期。

［35］丁保利、王胜海、刘西友：《股票期权激励机制在我国的发展方向探析》，载《会计研究》2012年第6期。

［36］方政、徐向艺：《母子公司治理研究脉络梳理与演进趋势探析》，载《外国经济与管理》2013年第7期。

［37］傅颀、汪祥耀：《所有权性质、高管货币薪酬与在职消费——基于管理层权力的视角》，载《中国工业经济》2013年第12期。

［38］巩娜：《股权激励对于我国民营企业研发投入的影响——以控股股东及行业为调节变量》，载《经济管理》2013年第7期。

［39］江伟、姚文韬：《企业创新与高管薪酬-业绩敏感性——基于国

有上市公司的经验研究》，载《经济管理》2015 年第 5 期。

[40] 李维安、苏启林：《股权投资与企业高管双重激励的实证研究》，载《暨南学报（哲学社会科学版）》2013 年第 9 期。

[41] 黎文靖、池勤伟：《高管职务消费对企业业绩影响机理研究——基于产权性质的视角》，载《中国工业经济》2015 年第 4 期。

[42] 梁漱溟：《东西文化及其哲学》，商务印书馆 1999 年版。

[43] 刘峰、冯星：《上市公司终止实施股权激励的动机研究》，载《厦门大学学报（哲学社会科学版）》2014 年第 5 期。

[44] 罗宏、黄敏、周大伟、刘宝华：《政府补助、超额薪酬与薪酬辩护》，载《会计研究》2014 年第 1 期。

[45] 吕长江、严明珠、郑慧莲、许静静：《为什么上市公司选择股权激励计划》，载《会计研究》2011 年第 1 期。

[46] 沈艺峰、李培功：《政府限薪令与国有企业高管薪酬、业绩和运气关系的研究》，载《中国工业经济》2010 年第 11 期。

[47] 童英：《管理层激励与投资的现金流弹性》，载《经济管理》2009 年第 6 期。

[48] 王新、毛慧贞、李彦霖：《经理人权力、薪酬结构与企业业绩》，载《南开管理评论》2015 年第 1 期。

[49] 许文彬：《我国上市公司控制权私利的实证研究》，载《中国工业经济》2009 年第 2 期。

[50] 徐向艺、方政：《子公司信息披露研究——基于母子公司"双向治理"研究视角》载《中国工业经济》2015 年第 9 期。

[51] 杨德明、赵璨：《媒体监督、媒体治理与高管薪酬经济研究》，载 2012 年第 6 期。

[52] 杨慧辉、潘飞、奚玉芹：《国外期权激励诱发高管择时行为研究述评及对中国的启示》，载《外国经济与管理》2015 年第 5 期。

[53] 余菁：《走出国有企业理论纷争的丛林：一个关于国有企业目标、绩效和治理问题的综合分析》，载《中国工业经济》2008 年第 1 期。

[54] 袁振超、岳衡、谈文峰：《代理成本、所有权性质与业绩预告精确度》，载《南开管理评论》2014 年第 3 期。

[55] 张馨艺、张海燕、夏冬林:《高管持股、择时披露与市场反应》,载《会计研究》2012年第6期。

[56] 宗文龙、王玉涛、魏紫:《股权激励能留住高管吗?——基于中国证券市场的经验证据》,载《会计研究》2013年第9期。

第六章

母子公司双向治理视角下董事会双元治理[*]

为了厘清董事会实现治理有效性的内在机理,学者们进行了兼具深度和广度的理论探索,研究重点经历了从源自法定或者章定直接权力的正式层级,到基于治理文化的非正式层级的转变,遗憾的是并未取得一致结论。这是因为非正式层级的形成机理事实上是源自对股东权力的依赖和认同,从而具有主体的特定性和意志的排他性,这与正式层级所体现的全体股东意志是存在区别的。董事会正式层级与非正式层级所遵循的"法"或游戏规则并不一致,存在董事的声誉权衡,而权衡后的正式层级与非正式层级的协同治理才是董事会治理有效性的决定因素。那么如何才能保证董事会的治理有效性呢?由于中国情境下的董事会治理有效性同时受到正式层级和非正式层级两个方面的影响,这就需要构建能使董事会决策过程更具科学性和公正性的治理结构,敦促董事忠诚并勤勉地履职,实现基于市场契约的正式层级和基于关系契约的非正式层级的双元治理(ambidextrous governance)声誉权衡。因此,本章引入双元治理的思想,通过梳理董事会正式层级与非正式层级在提升董事会治理有效性方面的作用机理和治理效果,旨在提出二者的整合分析框架并为董事会治理提供有益的理论探索。

---

[*] 本章主要内容刊于《管理学报》2020年第11期。

第一节 董事会正式层级的作用机理及其治理效应

2019年6月20日，*ST康得董事会曝光了康得投资集团对上市公司存在非经营性资金占用和重大信息披露违规行为。曾经的白马股康得新陷入债务危机后，新一届董事会自查发现了控股股东康得投资集团与北京银行签订的《现金管理合作协议》，而康得新及其子公司也参与了这一协议。面对资本市场的质疑，时任公司董事、副总裁侯向京表示现任董事会"挖出了雷，我们是排雷者，不是埋雷者，不能因为我们挖雷就迁怒于我们"。这一案例印证了董事会治理有效性的研究现状，即一方面源自法定或章定权力的董事会正式层级被赋予监督职能，能够代表全体股东利益监督和制约实际控股股东的行为；另一方面由于中国关系导向型的治理文化，董事会非正式层级中存在的隐性秩序可能致使监督职能的弱化（马连福等，2019），正如*ST康得回击控股股东康得投资集团罢免时任董事长肖鹏的文章中所述，中国资本市场中实际控制人与高管的合谋导致法律法规和治理机制难以有效发挥作用。[①] 由于中国上市公司的金字塔结构以及实际控制人的存在，董事会难以保持独立性，其尽职勤勉的影响因素既可能是董事的声誉，也可能是对董事席位的追求（Li et al.，2018），因此董事会治理有效性一直饱受质疑。

董事会不仅承担着决策和监督的职能，董事会的存在本身也是代理链条上的一个环节，如何保证董事会的治理有效性，尤其是决策过程的科学性和公正性长期以来一直是学者们关注的难题。其中，董事会正式层级首先引起了普遍关注。董事会正式层级是指由制度规定或组织设计所形成的董事权力分布，在战略制订或解决程序不确定性方面起着决定性作用（Magee and Galinsky，2008），也就是说董事会正式层级来源于直接的法定或者章定权力，主要体现在董事会结构上。旨在保证全体股东的权利平等与合理收益，董事会正式层级应该由股东大会选聘尽职的董事产生（周建等，2015；Kim and Starks，2016；李长娥和谢永珍，2017），且董事代表全体股东行使表决

---

① 相关内容根据ST康得（002450）公告及网页资料整理。根据《*ST康得"宫斗"翻开新的一页：总裁、副总裁同时辞职》，载《第一财经网》2019年7月1日。

权,被认为是提升董事会治理有效性的基础(祝继高等,2015)。

一、董事会正式层级的理论基础、作用机理与表现形式

董事会有效治理的实现离不开决策(咨询)和监督职能效率的提升(Eisenhardt,1989;Jensen and Meckling,1979)。委托代理理论认为,委托人与代理人的利益无法始终保持一致,代理人可能会牺牲委托人的长期利益来换取自身短期财富(Fama et al.,1983),这就要求委托人对代理人进行必要的激励与监督,实现董事的忠诚、勤勉义务与双方利益的趋同,即在赋予董事会相关权力的同时,借助一定的约束机制追求董事会内部权力平衡,促使董事异质性资源的充分利用(Hillman and Dalziel,2003),进而提升董事的决策和监督能力。董事会正式层级界定了董事会的结构和权力分布,旨在保证董事在正式权力框架内为董事会提供更为专业和独立的决策和监督能力,维护全体股东的利益。具体而言,其对治理有效性的作用机理包括提升决策(咨询)能力和强化监督能力两个方面(Adams et al.,2018)。

二、提升决策(咨询)能力

愈发激烈的外部竞争与复杂的业务环境对董事会决策能力提出了更高的要求(Coles et al.,2008)。为了有效提升决策(咨询)能力,董事会有效性研究先后聚焦于两个发展阶段:董事会规模的增量发展和董事会结构的存量优化。首先,聚焦董事会规模的增量发展。虽然最优董事会规模与所处情境相关(Raheja,2005),但是通过扩大董事会规模所带来的更为丰富的人力和社会资本(Guest,2008;Lehn et al.,2009),不仅能够应对多元化业务的复杂性(Coles et al.,2008),更有助于复杂性目标的达成(Aggarwal et al.,2006)。

其次,董事会结构的存量优化。由于仅仅通过董事会规模的粗放增长无助于决策效率的提升,学者们开始寻找更加合理的优化方案,即董事会结构的存量优化。一方面,通过赋予占主导地位董事更大的权力以提升董事会的决策效率,例如董事长与CEO的两职合一性(Finkelstein et al.,2009);另

一方面，引入更多的异质性董事以扩大董事会的决策能力边界，例如经验更为丰富的外部独立董事（Almandoz et al.，2016；Li et al.，2017；周楷唐等，2017；王分棉和原馨，2019）、女性董事（Post et al.，2015；Kim and Starks，2016）、外籍董事（Giannetti et al.，2015；Miletkov et al.，2017）、连锁董事（Intintoli et al.，2018；倪娟等，2019）以及兼职董事（Clifford et al.，2018）等。其中，独立董事方面，公司所聘任的独立董事一般为具有法律、战略咨询、财务等方面特长的领域专家，其实践经验可以帮助公司更好地完成决策（Krause et al.，2017）；而女性董事方面，部分国家通过立法强制引入女性董事，例如澳大利亚、印度、北欧等（Bernile et al.，2018），希望借助女性董事的异质性人力资本为董事会决策效率做出贡献。因此，通过优化成员的构成，董事会能够获取更为丰富的人力资本或社会资本，进而提升董事会的决策（咨询）能力（Almandoz et al.，2016；Li et al.，2017；周楷唐等，2017）。

三、强化监督能力

除了提供决策（咨询）职能，董事会还承担监督高管、甚至控股股东的职能，以降低代理成本、维护全体股东的利益（He and Luo，2018）。由于内部董事的高管身份以及业务关联关系使得监督的独立性难以保持（Westphal and Zhu，2019），董事会的监督职能需要仰仗非高管身份的"外部人"。少数国家通过法律规定引入职工董事，作为职工利益与诉求的"发声器"，其核心任务是监督高管行为并维护处于相对弱势地位的职工权益（Duran et al.，2014），以此提升董事会监督能力（Hammer et al.，1991）。但由于职工董事同样具有公司高管身份，其独立的监督职能难以有效发挥，所以外部独立董事成为董事会强化监督能力的主要选择。

由于不存在业务关联，并且也不在公司其他部门任职，独立董事被认为能够客观地发挥监督职能（罗进辉等，2018），即其独立性是解决代理问题的核心（Li et al.，2018）。很多国家甚至以法律法规的形式规定了董事会的大部分席位应该由独立董事担任，并且组建全额独立董事的董事会专业委员会（Jones et al.，2015）。独立性能够提升独立董事监督职能的作用机理主要体现在两个方面：一方面，经济利益的无关性。由于不存在业务关联，独立董事的履职不会受到经济利益的影响，从而能够从维护全体股东利益的立场出发，客观、公正地发表意见；另一方面，社会利益的中立性。作为所任职公司的"外部人"，独立董事不容易受到既有公司决策的影响，可以中立地履行监督职能（Ferreira et al.，2018）。然而也有部分研究指出，独立董事虽然能够实现任职和业务的形式独立，但是很难实现实质独立，这主要源于独立董事的选聘机制存在固有缺陷，即股权集中情境下的实际控制人或者股权分散情境下的高管能够干预独立董事的选聘（Schmidt and Fahlenbrach，2017；Chou et al.，2018）。声誉激励被认为是保证独立董事尽职的重要激励机制（Gupta et al.，2018），因为这不仅关系到独立董事的现职评价，还可能影响到他的未来市场评价（Jiang et al.，2016）。因此，声誉激励成为独立董事忠诚履职的保障，使得独立董事成为提升董事会监督能力的重要力量。

四、董事会正式层级的治理有效性

董事忠诚与勤勉地履职是董事会决策过程科学性与公正性的保障，而董事会的决策（咨询）和监督效率决定了董事会的治理有效性。董事会正式层级在提升董事会决策和监督能力方面的作用几何，现有研究并未得出一致结论。

提升决策（咨询）能力方面：人力资本或者社会资本可能遭遇"水土不服"。董事会规模的扩大和结构的优化，有助于引入更多的异质性董事，例如独立董事和女性董事等，这些独特的人力资本或者社会资本的引入（Douglas et al.，2015；Kim and Starks，2016；Green and Homroy，2018），确实能够为董事会咨询功能的有效强化提供可能（Kogut et al.，2013；Krause et al.，2016），并且有助于绩效水平的提升（Bennouri et al.，2018；Drobetz et al.，2018）。但是，董事会规模的扩大也会产生潜在的负面影响。一方面，如果只追求董事会规模的形式扩大，可能导致意见纷争、降低决策效率，进而弱化董事会的治理效应（Cheng，2008；Kalyta et al.，2009；Adams et al.，2010），甚至影响公司的业绩表现（Coles et al.，2008）；另一方面，董事会结构的优化不是简单地引入异质性董事，还需要关注董事间的协同效应。尽管独立董事和女性董事等异质性人力资本具备提升董事会决策能力的可能，但是其负面影响也值得关注。例如独立董事存在对行业和公司的认知局限（Almandoz et al.，2016；Cavaco et al.，2017），女性董事则可能遭遇性别偏见（Sila et al.，2016），这些都会降低董事会决策效率并影响治理结果（Almandoz and Tilcsik，2016）。而兼职董事丰富的人力资本也可能导致董事过于繁忙，无法保证充足的履职时间，进而弱化了其治理有效性（Fedaseyeu et al.，2018）。

强化监督能力方面：独立董事独立性可能是一把双刃剑。董事会的监督能力主要来源于"外部人"身份的独立董事的忠诚履职，独立董事的独立性有利于维护全体股东的利益，增强市场透明度（Jiang et al.，2015），进而改善公司的业绩表现（Fahlenbrach et al.，2017）。这是由于独立董事的独立性使其独立于实际控制人和管理层的意志，同时他们的尽职勤勉能够为其建立良好的声誉，因而容易获得更多董事职务的机会和面临更低的监管制裁风险（Jiang et al.，2015）。许多国家从立法层面强制规定独立董事的最低比例寄望强化监督职能来降低代理成本（Fahlenbrach et al.，2017），至少传递保持董事会独立性的信号（Schnatterly and Johnson，2014）。然而，独立董事是否真的能保持独立？由于独立董事的选聘过程难以独立于公司内部决策流程、无法绕过实际控制人的干预（Chou et al.，2018），独立董事的履职动机可能是监督和约束实际控制人以获得良好的市场声誉（Jiang et al.，2016），但更可能是迎合实际控制人并与之合谋以获得更多的董事席位（吴溪等，2015；Li et al.，2018），最终导致独立董事的双重劳动力市场（dual labor market），或者独立董事的"逆淘汰"效应（陈睿等，2015），即尽职的董事更有可能离职，而继任董事的独立性或者声誉水平更低。

五、董事会正式层级的不足与研究难题

董事会正式层级的治理有效性并没有获得一致结论，究其原因主要存在于两个方面：第一，理论层面的静态关注董事会结构难以稳健描述董事会的治理路径，即仅仅关注了"治理结构—治理效果"的路径，而忽略了治理过程的作用，没有形成"治理结构—治理过程—治理效果"的完整逻辑链条（李长娥和谢永珍，2017），弱化了研究结论的稳健性和适用性；第二，

实践层面的旨在优化董事会结构的异质性董事引入，虽然能够带来更为丰富的人力资本或社会资本，却可能导致认知局限、意见纷争等降低决策效率的负面影响（Almandoz and Tilcsik，2016）。因此，正确识别董事会"治理过程"成为提升董事会治理效率的关键所在，也为董事会治理有效性研究的演进指明了方向。图6-1整理了董事会正式层级治理的研究路径。

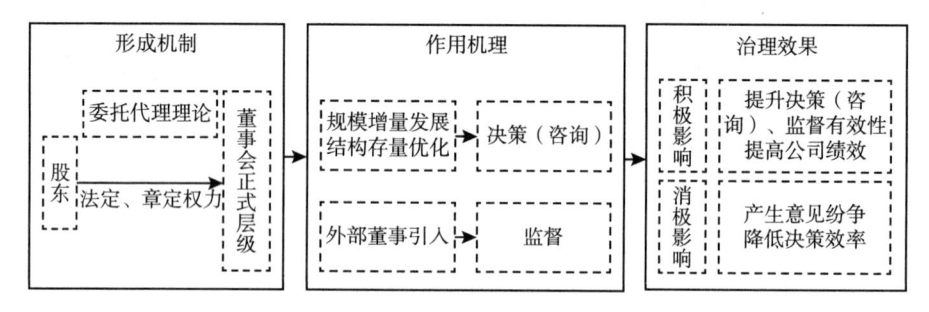

图6-1 董事会正式层级治理的研究路径

第二节 董事会非正式层级的作用机理及治理效应

旨在构建提升决策效率的治理过程，非正式层级被引入董事会治理有效性研究。董事会非正式层级来源于董事关系互动形成的影响力（马连福等，2019），主要体现在董事对于高位权力的认同（董事长一般是实际控制人或者实际控制人的一致行动人），在缓解冲突、提高决策效率等方面产生显著效果（Johnson et al.，2013）。因此，董事会非正式层级是以股东权力威慑为基础、董事间亲疏和尊卑为纽带形成的差序权力分布。基于对权力及其默认规范的认同，董事不仅倾向于保留自己的不同意见，还可能表现出主动迎合的倾向以融入董事会的关系网络，进而确保董事会的治理效率。

一、董事会非正式层级的理论基础、作用机理与表现形式

资源依赖理论指出，组织对外部资源的过度依赖会提高外部不确定性，因此组织需要强化自身的讨价还价能力，降低对外依赖性和不确定性（Ulrich and Barney，1984）。随着董事会研究中资源依赖理论的引入，有学者发现具有专业技能、经验丰富的董事可以提供丰富的异质性资本，强化组织的外部适应性（Pfeffer and Salancik，1978）。威斯特法尔等（Westphal et al.，2006）进一步指出高管的人际关系网络能够显著影响组织的资源依赖倾向，这为董事会非正式层级提供了理论基础，即董事会内部的非正式层级同样可能影响组织的资源依赖倾向。具体而言，董事的异质性资本在强化董事会决策能力的同时，还能够影响董事会对于异质性资本的依赖程度，这就要求董事会非正式层级的构建需要以降低单个董事讨价还价能力为核心，因为这不仅可以弱化董事会对异质性资本的依赖，更重要的是有利于避免意见纷争、提高决策效率。

通过梳理现有研究发现董事会非正式层级拥有提高决策效率、避免冲突两大作用机理（马连福等，2019），即权力距离观和关系契约观，二者的区别主要在于前者强调差序格局中高位者的主动性，而后者强调低位者的合作主动性。基于资源依赖理论，本章进一步拓展董事会非正式层级的作用机理，认为权力距离观主要适用于强化董事的权力迎合（董事长权力的强化和董事的淘汰机制），而关系契约观旨在弱化董事的权力制衡、实现董事对权力的认同，即权力距离观的补充（选聘熟悉的董事）。

（一）强化董事的权力迎合：权力距离观

由于股东在董事选聘机制中的主导地位，股东（尤其是实际控制人）为了提升治理效率，需要强化自身或者一致行动人的权力，降低对于异质性资本的依赖程度，因此倾向于任命一致行动人担任董事长（Jiang and Kim，2015）、构建易于控制的董事会结构（He and Luo，2018），保证了权力对于董事异质性资本的控制（朱羿锟，2015）。除了股东权力的控制，董事会非正式层级的构建还离不开董事会成员对于权力的迎合。双重劳动力市场的存在以及董事对于席位的追求（Li et al.，2018），使得董事倾向于自愿接受高位成员支配（He and Huang，2011），并产生更强的非正式层级认同（Riketta and Van，2005；赵祁和李锋，2016），从而导致董事为了迎合权力的意志而保留反对意见、降低意见纷争的可能。

基于旨在强化董事权力迎合的权力距离观，董事会非正式层级一方面表现为股权分散情境下的董事长与 CEO 两职合一（Dalton and Dalton，2011），或者股权集中情境下的实际控制人亲自或任命一致行动人担任董事长（Jiang and Kim，2015）；另一方面体现在董事的"劣胜优汰"机制，例如独立董事的"逆淘汰"效应（陈睿等，2015），即发表反对意见的董事更有可能被淘汰，这不仅体现出董事选聘机制的弊端，更说明了董事权力迎合行为的客观存在。

（二）弱化董事的权力制衡：关系契约观

通过对董事长任命和董事选聘过程进行控制能够强化董事对于权力的迎合，除此之外，非正式层级的构建还注意到存在部分董事（尤其是外部董事）拒绝迎合的可能，这将导致潜在的权力制衡、甚至非正式层级决策效率的弱化，所以如何避免出现拒绝迎合的董事成为构建非正式层级权力格局的又一个重要因素。为了确保董事对权力的主动迎合，股东需要通过选聘"自己人"进入董事会，以弱化潜在的权力制衡（Li et al.，2018）。也就是说非正式层级的有效性不仅需要董事进入董事会后主动迎合权力，还需要形成稳定的关系网络，以保持董事间的合作与默契，即关系契约观。

为了搭建关系网络，股东需要充分考虑其与董事之间的关系强度。现有研究主要提供了以下两个视角：首先，人口学和心理特征的共通性视角，例如异质性（diversity）和断裂带（faultlines）。异质性解释了相近人口学特征（性别、人种等）更容易形成认同感、维系良好的关系，对异质性的研究经历了从单一维度的共通性（Walby et al.，2012；Khanna et al.，2013；Heyden et al.，2015；Diverse et al.，2016）到多个维度协同的交叉性（intersectionality）（Warner and Shields，2013）的演变。而断裂带则进一步将人口学特征与心理特征进行了整合分析（Spoelma and Ellis，2017；柳学信等，2019），通过引入人们的学习和经历形成的心理特征（人格、价值观等）（Harrison et al.，2002），解释不同人口学特征也可能维持良好的关系（Tuggle，2010；李小青和周建，2014；李小青和周建，2015；张章和陈仕华，2017）。涉及到源于人口学特征共通性的关系网络构建问题，异质性和断裂带体现出团体对关系网络外部具有显著的歧视性和不平等性（Chung et al.，2015；Martinez et al.，2017），这有利于关系网络的维系和强化。但是，人口学和心理特征侧重主观、静态共通性，无法全面揭示董事会非正式层级的治理实践，尤其是董事对权力的自觉迎合和遵守。

其次，侧重互动关系的社会关系共通性视角，例如多重复杂性（multiplexity）。多重复杂性能够被引入进董事会非正式层级的研究框架，是因为其在人际关系重合度（例如朋友、同事等）方面具有较大解释力度（Claro et al.，2012）。由于多重复杂性反映了人际关系的嵌入性特征（Beckman and Haunschild，2002），人际关系的重合度不仅有助于提升信息和资源的相互依赖性（Lee and Monge，2011；Erikson，2013），还能够强化人际关系双方的自我约束（Brass et al.，1998）。因此，为了避免董事拒绝迎合的可能性、保证董事对权力的默契遵守，董事会非正式层级的构建倾向于选聘具有良好人际关系的、熟悉的董事（孙光国和孙瑞琦，2018；Westphal and Zhu，2019）。而在中国董事会构成中，普遍存在的老乡、同事、战友等既定身份的董事（武立东等，2018），深刻影响着董事会非正式层级的治理效果。

二、非正式层级的治理效果

旨在保证董事对权力的迎合、避免意见纷争，董事会非正式层级治理效果的研究主题聚焦在沟通效率和公司绩效两个方面，但是结论并不一致。积极治理效果方面，非正式层级一方面可以有效提升沟通效率（Magee and Galinsky，2008；谢永珍等，2015），即董事对权力的认同和迎合充当沟通的协调机制，减少反对意见的噪声和决策过程的意见冲突等；另一方面由于意见纷争的减少以及决策效率的提升，非正式层级还有助于促进企业创新战略的形成（李长娥和谢永珍，2017）和公司财务绩效水平的提升（张耀伟等，2015；Oehmichen et al.，2017；Bernile et al.，2018；Hoobler et al.，2018），进而提升董事会的治理有效性。

然而，部分研究也发现了董事会非正式层级的负面治理效果，且主要源自中国治理情境。武立东等（2016）指出董事会非正式层级可能阻碍董事之间的交流，以及激化成员对董事地位的竞争，进而导致企业投资不足等一系列决策和治理问题。究其原因，内部董事更可能利用其地位和信息优势干预沟通和决策过程（叶玲和管亚梅，2016），抑制外部董事的不同甚至反对意见（杜兴强等，2017），使董事会决策过程产生政治行为和程序非理性（武立东等，2018）。

三、董事会非正式层级的不足与研究难题

董事会非正式层级治理效果结论不一致的原因在于缺乏关注非正式层级的形成机理,虽然非正式层级的形成确实有助于避免意见纷争和提升决策效率,但是避免什么类型意见的纷争和提升什么类型决策的效率却没有充分考虑。区别于其他组织形式非正式层级的形成过程,董事会非正式层级的特点在于董事对权力的依赖和认同,由此董事所依赖和认同的权力主体的差异便会显著影响非正式层级的治理效果,而不是正式层级所强调的董事发表意见需要代表全体股东的整体利益(Collins et al.,2017;Liu et al.,2019),这就使得非正式层级的治理目标变成了保证特定股东群体的剩余控制效率,即董事非正式层级所依赖和认同的权力具有主体的特定性和意志的排他性。由于非正式层级研究未能充分考虑这一形成机理,因此导致了不一致的研究结论。例如中国资本市场情境下,由于实际控制人在董事选聘中居于主导地位,而实际控制人就是董事所依赖和认同的权力主体,那么董事的履职需要充分考虑实际控制人的意志;在美国资本市场情境下,由于股权高度分散以及股东间存在的搭便车行为,CEO 能够对董事选聘施加影响,那么董事的履职就需要迎合 CEO 的权力;然而,如果存在多个大股东相互制衡的情况,那么董事的履职就需要考虑选聘自己进入董事会的股东的意志,这样就可能导致意见纷争、弱化决策效率。因此,是否能够基于资源依赖理论,进一步明确董事会非正式层级的作用边界是董事会非正式层级治理的待解难题。图 6-2 整理了董事会非正式层级治理的研究路径。

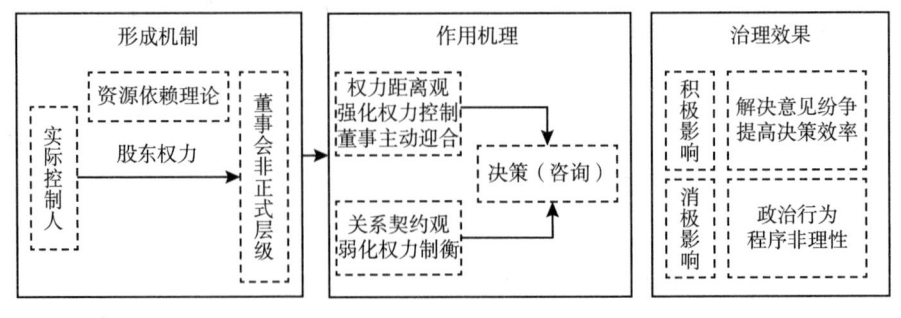

图 6-2 董事会非正式层级治理的研究路径

综合以上，本章基于董事会正式、非正式层级治理的两大基础理论进行总结（见表6-1），分别从基本功能、基本假设、作用机理、治理效应等方面进行比较，并提炼现有研究的不足。

表6-1　　　　　　　　　　董事会有效性研究

	正式层级	非正式层级
理论基础	委托代理理论	资源依赖理论
基本功能	提高决策（咨询）和监督能力	提升决策效率和避免意见纷争
基本假设	根据法定或者章定权力，股东们选聘尽职董事形成正式层级，可有效提升监督和咨询能力，不仅能够提高决策的科学性，还可以有效遏制代理问题，有利于全体股东整体利益水平的提高	源自股东权力，股东选聘熟悉的董事形成非正式层级，以保证董事对股东权力的依赖和认同，尽可能弱化反对意见对于决策效率的影响，有利于董事所代表的股东群体的利益实现
作用机理	法律或者章程确定了董事间权力的分布，通过规模增量发展、结构存量优化提升董事会决策（咨询）能力和监督能力，进而影响董事会治理水平、保证全体股东的利益	旨在保证董事对权力的依赖和认同，权力距离观强调董事的权力迎合（董事长权力的强化和董事的淘汰机制），而关系契约观旨在弱化董事的权力制衡、实现董事对权力的认同（选聘熟悉的董事），避免意见纷争并保证特定股东群体的剩余控制效率
治理效应	董事会正式层级有利于决策（咨询）和监督能力的提升，但是也可能导致源于异质性人力资本的认知局限和意见纷争	董事会非正式层级有助于解决正式层级下意见纷争问题，提高决策效率，但是可能导致决策过程的政治行为和程序非理性
研究局限	（1）缺乏对非正式层级形成机理的关注，因为董事会非正式层级所依赖和认同的权力具有主体的特定性和意志的排他性，即不是代表全体股东权力的意志，而是特定股东群体权力的意志； （2）仅分析了董事会正式、非正式层级的静态构成要素及其潜在的治理效应，而忽视了两者的互动过程，即董事会层级的治理过程	

资料来源：笔者整理。

第三节　董事会正式层级与非正式层级双元治理声誉权衡

由于非正式层级的治理效果研究结论依旧无法取得一致，董事会治理有效性研究应该反思现有研究框架的不足并拓展研究边界。如果能够充分考虑非正式层级的形成机理，即董事对于权力的依赖和认同具有主体的特定性和意志的排他性，董事会非正式层级的治理研究就不能仅仅静态地关注非正式层级本身，还需要考虑基于正式权力形成的董事会正式层级，这就要求在考察非正式层级的同时将正式层级纳入分析框架，识别二者并存的互动效应。尽管有研究指出中国资本市场情境下董事会非正式层级可能在二者的互动中发挥主导作用（马连福等，2019），但是二者的作用边界及其协同治理效果亟须明晰，这也为未来的研究提供了有价值的借鉴。

由于董事会治理有效性受到正式层级与非正式层级两方面的影响，如何甄别二者互动的作用边界是解决董事会治理有效性问题的关键所在。针对这一问题，本章引入双元治理（ambidextrous governance）的理念，期望提供整合董事会正式层级和非正式层级的双元治理研究框架，为后续董事会治理有效性研究提供借鉴。"双元"思想旨在提升公司绩效表现而对两种看似矛盾的机制或者能力进行整合（Tushman and O'Reilly，1996），而双元治理则主要考虑实现契约治理和关系治理的融合（Lee and Cavusgil，2006；Blome et al.，2013；王满四等，2019）。具体到董事会的双元治理，董事会治理有效性是正式层级与非正式层级的互动和权衡问题，因为董事会正式层级是基于法定或章定权力，主要考虑尽职董事的选聘，体现的是全体股东意志，仰仗法规或契约保证全体股东的控制效率，侧重于契约治理；而董事会非正式层级则旨在保证决策效率，通过选聘熟识的董事，借助关系治理保证特定股东群体的剩余控制效率，侧重于关系治理。根据双元治理理论，契约治理和关系治理协同互补，共同优化公司治理（王满四等，2019），但是董事会正式层级是全体股东权力意志的体现，而非正式层级则是特定群体股东权力意志的体现，也就是说二者所遵循的权力意志并不总是一致。因此，股东间权力意志的一致性成为董事会正式层级与非正式层级互动的核心,导致了董事会治理存在基于股东权力的正式层级与非正式层级声誉权衡。

如果股东间权力是一致的,董事会正式层级与非正式层级就都遵循全体股东权力的意志,符合正式法定权力或者章定权力,那么正式层级和非正式层级可能实现协同互补,优化董事会治理有效性。此时,董事会双元治理的函数形式应该是:

$$F(X) = f(x_1, x_2, x_3, \cdots, x_n)$$

其中,其中 $F(X)$ 代表不同董事会治理机制的协同治理效果,而 x_1, x_2, x_3, x_n 等分别表示不同的董事会治理机制,包括了正式层级(董事会规模、独立董事比例等)和非正式层级(董事长、董事的选聘等)。

然而股东间的权力并不总是一致的,即董事会正式层级反映全体股东权力意志的同时,非正式层级则代表特定群体股东(通常是实际控制人)权力的意志,那么正式层级和非正式层级所遵循的"法"就存在分歧,可能出现非正式层级侵蚀正式层级治理的情况,即为了实现特定股东群体的利益,而牺牲其他股东的利益,导致全体股东利益的效率损失。以中国治理文化情境为例,由于存在"尊卑有序"(权力距离观)、"内外有别"(关系契约观)的影响,董事会决策过程容易产生政治行为和程序非理性(武立东等,2018),导致董事会非正式层级可能有助于实现实际控制人对其他中小股东利益的剥夺,即控制权私利。为了保证实际控制人的控制权私利,实际控制人倾向于亲自或者委托一致行动人出任董事长,并选聘更多熟悉的董事进入董事会,以保证非正式层级的决策效率,并弱化正式层级的治理效率。此时,董事会双元治理的函数形式就转变为:

$$F(X) = (1 - D_1 \times D_2) f(x_1, x_2, x_3, \cdots, x_n | D_1, D_2)$$

其中,$F(X)$ 代表不同董事会治理机制的协同治理效果,x_1, x_2, x_3, x_n 等分别表示不同的董事会治理机制,包括了正式层级(董事会规模、独立董事比例等)和非正式层级(董事长、董事的选聘等)。D_1 表示是否实际控制人本人或其一致行动人担任董事长(如果是,则 $D_1 = 1$),D_2 则表示实际控制人选聘的董事比例是否超过半数(如果超过半数,则 $D_2 = 1$)。

当 $D_1 = D_2 = 1$ 时(董事长是实际控制人本人或者其一致行动人,且实际控制人能够选聘超过半数的董事),此时董事会双元治理声誉权衡所遵循的"法"是实际控制人的权力意志,则 F(X) = 0,导致董事会正式层级无法发挥治理效应,出现非正式层级侵蚀正式层级治理效应的情况;

当 $D_1 = D_2 = 0$ 时(董事长不是实际控制人的一致行动人,且实际控制人无法选聘超过半数的董事),此时董事会双元治理声誉权衡所遵循的"法"是全体股东的权力意志,则 $F(X) = f(x_1, x_2, x_3 \cdots x_n)$,源自法定或者章定权力的董事会正式层级的治理效应得以实现,而非正式层级无法对正式层级施加影响;

当 D_1、D_2 至少有一个不为 0 时(董事长是实际控制人的一致行动人,但是实际控制人无法选聘超过半数的董事;或者董事长不是实际控制人的一致行动人,但是实际控制人可以选聘超过半数的董事),此时董事会双元治理声誉权衡所遵循的"法"既可能是全体股东的权力意志,也可能是实际控制人的权力意志,则 $F(X) = f(x_1, x_2, x_3, \cdots, x_n | D_1, D_2)$,董事会治理的有效性取决于全体股东权力意志与实际控制人权力意志的讨价还价。但是无论声誉权衡的结果倾向于哪一方,董事会的治理结果都是权变的,这是因为如果全体股东权力意志成为主导,则董事会治理呈现积极的治理效果(虽然非正式层级的存在可能影响部分股东的福利水平,但是全体股东权力意志的实现能够提升总福利水平);而如果实际控制人权力意志成为主导,则董事会治理可能因为实际控制人对其他股东利益的侵占而呈现消极的治理效果。

因此,董事会双元治理的声誉权衡为董事会有效性研究提供了思路:董事会有效性治理在于实现董事会正式层级与非正式层级的极致分离,即实现董事会正式层级选聘的董事与非正式层级选聘的董事差异最大化,避免特定股东群体权力意志对于全体股东权力意志的侵蚀、实现董事会利益中性。虽然董事会治理有效性研究经历了从正式层级研究向非正式层级研究的演进,但是由于缺乏对于非正式层级形成机理的关注,在没有识别非正式层级源于董事对权力的依靠和认同的情况下,孤立地探析非正式层级的治理效应、忽视了正式层级与非正式层级的声誉权衡问题,导致了研究结论的分歧。董事会双元治理的声誉权衡可能是解决董事会治理有效性研究分歧的可行思路,不仅明晰了董事会正式层级与非正式层级的形成机理和作用机制,形成了董事会治理有效性的整合性分析框架(见图6-3),还提出董事会治理有效性的目标是实现董事会正式层级与非正式层级的极致分离,而解决方案则是通过构建多个股东制衡的股权结构,实现董事选聘来源的多样性,为中国混合所有制改革提供了理论支持。

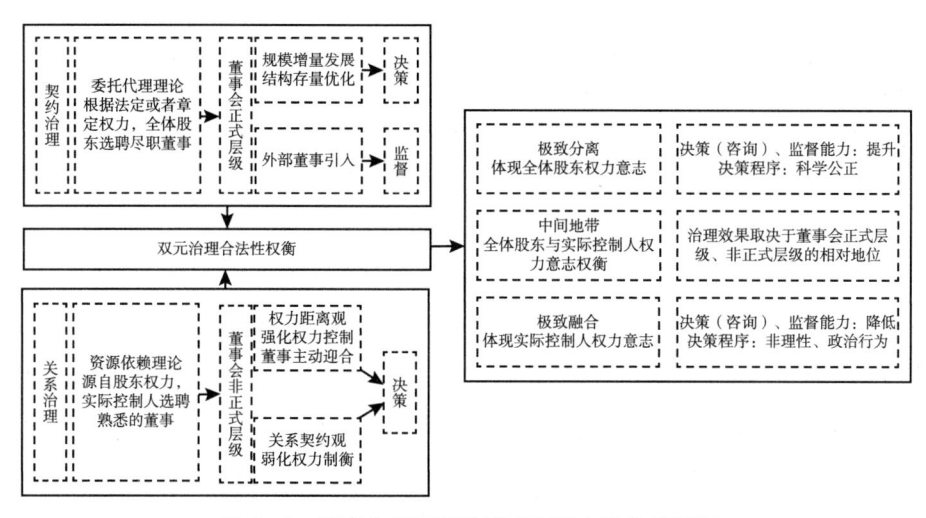

图6-3 董事会治理有效性研究整合性分析框架

董事会双元治理的声誉权衡还为后续研究提供了有价值的理论探索和研究方向:

第一,探析董事会非正式层级治理的作用边界,明确其对董事会决策和监督职能的作用机理。董事会非正式层级治理效应的研究结论并不一致,原因在于对非正式层级形成机理缺乏关注。本章指出由于董事会非正式层级来源于董事对特定群体股东权力的依赖和认同,对其治理效应的研究应该从资源依赖理论出发来认识董事的决策和监督行为。首先,决策能力方面。基于权力距离观和关系契约观,董事会非正式层级能够保证董事的选聘和董事的决策行为都符合特定股东群体的利益,使得董事主动迎合股东的权力、倾向于保留自己的反对意见,甚至选择性忽略所代表股东的机会主义行为,这就提升了董事会决策的效率、避免意见纷争。但需要注意的是董事会决策效率是否能够提升董事会决策有效性取决于董事会正式层级与非正式层级的分离程度。如果二者分离程度较低,董事会非正式层级决策主要体现特定群体股东的权力意志,则可能出现决策过程的政治行为,导致特定股东群体对于其他股东利益的侵占,弱化董事会治理的有效性,所以非正式层级对决策效率的治理效应需要进一步的分析,即厘清其作用边界的同时,考虑正式层级与非正式层级的声誉权衡问题。其次,监督能力方面。由于保证了董事与其代表的特定群体股东权力意志的一致性,董事会非正式层级很难有效发挥监督职能,这是因为董事对所代表的股东权力的认同,使得他们更有可能实现合谋而非制衡。这就要求对董事会非正式层级监督能力的研究跳出现有理论框架,充分考虑董事会双元治理,依托声誉权衡的思路,明晰董事会非正式层级监督能力的作用边界以及适用情境。

第二,董事会双元治理声誉权衡的治理效果,为治理实践提供理论指导。尽管董事会双元治理声誉权衡的目标是实现董事会正式层级与非正式层级的极致分离,但是董事会治理的实践更多的都是处于极致分离(全体股东权力意志的体现)与极致融合(实际控制人权力意志的体现)的中间地带,即声誉权衡的"法"并不一致。当全体股东权力意志与实际控制人权力意志发生冲突的时候,董事会正式层级与非正式层级的权衡结果必然直接影响董事会决策(咨询)和监督能力,进而影响董事会的治理效果。如果正式层级能够主导非正式层级,大部分董事代表全体股东的权力意志,则有利于提升董事会的决策(咨询)和监督能力,需要注意的是虽然这可能弱化董事会的决策效率,但是能够优化董事会决策过程的科学性和公正性、避免决策的政治行为和程序非理性。然而如果非正式层级主导了正式层级,董事会主要代表了实际控制人的权力意志,则有利于董事会决策效率的提升,但是可能降低董事的履职动机、弱化董事会的决策(咨询)和监督能力,导致董事会治理的效率损失问题。因此,董事会双元治理声誉权衡的治理效果研究不仅可以明确正式层级与非正式层级的作用边界及其治理效果、解决董事会治理有效性的研究分歧,还可以进一步强化双元治理声誉权衡的实践意义,为董事会治理实践提供有意义的指导。

第三,董事会双元治理声誉权衡的中国情境化分析,有助于实现董事会利益中性的"混改"成为中国董事会有效治理的可行解决方案。近年来,基于不同国家文化差异的董事会治理研究开始引起学者们的关注。国外学者从种族、国籍、民族文化等角度分析了董事会差异性人力、社会资本对战略选择及绩效产生的影响,注重价值观差异在董事会层级形成过程中所起到的作用（Diverse et al.，2016；Bart et al.，2016）。中国治理情境下，"尊卑有序"的治理文化则主要体现权力差距的重要影响（张建君和张闫龙，2016），即董事长的核心和权威地位（朱弈锟，2015），这就使得董事职能的发挥受制于董事长的权力意志，而其他董事则倾向于迎合董事长所代表的权力意志、保留自己的反对意见。而"内外有别"的治理文化之于董事会治理不仅体现在"熟人"董事的选聘上，也可能影响董事会正式和非正式层级的声誉权衡过程，例如独立董事究竟是"独立"还是"懂事"，或者董事与实际控制人的利益一致性等，这些都可能影响董事的治理有效性。由于中国关系导向型的制度环境以及"尊卑有序、内外有别"等文化因素，加之股权集中度水平依旧偏高，实际控制人能够借助其在董事选聘过程的核心地位构建董事会非正式层级，甚至出现非正式层级主导正式层级的情况（马连福等，2019），使得中国现行治理环境中董事会正式层级与非正式层级的极致分离非常困难，也导致董事会运行的"失序"（朱弈锟，2015）。但是如果明晰了董事会正式层级和非正式层级的形成机理，并将双元治理的声誉权衡纳入分析框架，中国情境下的董事会治理可以借助必要的治理结构或者治理机制，实现正式层级与非正式层级的极致分离，解决当下的董事会治理难题：通过构建多个股东相互制衡的股权结构，提升董事提名来源的异质性（而不是简单实现董事身份、年龄、性别异质性），进而实现董事会正式层级与非正式层级的极致分离、保证董事会的利益中性，这体现了混合所有制改革的必要性。因此，董事会双元治理研究中纳入中国文化因素，不仅能够为董事会治理有效性，以及双元治理的声誉权衡研究提供中国情境的解决方案，更能够为中国上市公司治理实践提供必要的理论借鉴。

参考文献

[1] Adams R, Akyol A, Verwijmeren P. Director skill sets [J]. *Journal of Financial Economics*, 2018, 130 (3): 641–662.

[2] Adams J, Mansi S, Nishikawa T. Internal governance mechanisms and operational performance: Evidence from index mutual funds [J]. *Review of Financial Studies*, 2010, 23 (3): 1261–1286.

[3] Beckman C, Haunschild P. Network learning: The effects of partners'

heterogeneity of experience on corporate acquisitions [J]. *Administrative Science Quarterly*, 2002, 47 (1): 92 - 124.

[4] Bennouri M, Chtioui T, Nagati H, et al. Female board directorship and firm performance: What really matters [J]. *Journal of Banking and Finance*, 2018, 88 (3): 267 - 291.

[5] Blome C, Schoenherr T, Kaesser M. Ambidextrous governance in supply chains: The impact on innovation and cost performance [J]. *Journal of Supply Chain Management*, 2013, 49 (4): 59 - 80.

[6] Brass D, Butterfield K, Skaggs B. Relationships and unethical behavior: A social network perspective [J]. *Academy of Management Review*, 1998, 23 (1): 14 - 31.

[7] Cavaco S, Crifo P, Reberioux A, et al. Independent directors: Less informed but better selected than affiliated board members [J]. *Journal of Corporate Finance*, 2017, 43 (2): 106 - 121.

[8] Cheng S. Board size and the variability of corporate performance [J]. *Journal of Financial Economics*, 2008, 87 (1): 157 - 176.

[9] Chou H, Hamill P, Yeh Y. Are all regulatory compliant independent director appointments the same? An analysis of Taiwanese board appointments [J]. *Journal of Corporate Finance*, 2018, 50 (3): 371 - 387.

[10] Chung Y, Liao H, Jackson S, et al. Cracking but not breaking: Joint effects of faultline strength and diversity climate on loyal behavior [J]. *Academy of Management Journal*, 2015, 58 (5): 1495 - 1515.

[11] Coles J, Daniel N, Naveen L. Boards: Does one size fit all [J]. *Journal of Financial Economics*, 2008, 87 (2): 329 - 356.

[12] Collins T, Dumas T, Moyer L. Intersecting disadvantages: Race, gender, and age discrimination among attorneys [J]. *Social Science Quarterly*, 2017, 98 (5): 1642 - 1658.

[13] Dalton D, Dalton C. Integration of micro and macro studies in governance research: CEO duality, board composition, and financial performance [J]. *Journal of Management*, 2011, 37 (4): 04 - 11.

[14] Drobetz W, Meyerinck F, Oesch D, et al. Industry expert directors [J]. *Journal of Banking and Finance*, 2018, 92 (7): 195–215.

[15] Fedaseyeu V, Linck J, Wagner H. Do qualifications matter? New evidence on board functions and director compensation [J]. *Journal of Corporate Finance*, 2018, 48 (1): 816–839.

[16] Ferreira D, Ferreira M, Mariano B. Creditor control rights and board independence [J]. *Journal of Finance*, 2018, 73 (5): 2385–2423.

[17] Finkelstein S, Hambrick D, Cannella A. Strategic Leadership: Theory and Research on Executives, Top Management Teams, and Boards [M]. *New York: Oxford University Press*, 2009.

[18] Giannetti M, Liao G, Yu X. The brain gain of corporate boards: Evidence from China [J]. *Journal of Finance*, 2015, 70 (4): 1629–1682.

[19] Gupta V, Mortal S, Guo X. Revisiting the gender gap in CEO compensation: Replication and extension of Hill, Upadhyay, and Beekun's (2015) work on CEO gender pay gap [J]. *Strategic Management Journal*, 2018, 39 (7): 2036–2050.

[20] Harrison D, Price K, Gavin J, et al. Time, teams, and task performance: Changing effects of surface – and deep – level diversity on group functioning [J]. *Academy of Management Journal*, 2002, 45 (5): 1029–1045.

[21] He J, Huang Z. Board informal hierarchy and firm financial performance: Exploring a tacit structure guiding boardroom interactions [J]. *Academy of Management Journal*, 2011, 54 (6): 1119–1139.

[22] He W, Luo J. Agency problems in firms with an even number of directors: Evidence from China [J]. *Journal of Banking and Finance*, 2018, 93 (8): 139–150.

[23] Hillman A, Dalziel T. Boards of directors and firm performance: Integrating agency and resource dependence perspectives [J]. *Academy of Management Review*, 2003, 28 (3): 383–396.

[24] Jiang F, Kim K. Corporate governance in China: A modern perspective [J]. *Journal of Corporate Finance*, 2015, 32 (3): 190–216.

[25] Jiang W, Wan H, Zhao S. Reputation concerns of independent directors: Evidence from individual director voting [J]. *Review of Financial Studies*, 2016, 29 (3): 655 – 696.

[26] Jones C, Li M, Cannella A. Responses to a governance mandate: The adoption of governance committees by NYSE firms [J]. *Journal of Management*, 2015, 41 (7): 1873 – 1897.

[27] Kalyta P. Compensation transparency and managerial opportunism: A study of supplemental retirement plans [J]. *Strategic Management Journal*, 2009, 30 (4): 405 – 423.

[28] Lehn K, Patro S, Zhao M. Determinants of the size and composition of US corporate boards: 1935 – 2000 [J]. *Financial Management*, 2009, 38 (4): 747 – 780.

[29] Li W, Krause R, Qin X, et al. Under the microscope: An experimental look at board transparency and director monitoring behavior [J]. *Strategic Management Journal*, 2018, 39 (4): 1216 – 1236.

[30] Liu X, Park J, Hymer C, et al. Multidimensionality: A cross-disciplinary review and integration [J]. *Journal of Management*, 2019, 45 (1): 197 – 230.

[31] Pfeffer J, Salancik G. The external control of organizations: A resource dependence perspective [M]. *New York: Harper & Row*, 1978.

[32] Schmidt C, Fahlenbrach R. Do exogenous changes in passive institutional ownership affect corporate governance and firm value [J]. *Journal of Financial Economics*, 2017, 124 (2): 285 – 306.

[33] Schnatterly K, Johnson S. Independent boards and the institutional investors that prefer them: Drivers of institutional investor heterogeneity in governance preferences [J]. *Strategic Management Journal*, 2014, 35 (10): 1552 – 1563.

[34] Tushman M, O'Reilly C. Ambidextrous organizations: Managing evolutionary and revolutionary change [J]. *California Management Review*, 1996, 38 (4): 8 – 30.

[35] Ulrich D, Barney J. Perspectives in organizations: Resource dependence, efficiency, and population [J]. *Academy of Management Review*, 1984, 9 (3): 471-481.

[36] Westphal J, Zhu D. Under the radar: How firms manage competitive uncertainty by appointing friends of other chief executive officers to their boards [J]. *Strategy Management Journal*, 2019, 40 (1): 79-107.

[37] 陈睿、王治、段从清:《独立董事"逆淘汰"效应研究——基于独立意见的经验证据》,载《中国工业经济》2015年第8期。

[38] 杜兴强、殷敬伟、赖少娟:《论资排辈、CEO任期与独立董事的异议行为》,载《中国工业经济》2017年第12期。

[39] 李长娥、谢永珍:《董事会权力层级、创新战略与民营企业成长》,载《外国经济与管理》2017年第2期。

[40] 柳学信、曹晓芳:《群体断裂带测度方法研究进展与展望》,载《经济管理》2019年第1期。

[41] 罗进辉、向元高、林筱勋:《本地独立董事监督了吗?——基于国有企业高管薪酬视角的考察》,载《会计研究》2018年第7期。

[42] 马连福、高塬、杜博:《隐性的秩序:董事会非正式层级研究述评及展望》,载《外国经济与管理》2019年第4期。

[43] 倪娟、彭凯、胡熠:《连锁董事的"社会人"角色与企业债务成本》,载《中国软科学》2019年第2期。

[44] 孙光国、孙瑞琦:《控股股东委派执行董事能否提升公司治理水平》,载《南开管理评论》2018年第1期。

[45] 王分棉、原馨:《学者独立董事的选聘机制研究——人力资本和社会资本的视角》,载《经济管理》2019年第2期。

[46] 王满四、徐朝辉、吴冰蓝:《银行债权二维治理及其公司治理效应研究》,载《会计研究》2019年第2期。

[47] 武立东、薛坤坤、王凯:《非正式层级对董事会决策过程的影响:政治行为还是程序理性》,载《管理世界》2018年第11期。

[48] 武立东、江津、王凯:《董事会成员地位差异、环境不确定性与企业投资行为》,载《管理科学》2016年第2期。

[49] 吴溪、王春飞、陆正飞:《独立董事与审计师出自同门是"祸"还是"福"——独立性与竞争-合作关系之公司治理效应研究》,载《管理世界》2015年第9期。

[50] 谢永珍、张雅萌、张慧、郑源:《董事会正式、非正式结构对董事会会议频率的影响——非正式沟通对董事会行为强度的调节作用》,载《外国经济与管理》2015年第4期。

[51] 张耀伟、陈世山、李维安:《董事会非正式层级的绩效效应及其影响机制研究》,载《管理科学》2015年第1期。

[52] 周建、罗肖依、余耀东:《董事会与CEO的战略决策权配置研究》,载《外国经济与管理》2015年第1期。

[53] 祝继高、叶康涛、陆正飞:《谁是更积极的监督者:非控股股东董事还是独立董事》,载《经济研究》2015年第9期。

[54] 朱羿锟:《董事会运行中非理性因素的法律规制》,载《中国社会科学》2015年第8期。

第七章

母子公司双向治理视角下高管激励机制

本章主要研究内容及理论贡献体现在以下方面：第一，系统研究高管显性激励安排的治理效应，尤其是激励安排之间的协同效应，弥补了该领域研究主要关注于某一种显性激励安排的不足；第二，突破传统委托代理理论和单体公司治理的作用边界，引入"双向治理"研究视角，期望基于实际控制人与高管团队互动性的思路，以及高管迎合实际控制人需求的管理层权力，充分考虑高管对于激励安排的认知与接受程度，更为合理地探索高管显性激励的有效性；第三，提出了中国资本市场情境下的高管显性激励安排，即货币化薪酬与期权激励的有机结合，合理的货币化薪酬，辅以必要的期权激励，同时还需要兼顾高管持股的负面治理效应和期权激励的适用情境，提高显性激励组合的有效性。

第一节 理论回顾与假设提出

一、问题的提出

2015年8月7日，京东对外宣布"公司董事长兼CEO刘强东在规定的十年内，每年基本工资为1元人民币，且没有现金奖励"。在马明哲的"天价薪酬"以及"零薪酬"余波未平之时,"1 元年薪"再次引起了人们对于高管薪酬的关注。① 此时,学者们更应该正确认识高管显性激励的组合,而不是从众地感慨和叹服高管"任性"。国内学者借鉴西方学者关于高管显性激励的研究思路,认为上市公司高管的显性激励组合(货币化薪酬、高管持股、股票期权激励)在降低代理成本方面发挥着举足轻重的作用。但是本章认为现有研究并没有充分考虑中国特殊的情境因素,如股权集中下的实际控制人影响、社会文化框架下的高管认知动机等,导致现有研究忽视了实际控制人的控制动机与子公司高管团队管理层权力的互动,即没有充分考虑实际控制人在高管对于显性激励安排权衡取舍中所发挥的作用,难以合理解释中国上市公司高管显性激励的治理效应。因此,本章期望通过引入强调代理人自主性和互动性的"双向治理"研究视角(方政和徐向艺,2013;徐向艺和方政,2015),充分考虑实际控制人的控制动机与子公司高管团队管理层权力的互动性,即高管迎合实际控制人需要的管理层权力,探析实际控制人在高管显性激励安排中可能发挥的作用,提供中国上市公司高管显性激励的经验证据。

国内学者关于高管显性激励研究存在两方面不足:首先,过于关注单一显性激励手段使该领域研究陷入静态分析的窠臼,而且结论也不尽相同(Benmelech et al.,2010;李维安和苏启林,2013;Belghitar and Clark,2015;罗宏等,2014)。显性激励手段之间并不是相互独立的,其内在关联或者权衡取舍可能显著影响高管激励的有效性,关系到能否实现股东与高管利益的趋同、降低代理成本。例如,相较于具有变现条件以及行权期限的期权激励,高管应该更加偏爱货币化薪酬;而同为股权激励的期权和高管持股,高管持股又因为其期限上的风险优势而受到高管的青睐,部分学者的研究一定程度上证实了这些推论(王新等,2015)。其次,高管显性激励治理效应的"标准化"借鉴,默认其治理效应在中国的适用性,忽略了社会文化框架下的高管认知动机影响。由于中国上市公司股权集中程度较高,高管在承担着公司股东"看家人"和"代理人"角色的同时,往往还肩负实际控制人"代表人"的角色,后者是显著区别于英美国家的特征之一。在中国情境

---

① 相关内容根据京东集团(09618)公告及网页资料整理。根据《京东宣布刘强东只拿 1 元年薪 未来 10 年无现金奖励》,载《京华时报》2015 年 8 月 8 日。

下,高管显性激励的有效性不能单纯从西方的最优契约理论和管理层权力理论中寻找解释,而需要充分考虑实际控制人的控制与上市公司高管团队管理层权力的互动性,即迎合实际控制人需求的管理层权力。一方面,由于中国忠诚和服从权威的传统文化影响(梁漱溟,1999),高管基于自身利益需要调整对于激励安排的认知动机,以迎合实际控制人控制意志;另一方面,高管对于各种显性激励安排存在权衡取舍,以满足自身的利益和成就动机等个人需求。因此,为了丰富与完善现有研究,本章遵循"双向治理"研究视角,将实际控制人对于上市公司高管显性激励安排的影响、高管认知动机等情境化因素纳入高管显性激励研究框架,分析高管显性激励的权衡以及对于代理成本的治理效果,期望通过激励安排的分解与组合以获取不同显性激励手段的治理效应以及各自的适用情境。

寄望于其降低代理成本的功能,高管激励被视为保持委托人与代理人利益趋同的有效手段。但是,关于高管激励的主流研究却走向了两个极端:秉承最优契约理论思想的支持者,既承认激励安排有效性(Frydman and Saks,2010),也承认其存在的不足,并提出了依托于完善的公司治理机制尤其是监督机制的高管激励框架,期望实现对于最优契约的回归,从而降低代理成本(Belghitar and Clark,2015;Corea et al.,2008;Foster and Young,2010;Minnick et al.,2010;Brookman and Thistle,2013)。而反对者则基于管理层权力理论,追溯到高管激励的决策机制,认为在无法限制管理层权力的情况下,高管激励容易沦为代理行为的温床,成为高管"自肥"的工具,无法有效治理代理问题(Robinson and Sensoy,2013)。随着公司治理研究的深化,学者们开始尝试突破传统代理理论的束缚,希望拓展理论边界寻找该领域研究的中间地带,以强化其在治理实践中的适用性,由此,基于行为经济学的心理所有权理论开始应用于高管激励的理论研究。心理所有权理论认为,管理者具有拥有某种事物的心理认同感,而各种激励手段是间接地通过管理者对所有权的期望等心理因素发挥作用的。但是,由于个人心理因素的适应性以及外部环境的不确定性,高管激励的研究对于心理所有权也褒贬不一。较早引入心理所有权思想的研究大多承认其积极的治理效应,认为源于同业比较的"参照点"能够提升高管的满意度及其努力程度,可以实现自我约束、降低代理成本(Larkin,2012),但是如果高管的薪酬显著低于同行业或者同地区的均值,则激励安排的有效性可能大打折扣(Hart and Moore,2008;Abeler et al.,2011)。随着研究的深入,学者们关注到了外部环境和个人心理因素的交互影响,如源于管理层权力的参照对象选择偏见(Faulkender and Yang,2010)、人力资本对于参照结果的影响(Mishra,2014)、风险偏好的影响(Pepper et al.,2013)等。

尽管国内学者也积极为高管激励研究的正反双方提供来自中国的经验证据(Conyon and He,2011;Chen et al.,2011;陈仕华等,2014;刘峰和冯星,2014),但是市场的特殊性需要国内学者更加理性、具体的研究,即在承袭西方先进思想和方法论的同时,要具体结合中国上市公司的特点,提供更"接地气"的高管激励安排,例如存在实际控制人对上市公司高管的晋升激励或者职务约束,影响着货币化薪酬的有效性;抑或高管持股比例偏低,可能导致"财富效应"显著大于"治理效应"等。中国资本市场情境下,能否突破单体公司治理的作用边界,充分考虑实际控制人对于高管的潜在影响,即高管与股东尤其实际控制人的互动性,探析高管迎合实际控制人需要的管理层权力如何影响高管对于显性激励的认知,也许能够成为高管激励安排有效性的可行之钥。因此,本章在理论分析过程中借鉴"双向治理"研究视角,充分考虑实际控制人与高管的互动性,以及高管迎合实际控制人需要的管理层权力对于高管认知的影响,而不是机械照搬、"标准化"显性激励应有的治理效应,以期提供中国上市公司高管激励的合理化解读。

二、货币化薪酬与代理成本

尽管存在样本选择、变量设计的差异性等问题可能导致结论的不稳健,但是弗里德曼和萨克斯(Frydman and Saks,2010)指出美国上市公司在1936~2005年的时间跨度内,其高管薪酬激励在弱化代理问题、推动高管与股东利益趋同方面发挥了积极的治理效应,具体表现为更强的薪酬—业绩敏感性。结合中国情境,本章认为中国上市公司的高管货币化薪酬能够发挥积极的治理效应,主要原因源自两个方面:首先,高管主观方面的自我约束,即尚不健全的社会保障制度,以及愈发严格的外部监管引致高管对于高薪工作的珍视。由于中国还没有非常完备的社会保障制度,人们都需要为自己退休后及晚年的生活积蓄，这一可置信的问题对于高管来说，不仅考虑基本的生活保障，还希望维持现有的生活品质，这一切在高管自我约束方面发挥着积极的作用，使得高管倾向于放弃昂贵的试错成本、更加珍惜现有的工作机会。同时，愈发严格和规范的监管能够从外部约束高管的机会主义动机，如果没有严格的外部监管，仅仅依靠高管的自我约束很难保证货币化薪酬的治理效果，因为低廉的舞弊成本可能诱发高管的机会主义倾向。所以，宏观制度层面的约束（社会保障制度与外部监管的交互作用），能够保证高管货币化薪酬激励的有效性。

其次，与实际控制人互动下的高管自我权衡，即高管维系社会资本纽带尤其是迎合实际控制人的需要也可能强化货币化薪酬的治理效果。关系契约理论认为，非正式制度可以作为正式制度的必要补充，尤其当正式公司治理制度无法发挥治理作用时（Estrin and Prevezer，2011）。遵循关系契约理论的思路，任何一个上市公司高管只是社会资本网络的某一个节点，此时社会资本网络能够充当资本控制网络的补充，促使高管主动维持其在社会资本网络中的正面形象，以获取更多的社会资本。由于中国"圈子文化"的影响，以及上市公司普遍"嵌入"于某个资本控制链，上市公司高管具有更强动机去维系社会资本纽带，同时为了迎合实际控制人的需要，其行为选择更容易受到实际控制人意志的影响，这既是维系社会资本纽带的需要，也源于中国传统文化中忠诚和服从权威的影响（傅颀和汪祥耀，2013），所以高管必须表现出与薪酬相匹配的能力和业绩（国企高管为了获得良好的声誉以博取更多的政治资本和晋升机会，而民企高管则更多的关注于声誉方面的激励），以合理化自身的货币化薪酬，进而自发的约束机会主义动机。因此，在中国情境下，高管的自我权衡不仅源于传统治理思路下的自身利益权衡取舍，更源自"双向治理"视角下高管与实际控制人互动的自我激励与约束。

基于以上分析，在"双向治理"研究视角下，高管主观上对于工作的珍视、客观上迎合实际控制人的需要，以及外部监管的日益强化，使得高管的薪酬辩护动机更强，从而提升了货币化薪酬治理的有效性。通过高管的动机来分析激励和约束的被接受程度，突破了关于高管"经济人"、风险中性等基本前提，增强了研究的现实性和适用性。因此，跳出传统委托代理理论的框架并重新审视高管货币化薪酬的功能，本章认为高管货币化薪酬能够在

促进股东与高管利益趋同的过程中发挥积极的治理效应,并提出假设 H1:

假设 H1:高管货币化薪酬呈现积极的治理效应,即能够显著降低代理成本。

三、高管持股、期权激励与代理成本

考虑到薪酬激励的不完备性以及管理层权力的潜在影响,最优契约理论和管理层权力理论的支持者不约而同地选择了递延性薪酬作为应对之道,可谓殊途同归,期望通过增加高管持股和期权的比重,以实现股东与高管的激励相容,避免代理成本所导致的治理效率损失。

由于能够一定程度上实现与股东共同分享剩余索取权,高管持股较早得到了关注,尤其是英美等发达资本市场,希望通过授予强权 CEO 一定比例的股份,实现股东与高管的利益趋同,其治理效应也得到了证实(Evans,2008;Burns et al.,2015)。但是,学者们也注意到了股份授予本身也容易受到管理层权力的影响,不仅容易导致股份授予的"福利化"(Lian et al.,2011),甚至还可能强化"堑壕效应"(Benson and Davidson,2009;Xu,2013),对于高管持股的有效性提出了质疑(Coles et al.,2012)。具体到中国情境下,学者研究发现高管持股的治理效应更多体现在合规性层面,如更加完备的信息披露(张馨艺等,2012),而效应性方面的表现并不理想(Hua and Zhou,2008)。

本章继续基于"双向治理"研究视角,从高管迎合实际控制人需求的管理层权力角度分析其行为动机以及治理效应,并且对中国上市公司高管持股的积极效应持怀疑态度,原因来自三个方面:首先,高管持股比例普遍偏低(童英,2009),可能导致无法发挥"治理效应",而更多的时候发挥着高管财富积累的作用,即"财富效应"。其次,股份变现的限制较多。根据我国公司法规定,高管在任职期间以及离任后的股份转让都有严格、明确的规定,虽然旨在保护投资者尤其是中小股东的利益,但是限制流动性的规定也降低了高管持股的有效性,还可能衍生出高管"择时"机会主义行为,如精准辞职等(曹廷求和张光利,2012)。最后,中国资本市场的不成熟则可能进一步弱化高管持股的治理效应。由于资本市场的定价功能无法有效评价上市公司的市场表现，基于自身职业安全以及私有利益的考虑，上市公司高管倾向于迎合实际控制人的需要，抱有"不求有功但求无过"的保守心态，虽然能够约束内在的扩张动机，但是也可能在稍纵即逝的机会来临的时候无动于衷。因此，中国情境下的高管持股更多地发挥着约束机制的作用，而激励方面的功能却乏善可陈，虽然能够避免过度扩张而带来的代理成本，却容易诱发过度保守的代理问题。

针对高管持股可能无法发挥治理效应这一问题，部分学者指出货币化薪酬与高管持股是最佳的激励安排，原因在于这种激励安排具备兼顾短期与长期、流动性与递延性的特点（Benmelech et al.，2010）。但是，如果中国情境下的高管持股无法有效发挥激励效应，并且不利于高管的财富积累，那么高管激励安排就需要重新考虑货币化薪酬与高管持股的权衡问题。由于货币化薪酬具有无约束用途的特点，其风险性相较于持有股份更低（王新等，2015），对于高管的吸引程度更高（Harris and Raviv，1979），进而高管就存在利用管理层权力提升货币化薪酬在激励安排中比重的动机，所以高管更加偏爱货币化薪酬，而高管持股诱发的代理问题可能弱化货币化薪酬的激励效果。综合以上，本章认为高管持股并不具备削减代理成本的治理效应，而且还容易弱化货币化薪酬的激励效果，固提出假设H2：

假设H2：高管持股可能诱发代理问题，导致更高的代理成本，甚至弱化货币化薪酬的激励效果。

继1952年辉瑞公司率先启用股票期权之后，其递延性和期权相结合的特性得到了肯定，因为更长的递延性区间以及高管的自由选择权利，使得持有期权的风险小于高管持股（Murphy，1999），并且可以提高管理者风险投资活动的积极性，避免由于保守导致的效率损失。但是，越来越多的学者开始关注到期权激励的负面治理效应，如高管风险偏好的影响（Pepper et al.，2013）、"倒签"问题（Lie，2005）、盈余操纵与重新定价等（丁保利等，2012），即高管的"自肥"动机容易引起市场择时等机会主义行为（吕长江等，2011），从而导致代理成本的提升（杨慧辉等，2015），即管理层权力可能导致期权激励有效性下降的问题。

需要注意的是，虽然学者们关注到了高管心理因素对期权有效性的影响，但是忽略激励组合、孤立研究该问题却容易导致结论的分歧，因为高管的心理因素会基于不同激励方式的权衡而产生差异性。考虑到货币化薪酬无约束用途的特点（王新等，2015），本章认为在中国情境下，期权激励的治理效应在高管激励安排中充当货币化薪酬的必要补充，一方面可以保证高管收入的自由支配能力；另一方面又可以利用递延性和期权相结合的办法完成股东与高管的利益趋同，即在迎合实际控制人需要的同时，利用管理层权力进行自身的利益权衡。尽管存在马明哲的"零薪酬"、刘强东的"一元年薪"等极端例子可以认为期权能够独立于货币化薪酬而独立发挥治理作用，但是事实上绝大多数"零薪酬"高管会在母公司、政府甚至关联企业领取薪酬（杨德明和赵璨，2012），而国有上市公司的期权激励也往往受到行政干预，如黎文靖、池勤伟（2015）实地调研发现国有企业高管经常被上级部门告知到期需要放弃行使股权激励方案。因此，尽管高管期权激励的递延性和期权相结合的特点能够解决高管持股激励不相容的问题，但是无法发挥独立的治理效应，其有效性体现在对于货币化薪酬的补充，固提出假设 H3：

假设 H3：高管期权激励能够强化货币化薪酬对于代理成本的治理效应。

四、高管显性激励的情境化影响

为了深化高管显性激励有效性的研究，本章结合中国资本市场的特点进一步分析潜在的情境化影响因素：产权性质与行业性质，旨在探讨适用于具体情境的高管显性激励组合。

源于中国特殊的所有制形式，大部分上市公司都脱胎于国有股份，至今仍然在资本市场中扮演着举足轻重的角色（许文彬，2009）。尽管对于国有股份的褒贬不一（余菁，2008），但是中国的制度背景以及资本市场的现状需要学者们在正确面对潜在问题的同时，积极探索一条现有制度框架下的国企治理之路。具体到高管显性激励方面，国有控股企业（以下简称国有企业、国企）与非国有控股企业（以下简称民营企业、民企）虽然都已经发生了诸多新的变化，但是最显著的区别依旧体现在市场化水平方面。首先，国有企业高管货币化薪酬的作用日益凸显，而高管持股、期权的激励效果不佳。尽管"限薪令"一定程度上能够遏制国企高管基本薪酬的畸高，但是其实际效果仍然值得怀疑（沈艺峰和李培功，2010），而且诸如奖金、绩效工资等多种形式的货币化薪酬也可以弱化"限薪令"的影响，同时，不能忽视职务消费问题，其不仅能够在一定程度上提升高管的工作和生活水平，还可以为高管构建自身社会资本网络提供支持，其灵活性以及即时性能够满足高管的相应需求。反观高管持股与期权激励，由于任期制以及行政干预的存在，其激励效果是值得怀疑的，因为一方面在市场环境以及风险水平不确定的情况下，国企高管的相关决策可能无法在任期内收到预期效果；而另一方面，高管期权的兑现还受到行政干预，无法自主行权（黎文靖和池勤伟，2015）。其次，由于薪酬市场化程度较高，民企高管的显性激励组合更为丰富，即货币化薪酬与期权激励并举，这不仅源于民企高管面临更为激烈的经理人市场竞争（黎文靖和池勤伟，2015），而且民企并不存在"所有者缺位"问题，股东对于高管的股权授予更为确定，而高管对于股份的处置方式也更为市场化。基于此，本章认为货币化薪酬对于国企高管的绩效效果更佳，而民企高管激励则应当货币化薪酬与期权激励并举。提出假设H4：

假设H4：国企高管的货币化薪酬能够显著降低代理成本，而民企高管的货币化薪酬与期权激励都能够发挥降低代理成本的作用。

行业性质方面，传统行业与高科技行业的成长性水平的差异要求高管激励的侧重点有所区别。由于传统行业的成熟度较高，相对于高科技行业，其风险水平较低、成长能力趋于稳定，这就压缩了期权激励有效性的空间，而货币化薪酬则凭借其稳定性在高管激励中发挥更为重要的作用。而对于高科技行业来说，尽管面对的风险水平较高，但是强劲的成长能力可以弥补盈利水平的短板，这就要求高科技行业在高管显性激励中更加强调期权激励的重要性（巩娜，2013）。因此，本章认为传统行业高管显性激励更为倚重货币化薪酬，而高科技行业的高管期权激励更为有效。提出假设H5：

假设H5：传统行业高管的货币化薪酬对于代理成本的治理效果更优，而高科技行业高管的期权激励对于代理成本的治理效果更优。

第二节 研究设计

一、变量定义

(一) 被解释变量：代理成本 (AC)

学界关于高管的代理问题主要定义为第一类代理问题，而第一类代理成本度量的方法已经趋于标准化，即采用管理费用率与总资产周转率作为替代变量（袁振超等，2014）。但是管理费用包括董事会会费、业务招待费等公司经营必要支出，而且这些支出的增加与机会主义行为并不存在必然的联系，如陈冬华（2005）指出，高管职务消费部分用于关系资本的构建，而现有研究并不严格区分隐性福利和关系资本投资两者的差别，即部分管理费用可能有利于公司绩效的优化和股东财富的积累，不应该以偏概全，否定管理费用在公司治理中的积极作用。因此，本章采用总资产周转率作为第一类代理成本的主要替代变量，以验证高管显性激励的有效性，而管理费用率将作为稳健性检验的替代变量引入模型进行检验。

(二) 解释变量：高管显性激励安排

具体细分为高管货币化薪酬（Salary）、高管持股（Stock）、期权激励（Option）等三个解释变量。通过借鉴现有研究（江伟和姚文韬，2015），高管货币化薪酬采用前三位高管薪酬总额的对数计量。高管持股的度量，本章没有采用高管持股比例，而是采用高管持股数量的对数，这是因为中国上市公司高管持股比例普遍偏低，其财富效应可能大于治理效应，如果选取高管持股比例，不仅容易受到公司股权结构的显著影响，更难以有效体现对于高管的激励作用。期权激励的度量，本章也没有采用以往研究的方法，即采用虚拟变量衡量是否采用了期权激励（宗文龙等，2013），而是采用期权激励中不可行权股份数量所占比重度量期权激励，即将可行权部分排除，以便更加具体、合理地分析期权的长期激励效应。

(三) 控制变量

"双向治理"视角指出,中国资本市场下的高管激励很难脱离母公司或者实际控制人的影响(徐向艺和方政,2015),本章选取上市公司多个公司治理结构变量,以控制公司治理结构尤其是实际控制人的影响,如两权分离度(Div)、独立董事比例(Ind)、两职合一性(Dual)、董事会次数(BAct)、董事会规模(BSize)、股东大会次数(ShAct)、委员会数量(Committee)等。考虑到公司特征可能影响高管显性激励的有效性,本章参照现有研究(傅颀和汪祥耀,2013;宗文龙等,2013),选取控制变量如下:杠杆率(Lev)、公司规模(Size)、成长性(Growth)、市场价值(Q)以及市场竞争度(MCom,采用赫芬达尔指数度量)。另外,年份、行业哑变量也予以控制,以方便实证分析过程中的聚类效应检验。变量汇总情况参见表7-1。

表7-1 变量汇总表

变量	变量名称	变量符号	测度方法
被解释变量	代理成本	AC	总资产周转率
解释变量	货币化薪酬	Salary	前三位高管薪酬总额的对数
	高管持股	Stock	高管持股数量的对数
	期权激励	Option	不可行权股份数量的比重
控制变量	两权分离度	Div	实际控制人现金流权与控制权的比值
	独立董事比例	Ind	董事会独立董事占比
	两职合一性	Dual	董事长与总经理两职分离取2;反之,取1
	董事会次数	BAct	董事会每年召开会议次数
	董事会规模	BSize	董事会董事人数
	股东大会次数	ShAct	股东大会当年召开次数
	委员会数量	Committee	公司设置的专业委员会数量
	杠杆率	Lev	资产负债率
	公司规模	Size	总资产对数

续表

变量	变量名称	变量符号	测度方法
控制变量	成长性	Growth	主营业务增长率
	市场价值	Q	托宾Q值
	市场竞争度	MCom	赫芬达尔指数

资料来源：笔者整理，其中变量数值计算直接取自国泰安数据库（期权激励手动收集除外）。

二、模型设计

为了检验高管显性激励的有效组合问题，构建模型方程如下：

模型Ⅰ：

$$AC = \alpha_0 + \alpha_1 Motivate + \alpha_2 \sum Controls + \varepsilon$$

模型Ⅱ：

$$AC = \alpha_0 + \alpha_1 Motivate + \alpha_2 Moderate + \alpha_3 Motivate * Moderate + \alpha_4 \sum Controls + \varepsilon$$

其中，模型Ⅰ用于检验高管显性激励对于代理成本的直接治理效应，Moderate分别表示Salary、Stock、Option等显性激励安排，Controls不仅包括表7-1所列示的控制变量，还包括了年份哑变量和行业哑变量；模型Ⅱ则用于检验高管显性激励之间的协同作用，即分别进行高管持股和期权激励对于高管货币化薪酬与代理成本关系的调节效应检验。

三、样本选择

本章选取中国资本市场A股上市公司2009~2013年度数据作为研究对象，主要变量数据均来自国泰安CSMAR数据库。但是期权激励中的不可行权部分并没有直接披露，所以采用下载样本公司的年度报告，查询重大事项部分期权激励计划中可行权的情况，进行手工收集。同时，对数据进行了预处理，并剔除相关样本数据，剔除标准如下：金融类上市公司；2009~2013年被ST和PT的公司；极端值公司等。最终，研究样本包括8622组观测数据，涉及中国A股2170家上市公司。

第三节　高管显性激励与代理成本的关系

一、描述性统计

表7-2呈现了主要变量的描述性统计结果。Panel A 汇总了主要变量的全样本描述性统计结果，高管显性激励安排中的货币化薪酬和期权激励离散程度较低，说明样本公司的激励强度差别不大，而高管持股则呈现较高的离散程度，体现在上市公司授予高管股份的规模差别较大，即在几种显性激励安排中，不同公司对于高管持股的态度并不一致，这在一定程度证实了本章关于高管持股的消极治理效应的假设。另外，期权激励的样本观测值一共为763个，其数量显著区别于其他激励安排，说明截至2013年，期权激励还没有普遍应用于上市公司治理实践，其应用价值还有待于进一步开发。Panel B 则整理了高管显性激励安排的年份统计结果。通过纵向比较，本章发现高管货币化薪酬与高管持股规模呈现逐年增长的趋势，其原因可能源于资本市场和上市公司正在逐步走出2008年金融海啸对于高管薪酬的影响，这也是一个值得后续研究继续探讨的问题。另外，样本期间，实施高管期权激励的上市公司数量也呈现逐年递增的趋势，体现了期权激励开始在高管激励安排中扮演着愈发重要的作用。

表7-2　　　　　　　　主要变量描述性统计结果

Panel A					
变量	观测值	均值	标准差	最小值	最大值
AC	8621	0.7341	0.6143	0.0032	9.6885
Salary	8609	14.0184	0.7060	10.3080	17.2391
Stock	4796	13.7600	3.5181	2.4849	20.7676
Option	763	0.8170	0.3788	0	6.0800
Ind	8620	0.3685	0.0548	0.0909	0.8000

续表

Panel A

变量	观测值	均值	标准差	最小值	最大值
MCom	8621	0.0638	0.0797	0	1.4283
Lev	8621	0.0757	0.1093	-0.0012	1.1469
Size	8621	21.9145	1.2685	17.6043	28.4820

Panel B

年份	激励方式	观测值	均值	标准差	最小值	最大值
2009	Salary	1281	13.7570	0.7388	10.4043	16.301
	Stock	574	11.9838	3.1970	3.3673	18.9469
	Option	42	0.7872	0.3192	0	1
2010	Salary	1420	13.9409	0.7313	11.4658	16.5368
	Stock	667	12.7302	3.4210	3.3673	19.1541
	Option	66	0.7825	0.3364	0	1
2011	Salary	1741	14.0427	0.6966	10.308	16.6446
	Stock	921	13.6732	3.4960	2.4849	19.8472
	Option	134	0.9096	0.6037	0	6.0800
2012	Salary	1997	14.0830	0.6715	11.5317	17.2391
	Stock	1249	14.3031	3.4747	2.4849	20.7676
	Option	217	0.8305	0.2666	0	1
2013	Salary	2170	14.1443	0.6613	11.2118	17.1668
	Stock	1385	14.5600	3.3580	3.3673	20.7507
	Option	304	0.7630	0.3239	0	1

资料来源：笔者根据 Stata 统计结果整理。

表7-3整理了主要变量的 Spearman 等级相关系数检验结果。其中，货币化薪酬与总资产周转率显著正相关，说明货币化薪酬能够显著提升总资产周转率、降低代理成本，初步证实了假设 H1；而高管持股则与总资产周转率显著负相关，即高管持股的提升降低了总资产周转率，对于代理成本呈现消极治理效应，也初步验证了假设 H2。

表7-3　　　　　　　　Spearman 等级相关系数检验结果

变量	1	2	3	4	5	6	7	8	9	10	11
AC	1.00										
Salary	0.23***	1.00									
Stock	-0.08**	-0.06	1.00								
Option	-0.04	-0.19***	0.05	1.00							
Div	0.12***	0.12***	-0.39***	-0.18***	1.00						
Ind	0.11***	0.10**	0.01	0.02	-0.09**	1.00					
MCom	-0.07*	-0.01	0.03	0.07*	-0.03	0.06	1.00				
Lev	-0.08**	0.19***	-0.17***	-0.20***	0.14***	-0.06	-0.21***	1.00			
Size	0.14***	0.51***	-0.17***	-0.20***	0.16***	0.01	-0.22***	0.55***	1.00		
Growth	0.17***	0.09**	0.04	-0.06	-0.04	0.04	-0.08**	0.17***	0.19***	1.00	
Q	-0.01	-0.13***	0.21***	0.02	-0.14***	0.05	0.27***	0.17***	-0.55***	0.13***	1.00

资料来源：笔者根据 Stata 统计结果整理，***、**、*分别表示1%、5%、10%的显著性水平。

二、高管显性激励与代理成本

为了验证高管显性激励与代理成本的关系，本章采用固定效应模型进行分析，并通过 Hausman 检验证实了固定效应的合理效应。同时，为了避免组间差异的影响，聚类效应检验在固定效应模型中同步进行检验。表7-4整理了具体检验结果。

表7-4　　　　　　　　高管显性激励与代理成本结果

变量	AC				
	H1	H2	H2	H3	H3
Salary	0.0445*** (2.85)		0.0975*** (4.90)		0.0596 (1.14)
Stock		-0.0157** (-2.45)	-0.0734 (-1.13)		

续表

变量	AC				
	H1	H2	H2	H3	H3
Option				0.0058 (0.45)	-0.6025 (-0.96)
Salary×Stock			-0.0011** (-2.41)		
Salary×Option					0.0423 (0.97)
Div	0.0024* (1.78)	0.0022 (1.13)	0.0022 (1.13)	0.0012 (0.32)	0.0016 (0.45)
Ind	0.0939 (0.88)	0.2629 (1.38)	0.2929 (1.54)	-0.2040 (-0.71)	-0.0907 (-0.32)
MCom	-0.5264*** (-2.66)	-0.8016*** (-3.38)	-0.8218*** (-3.44)	-0.9868*** (-2.98)	-1.0122*** (-3.40)
Lev	-0.4117*** (-4.94)	-0.4266*** (-4.08)	-0.4092*** (-4.05)	-0.3387* (-1.95)	-0.3791** (-2.19)
Size	-0.0001 (-0.00)	-0.1094*** (-3.23)	-0.1345*** (-4.07)	-0.2319*** (-4.26)	-0.2565*** (-4.46)
Growth	0.0042** (1.97)	0.0444*** (4.55)	0.0461*** (4.65)	0.1230*** (3.64)	0.1346*** (4.09)
Dual	0.0095 (1.05)	-0.0063 (-0.40)	-0.0052 (-0.33)	0.0397 (1.33)	0.0382 (1.37)
BAct	0.0028*** (2.89)	0.0016 (1.37)	0.0013 (1.14)	0.0013 (0.49)	0.0004 (0.14)
ShAct	-0.0010 (-0.49)	-0.0007 (-0.26)	-0.0005 (-0.18)	0.0020 (0.33)	0.0005 (0.09)
BSize	-0.0014 (-0.42)	-0.0025 (-0.54)	-0.0025 (-0.57)	0.0046 (0.44)	0.0012 (0.12)
Committee	-0.0191 (-0.84)	-0.0292 (-0.77)	-0.0300 (-0.78)	0.0103 (0.51)	0.0078 (0.38)

续表

变量	AC				
	H1	H2	H2	H3	H3
Q	0.0114 *** (2.72)	0.0146 *** (3.73)	0.0133 *** (3.45)	0.0274 *** (3.93)	0.0271 *** (4.09)
Industry	控制				
Year	控制				
Cons	0.1660 (0.22)	3.3352 *** (4.40)	2.5170 *** (3.16)	5.6561 *** (4.75)	5.3700 *** (4.54)
Obs	8608	4796	4793	763	763
Groups	2173	1501	1501	360	360
F	5.95 ***	9.68 ***	10.74 ***	4.52 ***	5.76 ***
Adj R^2	0.0425	0.0931	0.1091	0.2985	0.3197

注：笔者根据 Stata 统计结果整理，***、**、* 分别表示1%、5%、10% 显著性水平，且结果均经过聚类效应处理。

第一列为模型的检验结果，以验证假设 H1。结果显示，高管货币化薪酬与总资产周转率显著正相关，且显著性水平为1%，说明样本公司的高管货币化薪酬对于代理成本呈现积极的治理效应，即货币化薪酬激励发挥了治理效应，能够显著降低代理成本，证实了假设 H1。第二列和第三列主要用于检验假设 H2，即高管持股对于代理成本的治理效应。其中，第二列分析结果显示高管持股与总资产周转率显著负相关，且显著性水平为5%，这说明高管持股规模的扩大并没有发挥预期的治理效果，反而降低了总资产周转率、提高了代理成本。如前文所述，高管持股的消极治理效应可能源于股权变现的限制较多以及资本市场不完善导致股价波动较大的交互影响，使得高管持有股份的风险水平较高，不利于其治理效应的发挥。这一结果也可能作为中国上市公司高管持股普遍偏低的解释之一，即高管持股的消极治理效应可能是高管持股普遍偏低的内生原因，为后续研究提供了有益的探索。第三列分析结果则证实了高管持股对于货币化薪酬治理效应的弱化，其结果显示高管持股作为调节变量，其与货币化薪酬的交互项与总资产周转率显著负相关，且显著性水平为5%，即高管持股发挥了负向的调节作用，从而证实了前文高管更加偏爱货币化薪酬的推测。因此，假设 H2 得到证实。第四列和第五列整理了关于假设 H3 的分析结果，但是并没有证据表明期权激励的积极治理效应，假设 H3 没有得到证实。通过分析可能存在的原因，本章认为可能源于两个方面：第一，通过对研究样本的分析，期权激励的应用尚处于起步阶段，而且未得到广泛应用；第二，研究模型可能忽略了重要的情境因素，影响了分析结果。基于以上分析，本章将继续进行具体情境的分析，以揭示可能影响期权激励有效性的情境因素，意在寻找期权激励的适用情境，为后续研究提供借鉴。

三、稳健性检验：内生性处理与替代变量

考虑到高管激励安排与代理成本可能存在内生性关系，即高管在迎合实际控制人需要的同时，可能利用管理层权力侵害股东的权益，所以本章采用了两种方法应对这一问题。

首先，采用两步 GMM 分析方法，并构建工具变量弱化内生性对于研究结论的扰动。选取两步 GMM 分析的原因在于上市公司治理机制的作用存在滞后性，可能显著影响随后几期的治理效果，即存在动态内生性问题（Goergena et al., 2015）。随后，需要选取合适的工具变量进一步避免内生性的扰动。基于本章的分析框架，工具变量的选取需要同时满足两个条件，即与高管显性激励安排存在相关关系，而与管理层权力等遗漏变量以及代理成本并不存在相关关系，因此本文参照近期研究的处理方式（Norli et al., 2015；Newton, 2015；Liu et al., 2015），选取样本公司所在行业当年的高管货币化薪酬的均值作为工具变量进行实证分析。表 7-5 列示了两步 GMM 分析的主要结果，其与前文分析结果基本一致，说明分析结果具有一定的稳健性。

表 7-5　　高管显性激励与代理成本结果（两步 GMM 分析）

变量	AC				
	H1	H2		H3	
		存在高管持股	不存在高管持股	存在期权激励	不存在期权激励
Salary	0.198 *** (4.45)	0.162 *** (2.90)	0.233 *** (3.14)	0.451 ** (2.34)	0.192 *** (4.04)

续表

变量	AC				
	H1	H2		H3	
		存在高管持股	不存在高管持股	存在期权激励	不存在期权激励
Controls			控制		
Cons	0.464 (1.23)	-0.298 (-0.68)	1.338** (2.03)	1.446 (1.11)	0.527 (1.27)
F	65.98***	36.90***	32.96***	6.25***	60.74***
Anderson-Canon. Correlation	476.283***	251.511***	209.461***	22.916***	431.965***
Cragg-Donald Wald	503.359	264.664	220.817	23.193	456.320

注：笔者根据Stata统计结果整理，***、**、*分别表示1%、5%、10%显著性水平，且结果均经过聚类效应处理。篇幅所限，控制变量结果并没有逐项列出。

其次，采用代理成本的滞后一期数值作为被解释变量，以避免高管显性激励与代理成本潜在的内生性，以检验分析结果的稳健性（见表7-6），分析结果及符号基本一致。另外，为了进一步验证结果的稳健性，本章还分别采用管理费用率、前三位高管薪酬均值的均值作为替代变量进行检验，分析结果的符号与前文分析结果基本一致。

表7-6　　高管显性激励与代理成本结果（滞后期处理）

变量	AC_{t+1}				
	H1	H2	H2	H3	H3
Salary	0.0344*** (2.60)		0.0762*** (4.21)		0.0669* (1.73)
Stock		-0.0128*** (-4.53)	-0.0601 (-1.07)		
Option				0.0022 (0.14)	-0.3950 (-0.87)

续表

变量	AC_{t+1}				
	H1	H2	H2	H3	H3
Salary×Stock			−0.0009*** (−2.59)		
Salary×Option					0.0277 (0.88)
AC_t	0.3337*** (7.80)	0.3425*** (22.81)	0.3350*** (5.81)	0.3319*** (7.08)	0.3253*** (7.01)
Controls	控制				
Cons	−0.3636 (−0.62)	1.9738*** (6.16)	1.3626** (1.98)	3.8612*** (4.28)	3.5151*** (3.67)
Obs	8604	4796	4793	763	763
Groups	2173	1501	1501	360	360
F	11.94***	12.76***	13.82***	14.76***	14.06***
Adj R^2	0.1690	0.2173	0.2271	0.3790	0.3966

注：笔者根据 Stata 统计结果整理，***、**、* 分别表示1%、5%、10%显著性水平，且结果均经过聚类效应处理。篇幅所限，控制变量结果并没有逐项列出。

第四节 高管显性激励有效性的情境化因素分析

综合前文分析结果，本章证实了货币化薪酬对于代理成本的积极治理效应，以及高管持股的消极治理效应，但期权激励的治理效应并没有被证实。为了进一步证实高管显性激励的有效性，尤其期权激励的治理效应，本章将进一步分析可能影响高管显性激励的情境化因素，以更加具体的探索其在中国情境下的适用性。

一、情境化因素一：产权性质

通过产权性质差异的分组检验，本章预期国有企业与民营企业高管激励安排的有效性存在显著差异，具体来说国企更加倚重货币化薪酬，而民企则是货币化薪酬与期权激励并举。表7-7汇总了产权性质的分组检验结果，以验证以上假设，即假设H4。Panel A的结果显示国有企业样本组中，货币化薪酬与代理成本显著正相关，且显著性水平为5%，而期权激励并不存在对于货币化薪酬和代理成本的调节效应，说明国有企业中货币化薪酬激励是存在积极治理效应的，而期权激励并没有产生激励效果。Panel B的结果则显示在民营企业样本组中，货币化薪酬与总资产周转率显著正相关，且显著性水平为1%，同时期权激励也显著正向调节货币化薪酬与总资产周转率的关系，说明民营企业中货币化薪酬与期权激励能够共同发挥积极的治理效应、降低代理成本。因此，假设H4得到证实。另外，表7-7结果还汇报了高管持股在产权性质差异情况下的治理效果，结果显示无论在国有企业样本组还是民营企业样本组，高管持股都呈现消极的治理效应，不利于代理成本的削减，与前面分析一致。但是，值得注意的是，高管持股在国企和民企所呈现的消极治理效应存在不同的作用机理，前者可能源于国企高管更加偏爱货币化薪酬，而对于持有股份可能带来的"财富效应"缺乏信心；后者则可能源于控制权稳定的需求，而代理成本的提升则是获取控制权稳定性的必要付出。因此，高管持股的治理效应还需要后续研究的进一步探索。

表7-7　　　　产权性质影响下的高管显性激励与代理成本结果

变量	AC				
Panel A：国有企业					
Salary	0.0370** (2.28)		0.1031*** (4.90)		0.0311 (0.38)
Stock		-0.0114** (-2.01)	-0.1626 (-1.28)		
Option				-0.0768 (-1.28)	-1.2716 (-1.26)
Salary×Stock			-0.0008** (-2.09)		

续表

变量	AC				
Panel A：国有企业					
Salary×Option					0.0839 (1.21)
Controls	控制				
Cons	1.3626 (3.04)	3.9588*** (6.57)	3.1482*** (5.08)	7.5810*** (3.26)	7.3284*** (3.52)
Obs	2669	1589	1588	275	275
Groups	828	569	569	137	137
F	10.56***	10.08***	10.88***	2.25***	3.01***
Adj R^2	0.0798	0.1308	0.1479	0.3516	0.3934
Panel B：民营企业					
Salary	0.0515*** (2.98)		0.0888*** (5.01)		0.1194*** (2.84)
Stock		−0.0152** (−2.07)	−0.0734 (−1.13)		
Option				0.0152 (1.63)	−0.3974 (−0.72)
Salary×Stock			−0.0010** (−2.01)		
Salary×Option					0.0012* (1.86)
Controls	控制				
Cons	−0.2230 (−0.21)	2.7142*** (2.88)	1.9522** (2.10)	4.7512*** (3.56)	3.8361*** (2.71)
Obs	5708	3063	3061	473	473
Groups	1642	1089	1089	237	237
F	4.93***	6.21***	7.19***	5.50***	5.85***
Adj R^2	0.0450	0.0833	0.0987	0.3014	0.3314

注：笔者根据 Stata 统计结果整理，***、**、* 分别表示1%、5%、10%显著性水平，且结果均经过聚类效应处理。篇幅所限，控制变量结果并没有逐项列出。

二、情境化因素二：行业性质

为了验证假设 H5，本部分继续考察行业性质差异下的高管显性激励有效性。根据国家统计局的行业分类标准，本章将上市公司分为传统行业与高科技行业两大类（核燃料加工，信息化学品制造，医药制造业，医疗仪器设备及器械制造，航空航天器制造，通信设备、计算机及其他电子设备制造业，公共软件服务业等七类归为高科技行业）。表7-8中，Panel A 整理了传统行业的分组检验结果：货币化薪酬与总资产周转率呈现显著正相关关系，且显著性水平为1%，而期权激励则没有激励效果。对比 Panel B 的高科技行业的检验结果，货币化薪酬对于代理成本的治理效果并不显著，但是期权激励显著正向调节货币化薪酬与代理成本的关系，且显著性水平为5%。检验结果说明行业性质情境下，高管显性激励安排存在显著差异，即传统行业的高管货币化薪酬得到了高管的偏爱，而高科技行业的高管则更加偏爱期权激励，假设 H5 得到证实。另外，行业性质影响下的高管持股依然呈现消极的治理效果，与前文分析结果一致，体现了结论的稳健性。

表7-8　行业性质影响下的高管显性激励与代理成本结果

变量	AC				
Panel A：传统行业					
Salary	0.0645 *** (3.37)		0.1180 *** (4.14)		0.1009 *** (2.40)
Stock		−0.0024 ** (−2.30)	−0.1279 (−1.36)		
Option				−0.0046 (−0.28)	−1.1888 (−1.57)
Salary × Stock			−0.0016 ** (−2.17)		
Salary × Option					−0.0001 (−0.04)

续表

变量	AC				
Panel A：传统行业					
Controls	控制				
Cons	-0.1894 (-0.16)	4.7046*** (3.63)	3.7683*** (2.83)	5.6746*** (3.78)	4.8893*** (3.74)
Obs	5701	2947	2945	376	376
Groups	1453	932	932	170	170
F	5.77***	4.87***	6.27***	2.81***	3.11***
Adj R^2	0.0472	0.1043	0.1240	0.3150	0.3401
Panel B：高科技行业					
Salary	0.0182 (1.40)		0.0716*** (4.36)		0.0774* (1.66)
Stock		-0.0086** (-2.35)	0.0167 (0.33)		
Option				0.0462 (1.09)	0.1507 (0.18)
Salary × Stock			-0.0007*** (-2.67)		
Salary × Option					0.0035** (2.17)
Controls	控制				
Cons	1.0588 (3.06)	1.7083*** (3.92)	1.1043** (2.42)	6.8943*** (4.53)	6.2030*** (3.95)
Obs	2907	1849	1848	387	387
Groups	853	629	629	199	199
F	9.80***	9.72***	10.19***	7.62***	7.39***
Adj R^2	0.0672	0.1080	0.1194	0.3800	0.3904

注：笔者根据Stata统计结果整理，***、**、* 分别表示1%、5%、10%显著性水平，且结果均经过聚类效应处理。篇幅所限，控制变量结果并没有逐项列出。

第五节 研究结论与讨论

本章引入双向治理研究视角,旨在将实际控制人在高管对于显性激励安排权衡取舍中的影响纳入研究框架,即高管迎合实际控制人需要的管理层权力来探索显性激励的有效性,并以2009~2013年中国A股上市公司作为研究样本,主要研究结论:(1)高管货币化薪酬呈现积极的治理效应、能够显著降低代理成本,说明货币化薪酬在中国上市公司高管激励中发挥着积极的作用,能够实现股东与高管的利益趋同;(2)高管持股诱发代理问题,导致更高的代理成本,并且弱化货币化薪酬的激励效果,证实本章关于高管持股的限制以及资本市场不成熟的交互作用可能弱化高管持股治理作用的假设,同时也为目前中国资本市场中高管持股比例普遍偏低提供了解释;(3)高管期权激励主要体现在对于货币化薪酬与代理成本关系的调节效应中,并且主要见于民营企业和高科技行业中,而对于国有企业和传统行业公司并没有治理效应,一方面说明期权激励更多地扮演着货币化薪酬的补充角色;另一方面说明其适用性显著受到情境因素的影响。研究结论表明,由于资本市场特点、高管动机等因素的不同,中国A股上市公司的高管显性激励实践有别于西方资本市场,因此高管显性激励安排应该立足于高管动机、研究高管对于不同激励安排的接受程度。

综合以上研究结论,本章针对中国A股市场下,高管显性激励有效性提升提出政策建议如下:(1)货币化薪酬与期权激励的有机结合,即合理的货币化薪酬,辅以必要的期权激励。合理的货币化薪酬能够满足高管无约束用途的需求,而期权激励则可以实现股东与高管利益趋同化的长期性,二者的互补能够有效提升高管显性激励的有效性、约束高管的机会主义行为。(2)提升高管持股的货币化程度,并辅以"奖金银行"。为了弱化高管持股的消极治理效应,上市公司可以考虑以影子股份替代实际授予高管股份,并缩短影子股份的兑现期限(如当年或者第二年),同时需要辅以"奖金银行",确保高管影子股份兑现后的追索权,如果出现高管旨在利用影子股份变现的短期机会主义行为,公司有权追索相关的升值部分所得。(3)丰富期权行权条件，避免由于关注业绩或者市场估价而导致的激励效率损失。由于本章发现目前中国资本市场中，期权激励的有效性主要体现在民营企业或者高科技行业中，而在国有企业或者传统行业并没有发挥相应的激励效果，这就需要上市公司根据自身特点以及所处的市场环境，相机设置更加多元的行权条件，例如国有企业的社会责任指标、传统行业的品牌满意度指标等，以优化期权激励在相关情境下的治理效果。

参考文献

[1] Abeler J, Falk A, Goette L, Huffman, D. Reference Points and Effort Provision [J]. *American Economic Review*. 2011, 101 (2): 470–492.

[2] Adams J, Mansi S, Nishikawa T. Internal Governance Mechanisms and Operational Performance: Evidence from Index Mutual Funds [J]. *Review of Financial Studies*, 2010, 23 (3): 1261–1286.

[3] Adams R, Akyol A, Verwijmeren P. Director Skill Sets [J]. *Journal of Financial Economics*, 2018, 130 (3): 641–662.

[4] Aggarwal R, Dow S. Dividends and Strength of Japanese Business Group Affiliation [J]. *Journal of Economics and Business*, 2012, 64 (3): 214–230.

[5] Ambos B, Mahnke V. How Do MNC Headquarters Add Value [J]. *Management International Review*, 2010, 50 (1): 403–412.

[6] Beckman C, Haunschild P. Network Learning: The Effects of Partners' Heterogeneity of Experience on Corporate Acquisitions [J]. *Administrative Science Quarterly*, 2002, 47 (1): 92–124.

[7] Belghitar Y, Clark E. Managerial Risk Incentives and Investment Related Agency Costs [J]. *International Review of Financial Analysis*, 2015, 38 (3): 191–197.

[8] Benmelech E, Kandel E, Veronesi, P. Stock-based Compensation and CEO (dis) Incentives [J]. *Quarterly Journal of Economics*, 2010, 125 (4): 1769–1820.

[9] Bennouri M, Chtioui T, Nagati H, et al. Female Board Directorship and Firm Performance: What Really Matters [J]. *Journal of Banking and Finance*,

2018, 88 (3): 267-291.

[10] Benson B, Davidson W. Reexamining the Managerial Ownership Effect on Firm Value [J]. *Journal of Corporate Finance*, 2009, 15 (5): 573-586.

[11] Blome C, Schoenherr T, Kaesser M. Ambidextrous Governance in Supply Chains: The Impact on Innovation and Cost Performance [J]. *Journal of Supply Chain Management*, 2013, 49 (4): 59-80.

[12] Bouquet C, Birkinshaw J. Managing Power in the Multinational Corporation: How Low-Power Actors Gain Influence [J]. *Journal of Management*, 2008, 34 (3): 477-508.

[13] Brass D, Butterfield K, Skaggs B. Relationships and Unethical Behavior: A Social Network Perspective [J]. *Academy of Management Review*, 1998, 23 (1): 14-31.

[14] Brockman P, Yan X S. Block Ownership and Firm-Specific Information [J]. *Journal of Banking & Finance*, 2009, 33 (2): 308-316.

[15] Brookman J T, Thistle P D. Managerial Compensation: Luck, Skill or Labor Markets? [J]. *Journal of Corporate Finance*, 2013, 21: 252-268.

[16] Burns N, McTier B C, Minnick K. Equity-Incentive Compensation and Payout Policy in Europe [J]. *Journal of Corporate Finance*, 2015, 30: 85-97.

[17] Cavaco S, Crifo P, Rebérioux A, et al. Independent Directors: Less Informed but Better Selected than Affiliated Board Members [J]. *Journal of Corporate Finance*, 2017, 43 (2): 106-121.

[18] Chen J, Ezzamel M, Cai Z. Managerial Power Theory, Tournament Theory, and Executive Pay in China [J]. *Journal of Corporate Finance*, 2011, 17 (4): 1176-1199.

[19] Cheng S. Board size and the variability of corporate performance [J]. *Journal of Financial Economics*, 2008, 87 (1): 157-176.

[20] Chou H, Hamill P, Yeh Y. Are All Regulatory Compliant Independent Director Appointments the Same? An Analysis of Taiwanese Board Appointments [J]. *Journal of Corporate Finance*, 2018, 50 (3): 371-387.

[21] Chung Y, Liao H, Jackson S, et al. Cracking but not Breaking:

Joint Effects of Faultline Strength and Diversity Climate on Loyal Behavior [J]. *Academy of Management Journal*, 2015, 58 (5): 1495 – 1515.

[22] Claessens S, Djankov S, Fan J, Lang H. Disentangling the Incentive and Entrenchment Effects of Large Shareholdings [J]. *Journal of Finance*, 2002, 57 (6): 2741 – 2772.

[23] Coles J, Daniel N, Naveen L. Boards: Does One Size Fit All [J]. *Journal of Financial Economics*, 2008, 87 (2): 329 – 356.

[24] Coles J, Lemmonb M, Meschke J. Structural Models and Endogeneity in Corporate Finance: The Link between Managerial Ownership and Corporate Performance [J]. *Journal of Financial Economics*, 2012, 103: 149 – 168.

[25] Collins D, Kothari S, Shanken J, Sloan R. Lack of Timeliness and Noise as Explanations for the Low Contemporaneous Return – Earnings Association [J]. *Journal of Accounting and Economics*, 1994, 18 (3): 289 – 324.

[26] Collins T, Dumas T, Moyer L. Intersecting Disadvantages: Race, Gender, and Age Discrimination among Attorneys [J]. *Social Science Quarterly*, 2017, 98 (5): 1642 – 1658.

[27] Conyon M, He L. Executive Compensation and Corporate Governance in China [J]. *Journal of Corporate Finance*, 2011, 17 (4): 1158 – 1175.

[28] Corea J, Guaya W, Larcker D. The Power of the Pen and Executive Compensation [J]. *Journal of Financial Economics*, 2008, 88 (1): 1 – 25.

[29] Dalton D, Dalton C. Integration of Micro and Macro Studies in Governance Research: CEO Duality, Board Composition, and Financial Performance [J]. *Journal of Management*, 2011, 37 (4): 04 – 11.

[30] Drobetz W, Meyerinck F, Oesch D, et al. Industry Expert Directors [J]. *Journal of Banking and Finance*, 2018, 92 (7): 195 – 215.

[31] Durnev A, Morck R, B. Yeung. Value Enhancing Capital Budgeting and Firm – Specific Stock Returns Variation [J]. *Journal of Finance*, 2004, 59 (1): 65 – 105.

[32] Estrin S, Prevezer M. The Role of Information Institutions in Corporate Governance: Brazil, Russia, India, and China Compared [J]. *Asia Pacific*

Journal of Management, 2011, 28 (1): 41 –67.

[33] Evans A. Portfolio Manager Ownership and Mutual Fund Performance [J]. *Financial Management*, 2008, 37 (3): 513 –534.

[34] Faccio M. Politically Connected Firms [J]. *The American Economic Review*, 2006 (1): 369 –386.

[35] Fan J, Wong T, Zhang T. Institutions and Organizational Structure: The Case of State – Owned Corporate Pyramids [J]. *Journal of Law, Economics, & Organization*, 2013, 29 (6): 1217 –1252.

[36] Faulkender M, Yang J. Inside the Black Box: The Role and Composition of Compensation Peer Groups [J]. *Journal of Financial Economics*, 2010, 96 (2): 257 –270.

[37] Fedaseyeu V, Linck J, Wagner H. Do Qualifications Matter? New Evidence on Board Functions and Director Compensation [J]. *Journal of Corporate Finance*, 2018, 48 (1): 816 –839.

[38] Ferreira D, Ferreira M, Mariano B. Creditor Control Rights and Board Independence [J]. *Journal of Finance*, 2018, 73 (5): 2385 –2423.

[39] Finkelstein S, Hambrick D, Cannella A. Strategic Leadership: Theory and Research on Executives, Top Management Teams, and Boards [M]. *New York: Oxford University Press*, 2009.

[40] Foster D P, Young H P. Gaming Performance Fees by Portfolio Managers [J]. *The Quarterly Journal of Economics*, 2010, 125 (4): 1435 –1458.

[41] Francis J, Schipper K, Vincent L. Earnings and Dividend Informativeness when Cash Flow Rights are Separated from Voting Rights [J]. *Journal of Accounting and Economics*, 2005, 39 (2): 329 –360.

[42] Frydman C, Saks R E. Executive Compensation: A New View from a Long – Term Perspective, 1936 – 2005 [J]. *The Review of Financial Studies*, 2010, 23 (5): 2099 –2138.

[43] Giannetti M, Liao G, Yu X. The Brain Gain of Corporate Boards: Evidence from China [J]. *Journal of Finance*, 2015, 70 (4): 1629 –1682.

[44] Goergena M, Limbach P, Scholz M. Mind the Gap: The Age Dissimi-

larity between the Chair and the CEO [J]. *Journal of Corporate Finance*. 2015, 35 (6): 136-158.

[45] Gupta V, Mortal S, Guo X. Revisiting the Gender Gap in CEO Compensation: Replication and Extension of Hill, Upadhyay, and Beekun's (2015) Work on CEO Gender Pay Gap [J]. *Strategic Management Journal*, 2018, 39 (7): 2036-2050.

[46] Harris M, Raviv A. Optimal Incentive Contracts with Imperfect Information [J]. *Journal of Economic Theory*, 1979, 20 (2): 231-259.

[47] Harrison D, Price K, Gavin J, et al. Time, Teams, and Task Performance: Changing Effects of Surface- and Deep-Level Diversity on Group Functioning [J]. *Academy of Management Journal*, 2002, 45 (5): 1029-1045.

[48] Hart O, Moore J. Contracts as Reference Points [J]. *The Quarterly Journal of Economics*, 2008, 123 (1): 1-48.

[49] He J, Huang Z. Board Informal Hierarchy and Firm Financial Performance: Exploring a Tacit Structure Guiding Boardroom Interactions [J]. *Academy of Management Journal*, 2011, 54 (6): 1119-1139.

[50] He W, Luo J. Agency Problems in Firms with an Even Number of Directors: Evidence from China [J]. *Journal of Banking and Finance*, 2018, 93 (8): 139-150.

[51] Hillman A, Dalziel T. Boards of Directors and Firm Performance: Integrating Agency and Resource Dependence Perspectives [J]. *Academy of Management Review*, 2003, 28 (3): 383-396.

[52] Hua Y, Zhou X. The Performance Effect of Managerial Ownership: Evidence from China [J]. *Journal of Banking & Finance*. 2008, 32 (10): 2099-2110.

[53] Jiang F, Kim K. Corporate Governance in China: A Modern Perspective [J]. *Journal of Corporate Finance*, 2015, 32 (3): 190-216.

[54] Jiang W, Wan H, Zhao S. Reputation Concerns of Independent Directors: Evidence from Individual Director Voting [J]. *Review of Financial Studies*,

2016, 29 (3): 655 –696.

[55] Jones C, Li M, Cannella A. Responses to a Governance Mandate: The Adoption of Governance Committees by NYSE Firms [J]. *Journal of Management*, 2015, 41 (7): 1873 –1897.

[56] Joseph P. H. Fan, T. J. Wong. Corporate Ownership Structure and the Informativeness of Accounting Earnings in East Asia [J]. *Journal of Accounting and Economics*, 2002 (33): 401 –425.

[57] Kalyta P. Compensation Transparency and Managerial Opportunism: A Study of Supplemental Retirement Plans [J]. *Strategic Management Journal*, 2009, 30 (4): 405 –423.

[58] Khanna T, Thomas C. Synchronicity and Firm Interlocks in an Emerging Market [J]. *Journal of Financial Economics*, 2009, 92 (2): 182 –204.

[59] Knight F. Risk, Uncertainty and Profits [M]. *Boston: Houghton*, 1921.

[60] La Porta R., Rafael, Lopez – de – Silanes, Shleifer, A. Corporate Ownership around The World [J]. *Journal of Finance*, 1999, 54: 471 –517.

[61] Laeven, L. Complex Ownership Structures and Corporate Valuations [J]. *Review of Financial Studies*, 2008 (2): 579 –604.

[62] Larkin I, Pierce L, Gino F. The Psychological Costs of Pay – for – Performance: Implications for the Strategic Compensation of Employees [J]. *Strategic Management Journal*, 2012, 33 (10): 1194 –1214.

[63] Lehn K, Patro S, Zhao M. Determinants of the Size and Composition of US Corporate Boards: 1935 – 2000 [J]. *Financial Management*, 2009, 38 (4): 747 –780.

[64] Li W, Krause R, Qin X, et al. Under the Microscope: An Experimental Look at Board Transparency and Director Monitoring Behavior [J]. *Strategic Management Journal*, 2018, 39 (4): 1216 –1236.

[65] Lian Y, Su Z, Gu, Y. Evaluating the Effects of Equity Incentives Using PSM: Evidence from China [J]. *Frontiers of Business Research in China*, 2011, 5 (2): 266 –290.

[66] Lie E. On the Timing of CEO Stock Option Awards [J]. *Management Science*. 2005, 51 (5): 802 – 812.

[67] Liu X, Park J, Hymer C, et al. Multidimensionality: A Cross – Disciplinary Review and Integration [J]. *Journal of Management*, 2019, 45 (1): 197 – 230.

[68] Liu Y, Miletkov M, Wei Z, Yang T. Board Independence and Firm Performance in China [J]. *Journal of Corporate Finance*. 2015, 30 (1): 223 – 244.

[69] Luo Y. Corporate Governance and Accountability in Multinational Enterprises: Concepts and Agenda [J]. *Journal of International Management*, 2005, 11 (1): 1 – 18.

[70] Mace M L. Directors: Myth and Reality. *Boston: Harvard Business School Press*, 1986.

[71] Masulis R, Pham P, Zein J. Family Business Groups around the World: Financing Advantages, Control Motivations, and Organizational Choices [J]. *Review of Financial Studies*. 2011, 24 (11): 3556 – 3600.

[72] Maury B, Pajuste A. Multiple Large Shareholders and Firm Value [J]. *Journal of Banking & Finance*, 2005, 29: 1813 – 1834.

[73] Minnick K, Unal H, Yang L. Pay for Performance? CEO Compensation and Acquirer Returns in BHCs [J]. *Review of Financial Studies*, 2010, 24 (2): 439 – 472.

[74] Mishra D. The Dark Side of CEO Ability: CEO General Managerial Skills and Cost of Equity Capital [J]. *Journal of Corporate Finance*, 2014, 29 (10): 390 – 409.

[75] Morck R. A History of Corporate Governance around the World: Family Business Groups to Professional Managers [M]. *Chicago: University of Chicago Press*, 2007.

[76] Morck R., Yeung B., Yu W. The Information Content of Stock Markets: Why Do Emerging Markets Have Synchronous Stock Price Movements [J]. *Journal of Financial Economics*, 2000, 58: 215 – 260.

[77] Murphy K. Executive Compensation [J]. *Handbook of Labor Economics*, 1999, 3: 2485 – 2563.

[78] Newton A. Executive Compensation, Organizational Performance, and Governance Quality in the Absence of Owners [J]. *Journal of Corporate Finance*. 2015, 30 (1): 195 – 222.

[79] Norli Ø, Ostergaard C, Schindele I. Liquidity and Shareholder Activism [J]. *Review of Financial Studies*. 2015, 28 (2): 486 – 520.

[80] O'Donnell S. Managing Foreign Subsidiaries: Agents of Headquarters, or an Interdependent Network [J]. *Strategic Management Journal*, 2000, 21 (5): 525 – 548.

[81] Paterson S, Brock D. The Development of Subsidiary – management Research: Review and Theoretical Analysis [J]. *International Business Review*, 2002, 11 (2): 139 – 163.

[82] Pepper A, Gore J, Crossman A. Are Long – term Incentive Plans an Effective and Efficient Way of Motivating Senior Executives [J]. *Human Resource Management Journal*, 2013, 23 (1): 36 – 51.

[83] Pfeffer J, Salancik G. The external control of organizations: A resource dependence perspective [M]. *New York: Harper & Row*, 1978.

[84] Robinson D, Sensoy B. Do Private Equity Fund Managers Earn Their Fees? Compensation, Ownership, and Cash Flow Performance [J]. *Review of Financial Studies*, 2013, 26 (11): 2760 – 2797.

[85] Schmidt C, Fahlenbrach R. Do Exogenous Changes in Passive Institutional Ownership Affect Corporate Governance and Firm Value [J]. *Journal of Financial Economics*, 2017, 124 (2): 285 – 306.

[86] Schnatterly K, Johnson S. Independent Boards and the Institutional Investors that Prefer them: Drivers of Institutional Investor Heterogeneity in Governance Preferences [J]. *Strategic Management Journal*, 2014, 35 (10): 1552 – 1563.

[87] Shleifer A, Vishny R. Large Shareholders and Corporate Control [J]. *Journal of Political Economy*, 1986, 94: 461 – 488.

[88] Tasoluk B, Yaprak A, Calantone R. Conflict and Collaboration in Headquarters – subsidiary Relationships: An Agency Perspective on Product Rollouts in an Emerging Market [J]. *International Journal of Conflict Management*, 2006, 17 (4): 332 – 351.

[89] Tushman M, O'Reilly C. Ambidextrous Organizations: Managing Evolutionary and Revolutionary Change [J]. *California Management Review*, 1996, 38 (4): 8 – 30.

[90] Ulrich D, Barney J. Perspectives in Organizations: Resource Dependence, Efficiency, and Population [J]. *Academy of Management Review*, 1984, 9 (3): 471 – 481.

[91] Westphal J, Zhu D. Under the radar: Under the Radar: How Firms Manage Competitive Uncertainty by Appointing Friends of other Chief Executive Officers to their Boards [J]. *Strategy Management Journal*, 2019, 40 (1): 79 – 107.

[92] Wurgler J. Financial Markets and the Allocation of Capital [J]. *Journal of Financial Economics*, 2000, 58: 187 – 214.

[93] Xu P. Managerial Incentives and a Firm's Cash Flow Sensitivities [J]. *International Review of Economics & Finance*, 2013, 27 (6): 80 – 96.

[94] Yeh Y. Do Controlling Shareholders Enhance Corporate Value [J]. *Corporate Governance.* 2005, 13 (2): 313 – 325.

[95] 曹廷求、张光利:《上市公司高管辞职的动机和效果检验》,载《经济研究》2012年第6期。

[96] 曹廷求、王营、张蕾:《董事市场供给会影响董事会独立性吗?——基于中国上市公司的实证分析》,载《中国工业经济》2012年第5期。

[97] 陈德萍、陈永圣:《股权集中度、股权制衡度与公司绩效关系研究——2007~2009年中小企业板块的实证检验》,载《会计研究》2011年第1期。

[98] 陈冬华、陈信元、万华林:《国有企业中的薪酬管制与在职消费》,载《经济研究》2005年第2期。

[99] 陈睿、王治、段从清:《独立董事"逆淘汰"效应研究——基于

独立意见的经验证据》，载《中国工业经济》2015年第8期。

[100] 陈仕华、姜广省、李维安、王春林：《国有企业纪委的治理参与能否抑制高管私有收益》，载《经济研究》2014年第10期。

[101] 陈小林、孔东民：《机构投资者信息搜寻、公开信息透明度与私有信息套利》，载《南开管理评论》2012年第1期。

[102] 陈晓红、尹哲、吴旭雷：《金字塔结构、家族控制与企业价值——基于沪深股市的实证分析》，载《南开管理评论》2007年第5期。

[103] 丁保利、王胜海、刘西友：《股票期权激励机制在我国的发展方向探析》，载《会计研究》2012年第6期。

[104] 杜兴强、殷敬伟、赖少娟：《论资排辈、CEO任期。与独立董事的异议行为》，载《中国工业经济》2017年第12期。

[105] 方军雄：《民营上市公司、真的面临银行贷款歧视吗》，载《管理世界》2010年第11期。

[106] 方政、徐向艺：《母子公司治理研究脉络梳理与演进趋势探析》，载《外国经济与管理》2013年第7期。

[107] 方政、徐向艺：《金字塔结构、股权制衡与上市公司股价信息质量》，载《经济管理》2013年第3期。

[108] 方政、徐向艺：《金字塔结构与股价信息含量——基于审计师声誉的调节效应研究》，载《华东经济管理》2013年第7期。

[109] 冯根福、赵珏航：《管理者薪酬、在职消费与公司绩效——基于合作博弈的分析视角》，载《中国工业经济》2012年第6期。

[110] 傅颀、汪祥耀：《所有权性质、高管货币薪酬与在职消费——基于管理层权力的视角》，载《中国工业经济》2013年第12期。

[111] 高闯、关鑫：《社会资本、网络连带与上市公司终极股东控制权——基于社会资本理论的分析框架》，载《中国工业经济》2008年第9期。

[112] 巩娜：《股权激励对于我国民营企业研发投入的影响——以控股股东及行业为调节变量》，载《经济管理》2013年第7期。

[113] 关鑫、高闯、吴维库：《终极股东社会资本控制链的存在与动用——来自中国60家上市公司的证据》，载《南开管理评论》2010年第6期。

[114] 洪剑峭、薛皓：《股权制衡对关联交易和关联销售的持续性影

响》，载《南开管理评论》2008年第1期。

[115] 江伟、姚文韬：《企业创新与高管薪酬－业绩敏感性——基于国有上市公司的经验研究》，载《经济管理》2015年第5期。

[116] 黎文靖、池勤伟：《高管职务消费对企业业绩影响机理研究——基于产权性质的视角》，载《中国工业经济》2015年第4期。

[117] 李琳、刘凤委、卢文彬：《基于公司业绩波动性的股权制衡治理效应研究》，载《管理世界》2009年第5期。

[118] 李维安、苏启林：《股权投资与企业高管双重激励的实证研究》，载《暨南学报（哲学社会科学版）》2013年第9期。

[119] 李增泉、辛显刚、于旭辉：《金融发展、债务融资约束与金字塔结构——来自民营企业集团的证据》，载《管理世界》2008年第1期。

[120] 李增泉、叶青、贺舟：《企业关联、信息透明度与股价特征》，载《会计研究》2011年第1期。

[121] 李长娥、谢永珍：《董事会权力层级、创新战略与民营企业成长》，载《外国经济与管理》2017年第12期。

[122] 梁漱溟：《东西文化及其哲学》，商务印书馆1999年版。

[123] 刘峰、冯星：《上市公司终止实施股权激励的动机研究》，载《厦门大学学报（哲学社会科学版）》2014年第5期。

[124] 刘星、刘伟：《监督、抑或共谋？——我国上市公司股权结构与公司价值的关系研究》，载《会计研究》2007年第6期。

[125] 柳学信、曹晓芳：《群体断裂带测度方法研究进展与展望》，载《经济管理》2019年第1期。

[126] 陆正飞、张会丽：《所有权安排、寻租空间与现金分布——来自中国A股市场的经验证据》，载《管理世界》2010年第5期。

[127] 罗宏、黄敏、周大伟、刘宝华：《政府补助、超额薪酬与薪酬辩护》，载《会计研究》2014年第1期。

[128] 罗进辉、向元高、林筱勋：《本地独立董事监督了吗？——基于国有企业高管薪酬视角的考察》，载《会计研究》2018年第7期。

[129] 吕怀立、李婉丽：《股权制衡与控股股东关联交易型"掏空"——基于股权结构内生性视角的经验证据》，载《山西财经大学学报》

2010年第6期。

［130］吕长江、严明珠、郑慧莲、许静静：《为什么上市公司选择股权激励计划》，载《会计研究》2011年第1期。

［131］马连福、高塬、杜博：《隐性的秩序：董事会非正式层级研究述评及展望》，载《外国经济与管理》2019年第4期。

［132］马忠、吴翔宇：《金字塔结构对自愿性信息披露程度的影响：来自家族控股上市公司的经验验证》，载《会计研究》2007年第1期。

［133］毛世平：《金字塔控制结构与股权制衡效应——基于中国上市公司的实证研究》，载《管理世界》2009年第1期。

［134］倪娟、彭凯、胡熠：《连锁董事的"社会人"角色与企业债务成本》，载《中国软科学》2019年第2期。

［135］屈文洲、谢雅璐、叶玉妹：《信息不对称、融资约束与投资-现金流敏感性——基于市场微观结构理论的实证研究》，载《经济研究》2011年第6期。

［136］沈艺峰、李培功：《政府限薪令与国有企业高管薪酬、业绩和运气关系的研究》，载《中国工业经济》2010年第11期。

［137］孙光国、孙瑞琦：《控股股东委派执行董事能否提升公司治理水平》，载《南开管理评论》2018年第1期。

［138］童英：《管理层激励与投资的现金流弹性》，载《经济管理》2009年第6期。

［139］涂国前、刘峰：《制衡股东性质与制衡效果——来自中国民营化上市公司的经验证据》，载《管理世界》2010年第11期。

［140］王蓓、郑建明：《金字塔控股集团与公司价值研究》，载《中国工业经济》2010年第2期。

［141］王分棉、原馨：《学者独立董事的选聘机制研究——人力资本和社会资本的视角》，载《经济管理》2019年第2期。

［142］王俊秋、张奇峰：《终极控制权、现金流量权与盈余信息含量——来自家族上市公司的经验证据》，载《经济与管理研究》2007年第12期。

［143］王满四、徐朝辉、吴冰蓝：《银行债权二维治理及其公司治理效

应研究》，载《会计研究》2019年第2期。

[144] 王美今、林建浩：《计量经济学应用研究的可信性革命》，载《经济研究》2012年第2期。

[145] 王新、毛慧贞、李彦霖：《经理人权力、薪酬结构与企业业绩》，载《南开管理评论》2015年第1期。

[146] 王雪梅：《终极控股权、控制层级与经济增加值——基于北京上市公司数据》，载《软科学》2012年第2期。

[147] 吴红军、吴世农：《股权制衡、大股东掏空与企业价值》，载《经济管理》2009年第3期。

[148] 吴溪、王春飞、陆正飞：《独立董事与审计师出自同门是"祸"还是"福"——独立性与竞争-合作关系之公司治理效应研究》，载《管理世界》2015年第9期。

[149] 武常岐、钱婷：《集团控制与国有企业治理》，载《经济研究》2011年第6期。

[150] 武立东、江津、王凯：《董事会成员地位差异、环境不确定性与企业投资行为》，载《管理科学》2016年第2期。

[151] 武立东、薛坤坤、王凯：《非正式层级对董事会决策过程的影响：政治行为还是程序理性》，载《管理世界》2018年第11期。

[152] 谢永珍、张雅萌、张慧、郑源：《董事会正式、非正式结构对董事会会议频率的影响——非正式沟通对董事会行为强度的调节作用》，载《外国经济与管理》2015年第4期。

[153] 徐向艺、方政：《子公司信息披露研究——基于母子公司"双向治理"研究视角》，载《中国工业经济》2015年第9期。

[154] 徐向艺、王俊韡：《控制权转移、股权结构与目标公司绩效——来自深、沪上市公司2001-2009的经验证据》，载《中国工业经济》2011年第8期。

[155] 许文彬：《我国上市公司控制权私利的实证研究》，载《中国工业经济》2009年第2期。

[156] 杨德明、赵璨：《媒体监督、媒体治理与高管薪酬》，载《经济研究》2012年第6期。

[157] 杨慧辉、潘飞、奚玉芹：《国外期权激励诱发高管择时行为研究述评及对中国的启示》，载《外国经济与管理》2015年第5期。

[158] 杨继伟：《股价信息含量与资本投资效率——基于投资现金流敏感度的视角》，载《南开管理评论》2011年第5期。

[159] 游家兴、罗胜强：《金字塔股权结构、地方政府税收努力与控股股东资金占用》，载《管理科学》2007年第1期。

[160] 余菁：《走出国有企业理论纷争的丛林：一个关于国有企业目标、绩效和治理问题的综合分析》，载《中国工业经济》2008年第1期。

[161] 袁振超、岳衡、谈文峰：《代理成本、所有权性质与业绩预告精确度》，载《南开管理评论》2014年第3期。

[162] 袁知柱、鞠晓峰：《股价信息含量测度方法、决定因素及经济后果研究综述》，载《管理评论》2009年第4期。

[163] 张馨艺、张海燕、夏冬林：《高管持股、择时披露与市场反应》，载《会计研究》2012年第6期。

[164] 张耀伟、陈世山、李维安：《董事会非正式层级的绩效效应及其影响机制研究》，载《管理科学》2015年第1期。

[165] 郑海航：《内外主体平衡论——国有独资公司治理理论探讨》，载《中国工业经济》2008年第7期。

[166] 钟海燕、冉茂盛、文守逊：《政府干预、内部人控制与公司投资》，载《管理世界》2010年第7期。

[167] 周建、罗肖依、余耀东：《董事会与CEO的战略决策权配置研究》，载《外国经济与管理》2015年第1期。

[168] 朱滔：《大股东控制、股权制衡与公司绩效》，载《管理科学》2007年第5期。

[169] 朱羿锟：《董事会运行中非理性因素的法律规制》，载《中国社会科学》2015年第8期。

[170] 祝继高、叶康涛、陆正飞：《谁是更积极的监督者：非控股股东董事还是独立董事》，载《经济研究》2015年第9期。

[171] 宗文龙、王玉涛、魏紫：《股权激励能留住高管吗？——基于中国证券市场的经验证据》，载《会计研究》2013年第9期。

第八章

上市公司金字塔结构布局的治理效应

上市公司金字塔结构布局形成了母子公司组织形式的企业集团,与单体公司不同,企业集团内部天然是个小型经济生态,集团内部存在多层级与多维度的功能分布、管控与被管控关系以及大量主体之间的价值耦合链接。鉴于金字塔结构的特殊性,已有学者对上市公司金字塔结构布局的治理效应进行了诸多有益探索,并形成了一系列研究成果。以此为基础,本章通过考察母公司持股与子公司管理层持股对子公司回应式创新的影响,检验金字塔型企业集团母公司与子公司管理层差异化的治理逻辑与治理效应。

第一节 上市公司金字塔结构布局与回应式创新决策

一、问题的提出

作为集团框架内委托代理框架下的两个主体,母公司与子公司管理层对子公司战略决策的形成与执行具有重要影响。委托代理理论认为,委托人与代理人具有不同的目标函数,代理人不会总是以委托人的最大利益行事(Jensen and Meckling, 1976)。换而言之,委托人与代理人的治理逻辑存在一定差异。并且,现有研究认为,正是委托代理主体的治理逻辑差异令两者对企业的创新行为形成了不同态度(Jia et al., 2019)。

虽然现有文献对委托代理主体治理逻辑差异以及企业创新行为的研究已经取得了长足的进步，但仍然存在如下问题有待解决：一方面，企业间的创新竞争互动机制尚不明确。现有研究多是从企业自身特征出发分析企业创新决策的规律性（Minetti et al.，2015），而动态竞争理论认为，企业间的竞争以互动形式呈现，即企业在市场中实施的创新竞争行动会引起竞争对手的回应行为，这些创新回应行为又将影响到先动企业进一步创新竞争行动的选择与实施（Chen and Mille，2015，徐鹏和白贵玉，2020）。在动态竞争框架下，企业创新决策的选择与制定不仅局限于自身具有的资源和条件，很大程度上还会因行业创新竞争态势而做出改变。另一方面，现有研究对股东持股与管理层持股治理逻辑差异的分析仍然不够清晰。股东与管理层持有的股权反映了企业剩余利益的分配比例。代理理论认为，赋予管理层剩余索取权能够促使股东与管理层的利益趋于一致（Fama and Jensen，1983）。按照这种思路，管理层与股东持股比例的上升会使得两者在创新竞争决策制定的态度上趋同。然而，现有研究的结论却与之相矛盾。部分研究表明，管理层持股与股东持股对企业的创新产生了截然相反的影响（Ortega–Argiles et al.，2005；Lin et al.，2011）。

针对以上问题，本研究以金字塔型企业集团框架下的上市公司为样本，基于母公司持股和管理层持股这两个治理要素，考察回应式创新决策过程中委托代理主体表现出的治理逻辑差异。相较于过往研究，主要贡献在于：第一，将企业创新决策置于动态竞争框架内，从行业互动的视角看待企业的创新决策，引出并分析了企业的"回应式创新"——即企业在面对竞争对手以创新作为竞争手段的攻击行动时做出的创新回应决策，对企业创新决策机理的研究更贴合实践中企业竞争互动的事实；第二，探讨了上市公司金字塔结构布局形成的企业集团中委托代理双方持股带来的治理逻辑差异，考察了委托代理主体持股水平变动时上市公司回应式创新的变化规律，发展了委托代理主体治理逻辑差异这一学术对话；第三，将对回应式行为的研究置于企业集团这一特殊治理情境下，加深了对企业集团治理效果的认识。相关结论能够为上市公司回应式创新决策的制定提供一定借鉴价值，并为企业集团治理情境下母子公司治理结构设计和管理层激励机制设计提供参考。

二、理论分析与研究假设

(一) 委托人治理逻辑：母公司持股与上市公司回应式创新决策

在中国证券市场中，对上市公司的控股方式主要可以分为法人控股和自然人控股两种基本形式。其中，法人控股的存在导致了"母公司持股"概念的出现。针对母公司持股这一概念，研究者已经进行了较多探索，比如：勒斯卡维扬和斯帕塔兰（Lskavyan and Spatareanu，2011）指出，母公司所有权集中可能会减缓东道国法律对股东的保护不力；谢等（Hsieh et al.，2010）认为母公司持股比例的差异会影响其对子公司的管控方式。相关研究充分说明，母公司持股是公司治理过程中的关键要素，对子公司战略决策存在重要影响。

创新行为具有投资周期长、产出不确定性大的特点（Scherer，1965）。回应式创新是企业在面对竞争对手以创新作为竞争手段的攻击行动时做出的创新回应决策，适度的回应式创新可以为企业创造技术优势，并带来较好的外部评价，但过度的回应式创新不但可能使企业陷入财务危机，合法性威胁的增加也使企业竞争优势的塑造存在较大不确定性。前景理论认为，决策者在不确定条件下对某一方案进行判断和评估时，通常会设定一个参考点，按照参考点判断收益与损失，并做出行为决策（Meng and Weng，2017）。决策参考点受到决策者自身主观价值的影响，当决策结果优于参考点时，被视为收益，反之则被视为损失。决策者在面临收益时呈现出风险回避倾向，在面临损失时则呈现出风险追逐倾向（Kahneman and Tversky，1979）。作为子公司的控股股东，母公司持有子公司股权的主要动机是获取子公司在长期经营中带来的效益。母公司持股水平越高，越说明其看好子公司的前景，认为子公司将在未来为自身带来收益。此时的母公司更倾向于从收益视角出发来看待子公司的经营，会倾向于规避风险，保守地运行子公司，减少回应式创新行为。基于以上分析，提出如下假设：

假设H1：母公司持股对子公司回应式创新有负向影响。

上市公司金字塔结构布局形成了较为特殊的治理情境，集团内部层级性造成的现金流权与控制权分离深刻影响着子公司战略行为（Wei and Zhang，2008；Paligorova and Xu，2012）。当金字塔集团中的实际控制人两权分离度较低时，子公司进行回应式创新形成的风险水平会有所提升，风险转移难度亦会被放大。风险的不确定性将进一步激发母公司的风险规避倾向，促使母公司推动更加消极的回应式创新，具体而言：

一方面，实际控制人两权分离度相对较高的企业集团存在更强的外部融资优势（Masulis et al.，2011），融资优势不仅使企业集团更有能力为回应式创新行为的实施提供资金保障，也降低了子公司回应式创新失败后出现资金风险的概率；另一方面，较高的控制权与现金流权的分离程度使得实际控制人与上市公司之间存在复杂的控制链条（Fan et al.，2013），这意味着母公司将风险沿着上市公司的控制链逐级分散成为可能。在相同持股水平下，集团框架内两权分离度越高，越有能力进行风险转移。反之，当集团框架内两权分离度较低时，将很难将回应式创新行为带来的风险通过控制链进行分散，而此时，母公司持股越多，承担回应式创新可能带来的风险越强，这会削弱其在回应式创新决策中的积极性。基于以上分析，提出如下假设：

假设 H2：实际控制人两权分离度越低，母公司持股对子公司回应式创新的负向影响越强。

（二）代理人治理逻辑：子公司管理层持股与回应式创新决策

管理层持股一直被当作一种缓解第一类代理问题的有效手段，早期研究一般认为，管理层持股会强化管理者与股东之间的利益一致性。所以，在中国上市公司中，管理层持股逐渐成为一种常见的激励方法。然而现有研究表明，管理层的持股可能也会带来管理防御效应（Keil et al.，2017；Rashid，2016）。当子公司管理层持股水平升高时，其持有的股份会激发管理者的管理防御心态，从而提升管理者对公司回应式创新行为的热情。

管理防御假说认为，管理者为了保全其自身利益，会采取一定的防御行为，以维护自身职位并追求自身效用的最大化（Chen et al.，2017；Levy and Szafarz，2016）。持股数量的升高，意味着管理层在公司内所涉及经济利益的增加。管理层离开现有职位去寻找新岗位的经济成本将随之上升，高管离职的经济成本将促使管理者极力寻求管理防御措施。管理防御措施包括内部防御措施与外部防御措施（Walsh and Seward，1990），在内部防御措施中，管理层主要的防御对象是来自董事会的监督——董事会将根据对管理层的考核来选择是否减少管理层薪酬或解雇某些管理人员。公司董事会对管理者的考核主要关注管理者的努力程度、能力及外部环境对管理者行为的影响。所以，为了不被董事会惩罚，管理人员会尽力确保董事会将他们视为努力的人或能力水平高的人。回应式创新行为作为上市公司面对市场竞争做出的反应，行为的实施会突显出管理层在面对市场竞争时的努力。故而，为了获得董事会的更高评价，管理层将会倾向于推进更积极的回应式创新行为。

此外，管理层持股的增加，还将使得管理者获得更多的控制权权力，提升其在上市公司内的话语权。管理层话语权的增加可以看作为一种社会信号，对这一社会信号的接收会提升管理者本身的自信倾向（Burks et al.，2013）。自信的管理者往往会高估投资收益、低估投资风险，乐观地评估现状（Nofsinger，2005），相信自己可以通过投资为股东创造财富，提升自身声誉，以获得更好的发展。管理者的自信使其在面对市场中其他竞争对手的创新竞争手段时表现出更加积极的回应态度，此时的管理者将推进更多的回应式创新行为。基于以上分析，提出如下假设：

假设 H3：子公司管理层持股对回应式创新存在正向影响。

领导权结构配置指的是上市公司对董事长与 CEO 职位配置状态的选择，包括两职兼任和两职分离两种情况。领导权配置方式的选择反映了董事会的独立性和执行层的自主性（Zona，2013），是现代公司协调董事会与经理层关系的重要内部治理机制。参考已有研究，子公司相对集权的领导权结构会通过如下路径影响管理层持股与回应式创新的关系：

两职分离的领导权结构会增加董事会对上市公司管理层的约束和监督力度，与之相反，两职合一的领导权结构对缩减企业内部沟通时间和减少董事会与管理层分歧有积极影响，可以有效降低董事会与管理层的冲突（Peng，2010）。当上市公司处于两职合一的领导权结构情境时，管理层更容易攻破董事会这一监管管理层决策的"第一防线"（Weisbach，1988），上市公司管理层决策的审批与执行将会更加顺利。决策的顺利将使得管理层在上市公司日常经营活动中获得"自身对上市公司控制能力较强"的社会信号,从而刺激管理人员的自信程度,最终推动上市公司进行更高水平的回应式创新。基于以上分析,提出如下假设:

假设 H4:子公司相对集权的领导权结构会强化管理层持股对回应式创新的正向影响。

三、研究设计

(一)样本选择与数据搜集

本章以 2007 年为样本观测起始年份,这一方面是因为,上市公司回应式创新的测量数据取自上市公司的研发费用,从 2007 年起开始实施的《新会计准则》要求企业披露研发信息,为关键数据的可获得性奠定了基础;另一方面是因为,证监会 2007 年修订的《公开发行证券的公司信息披露内容与格式准则第 2 号〈年度报告的内容与格式〉》的第三十三条要求"公司应当向投资者提示管理层所关注的未来公司发展机遇和挑战,……应当披露新年度的经营计划和研发计划等",在此背景之下,披露研发计划的上市公司日渐增多。此外,考虑到数据的可获得性和大样本研究的样本数量要求,本研究将样本观测期间确定为"2007~2016"年共 10 年时间。

以卡尼(Carney et al., 2009)对企业集团属性公司的划分作为依据,对我国沪深股票市场全部上市公司进行样本的初步选取,以金字塔结构布局的上市公司作为初始样本,在此基础上对金融行业类公司、ST 类公司和被停止上市的公司进行剔除,并对缺失数据进行了删除处理。

本章中反映上市公司回应式创新的基础数据选取自万德(Wind)数据库中披露的企业各年度研发费用,母公司持股、子公司管理层持股及控制变量的数据均选取自国泰安(CSMAR)数据库。

(二)变量定义与测量

1. 回应式创新

动态竞争理论强调同一行业内竞争对手之间的互动性,回应式创新

(IS) 作为一个基于动态竞争理论形成的概念，其测量应当体现出上市公司对行业内创新竞争态势的回应倾向，基于此，设计如下公式：

$$IS_{j,t} = \frac{TI_{j,t}}{\frac{\sum_{j=1}^{n} TI_{j,t-1}}{n}}$$

公式中，$TI_{j,t}$ 表示某行业中编号为 j 的上市公司在第 t 年的技术创新投入，$\frac{\sum_{j=1}^{n} TI_{j,t-1}}{n}$ 代表了第 t-1 年该企业所处行业技术创新投入的平均水平，两者的比值反映了编号为 j 的上市公司基于第 t-1 年所处行业中的技术创新平均水平而在第 t 年实施的回应式创新行为（即 $IS_{j,t}$），$IS_{j,t}$ 值越大，说明该企业当年在动态竞争中的回应式创新越积极。

2. 母公司持股

母公司持股（CEP）即上市公司的母公司持股占上市公司总股本的比例。

3. 子公司管理层持股

子公司管理层持股（AEP）以上市公司管理层持股占上市公司总股本的比例作为测量指标。

4. 实际控制人两权分离度

实际控制人两权分离度（SOT）以实际控制人两权分离度作为调节变量之一，通过计算实际控制人控制权与现金流权的差值来度量此变量。

5. 子公司领导权结构

子公司领导权结构（SLS）以子公司领导权结构作为第二个调节变量，以上市公司董事长与总经理是否为一人兼任作为此变量的测量。

此外，参考已有文献，本章还选取了母公司股份性质（PC）、子公司董事会独立性（SBI）、子公司董事会规模（SBS）、子公司资产负债率（SROD）和子公司规模（STA）等有可能对上市公司创新行为产生影响的因素作为本研究的控制变量。各变量的具体定义与测量方法如表 8-1 所示。

表8-1 变量定义与测量方式

变量名称与代码		衡量指标
被解释变量	回应式创新（IS）	以上市公司研发费用为基础数据，基于动态竞争理论设计的计算公式
解释变量	母公司持股（CEP）	母公司持股占上市公司总股本的比例
	子公司管理层持股（AEP）	上市公司管理层持股占公司总股本的比例
调节变量	实际控制人两权分离度（SOT）	上市公司实际控制人控制权与现金流权的差值
	子公司领导权结构（SLS）	上市公司董事长与总经理一人兼任记为"1"，否则为"0"
控制变量	母公司股份性质（PC）	国有记为"1"，非国有记为"0"
	子公司董事会规模（SBS）	上市公司董事会人数
	子公司董事会独立性（SBI）	上市公司年末董事会中独立董事占的比例
	子公司资产负债率（SROD）	上市公司年末负债合计与资产总额的比值
	子公司规模（STA）	上市公司年末资产总额取对数

（三）实证模型

为了验证上文提出的研究假设，设计以下多元回归模型：

模型Ⅰ：$IS = c + \sum_{j=1}^{n} b_j Control + \varepsilon$

模型Ⅱ：$IS = c + \sum_{j=1}^{n} b_j Control + aCEP + \varepsilon$

模型Ⅲ：$IS = c + \sum_{j=1}^{n} b_j Control + a_1 CEP + a_2 CEP * SOT + \varepsilon$

模型Ⅳ：$IS = c + \sum_{j=1}^{n} b_j Control + aAEP + \varepsilon$

模型Ⅴ：$IS = c + \sum_{j=1}^{n} b_j Control + a_1 AEP + a_2 AEP * SLS + \varepsilon$

模型Ⅵ：$IS = c + \sum_{j=1}^{n} b_j Control + a_1 CEP + a_2 CEP * IE + \varepsilon$

模型Ⅶ：$IS = c + \sum_{j=1}^{n} b_j Control + a_1 AEP + a_2 AEP * IE + \varepsilon$

其中，Control 为控制变量组，c 为截距项，ε 代表随机扰动项，j 为各控制变量编号，b_j 代表了各控制变量的回归系数，a 代表各解释变量的回归系数。模型Ⅰ为控制变量与被解释变量上市公司回应式创新的回归模型，模型Ⅱ在模型Ⅰ的基础上加入了解释变量母公司持股，用以检验母公司持股与回应式创新的关联性，即假设 H1；模型Ⅲ在模型Ⅱ的基础上加入了母公司持股与实际控制人两权分离度的交互项，用以检验实际控制人两权分离度的调节作用，即假设 H2。模型Ⅳ在模型Ⅰ的基础上加入了解释变量子公司管理层持股，用以检验管理层持股与回应式创新的关联性，即假设 H3；模型Ⅴ在模型Ⅳ的基础上加入了子公司管理层持股与领导权结构的交互项，用以检验领导权结构的调节作用，即假设 H4。

四、数据分析与结果讨论

（一）描述性统计

表 8-2 显示了本章中几个主要变量在 2007~2016 年的数据特征。可以发现回应式创新历年均值与中值相差近 1 倍，说明在面对创新竞争时，不同企业的创新回应力度有较大差距。母公司持股与子公司管理层持股两变量的中值差距较大，说明当代公司中管理层持股现象虽然普遍，但持股数量依然远远低于大股东。可以相信，正是这种"量"上的绝对差距，导致了"质"的不同，造就了两者有差异的治理逻辑。

纵向来看，除了母公司持股这一变量的均值与中值大体呈下降趋势外，其他变量的均值与中值都在一定范围内上下波动，没有呈现出较为明显的升降趋势。回应式创新这一变量的均值在不同年度存在一定差异，并且变量中值的变动方向与变量均值的变动方向大体一致，说明同行业内多数企业的创新互动策略会受到其他企业的影响，呈现出一种同向变动的特征。

表8-2　　　　　　　　　　描述性统计

年度	变量	样本数	均值	中值	标准差	极小值	极大值
2007	回应式创新（IS）	82	1.812	0.805	2.833	0.010	15.500
	母公司持股（CEP）	82	0.404	0.395	0.141	0.140	0.760
	子公司管理层持股（AEP）	82	0.004	0.000	0.022	0.000	0.180
	实际控制人两权分离度（SOT）	82	1.442	1.000	1.004	1.000	8.280
	子公司领导权结构（SLS）	82	0.085	0.000	0.281	0.000	1.000
2008	回应式创新（IS）	111	1.262	0.670	1.780	0.010	10.140
	母公司持股（CEP）	111	0.401	0.396	0.139	0.130	0.760
	子公司管理层持股（AEP）	111	0.008	0.000	0.035	0.000	0.230
	实际控制人两权分离度（SOT）	111	1.789	1.000	3.602	1.000	38.480
	子公司领导权结构（SLS）	111	0.081	0.000	0.274	0.000	1.000
2009	回应式创新（IS）	106	1.508	0.728	2.180	0.010	11.620
	母公司持股（CEP）	106	0.397	0.393	0.131	0.120	0.790
	子公司管理层持股（AEP）	106	0.010	0.000	0.036	0.000	0.250
	实际控制人两权分离度（SOT）	106	1.459	1.073	0.743	1.000	6.010
	子公司领导权结构（SLS）	106	0.085	0.000	0.280	0.000	1.000
2010	回应式创新（IS）	161	2.041	0.930	3.418	0.000	30.070
	母公司持股（CEP）	161	0.386	0.370	0.137	0.110	0.760
	子公司管理层持股（AEP）	161	0.007	0.000	0.028	0.000	0.210
	实际控制人两权分离度（SOT）	161	1.519	1.104	0.846	1.000	6.010
	子公司领导权结构（SLS）	161	0.106	0.000	0.308	0.000	1.000
2011	回应式创新（IS）	270	1.586	0.804	3.048	0.000	32.800
	母公司持股（CEP）	270	0.379	0.361	0.145	0.070	0.850
	子公司管理层持股（AEP）	270	0.006	0.000	0.027	0.000	0.240
	实际控制人两权分离度（SOT）	270	1.484	1.108	0.768	1.000	6.230
	子公司领导权结构（SLS）	270	0.122	0.000	0.328	0.000	1.000
2012	回应式创新（IS）	302	2.720	1.282	4.691	0.000	39.520
	母公司持股（CEP）	302	0.380	0.363	0.147	0.070	0.850
	子公司管理层持股（AEP）	302	0.006	0.000	0.025	0.000	0.240
	实际控制人两权分离度（SOT）	302	1.486	1.088	0.814	1.000	6.360
	子公司领导权结构（SLS）	302	0.126	0.000	0.332	0.000	1.000

续表

年度	变量	样本数	均值	中值	标准差	极小值	极大值
2013	回应式创新（IS）	381	1.806	0.875	2.820	0.000	19.330
	母公司持股（CEP）	381	0.373	0.361	0.148	0.000	0.820
	子公司管理层持股（AEP）	381	0.005	0.000	0.022	0.000	0.230
	实际控制人两权分离度（SOT）	381	1.488	1.071	0.801	1.000	6.530
	子公司领导权结构（SLS）	381	0.121	0.000	0.326	0.000	1.000
2014	回应式创新（IS）	396	1.642	0.835	2.491	0.000	21.480
	母公司持股（CEP）	396	0.371	0.355	0.147	0.070	0.820
	子公司管理层持股（AEP）	396	0.005	0.000	0.021	0.000	0.230
	实际控制人两权分离度（SOT）	396	1.493	1.052	0.917	1.000	9.360
	子公司领导权结构（SLS）	396	0.134	0.000	0.341	0.000	1.000
2015	回应式创新（IS）	411	1.607	0.811	2.369	0.000	20.740
	母公司持股（CEP）	411	0.364	0.343	0.143	0.070	0.800
	子公司管理层持股（AEP）	411	0.007	0.000	0.036	0.000	0.430
	实际控制人两权分离度（SOT）	411	1.433	1.046	0.776	1.000	6.650
	子公司领导权结构（SLS）	411	0.114	0.000	0.319	0.000	1.000
2016	回应式创新（IS）	424	1.521	0.817	2.256	0.000	21.060
	母公司持股（CEP）	424	0.356	0.341	0.140	0.070	0.780
	子公司管理层持股（AEP）	424	0.009	0.000	0.041	0.000	0.430
	实际控制人两权分离度（SOT）	424	1.426	1.044	0.746	1.000	6.730
	子公司领导权结构（SLS）	424	0.120	0.000	0.326	0.000	1.000

资料来源：笔者整理。

（二）多元回归分析

基于上面设计的模型，利用统计软件进行回归分析，具体回归结果如表8-3所示。模型Ⅰ的回归结果显示，回应式创新行为与母公司股份性质、子公司资产负债率、子公司规模等变量之间存在显著的关系，这在一定程度上支持了已有研究，也说明本研究控制变量的选取相对适当。模型Ⅱ在控制了相关变量后，加入母公司持股作为解释变量，结果显示母公司持股与回应式创新之间存在显著的相关关系（$p<0.01$），其回归系数为-0.054，

拟合优度为 0.146。模型 Ⅱ 的回归结果说明母公司持股对回应式创新存在负向影响，即母公司持股数越高，子公司回应式创新水平越低，假设 H1 由此得证。

表 8-3　　　　　　　　　　　回归分析结果

变量	回应式创新				
	模型 Ⅰ	模型 Ⅱ	模型 Ⅲ	模型 Ⅳ	模型 Ⅴ
常数项	-0.019 (-0.83)	-0.025 (-1.06)	-0.021 (-0.89)	-0.024 (-1.04)	-0.024 (-1.05)
控制变量					
母公司股份性质（PC）	0.079* (1.76)	0.087* (1.92)	0.084* (1.85)	0.090** (1.98)	0.090** (1.99)
子公司董事会规模（SBS）	-0.028 (-1.31)	-0.026 (-1.23)	-0.025 (-1.19)	-0.027 (-1.28)	-0.027 (-1.28)
子公司董事会独立性（SBI）	0.001 (0.03)	-0.002 (-0.12)	-0.002 (-0.11)	0.008 (0.39)	0.007 (0.37)
子公司资产负债率（SROD）	-0.115*** (-5.40)	-0.118*** (-5.52)	-0.118*** (-5.51)	-0.110*** (-5.14)	-0.110*** (-5.15)
子公司规模（STA）	0.435*** (19.48)	0.442*** (18.99)	0.446*** (19.07)	0.439*** (19.57)	0.439*** (19.58)
调节变量					
实际控制人两权分离度（SOT）	0.071*** (3.57)	0.068*** (3.37)	0.081*** (3.74)	0.071*** (3.55)	0.071*** (3.55)
子公司领导权结构（SLS）	0.091 (1.54)	0.108* (1.79)	0.110* (1.83)	0.100* (1.67)	0.099* (1.65)
解释变量					
母公司持股（CEP）		-0.054*** (-2.63)	-0.051** (-2.48)		
子公司管理层持股（AEP）				0.046** (2.37)	0.043** (2.13)

续表

变量	回应式创新				
	模型Ⅰ	模型Ⅱ	模型Ⅲ	模型Ⅳ	模型Ⅴ
交互项					
母公司持股*两权分离 （CEP*SOT）			0.038* (1.65)		
管理层持股*领导权结构 （AEP*SLS）					0.042 (0.58)
R^2	0.148	0.146	0.147	0.152	0.152
F	59.31	49.90	44.70	52.98	47.12
N	2396	2350	2350	2374	2374

注：*** 表示 $p<0.01$，** 表示 $p<0.05$，* 表示 $p<0.1$；括号内为 t 值。

模型Ⅲ的回归结果显示，在控制子公司资产负债率、子公司规模等变量的情况下，母公司持股与实际控制人两权分离度的乘积作为交互项，其与回应式创新之间存在显著的正相关关系（$p<0.1$），其系数为 0.038，拟合优度为 0.147。这说明，集团框架内实际控制人两权分离度的提升会弱化母公司持股对子公司回应式创新的负向影响，反之，实际控制人两权分离度越低，母公司持股对子公司回应式创新的负向影响越强，假设 H2 由此得证。

模型Ⅳ在控制了相关变量后，加入子公司管理层持股作为解释变量，结果显示子公司管理层持股与回应式创新之间存在显著的相关关系（$p<0.05$），其回归系数为 0.046，拟合优度为 0.152。模型Ⅳ的回归结果说明子公司管理层持股对回应式创新存在正向影响，即随着子公司管理层持股数提升，子公司回应式创新水平也会提高，假设 H3 由此得证。

模型Ⅴ的回归结果显示，在控制子公司资产负债率、子公司规模等变量的情况下，子公司管理层持股与子公司领导权结构的乘积作为交互项，其与回应式创新之间未发现显著的相关关系，假设 H4 未得到验证。

（三）进一步分析

外部制度环境反映了企业的生存状况，对企业的发展有着至关重要的影响。前文主要考虑了两权分离度、领导权结构等内部治理要素对上市公司回应式创新行为起到的调节作用，对制度环境这一要素可能起到的调节作用涉及不多。为了使研究更加全面，本章进一步分析了制度环境这一外部要素对回应式创新行为起到的作用。希望通过对回应式创新行为与制度环境之间关系的统计分析，考察制度环境在上市公司回应式创新决策中起到的作用。

制度环境的测量参考了《中国分省份市场化指数报告（2016）》中对我国各省、自治区和直辖市（以下简称为各省份）市场化改革进展总体情况的评价，该评价包含了政府与市场关系、非国有经济发展、产品市场发育程度、要素市场发育程度、市场中介组织发育及法律制度环境等多方面因素，能够相对合理地反映当前我国上市公司面对的制度环境。

在前面的基础上，维持原有的解释变量与控制变量，将制度环境作为调节变量纳入分析。具体操作是，在模型Ⅴ基础之上，加入母公司持股与制度环境的交互项，即模型Ⅵ；在模型Ⅴ的基础之上加入管理层持股与制度环境的交互项，即模型Ⅶ。

表8-4中模型Ⅵ显示，母公司持股与制度环境的乘积作为交互项，其与回应式创新之间存在显著的正相关关系（$p<0.05$），系数为0.050，模型拟合优度为0.154。说明外部制度环境的改善会弱化母公司持股对子公司回应式创新的负向影响。这可能是因为外部制度环境的改善降低了创新的合法性挑战，提高了回应式创新行为的成功概率，使得母公司所承担的风险有所下降，从而诱发了更多的回应式创新行为。

此外，交互项与回应式创新之间存在显著的负相关关系（$p<0.01$），其系数为-0.102，模型拟合优度为0.161。说明外部制度环境的改善会弱化管理层持股对子公司回应式创新的正向影响。可能是因为随着外部信息的不对称程度降低，回应式创新行为更难被作为一种管理防御手段使用，管理者推进回应式创新行为的热情也随之降低。

表8-4　　　　　　　　　　　进一步分析

变量	回应式创新	
	模型Ⅵ	模型Ⅶ
常数项	-0.022 (-0.92)	-0.004 (-0.16)

续表

变量	回应式创新	
	模型Ⅵ	模型Ⅶ
控制变量		
母公司股份性质（PC）	0.106** (2.31)	0.102** (2.24)
子公司董事会规模（SBS）	-0.024 (-1.13)	-0.024 (-1.11)
子公司董事会独立性（SBI）	-0.003 (-0.15)	0.008 (0.42)
子公司资产负债率（SROD）	-0.100*** (-4.63)	-0.095*** (-4.37)
子公司规模（STA）	0.437*** (18.52)	0.434*** (19.20)
调节变量		
实际控制人两权分离度（SOT）	0.070*** (3.42)	0.070*** (3.48)
子公司领导权结构（SLS）	0.082 (1.36)	0.077 (1.29)
制度环境（IE）	0.080*** (4.07)	0.059*** (2.92)
解释变量		
母公司持股（CEP）	-0.041** (-1.98)	
子公司管理层持股（AEP）		0.121*** (3.60)
交互项		
母公司持股*制度环境	0.050** (2.51)	
管理层持股*制度环境		-0.102*** (-3.16)

续表

变量	回应式创新	
	模型Ⅵ	模型Ⅶ
R^2	0.154	0.161
F	42.20	44.91
N	2327	2349

注：*** 表示 $p<0.01$，** 表示 $p<0.05$，* 表示 $p<0.1$；括号内为 t 值。

第二节 案例分析：上市公司金字塔结构布局与康美药业违规行为

一、公司简介

康美药业股份有限公司，证券简称"康美药业"（上交所：600518）[①]。1997年，由民营企业家马兴田创立，公司位于广东省普宁市，时称"广东康美药业有限公司"。2000年，开始进行股份化改组。2018年5月，康美药业市值一度达到1200多亿元，仅次于恒瑞医药，超过了复星医药、白云山等公司。康美药业是一家以中药饮片、化学原料药及制剂生产为主导，集药品生产、研发及药品、医疗器械营销于一体的现代化大型医药企业、国家级重点高新技术企业。目前，康美药业在全国建立了17个中药饮片和医药现代化生产基地，与超过2000家医疗机构、20万家药店建立了长期的合作关系，年门诊总量达到2.5亿人次以上，投资管理康美医院、康美梅河口中心医院、康美开原市中心医院、康美通城人民医院、康美柳河中心医院等多家公立医院，在100多家公立医院开展医药物流延伸配送服务。

截至2020年7月30日，康美药业的实际控制人为马兴田，其持股链条如图8-1所示。

---

① 相关内容根据康美药业（600518）公告及网页资料整理。根据《新浪财经》等媒体综合整理。

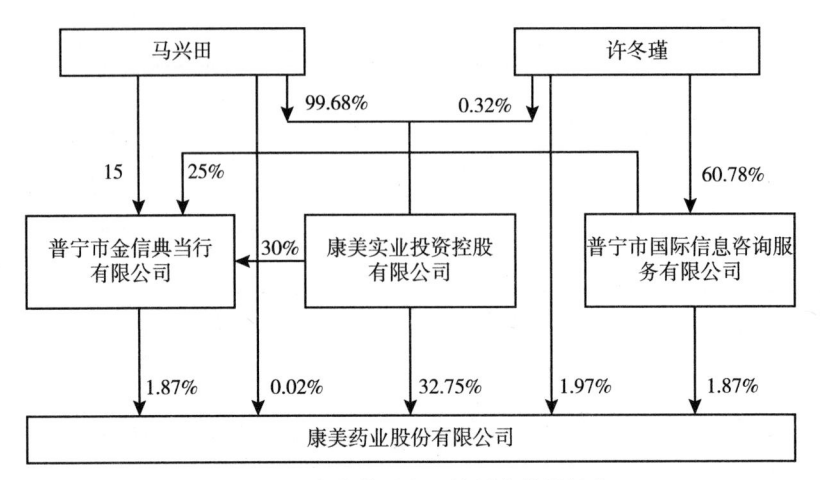

```
         马兴田                              许冬瑾
              ↓  99.68%    0.32%  ↓
        15  25%                              60.78%
    普宁市金信典当行    康美实业投资控股      普宁市国际信息咨询服
       有限公司    30%      有限公司            务有限公司
         1.87%    0.02%    32.75%    1.97%    1.87%
                    康美药业股份有限公司
```

图 8-1 康美药业实际控制人持股链条

二、事件经过

2018年12月28日，康美药业收到中国证券监督管理委员会下达的《调查通知书》（编号：粤证调查通字180199号），因公司涉嫌信息披露违法违规，根据《中华人民共和国证券法》的有关规定，中国证券监督管理委员决定对公司立案调查。

2019年4月30日，康美药业发布《关于前期会计差错更正的公告》，其中：货币资金多计299.44亿元，营业收入多计88.98亿元，说明康美药业2017年财务报表存在造假。该公告发布后康美药业股价连续跌停，给股民造成了重大损失。

2019年5月12日，康美药业收到上交所上市公司监管一部下发的《关于对康美药业股份有限公司2018年年度报告的事后审核问询函》。问询函从业务板块及毛利率、资产负债项目、经营业绩和现金流三个方面，提了27个补充披露问题，并要求年审会计师对23个问题发表意见。其中对康美药业会计差错调整后产生的巨额存货，问询函尤为关注，提了9个问题，并"请年审会计师就上述问题发表意见，并结合各类存货特点，进一步说明为确保存货真实、准确、完整所执行的审计程序及取得的审计证据。"

2019年5月17日，证监会通报对康美药业的调查进展时表示，现已初步查明，康美药业披露的2016~2018年财务报告存在重大虚假：一是使用虚假银行单据虚增存款；二是通过伪造业务凭证进行收入造假；三是部分资金转入关联方账户买卖本公司股票。

2019年8月16日，证监会称，经查，2016~2018年，康美药业涉嫌通过仿造、变造增值税发票等方式虚增营业收入，通过伪造、变造大额定期存单等方式虚增货币资金，将不满足会计确认和计量条件的工程项目纳入报表，虚增固定资产等。同时，康美药业涉嫌未在相关年度报告中披露控股股东及关联方非经营性占用资金情况。

2019年8月16日，证监会点名批评ST康美有预谋有组织长期系统实施财务造假行为、影响极为恶劣。公司及相关当事人已收到证监会《行政处罚及市场禁入事先告知书》，实控人马兴田、许冬瑾夫妇被终身禁入证券市场。康美药业公布了证监会的行政处罚告知书内容，具体罚单如下：

一是对康美药业股份有限公司责令改正，给予警告，并处以60万元的罚款；

二是对马兴田、许冬瑾给予警告，并分别处以90万元的罚款，其中作为直接负责的主管人员罚款30万元，作为实际控制人罚款60万元；

三是对邱锡伟给予警告，并处以30万元的罚款；

四是对庄义清、温少生、马焕洲给予警告，并分别处以25万元的罚款；

五是对马汉耀、林大浩、李石、江镇平、李定安、罗家谦、林国雄给予警告，并分别处以20万元的罚款；

六是对张弘、郭崇慧、张平、李建华、韩中伟、王敏给予警告，并分别处以15万元的罚款；

七是对唐煦、陈磊给予警告，并分别处以10万元的罚款。

三、问题分析

康美药业的违规行为不仅使众多投资者蒙受了巨额财产损失，还给资本市场的健康发展造成很大不利影响。从公司治理视角复盘康美药业财务造假案始末，可以发现"康美神话"破灭的原因是多方面的，尤其是上市公司金字塔结构布局导致的公司治理缺陷为实际控制人实施隧道行为、侵害上市公司利益起到了推波助澜的作用。

首先,实际控制人马兴田通过多个链条实现对上市公司的控制,股权集中度相对较高,股权层面缺少有效制衡力量。公开资料显示,康美药业的实际控制人马兴田直接持有公司0.02%股份,通过普宁市金信典当行有限公司间接持有公司0.28%股份,通过康美实业投资控股有限公司间接持有公司32.68%股份,同时,还与公司另一重要股东许冬瑾是夫妻关系,属于关联股东。除此之外,康美药业不再存在持股比例超过5%的股东,导致在股权层面缺少有效制衡力量,为实际控制人出于自利目的侵占上市公司利益埋下了隐患。

其次,实际控制人、上市公司决策层和执行层人员安排高度重叠,相对集中的领导权结构使得上市公司战略决策和日常运营缺少有效监督机制,增强了实际控制人侵占上市公司利益的能力。康美药业实际控制人马兴田任职公司董事长兼总经理,其妻许冬瑾任职公司副董事长兼副总经理。实际控制人与董事的双重身份导致独立董事、监事等其他应当起到监督作用的治理主体无法充分发挥治理作用。同时,公司内部审计范围仅限于财务审计,工作报告对象是应当被监督的财务总监或总经理,许多涉及CEO本人利益的问题通常无法得到有效解决。

总之,金字塔结构布局导致公司治理结构中存在的一系列缺陷使得康美药业在股权层面缺少对实际控制人的有效制衡,内部运营方面的监督机制也形同虚设,缺乏应有的独立性。根据处罚告知书,2016~2018年,康美药业在未经过决策审批或授权程序的情况下,累计向控股股东及其关联方提供资金117亿元用于购买股票、替控股股东及其关联方偿还融资本息、垫付解质押款或支付收购溢价款等用途。

四、结语

从2018年的千亿市值上市公司康美药业到2019年被标记特殊处理的ST康美,康美药业股份有限公司在不足一年的时间里从"白马"变为"黑蚁","康美神话"的破灭进一步反映出完善公司治理、强化内部控制的重要性,也再一次证明了上市公司金字塔结构布局的"双刃剑"效应:虽然金字塔结构布局能够带来资本杠杆效应、促进资源共享,但是,如果没有相应的制衡机制和监督机制,金字塔结构网络的复杂性和隐秘性也为实际控制人实施隧道行为、侵占上市公司利益提供便利。

党的十九大报告以及2019年底召开的中央经济工作会议进一步明确了我国资本市场的发展方针，就2020年资本市场改革部署了"完善资本市场基础制度、提高上市公司质量、健全退出机制"等重点任务。在此背景下，提高公司治理水平、优化公司内部制度成为上市公司未来较长一段时间的重要目标。结合资本市场发展需求，从"完善上市公司内部制衡与监督机制、提高上市公司及相关治理主体违规成本、强化政府管控和公众监督力量"等方面探索上市公司金字塔结构布局的相机治理机制、提出可落地实施的政策建议仍是我们要持续探索的课题。

第三节 研究结论与管理启示

一、研究结论

本章从隧道行为视角对母子公司高管联结的治理效应进行了实证分析，并考察了母公司持股和产权性质在高管联结与隧道行为关系中的调节作用；通过前景理论和委托代理理论，从回应式创新这一视角对上市公司金字塔结构布局的治理效应进行了分析。首先，通过母公司持股和产权性质在高管联结与隧道行为关系中的调节作用得出以下结论：第一，母子公司高管联结会弱化公司治理过程中的隧道行为；第二，母公司持股的集中程度对高管联结与隧道行为的关系有调节作用，具体表现为，当母公司持股比例较低时，母子公司高管联结对隧道行为的影响越强。第三，产权性质在高管联结与隧道行为之间不具有显著调节作用。

其次，从回应式创新这一视角对上市公司金字塔结构布局治理效应的分析，结果显示：第一，母公司持股对子公司回应式创新存在负向影响；第二，集团框架内实际控制人两权分离度越低，母公司持股对子公司回应式创新的负向影响越强；第三，子公司管理层持股对回应式创新存在正向影响。进一步研究发现，外部制度环境的改善会同时弱化母公司持股对子公司回应式创新的负向影响以及管理层持股对子公司回应式创新的正向影响。需要说明的是，假设 H4 中两职合一对管理层持股与回应式创新之间关系的调节作用并没有得到验证。这可能是因为两职合一使得管理层在公司中的地位更加根深蒂固，以至于董事会难以进行充分和有效的监督。管理层的防御动机相应减弱，不再需要通过积极的回应式创新去证明工作的努力。基于研究结论，梳理本研究的理论贡献如下：近年来，研究者们对企业创新的研究不断深入，探索了诸如突破式创新、增量型创新等创新的多种维度和分类（Forés and Camisón, 2016；Zhou and Li, 2012；Alexander and Van Knippenberg, 2014）。虽然学术界已经对企业创新进行了诸多有益研究，学者们对"企业间的创新互动机制是怎样运行的"这一问题的回答依然有待清晰。受到动态竞争理论将企业间互动行为划分为"攻击行为"和"回应行为"的启发（Chen and MacMillan, 1992），本章引出并分析了企业的回应式创新行为，研究结论不但进一步拓展了对企业创新行为的研究，也加深了对企业间创新互动机制的了解。

最后，研究结论也有助于代理理论的研究。尽管管理层持股已经成为一种被广泛认可的减少代理成本的方法（Mustapha and Che Ahmad, 2011），但现有研究和实践也说明，管理层持股助长了管理层的管理防御能力（Lasfer, 2006）。研究发现，在上市公司金字塔布局形成的企业集团中，同样是持股数量上升，母公司持股和管理层持股造成的影响却截然相反。以上结论说明，股东与管理层持股的治理逻辑存在明显的差异化，并且这种差异并不因为更多剩余索取权的赋予而消散，甚至有可能因此而被放大。此外，本研究的发现补充了关于内外部治理协同的研究，进一步阐述了内外部治理因素对企业创新的协同作用机制。进一步研究发现，外部制度环境存在一种"抑制剂"的作用，不但弱化了母公司持股对子公司回应式创新的负向影响，也弱化管理层持股对子公司回应式创新的正向影响。

二、管理启示

第一，上市公司金字塔结构布局形成了母子公司制的企业集团，高管联结作为母子公司治理机制的一部分，本部分内容验证了其对公司治理质量的积极影响。所以,集团公司应当注重培养联结高管的治理能力与管理素质,从而强化高管联结对隧道行为的负向作用。在未建立高管联结制度的母子公司中,可以通过母公司委派高管或是提拔子公司高管等多种方式实现母子公司高管联结,减少母公司的隧道行为,缓解第二类代理问题。

第二,本研究还验证了母公司持股集中程度对母子公司高管联结与隧道行为关系的调节作用,在母公司股东表决权相对较低的情况下,高管联结可以有效缓解母公司担心利益受损而诱发的过度防御心理,相关结论说明了高管联结与母公司持股在母子公司治理机制中具有一定的互补作用。这为股权集中度较低的治理机制的完善和治理手段的选择提供了借鉴,即当母公司股权集中程度较低时,更应充分利用高管联结这一治理机制,提升母子公司治理效率。

第三,上市公司应当合理地评估自身的创新竞争能力以及当前行业内的创新竞争状况,谨慎地参与创新竞争互动。在参与创新互动的过程中,上市公司宜应进一步推动股东间信任机制建设和中小股东利益保护机制建设,在充分保障中小股东权益的基础下,提高中小股东资源分享的意愿,让大小股东充分地共担风险共享收益。

第四,上市公司董事会应适当修正对管理人员的评价机制,增加管理层在决策过程中相关行为的透明度,减少管理层因管理防御动机而推动的回应式创新项目,抑制因为相关行为而产生的资源浪费。

参考文献

[1] Alexander L, Van Knippenberg D. Teams in pursuit of radical innovation: A goal orientation perspective [J]. *Academy of Management Review*, 2014, 39 (4): 423-438.

[2] Burks S V, Carpenter J P, Goette L, Rustichinil A. Overconfidence and social signalling [J]. *Review of Economic Studies*, 2013, 80 (3): 949-983.

[3] Carney M, Shapiro D, Tang Y. Business group performance in China: Ownership and temporal considerations [J]. *Management and Organization Review*, 2009, 5 (2): 167-193.

[4] Chen L Y, Chen Y F, Yang S Y. Managerial incentives and R&D in-

vestments: The moderating effect of the directors' and officers' liability insurance [J]. *The North American Journal of Economics and Finance*, 2017, 39: 210 – 222.

[5] Chen M J, MacMillan I C. Nonresponse and delayed response to competitive moves: The roles of competitor dependence and action irreversibility [J]. *Academy of Management Journal*, 1992, 35 (3): 539 – 570.

[6] Chen M J, Miller D. Reconceptualizing competitive dynamics: A multidimensional framework [J]. *Strategic Management Journal*, 2015, 36 (5): 758 – 775.

[7] Fama E F, Jensen M C. Separation of ownership and control [J]. *The Journal of Law and Economics*, 1983, 26 (2): 301 – 325.

[8] Fan J P H, Wong T J, Zhang T. Institutions and organizational structure: The case of state-owned corporate pyramids [J]. *The Journal of Law, Economics, and Organization*, 2013, 29 (6): 1217 – 1252.

[9] Forés B, Camisón C. Does incremental and radical innovation performance depend on different types of knowledge accumulation capabilities and organizational size? [J]. *Journal of Business Research*, 2016, 69 (2): 831 – 848.

[10] Gjalt de Jong, Vo van Dut, Björn Jindra, Philipp Marek. Does country context distance determine subsidiary decision – making autonomy? Theory and evidence from European transition economies [J]. *International Business Review*, 2015, 24 (5): 874 – 889.

[11] Hsieh T J, Yeh R S, Chen Y J. Business group characteristics and affiliated firm innovation: The case of Taiwan [J]. *Industrial Marketing Management*, 2010, 39 (4): 560 – 570.

[12] Jensen M C, Meckling W H. Theory of the firm: Managerial behavior, agency costs and ownership structure [J]. *Journal of Financial Economics*, 1976, 3 (4): 305 – 360.

[13] Jia N, Huang K G, Man Zhang C. Public governance, corporate governance, and firm innovation: An examination of state – owned enterprises [J]. *Academy of Management Journal*, 2019, 62 (1): 220 – 247.

[14] Kahneman D, Tversky A. Prospect theory: An analysis of decision under risk [J]. *Econometrica*, 1979, 47 (2): 263-292.

[15] Keil T, Maula M, Syrigos E. CEO entrepreneurial orientation, entrenchment, and firm value creation [J]. *Entrepreneurship Theory and Practice*, 2017, 41 (4): 475-504.

[16] Lasfer M A. The interrelationship between managerial ownership and board structure [J]. *Journal of Business Finance & Accounting*, 2006, 33 (7-8): 1006-1033.

[17] Levy M, Szafarz A. Cross-ownership: A device for management entrenchment? [J]. *Review of Finance*, 2016, 21 (4): 1675-1699.

[18] Lin C, Lin P, Song F M, Li C. Managerial incentives, CEO characteristics and corporate innovation in China's private sector [J]. *Journal of Comparative Economics*, 2011, 39 (2): 176-190.

[19] Lskavyan V, Spatareanu M. Shareholder protection, ownership concentration and FDI [J]. *Journal of Economics and Business*, 2011, 63 (1): 69-85.

[20] Masulis R W, Pham P K, Zein J. Family business groups around the world: Financing advantages, control motivations, and organizational choices [J]. *The Review of Financial Studies*, 2011, 24 (11): 3556-3600.

[21] Meng J, Weng X. Can prospect theory explain the disposition effect? A new perspective on reference points [J]. *Management Science*, 2017, 64 (7): 3331-3351.

[22] Minetti R, Murro P, Paiella M. Ownership structure, governance, and innovation [J]. *European Economic Review*, 2015, 80: 165-193.

[23] Mustapha M, Che Ahmad A. Agency theory and managerial ownership: Evidence from Malaysia [J]. *Managerial Auditing Journal*, 2011, 26 (5): 419-436.

[24] Nofsinger J R. Social mood and financial economics [J]. *The Journal of Behavioral Finance*, 2005, 6 (3): 144-160.

[25] Ortega-Argiles R, Moreno R, Caralt J S. Ownership structure and

innovation: is there a real link? [J]. *The Annals of Regional Science*, 2005, 39 (4): 637 – 662.

[26] Paligorova T, Xu Z. Complex ownership and capital structure [J]. *Journal of Corporate Finance*, 2012, 18 (4): 701 – 716.

[27] Peng M W, Li Y, Xie E, et al. CEO duality, organizational slack, and firm performance in China [J]. *Asia Pacific Journal of Management*, 2010, 27 (4): 611 – 624.

[28] Rashid A. Managerial ownership and agency cost: Evidence from Bangladesh [J]. *Journal of Business Ethics*, 2016, 137 (3): 609 – 621.

[29] Scherer F M. Firm size, market structure, opportunity, and the output of patented inventions [J]. *American Economic Review*, 1965, 55 (5): 1097 – 1125.

[30] Walsh J P, Seward J K. On the efficiency of internal and external corporate control mechanisms [J]. *Academy of Management Review*, 1990, 15 (3): 421 – 458.

[31] Wei K C J, Zhang Y. Ownership structure, cash flow, and capital investment: Evidence from East Asian economies before the financial crisis [J]. *Journal of Corporate Finance*, 2008, 14 (2): 118 – 132.

[32] Weisbach M S. Outside directors and CEO turnover [J]. *Journal of Financial Economics*, 1988, 20: 431 – 460.

[33] Zhou K Z, Li C B. How knowledge affects radical innovation: Knowledge base, market knowledge acquisition, and internal knowledge sharing [J]. *Strategic Management Journal*, 2012, 33 (9): 1090 – 1102.

[34] Zona F. Board leadership structure and diversity over CEO time in office: A test of the evolutionary perspective on Italian firms [J]. *European Management Journal*, 2013. 32 (4): 672 – 681.

[35] 徐鹏、白贵玉：《企业动态竞争行为：研究述评与展望》，载《外国经济与管理》2020 年第 2 期。

[36] 郑丽、陈志军：《母子公司人员嵌入、控制层级与子公司代理成本》，载《经济管理》2018 年第 10 期。

第九章

国有控股母子公司双向治理实证分析
——以山东省为例

母公司作为子公司的控股股东,其侵占子公司中小股东利益的问题是第二类代理问题下的矛盾冲突,这种利益侵占表现为母公司攫取子公司的控制权私利。母公司"隧道行为"的根本原因是母子公司掌握信息的不对称和不透明,这也间接表明子公司透明度与母公司控制权私利之间存在某种内在联系。以往文献从公司治理和社会法律等角度对公司透明度与控制权私利的关系进行探究,并且取得了许多有广泛理论和现实意义的研究结论。本章研究认为子公司信息披露是子公司与母公司讨价还价进行博弈的结果。本章选取 2013~2017 年山东省国有控股上市公司为研究样本进行实证检验,试图在综合现有文献的基础上,立足双向治理视角探讨上市公司信息披露对母公司攫取控制权私利的抑制作用,以期为该领域的研究提供一个有益的思路。

第一节 理论分析

一、理论基础

(一) 委托代理理论

控制权与收益权在产权为公有形式时是分离的 (Coase, 1937)。原因是共有产权导致经济具有外部性,而"选择冲突"是个体的效用最大化特征——没有一个个体不是期望通过最小努力获取最大的产权收益。

委托代理问题的实质是利益双方在掌握信息不对称的情况下的利益争夺问题。具体来说,就是委托人雇用代理人,为委托人进行对应的"代理决策"(Jensen and Meckling, 1976)。委托人期望代理人所做每个决策都是有助于委托人利益最大化,但是现实并非如此。代理关系分为两类,基于所有权和经营权分离的代理关系属于第一类代理关系,基于所有权和控制权分离的代理关系属于第二类代理关系。委托代理理论揭示了产权理论下的选择冲突。

施莱弗和维什尼(Shleifer and Vishny, 1997)指出大股东与中小股东的代理问题基于所有权和控制权相分离,属于现代公司治理体系中的第二类代理问题。大股东的持有比例赋予他们影响上市公司决策活动的正当权利,为他们侵占中小股东利益提供了天然便利。除了所有权和控制权的矛盾以外,所有权的分配也隐藏着代理问题,由于股权所有人在初始创立时期和后期经营活动过程中资本投入的不同,公司的所有者不能完全掌握公司的经营权,由此就产生了第二类代理成本(Portarl et al., 1999)——不论是手握控制权的大股东还是难以运用控制权的中小股东的选择分歧导致的成本(余明桂,2004)。我国国有控股公司的股权分置改革伴随着国有股份逐步市场化且实现了国有民营股份全流通,国有股股权被分散,加强了大股东对经营者的治理效率,与此同时上市公司面对的主要矛盾也逐渐演变成大股东侵占中小股东利益行为(李朝芳,2018)。我国与许多新兴经济体国家的共同点就是股权比较集中,故大股东与上市公司中小投资者之间的委托代理问题也非常严重。作为上市公司的第一大股东,母公司与中小股东的委托代理问题引起商界与学界的广泛重视。

(二)参照点契约理论

参照点契约理论(theory of reference-dependent preferences)则为母子公司双向治理研究视角提供了理论基础,也能够弥补委托代理理论没有考虑代理人能动性的不足。根据参照点契约理论(Hart and Moore, 2008)的观点,委托人并没有能力完全预设委托人与代理人之间的契约,这个契约是柔性的，是基于委托人和代理人博弈最后达成一个符合双方能让步的参照点，这就给予了委托人和代理人讨价还价的空间，能够形成双方的互动。进一步分析，母子公司治理研究如果将参照点契约理论纳入分析框架，那么母公司对子公司的控制不再是单向的，而是母子公司自主性互动的结果，双方经过讨价还价的过程，最终形成了母子公司的权力配置（徐向艺，2015）。以上市公司的数据研究发现，经营自主性显著提高了公司绩效（陈志军，2016）。

（三）信号理论

信号理论始于20世纪70年代人们对信息不对称问题的探究，信号理论是基于一定的背景提出的。与中小股东相比，上市公司的大股东和在公司有特殊背景的内幕、内部人员掌握公司更多的信息和数据，他们可以选择某种方式向外部投资人传递公司信息，所谓信号就是这些传递出的信息。斯宾塞（Spence，1972）提出，在信息不对称度较高的证券资本市场，唯有能力超群的经理才会选择把不易模仿和超越的能力传达给股东，这就是信号传递理论。事实上，与中小股东等外部投资人相比，公司的大股东和其他内部、内幕人员获得数量更多更全面的公司信息，中小股东等外部投资者一方面由于自身资质有限；另一方面获得公司信息片面且不够客观，常常不能准确预期公司未来的发展前景，从而对公司的估值判断有失偏颇，这就形成了信号理论中的混合均衡。为了区别于证券市场那些经营不善的公司，同时为了向外部投资者传达公司一片利好的经营状况，优质公司常常选择价格成本更高的信息传递方式引诱外部投资者的投资，这就是信号理论中的分离均衡。分离均衡有利于外部投资者分辨公司经营状况的好坏，并给予合理的经济评价。陈俊（2010）研究发现，投资者对披露下降明显给予消极评价，而对披露提高却并未因内隐的"动机选择"问题持谨慎态度。

信号理论有广泛的现实意义，既承认了信息不对称是客观存在的这一事实，同时也让现实治理信息不对称问题有理论可以依据。政府致力于提升信息公开透明程度能够帮助持股比例较低的投资者尤其是不明事实的外部投资者更好地了解企业，能够促进公司和中小股东等外部投资者的高质量沟通。

自愿选择对外披露信息是好公司的常见做法（Foster，1987）。此外，融资需求迫切的公司资源对外披露信息的动机更强，以更快传递好公司信号,达到降低融资成本的目的。对外披露公司信息可以让处于信息劣势的外部投资者较快获得公司信息从而更快了解公司,掌握更多公司信息意味着外部投资者承担较低的投资风险,提高自我保护能力。此举也可以提升公司的声誉水平,从而吸引外部投资者和提升公司价值。公司对外披露信息是资本市场有效运作的基础,也是促使资本市场健康地发展壮大的充分条件。控股股东凭借天然的信息优势,善于利用信息时效性,运用延迟发布或滞后发布信息等操纵信息手段,掩盖甚至隐藏其侵害中小投资者利益的行为。

研究表明,公开、透明、及时地对外披露信息是公司正确向外界传递信息的前提,可以有效促进和强化公司与外部投资者之间的沟通,也可以有力抑制大股东恶意利用信息优势、攫取私利侵害外部投资者。加强公司对外信息披露程度,能有效减少大股东与中小股东信息不对称,便于中小投资者和政府监管部门发现和惩罚大股东侵占行为,提高大股东侵占门槛(Ferrell,2004)。研究还发现,公司的代理人有隐瞒公司不良业绩的倾向以掩盖代理人与股东之间的代理问题,从而躲避外部投资者的监督(Berger and Hann,2007),这说明增强信息披露能够减少代理成本。

(四) 有效资本市场理论

20世纪80年代,学者法玛(Fama)第一次论证了有效市场的内涵,简言之,倘若证券市场上所有公司的股票价格都可以百分之百反映投资者能够获得的全部该公司信息,那么该市场就是有效市场。"有效资本市场假说"还补充提出,资本市场机制可以分为三种"有效"形式,第一,强式有效;第二,弱式有效;第三,半强式有效。资本市场有效性判断过程掺杂着人的主观性。虽然假说形式不尽相同,上市公司透明度和资本市场机制有效程度有必然联系,强制上市公司对外披露信息就是以有效资本市场原理为出发点,譬如判断公司股票价格就势必要考虑资本市场有效性。公司对外披露信息是一门有操作弹性的技术,公司可以选择用以提高公司的管理水平,也可以用以恶意扭曲财务报表操纵公司财务信息,如何选择取决于公司管理层的道德素养以及公司的愿景和使命感。有效资本市场下如何呈现公司的信息透明度是公司的选择。

缓解大股东和中小股东信息不对称问题可以有效提高资本市场有效性。

资本市场有效的前提是司法部门的有力监督,没有法律保护,谈论资本市场有效性就没有意义。

二、文献综述

(一) 公司透明度的内涵、分类和影响因素

公司透明度代表着公司管理层当局的对外信息披露决策到外部投资者接收到信息的整根信息传输链条,可以用以衡量公司发布信息的质量和信息传输的效率。提高公司透明度不仅可以帮助投资者判断管理层经营水平,也可以突出公司对管理层监督的效果,从而有助于公司建设健全治理制度和提升公司治理水平(游家兴,2007)。布什曼(Bushman,2004)认为公司透明度是公司外部投资者对公司经营等相关信息的可获得程度及可理解程度。

本章梳理国内外公司透明度的有关文献,发现公司透明度可以分为宏观和微观两个层面。宏观层面的公司透明度衡量现下证券市场全部上市公司信息可被投资者获得和理解的程度,已经逐渐演变成为评估某一国家或地区信息披露水平的综合框架,包括信息披露管制框架约束水平、信息披露媒体发达水平、信息可获得广度、搜寻私人信息活动密集成本等。而微观层面的公司透明度则是在现存宏观框架下某一特定公司的信息可获得程度,用以衡量特定公司的信息披露水平,包含管理层在现有约束框架下的披露意愿、公司治理结构框架对管理层的约束等。

以往文献对于上市公司的信息透明度影响因素的探究,将所有影响因素分为内部和外部影响因素。内部影响因素可以概括为公司的主营业务、公司的治理结构和治理水平、公司的绩效和公司对外披露信息的驱动力;外部影响因素主要是指外部制度环境,具体来说就是研究资本市场经济水平、国家和全球的政治状况、公司经营业务涉及的文化、公司所在国家的会计准则和争端监管。唐顺莉(2012)总结到,上市公司是向外界提供公司透明度主体。披露信息是一项需要公司耗费人力物力的复杂活动,上市公司在选择披露信息时势必要考虑活动成本,这些成本既包括直接成本,也包括间接成本。直接成本是直接体现在披露信息过程中花费的成本,例如会计人员的工

资等；间接成本是披露信息质量存在问题时发生的成本，例如公司披露虚假信息被政府惩罚的金额，或是披露信息引发公司与外部投资者的法律诉讼，以及公司处于劣势竞争地位被中伤所发生的成本（例如市场开拓费用、研究开发费用、营销预算、人力资源开发支出项等），这些成本会造成公司在经济和名誉上的双重损失。由于上述各项成本都可能给公司带来损失，公司的管理层在对外披露公司信息时常常呈现严谨却偏激的姿态，有减少信息披露数量的倾向。

谭劲松等（2010）提出，由于不同公司透明度接收群体用户需求不同，所以他们选择关注的公司信息也有所不同，关注角度也有所区别。譬如处于信息劣势的外部投资者非常关注上市公司透明度以及披露信息的真实性，因为投资者是最终承担上市公司风险的群体，他们的存在是公司经营效益和未来前景的保障。钟志强（2013）在总结公司透明度影响因素时，除了提到上述影响因素以外，还指出财务杠杆也会影响公司透明度。他分析指出，公司治理越规范、公司透明度越高，公司的市场价值越能传递出公司经营向好势头，反过来也能够增强公司自觉披露的意愿程度，提升公司的信息透明度。谭劲松（2010）在讨论公司透明度的影响因素时，把所有影响因素分为激励因素和压力因素。其中，激励因素主要是公司向外传递的信号和代理问题引发的激励，属于公司内部因素；而压力因素主要是指资本市场和政府的监管力度，属于公司外部因素。通过实证研究发现，与外部激励因素相比，内部激励因素长期决定公司透明度，能更好地解释公司透明度的变化趋势。

（二）控制权私利的内涵、实现途径和影响因素

控制权私利于1976年由学者詹森（Jenson）首次提出。格罗斯曼和哈特（Grossman and Hart，1988）在研究公司现金流权比例和公司投票权比例的最优配比时，提出母公司的收益除了共享收益还包括私有收益，共享收益是股息流量现值，大股东和中小股东凭借持股比例进行分配，而私有收益则为控股股东独享、中小股东不能获得的收益，并且私有收益必须是货币收益。本章研究的控制权私利就是控制权的私有收益，也被称作私有收益和隐性收益。梳理现有文献发现，母公司通过隧道行为等为自身攫取控制权私利

和侵害中小股东利益是同一个问题的两个方面,获取私利是母公司盘剥行为的动机,侵害中小投资者是攫取私利的后果。母公司攫取私利的行为严重侵害了上市公司中小股东及其他利益相关者的合法利益,一直受学界和政府部门所重视。

公司的控制权如此受股东们青睐和争夺,是因为控制权本身意味着剩余价值,母公司作为控股股东可以凭控制权得到剩余收益。传统证券资本市场股权观点认为,不论是大股东还是小股东,他们手持的普通股股票每股为他们带来的分红相同,就是所谓"同股同酬",每个股东凭借自己手中持有股数分得相匹配的公司红利(Holderness,1991,1992)。因此和中小投资者一样,母公司凭借其持有股权的比例分享投资公司价值带来的收益,即所谓控制权的"分享收益"(Shieiferhe,1986)。上述观点认为控股股东和中小股东一样只获取分享收益,在近20年间,这种观点遭到人们的质疑,逐渐被一种新观点所替代,即中小投资者不享有私利,子公司的中小投资者并不能按照所拥有的股本和母公司平等地享受投资公司带来的分红。控股股东独享控制权,在凭借普通股持股比例获得公司分享收益的同时,还独享由于掌握控制权带来的私人收益,即控制权私利。20世纪70年代,詹森就首次提出控制权引发的在职消费问题,由于经理掌握着公司的控制权,意味着经理可以享受住高级酒店、享受高薪休假等在职消费以及享受职业声誉等无形收益。格罗斯曼和哈特(1988)首次定义了控制权私利,即控股股东凭借控制权独享的、中小股东不能平等分享的剩余收益,并且强调必须是货币;约翰逊和拉波尔塔(Johnson and La Porta,2000)在分析一个案例时首次提出了"随带行为"概念,捷克共和国国有股份私有化改革过程中,许多公司的大股东私利行为盛行,大股东利用对公司的控制权,实施一连串私利行为包括不正当转移公司资源、采取稀释股权等间接转移资产行为、又或者溢价不正当让出公司股权,这就是典型的"隧道行为",詹森等还指出,全世界的公司都普遍存在隧道行为,不仅仅是只有发展山东省资本市场才有,隧道行为是违法的,制度不完善的地区更容易滋生隧道行为。朱莱(Zinhlaes,2001)提出在控股股东和中小股东及经营者直接的委托代理问题严重的情况下,运用控制权私利这一概念便于深入分析和理解控股股东与中小股东的利益冲突问题。

现有文献对控制权私利的研究无外乎基于控制权私利的内涵、种类、影响因素和控制权私利计量方法等方面。哈特（1988）和博尔顿（Bolton，1992）都认为私有收益"隧道行为"和控制权私利货币特征是有特定联系的。埃拉哈特（Ehraardt，2003）强调，广义的控制权私利除了囊括货币收益（通常产生于"隧道行为"），还包括非货币收益，例如声誉收益，控股股东可以转移公司资产获取，也可以通过除此之外的其他方式获得。

有关控制权私利影响因素研究，皮斯托等（Pistor et al.，2000）提出公司所在国家地区保护中小股东利益的水平是影响控制权私利的重要因素，也是最为普遍的影响因素。戴克和津盖克斯（Dyck and Zingakes，2004）考察了近40个国家的300多宗大股东转让控制权股份而获取控制权溢价转让私利，研究发现各个国家的控制权私利存在差异，而法律制度是形成差异的主要原因。戴克还探讨了公众的舆论压力、产品研发投入、公司市场竞争以及政府制定的税务政策等，这些法律制度外的外部环境因素对控制权私利也有重大影响。

我国学者们在研究控制权私利影响因素时，大都聚焦于上市公司大股东控制权私利程度实证研究，主要围绕"控制权溢价转让"议题。唐宗明（2002）通过实证研究发现，大股东转让股权比例与侵害中小股东程度正相关，而公司的获利能力、公司规模和中小股东被侵害程度负相关；曾勇、邓建平（2004）通过详细分析我国所有在2001年发生的大宗股权转让事件，发现公司规模可以抑制控股股东溢价转让行为，而公司价值和股权转让比例则可以促进股权溢价。马磊和徐向艺（2007）实证研究发现，控制权私利和股权转让正相关，上市公司的净资产收益率可以抑制控制权私利，而资产负债率或公司规模和控制权私利没有显著的相关关系。

（三）公司透明度和控制权私利的关系研究

门塔尔（La Porta et al.，1998）和约翰斯内塔尔等（Johnson et al.，2000）指出上市公司透明度是体现公司治理水平的重要标准，较高上市公司透明度有利于调和大股东和外部投资者以及政府监管部门之间信息不对称的问题，提高控股股东掏空行为的门槛，也有助于中小投资者和监管部门监督控股股东。根据我国对于上市公司披露信息要求的准则，若上市公司披露的内容和声明存在不实信息时，中小股东有权因为自身相关利益受到侵害而提起诉讼，但遗憾的是，我国相关方面的诉讼规定缺乏足够严谨且让中小投资者切实可以诉诸的法律程序。贝克塔尔（Baek et al., 2004）研究韩国 1997 年金融危机发现，公司披露信息的质量越高，股票受金融危机冲击下跌程度越低，可见公司披露信息可以有效抑制控股股东掏空行为。有关公司透明度和控制权私利关系的研究，仅有少数文献分析上市公司透明度与母公司攫取控制权私利的关系。值得强调的是，这些文献在选择控制权私利的衡量方法时，也止步于研究大股东资金占用等行为，或停留在浅显探讨关联交易的具体方式，没有直接探讨上市公司透明度和母公司控制权溢价转让私利间的关系。例如，在控制了内生性后，财务绩效与信息透明度显著的正相关（张兵，2009）。金字塔结构下，强势控股股东为了掩盖或隐藏控制权私利行为，善于利用金字塔结构的复杂特性和自己对公司治理控制等条件，恶意操纵会计信息，减弱公司财务信息透明程度（刘启亮，2008）。黎文靖和孔东民（2013）在研究上市公司透明度和中小股东等外部投资者参与公司治理时发现，上市公司透明度较低时中小股东更愿意参与投票。上市公司股权结构可以调节该效应，在公司透明度更差的公司样本中其调节作用更显著。黎文靖在进一步研究之后发现，中小投资者参与公司治理程度和公司绩效正相关，并且在公司透明度较低的公司改善绩效的作用更显著。

根据参照点契约理论的观点，委托人和代理人之间的契约并不是完全由委托人提前预设的，也不是刚性的，而是委托人和代理人基于某一个符合双方期望的参照点讨价还价而形成的，这就给予了委托人和代理人讨价还价的空间，能够形成双方的互动。进一步分析，母子公司治理研究如果将参照点契约理论纳入分析框架，那么实际控制人的控制不再是单向的，而是实际控制人控制与子公司自主性互动的结果，双方经过讨价还价的过程，最终形成了母子公司的权力配置。因此，上市公司信息披露是母子公司双向治理和博弈的结果，上市公司透明度会抑制母公司攫取控制权私利的行为。

三、简要评述

已有文献在研究上市公司透明度对母公司控制权私利影响时，全方位地研究了二者的关系，探讨了上市公司透明度对大股东资金占用行为、关联交易等一系列具体的控制权私利行为的影响。虽然有些研究得出了一些有意义的研究结论，部分研究为该领域下一步的深入研究以及母子公司管控的启示影响深远，但这些研究的局限性也显而易见。

（一）界定概念内涵的局限性

梳理现有文献可以发现，公司透明度、控制权私利等重要概念的内涵都是模棱两可的，缺少统一标准，致使现有的文献研究常常局限在界定相关概念上，缺少对公司透明度和控制权私利关系相关理论和现实问题的深入研究。比方说，在界定控制权私利时，现有大部分文献都着重强调控制权私利的货币特征，以及选择哪种方法计量控制权私利。事实上，控制权私利概念的基本特性可以概括为"独享""侵害""隐蔽"，这三个基本特性可以表明控制权私利的实质。"独享"指的是控制权私利是控股股东排斥中小股东独自享受；"侵害"表示控股股东恶意侵占中小投资者利益造成的经济后果；而"隐蔽"指的是控股股东的行为特点。研究控制权私利，我们应该重点研究控制权私利的本质、控制权私利的影响因素、控制权私利侵害利益特点以及如何抑制控股股东的私利攫取行为。

（二）理论切入点的缺陷

已有研究文献缺乏对研究对象有针对性的理论分析。缺少变量间作用的理论推演，研究的逻辑就不完整，结论就会缺乏支撑点。有的学者用上市公司信息披露信息来测量公司的透明度，虽然公司信息披露同公司透明度属于同一层级且同属于一个公司的信息系统，但是二者并不是完全对等的，信息披露是公司透明度的一个方面。上市公司信息披露和上市公司透明度的内涵、表述方式存在很大差异。

近几年来虽然我国上市公司的信息管理系统逐步得到完善，但仍然无法满足现实需求，无法对现阶段控制权私利最新的问题给出合理化解释，因此，深化研究上市公司透明度和母公司控制权私利的关系显得非常迫切。研究上市公司透明度与母公司控制权私利的关系我们首先要纠正以前研究的偏差，深入研究理论演绎和作用机理，从公司透明度和控制权私利的定义和内涵出发，强化研究上市公司透明度的分析框架体系和理论演绎推理，探讨具体情境下上市公司透明度对母公司控制权私利的作用机理，具体研究母公司如何利用控制权便利侵害中小股东利益。

第二节 研究假设与设计

一、研究假设的提出

本章在梳理大部分国内外研究成果与理论分析的基础上，对上市公司透明度和母公司控制权私利的主效应关系以及中小投资者法律保护程度和独立董事比例对上述主效应的调节作用提出假设。其中，本章通过独立董事比例探究企业特质对主效应的影响。研究假设主要包括以下两个部分。

（一）上市公司透明度对母公司控制权私利的作用机理

作为上市公司的控股股东，母公司侵占子公司中小股东利益的行为时有发生，侵占方式主要表现为母公司恶意攫取上市公司的控制权私利，这个矛盾冲突属于第二类代理问题下的冲突。目前上市公司的信息控制权与企业控制权难以实现分离，在这种情况下，信息控制优势为母公司的控制权私利行为提供了天然便利，母公司可以设计复杂的信息渠道从而恶意操纵信息，通过"隧道行为"等隐蔽行动恶意侵占子公司资源，侵害子公司中小股东利益，为自身攫取控制权私利。母公司的"隧道行为"是因为母公司和子公司中小股东信息的不对称和不透明所致，这表示母公司的控制权私利行为和子公司透明度存在必然联系。

目前绝大多数的研究都是从上对下单向治理作为切入点，认为母公司对子公司的控制是单向的，子公司信息披露是母公司直接控制的结果。但事实上，中小股东为避免控股股东通过攫取私利，更倾向于提高公司透明度。根据参照点契约理论，本章认为，信息披露不单纯是母公司强行控制，而是子公司和母公司讨价还价进行博弈的结果。上市公司信息披露是母子公司博弈和双向治理的结果。为此提出研究假设 H1：

假设 H1：公司透明度对控股母公司控制权私利行为有抑制作用。

（二）独立董事比例的调节作用

在公司设立独立董事的目的是保护中小投资者、帮助降低公司的代理成本，以及提高董事会的决策水平，独立董事对于现代公司治理起着非常重要的作用（胡奕明，2008）。我国的资本市场监督机构认为独立董事制度是缓解上市公司第二类代理问题的卓有成效的机制。21 世纪我国证监会还发布了指导上市公司建立健全独董制度的意见，意见直接指出，为了改良公司的治理结构，所有在境内上市的公司都必须聘用足够比例的独立董事。与此同时，上市公司必须赋予独立董事规定的权利，例如认可公司重大关联交易的权利，以及当公司发生关联交易或其他侵害中小股东利益的事件时独立董事有发表独立意见的权利。就制度设计而言，独立董事无权直接从事公司的经营日常和具体有关决策的活动，也无需对公司的经营业绩和财务绩效负直接责任，独立董事的主要职能是为公司提供战略、财务咨询服务以及监督董事会、经理层，以有效增强公司抵御风险的水平，保护公司的外部投资者不被公司内部人侵害利益。所以说，独立董事的设置为中小股东提供了一定的保障。

祝继高（2015）对公司的独立董事和非控股股东董事对大股东和经理层的监督行为作出详细对比分析。不管是在公司层面还是中小投资和层面，独立董事都在一定程度上对中小投资者参与公司治理起到替代作用。叶康涛（2007）研究发现，当排除独立董事内生性时，提高公司的独立董事比例可以明显抑制母公司的资金占用等盘剥行为。由此，可以推断独立董事比例或许会在某种程度上逼迫上市公司在信息披露过程中更多地披露母公司的信息，从而抑制母公司攫取上市公司控制权私利行为，同时减少对中小投资者利益的侵害。由此提出假设 H2：

假设 H2：独立董事比例对上市公司透明度与母公司控制权私利的关系起调节作用。独立董事比例正向调节上市公司透明度对母公司控制权私利的抑制作用。即独立董事比例越高，上市公司透明度对母公司控制权私利的抑制作用越显著。

二、研究设计

(一) 样本选取与数据来源

本章选取山东省国有控股的 A 股上市公司为研究样本,用下面几个条件筛选样本:(1) 2014 年前上市,且企业在 2014~2018 年持续经营的。(2) 公司在 2014~2018 年的年度财务报表完整且可获得,信息不完整的公司也被剔除掉。(3) 公司若在样本期间被 ST 或 PT,也将被剔除。(4) 数据不完整或存在极端值的公司被认为是异常公司,也将被剔除。(5) 剔除金融、保险行业的公司和房地产公司,原因是这些公司存在一些行业特性,例如在财务指标等方面的行业特性。(6) 剔除控股股东不是法人企业的公司样本。然后,我们通过在国泰安数据库里的"股票交易市场"和"治理结构"等子数据库中获取数据,又使用 Stata 15.0 等软件筛选出 58 家样本企业,共获得 370 个观测值。

(二) 各变量的定义及度量方式

本章研究各变量及度量方式如表 9-1 所示。

表 9-1　　　　　　　　变量定义及度量方式

变量名称	变量符号	度量方式
控制权私利	PBC	剔除噪音的关联交易占总资产的比值
公司透明度	IT	盈余平滑度和盈余激进度的加权平均值
独董比例	INDR	独立董事人数与董事总人数的比值
总资产	lnAsset	总资产取对数
直接控股股东持股比例	CSER	直接控股股东的持股比例
董事会规模	BSIZE	董事总人数
董事长和总监理兼任情况	DUAL	兼任 =1;不兼任 =0
董事会持股比例	Board Share	董事会持股比例
成立年龄	Est Age	上市公司成立的年龄
净资产收益率	ROE	净利润/净资产

续表

变量名称	变量符号	度量方式
资产负债率	LEV	总负债/总资产
现金比例	Cashratio	(货币资金+交易性金融资产)/流动负债
无形资产比例	Intanratio	无形资产净额/总资产
管理费用率	GAratio	管理费用/主营业务收入
投资收益率	ROI	年平均利润总额/投资总额
每股经营性现金流	CashFlow	经营活动产生的现金流量净额/年度末流通在外的普通股股数

(三) 模型构建

本章设计下面两个回归模型用以检验上述假设：

模型Ⅰ：公司透明度对控制权私利抑制作用的主效应模型

$$PBC = \beta_0 + \beta_1 IT + \sum_{i=1}^{i=14} \alpha_i Control_i + \varepsilon$$

模型Ⅱ：独立董事比例对公司透明度与控制权私利关系的调节效应模型

$$PBC = \beta_0 + \beta_1 IT + \beta_2 INDR + \beta_3 INDR * IT \sum_{i=1}^{i=14} \alpha_i Control_i + \varepsilon$$

其中，模型Ⅰ用来检验上市公司透明度与母公司控制权私利的主效应模型，用于检验假设 H1。模型Ⅱ用于检验独立董事比例对上市公司透明度与母公司控制权私利关系的调节作用，用于检验假设 H2。β_0 是截距，α_i 是上述回归模型中各个控制变量的系数，$Control_i$ 是控制变量组，包括总资产、直接控股股东持股比例、董事会规模、董事长和总经理兼任情况、董事会持股比例、成立年龄、净资产收益率、资产负债率等，ε 是扰动项。

第三节 数据分析与结果讨论

一、描述性统计分析

描述性分析的目的是简单观察数据的整体趋势和基本特点，本章使用

Stata15.0 对本研究的自变量、因变量、调节变量与控制变量进行描述性统计，验证选择样本的科学性和严谨性，描述结果如表 9-2 所示。

表 9-2　　　　　　　　　　　描述性统计

Var	Obs	Mediun	Std	Min	Max
PBC	7750	0.271	0.355	0	2.176
IT	7750	2.986	5.606	0.085	37.870
INDR	7748	0.374	0.0540	0.0313	0.571
lnAsset	7750	22.65	1.323	19.880	26.470
CSER	7739	36.360	14.990	7.270	76.130
BSIZE	7750	8.742	1.733	5	15
DUAL	7617	0.189	0.391	0	1
BoardShare	7234	0.025	0.063	0	0.369
EstAge	7745	18.60	5.142	7	30
ROE	7276	0.048	0.125	-0.700	0.314
LEV	7750	0.475	0.205	0.073	0.927
Cashratio	4159	0.680	0.982	0.035	6.890
Intanratio	7727	0.049	0.062	0	0.401
GAratio	7595	0.099	0.092	0.008	0.641
ROI	6858	0.550	2.264	-0.837	18.630
CashFlow	7592	0.578	1.225	-3.089	6.324

资料来源：本书笔者根据 Stata 统计结果整理。

根据分析结果，因变量控制权私利（PBC）最小值为 0，最大值为 2.176，标准差仅为 0.355，可见样本公司控股股东攫取控制权私利的水平有所差异，但差异保留在一定范围内。对于自变量公司透明度（IT），最小值 0.0850，最大值为 37.87，标准差大于 5，说明样本公司的信息披露程度存在显著差异。

本章选择独立董事比例（INDR）为调节变量，独立董事比例（INDR）的标准差 0.054，可见上市公司独立董事比例差异不大。

本章研究的控制变量有公司规模（lnAsset）、直接控股股东持股比例

（CSER）、董事会规模（BSIZE）、董事长和总经理兼任情况（DUAL）、董事会持股比例（BoardShare）、公司成立年龄（EstAge）、净资产收益率（ROE）、资产负债率（LEV）、现金比例（Cashratio）、无形资产比例（Intanratio）、管理费用率（GAratio）、投资收益率（ROI）、经营性每股现金流（CashFlow）在每个样本公司的情况尽显差异，可见很有必要把它们设置为模型的控制变量以消除对假设模型的影响。

二、相关性回归分析

相关性分析有两个目的，一是简单观察变量间的相关性；二是检查变量间是否存在多重共线性问题。当变量间相关系数小于0.7我们就可以判定本研究选择的所有变量之间未发现有多重共线性问题。对本研究选择的样本数据所有变量间的皮尔逊相关系数取绝对值，最大为0.536，因此我们可以判断样本变量间不存在多重共线性。

全样本各变量相关系数矩阵如表9－3所示，分析相关系数矩阵，可以得出以下结果：

表9－3　　　　　　　　　　相关性分析

变量	PBC	IT	INDR	lnAsset	CSER	BSIZE
PBC	1					
IT	-0.020*	1				
INDR	-0.019	0.045***	1			
lnAsset	0.037**	0.125***	0.043***	1		
CSER	0.047***	0.001	0.037***	0.248**	1	
BSIZE	0.023	-0.014	-0.457***	0.249***	0.038***	1
DUAL	-0.017***	0.005	0.108***	-0.098***	-0.048***	-0.161***
Board Share	-0.098***	-0.042***	-0.023**	-0.125***	-0.128***	-0.076***
EstAge	0.325**	0.039***	-0.130	0.071***	-0.179***	0.017
ROE	-0.123***	0.058***	-0.047***	0.134***	0.117***	0.041***
LEV	0.259***	0.174***	0.027**	0.464***	0.052***	0.116***

续表

变量	PBC	IT	INDR	lnAsset	CSER	BSIZE
Cashratio	-0.136***	-0.078***	0.007	-0.231***	-0.026*	-0.075***
Intanratio	-0.053***	-0.100***	-0.026**	-0.042***	0.007	0.058***
GAratio	-0.076***	-0.129***	0.042***	-0.366***	-0.166***	-0.082***
ROI	0.016	-0.020*	0.0130	-0.056***	-0.003	-0.023*
CashFlow	-0.003	-0.033**	-0.010	0.255***	0.168***	0.080***

变量	DUAL	BoardS~e	EstAge	ROE	LEV	Cashratio	Intanratio
DUAL	1						
BoardShare	0.140***	1					
EstAge	-0.065***	-0.249***	1				
ROE	0.011	0.039***	-0.014	1			
LEV	-0.053***	-0.149***	0.153***	-0.163***	1		
Cashratio	0.035**	0.100***	-0.045***	0.072***	-0.536***	1	
Intanratio	-0.021*	-0.026**	-0.023*	-0.032***	-0.060***	-0.040***	1
GAratio	0.057***	0.046***	0.005	-0.278***	-0.274***	0.336***	0.089***
ROI	0.036***	-0.002	0.008	0.019	0.001	0.013	0.009
CashFlow	-0.016	-0.012	0.024**	0.211***	0.028**	0.003	0.048***

变量	GAratio	ROI	CashFlow
GAratio	1		
ROI	0.056***	1	
CashFlow	-0.131***	-0.06	1

注：笔者根据 Stata 结果整理，*$p<0.1$，**$p<0.05$，***$p<0.01$。

分析 Pearson 相关系数检验结果，可知上市公司透明度与母公司控制权私利负相关，且显著性水平在 1%。这表明在山东省上市公司的透明度对母公司控制权私利有抑制作用，初步验证假设 H1。

分析相关系数，变量间相关系数绝对值最大为 0.536，可以判断各变量间没有多重共线性。

三、多元回归分析

为了具体验证研究假设，本章使用 Stata15.0 软件按照实验模型对相关变量进行了回归分析，表9-4反映了公司透明度与控制权私利的回归结果。

表9-4　　　　　　　　　　主效应回归分析

VARIABLES	PBC 全样本
IT	-0.003** (-2.43)
lnAsset	-0.073*** (-3.85)
CSER	-0.001 (-0.91)
BSIZE	-0.0002 (-0.03)
DUAL	-0.024 (-1.13)
BoardShare	0.162 (0.66)
EstAge	-0.021 (-0.82)
ROE	0.080 (1.55)
LEV	0.337 (4.73)
Cashratio	0.002 (0.22)
Intanratio	0.726 (2.99)
GAratio	-0.143 (-1.17)

续表

VARIABLES	PBC 全样本
ROI	0.001 (0.54)
CashFlow	0.005 (1.10)
Ind	控制
year	控制
Constant	2.118 (3.50)
R – squared	0.130
F	3.146

注：本研究笔者根据 Stata 回归结果整理，$*p<0.1$，$**p<0.05$，$***p<0.01$。

分析表 9 – 4 可以得知，模型的 R – squared 在 0.130，拟合良好，回归方程有效，可在此回归结果基础上验证假设。

在全样本中，上市公司透明度与母公司控制权私利呈负相关，系数为 – 0.03，且显著性水平在 5% 以下。这说明上市公司透明度确实能够负向影响母公司控制权私利，提高上市公司透明度能够显著抑制母公司攫取控制权私利的行为，切实保护上市公司中小股东的利益，假设 H1 得以验证。

分析表 9 – 5 中的回归结果，模型的 R – squared 在 0.132，拟合良好，回归方程有效，可以对假设 H2 予以验证。

表 9 – 5   独立董事比例的调节作用回归模型分析

VARIABLES	PBC 全样本
IT	– 0.003 *** (– 2.85)
INDR	– 0.142 (– 0.84)

续表

VARIABLES	PBC 全样本
INDR×IT	-0.042 (2.66)
lnAsset	-0.064 (-3.36)
CSER	-0.001 (-0.76)
BSIZE	-0.007 (-0.95)
DUAL	-0.022 (-1.02)
BoardShare	0.140 (0.57)
EstAge	-0.023 (-0.89)
ROE	0.075 (1.46)
LEV	0.318 (4.48)
Cashratio	0.001 (0.11)
Intanratio	0.693 (2.87)
GAratio	-0.142 (-1.17)
ROI	0.001 (0.56)
CashFlow	0.006 (1.19)
Ind	控制
Year	控制

续表

VARIABLES	PBC 全样本
Constant	2.058 *** (3.36)
R – squared	0.132
F	3.059

注：本书笔者根据 Stata 回归结果整理，* p < 0.1，** p < 0.05，*** p < 0.01。

解释变量的系数为负，交互项的系数为负，且在 1% ~ 10% 的水平上显著，说明独立董事比例对上市公司透明度与母公司控制权私利的关系有正向调节作用。即独立董事比例越高，上市公司透明度对母公司控制权私利的抑制作用越强。假设 H2 得到验证。

第四节 研究结论与管理启示

一、研 究 结 论

母子公司是我国上市公司存在的重要形式，作为控股股东的母公司有攫取控制权私利从而侵害到上市公司中小股东的利益的倾向，降低公司透明度有利于控股母公司达到这一目的。而子公司在战略上的自主性要求子公司与控股母公司讨价，以提高公司的信息透明程度，最大程度抑制控股母公司攫取控制权私利的行为，以保护中小股东利益。所以，研究上市公司的公司透明度与母公司控制权私利的关系尤为必要。本章在研究上市公司透明度与母公司控制权私利关系的基础上，进一步探究独立董事比例对上述关系的调节作用。得出结论如下：①上市公司透明度与母公司控制权私利存在负相关关系。②独立董事比例正向调节公司透明度与控制权私利的关系。即独立董事比例越高，公司透明度对母公司控制权私利的抑制作用越显著。研究结论提出了解决母公司利益侵占行为的新途径，为中小股东利益保护提供了理论参考和经验证据。

二、管理启示

政府和监管部门应该加强对上市公司披露信息质量和程度的监督，以提高上市公司的信息披露程度和公司透明度，减少母公司攫取控制权私利的行为；政府和立法部门应该完善保护中小股东权益的法律法规制度，提高控股母公司攫取控制权私利行为的门槛，以保护中小投资者；企业应该健全和创新公司治理结构，提高独立董事比例的数量和质量，充分发挥独立董事在企业中的作用；中小股东也应该改变自己的传统定位，积极参与公司治理，保障自己的利益。子公司至少可从以下三个方面提高自己与母公司的博弈能力，防范母公司的控制权私利行为。

（一）增强上市公司自主性和透明度

上市公司自主性是控股母公司和自身互动过程结果的治理效应，上市公司透明度是控股母公司与自身互动的结果。上市公司在法律上是独立的，与控股母公司可以协同治理、协同发展，但不能以牺牲上市公司的战略自主性为代价。除了母公司，子公司还有众多其他利益相关者，所以子公司在战略上不能依附于母公司，而应该增强自身的自主性。一方面，子公司自主性越强，与母公司博弈的能力就越强，就可以更有效地抑制母公司的掏空行为，越能保障其他利益相关者的利益；另一方面，子公司自主性越强，母公司侵害中小股东利益的代理成本就越高，这会从根本上削弱母公司攫取控制权私利的动机。

（二）在子公司信息披露过程中，要求披露更多母公司的信息，尤其是与子公司相关的经营信息

公司信息披露不仅对降低信息不对称和交易成本具有重要意义，而且是保护投资者和实现资源优化配置的关键所在（蓝文永，2009）。母公司的行为会直接或间接影响上市公司的经营状况和股价波动，从而影响上市公司中

小股东的利益。为了防范母公司攫取控制权私利，监管部门应该强制子公司披露更多母公司治理信息，特别是能影响上市公司治理状况的信息。例如，母公司的战略规划、产业政策和重大收购并购行为都会对子公司造成重大影响。加强母公司信息披露能够进一步规范母公司行为，打击其操纵内幕信息危害中小股东利益。

（三）推进独立董事职业化，加强独立董事独立性

通过建立独立董事市场，推进独立董事职业化，能够有效加强独立董事的独立性，从而抑制母公司对上市公司的控制权私利行为，切实保护中小股东利益。具体来说，独立董事不再由公司直接选聘，而是改为交易所向公司提供独立董事人选。由交易所考证独立董事资格，符合要求的独立董事在交易所备案，公司从交易所提供的人员中选择独立董事，独立董事在交易所领取报酬。此举可以大大加强独立董事独立性，势必能够大幅优化公司治理。

参 考 文 献

［1］Armstrong C, Guay W R, Mehran H, Weber J. The Role of Information and Financial Reporting in Corporate Governance: A Review of the Evidence and the Implications for Banking Firms and the Financial Services Industry ［J］. *Social Science Electronic Publishing.*

［2］Banker R D, Huang R, Natarajan R. Incentive Contracting and Value Relevance of Earnings and Cash Flows ［J］. *Journal of Accounting Research*, 2009, 47 (3): 647 – 678.

［3］Berger P G, Hann R N. Segment Profitability and the Proprietary and Agency Costs of Disclosure ［J］. *The Accounting Review*, 2007, 82 (4): 869 – 906.

［4］Bushman R M, Piotroski J D, Smith A J. What Determines Corporate Transparency? ［J］. *Journal of Accounting Research*, 2004, 42 (2): 207 – 252.

［5］Denis D K, McConnell J J. International Corporate Governance ［J］. *Journal of Financial and Quantitative Analysis*, 2003, 38 (1): 1 – 36.

［6］Duchin R, Matsusaka J G, Ozbas O. When are Outside Directors Effective? [J]. *Journal of Financial Economics*, 2010, 96 (2): 195 - 214.

[7] Ferrell, A.. The Case for Mandatory Disclosure in SecuritiesRegulation around the World. *Working Paper*, 2004.

[8] Fisman R, Wang Y. Trading Favors within Chinese Business Groups [J]. *American Economic Review*, 2010, 100 (2): 429 - 433.

[9] Gopalan R, Jayaraman S. Private Control Benefits and Earnings Management: Evidence from Insider Controlled Firms [J]. *Journal of Accounting Research*, 2012, 50 (1): 117 - 157. Hart O, Moore J. Contracts as Reference Points [J]. *The Quarterly Journal of Economics*, 2008, 123 (1): 1 - 48.

[10] Lei A C H, Song F M. Connected transactions and firm value: Evidence from China - affiliated companies [J]. *Pacific - Basin Finance Journal*, 2011, 19 (5): 470 - 490.

[11] 陈海声、梁喜：《投资者法律保护、两权分离与资金占用——来自中国2006年度公司法调整前后的并购公司数据》，载《南开管理评论》2010年第5期。

[12] 陈俊、张传明：《操控性披露变更、信息环境与盈余管理》，载《管理世界》2010年第8期。

[13] 陈炜、孔翔、许年行：《我国中小投资者法律保护与控制权私利关系实证检验》，载《中国工业经济》2008年第1期。

[14] 陈志军、郑丽：《不确定性下子公司自主性与绩效的关系研究》，载《南开管理评论》2016年第6期。

[15] 崔学刚：《公司治理机制对公司透明度的影响——来自中国上市公司的经验数据》，载《会计研究》2004年第8期。

[16] 樊纲、王小鲁、张立文、朱恒鹏：《中国各地区市场化相对进程报告》，载《经济研究》2003年第3期。

[17] 方政、徐向艺：《母子公司治理研究脉络梳理与演进趋势探析》，载《外国经济与管理》2013年第7期。

[18] 方政、徐向艺、陆淑婧：《上市公司高管显性激励治理效应研究——基于"双向治理"研究视角的经验证据》，载《南开管理评论》2017年第2期。

[19] 方政：《信息披露质量测度视角研究进展》，载《学术论坛》2013年第8期。

[20] 韩忠雪、崔建伟：《金字塔结构、利益攫取与现金持有——基于中国民营上市公司的实证分析》，载《管理评论》2014年第11期。

[21] 郝颖、刘星：《资本投向、利益攫取与挤占效应》，载《管理世界》2009年第5期。

[22] 胡奕明、唐松莲：《独立董事与上市公司盈余信息质量》，载《管理世界》2008年第9期。

[23] 姜付秀、马云飙、王运通：《退出威胁能抑制控股股东私利行为吗？》，载《管理世界》2015年第5期。

[24] 蓝文永：《基于投资者保护的信息披露机制研究》，西南财经大学，2009年。

[25] 雷光勇、裴阳：《公司透明度改进与股权分置的有效性》，载《当代财经》2009年第8期。

[26] 黎文靖、孔东民：《公司透明度、公司治理与中小股东参与》，载《会计研究》2013年第1期。

[27] 李彬、潘爱玲：《母子公司协同效应的三维结构解析及其价值相关性检验》，载《南开管理评论》2014年第1期。

[28] 李朝芳：《混合所有制改革背景下的国有企业股权激励：理论与实务》，载《财会月刊》2018年第15期。

[29] 李维安、韩忠雪：《民营企业金字塔结构与产品市场竞争》，载《南开管理评论》2013年第1期。

[30] 李焰、秦义虎、张肖飞：《企业产权、管理者背景特征与投资效率》，载《管理世界》2011年第1期。

[31] 李增泉、孙铮、王志伟：《"掏空"与所有权安排——来自我国上市公司大股东资金占用的经验证据》，载《会计研究》2004年第12期。

[32] 林朝南、刘星、郝颖：《行业特征与控制权私利：来自中国上市公司的经验证据》，载《经济科学》2006年第3期。

[33] 刘启亮、李增泉、姚易伟：《投资者保护、控制权私利与金字塔结构——以格林柯尔为例》，载《管理世界》2008年第12期。

［34］刘星、付强、蒋水全：《终极产权控制下的私利行为及其治理——基于异质控制机制的研究述评》，载《华东经济管理》2014年第4期。

［35］马磊、徐向艺：《上市公司控制权私有收益计量方法的比较及其改进》，载《山东大学学报（哲学社会科学版）》2007年第2期。

［36］马连福、杜博：《股东网络对控股股东私利行为的影响研究》，载《管理学报》2019年第5期。

［37］马忠、吴翔宇：《金字塔结构对自愿性信息披露程度的影响：来自家族控股上市公司的经验验证》，载《会计研究》2007年第1期。

［38］冉戎、刘星、陈其安：《潜在风险对大股东获取控制权私利行为的影响研究——兼析部分控制权私利的合理性》，载《中国管理科学》2009年第3期。

［39］邵帅、吕长江：《实际控制人直接持股可以提升公司价值吗？——来自中国民营上市公司的证据》，载《管理世界》2015年第5期。

［40］沈艺峰、许年行、杨熠：《我国中小投资者法律保护历史实践的实证检验》，载《经济研究》2004年第9期。

［41］谭劲松、宋顺林、吴立扬：《公司透明度的决定因素——基于代理理论和信号理论的经验研究》，载《会计研究》2010年第4期。

［42］唐顺莉、刘红英：《公司信息透明度影响因素的研究评述》，载《会计之友》2012年第28期。

［43］佟岩、程小可：《关联交易利益流向与中国上市公司盈余质量》，载《管理世界》2007年第11期。

［44］王海林、王晓旭：《企业国际化、信息透明度与内部控制质量——基于制造业上市公司的数据》，载《审计研究》2018年第1期。

［45］王克敏、姬美光、李薇：《公司透明度与大股东资金占用研究》，载《南开管理评论》2009年第4期。

［46］徐宁、张阳、徐向艺：《"能者居之"能够保护子公司中小股东利益吗——母子公司"双向治理"的视角》，载《中国工业经济》2019年第11期。

［47］徐向艺、方政：《子公司信息披露研究——基于母子公司"双向治理"研究视角》，载《中国工业经济》2015年第9期。

[48] 许绍双、田昆儒：《信息披露质量与公司透明度的概念辨析》，载《现代管理科学》2009年第10期。

[49] 许文彬：《我国上市公司控制权私利的实证研究》，载《中国工业经济》2009年第2期。

[50] 杨阳、王凤彬、孙春艳：《集团化企业决策权配置研究——基于母子公司治理距离的视角》，载《中国工业经济》2015年第1期。

[51] 杨之曙、彭倩：《中国上市公司收益透明度实证研究》，载《会计研究》2004年第11期。

[52] 叶康涛、陆正飞、张志华：《独立董事能否抑制大股东的"掏空"?》，载《经济研究》2007年第4期。

[53] 伊志宏、姜付秀、秦义虎：《产品市场竞争、公司治理与信息披露质量》，载《管理世界》2010年第1期。

[54] 游家兴、李斌：《信息透明度与公司治理效率——来自中国上市公司总经理变更的经验证据》，载《南开管理评论》2007年第4期。

[55] 余明桂、夏新平、吴少凡：《公司治理研究新趋势——控股股东与小股东之间的代理问题》，载《外国经济与管理》2004年第2期。

[56] 张兵、范致镇、潘军昌：《公司透明度与公司绩效——基于内生性视角的研究》，载《金融研究》2009年第2期。

[57] 张光荣、曾勇：《大股东的支撑行为与隧道行为——基于托普软件的案例研究》，载《管理世界》2006年第8期。

[58] 郑国坚：《基于效率观和掏空观的关联交易与盈余质量关系研究》，载《会计研究》2009年第10期。

[59] 祝继高、叶康涛、陆正飞：《谁是更积极的监督者：非控股股东董事还是独立董事》，载《经济研究》2015年第9期。

第十章

民营母子公司双向治理实证分析
——以山东省为例

本章选取 2013~2017 年山东省民营上市公司为研究样本进行实证检验，从双向治理的视角研究子公司管理层权力对母公司利益侵占行为的影响，并进一步探究在机构投资者持股比例的情境下子公司管理层权力对母公司利益侵占行为的影响。

第一节 研究背景与意义

一、研究背景

经营权和所有权的分离必然伴随着代理问题的出现，这也是公司治理领域一直研究的问题。从 2017 年的乐视网（300104）事件到 2019 年的康美药业（600518）事件①，都反映了实际控制人和母公司侵占上市公司利益的现象在我国非常严重。这些案件的出现引起了民众对违反法律的实际控制人和母公司的谴责，同时也引导我们思考一个问题：近些年来，为了抑制母公司利益侵占的行为，我国颁布了很多的法律法规，为何母公司侵占子

---

① 相关内容根据乐视网（300104）、康美药业（600518）公告及网页资料整理。

公司利益的案件还会层出不穷？究其原因主要有以下两个：其一，从外部监管的角度上说，我国的上市公司多为集团的子公司，而非母子公司整体上市，这为外部监管机构监管母公司的行为带来很大的困难；其二，从内部治理的角度上说，金字塔结构的存在为母公司侵占子公司利益提供了便利的条件。

针对以上问题，学者们纷纷探究了股权结构、监事会监管、董事会运作、高管激励、独立董事监督、信息披露等对母公司利益侵占行为的影响，但鲜有学者从子公司管理层的角度出发研究子公司管理层权力对母公司利益侵占行为的影响。有的学者极大地夸大了母公司对于子公司的控制能力，认为子公司管理层权力完全是由母公司赋予的。然而随着近些年来公司治理制度的完善，我们需要明确的是子公司的管理层权力不仅来自母公司，还来自相关法律法规、子公司的章程以及除母公司外的其他股东，这在理论上说明了子公司管理层能够抑制母公司的利益侵占的行为。现实中，国美控制权之争的案例说明职业经理人并不总是代表委派其任职的股东的利益，这为子公司管理层能够制衡母公司行为提供了事实依据。

20世纪末，我国机构投资者处于发展的初期。此时的机构投资者具有以下特点：一是规模比较小；二是注重短期性的盈利。自2006年起，我国的机构投资者得到了快速的发展。越来越多的机构投资者以战略投资者的身份出现在资本市场上，在公司治理中扮演着越来越重要的角色。然而，学术界对于机构投资者能否在公司治理中发挥积极的作用尚未形成统一的结论。姚颐等（2007）认为机构投资者无法在公司治理中发挥作用，他们甚至不会参与公司的运营。而李秉祥、雷艳等（2020）提出了与之相反的观点，他们通过实证分析的方法，得出机构投资者在公司治理中发挥着积极的作用。

通过梳理相关文献，本章发现单向治理视角下认为母公司在母子公司治理中处于绝对的主导地位，子公司只是被动的接受者。因此，处于控制链上端的母公司很容易对子公司进行利益侵占，处于控制链下端的子公司只能被动地接受母公司的行为；而双向治理视角下子公司在母子公司互动中具有一定的自主性，并且子公司管理层拥有较多的权力有助于子公司提升自主决策的权力，从而对母公司形成制衡性作用，这为如何解决母公司利益侵占的问题提供了新的解决思路。

基于以上背景，本章选取子公司管理层权力作为自变量，探究子公司管理层权力对母公司利益侵占的影响。为了使研究的结果更具有可借鉴性，本章还将机构投资者持股比例纳入研究的框架，分析机构投资者持股比例在子公司管理层与母公司利益侵占之间的调节作用。

二、研究意义

近些年来，市场中不断出现母公司侵占子公司利益的事件，这不仅严重侵害了子公司的利益，还严重影响了我国市场经济的秩序。如何能够有效地避免此类事件的发生是目前实践界和学术界亟须解决的问题。因此，本章对于子公司管理层权力与母公司利益侵占的研究有着非常重要的实践意义和理论意义。

（一）理论意义

本章基于参照点契约理论、管理层权力理论、委托代理理论，结合其他学者的研究，探究了子公司管理层权力、母公司利益侵占之间的关系，并将机构投资者持股纳入研究的框架，分析机构投资者持股在子公司管理层权力与母公司利益侵占之间的调节作用，为子公司管理层权力在公司治理中如何发挥积极的治理作用提供新的研究思路。

首先，通过对已有文献的梳理，发现大多数学者基于"单向治理"的视角对母子公司治理问题进行研究，只有少数学者基于双向治理视角研究母子公司治理问题。而本章在指出"单向治理"研究视角所具有的局限性的基础上，说明双向治理研究视角的合理性，并选取双向治理的研究视角，探究管理层权力的治理效果，这丰富了管理层权力研究的范围。

其次，目前关于母公司利益侵占的研究成果较多，但大部分研究主要集中在董事会治理等内部治理机制以及制度环境等外部治理机制对母公司利益侵占行为的影响，鲜有学者研究子公司管理层权力对母公司利益侵占的影响。本章选取A股上市的子公司为样本，探究了子公司管理层权力对母公司利益侵占的影响。这在一定程度上补充了关于母公司利益侵占的研究。

最后，本章将机构投资者持股纳入研究的框架，探究了机构投资者持股对子公司管理层权力与母公司利益侵占之间的调节作用。从理论上讲这是对于子公司管理层权力与母公司利益侵占之间关系使用情景的探索。这不仅丰富了如何抑制母公司利益侵占的研究，而且对于机构投资者的研究起到了一定的补充性作用。

（二）实践意义

通过探索上市公司管理层权力、母公司利益侵占、机构投资者持股之间的逻辑关系，本章对于母子公司之间的治理和政府政策的制定具有指导意义。

首先，从企业层面来讲，本章通过实证分析探究了子公司管理层权力对母公司利益侵占的影响，这为市场中的子公司如何抵制母公司的利益侵占提供了理论支持。现实中，中小股东为了防止公司出现内部人控制现象，往往倾向于将自己的权力过多渡给大股东，从而减少第一类代理成本。然而，随着大股东权力的增大，大股东侵占公司利益的动机和能力也会增大，第二类代理问题便会越来越严重。本章的研究为中小股东如何合理行使自己的权力从而让公司治理更加科学提供一些建议。

其次，从政府层面来讲，本章对政府如何抑制母公司对子公司的掏空行为提供一些建议。为了抑制母公司对子公司的利益侵占行为，政府出台了一系列的法律法规，然而这些法律大部分是关于母公司侵占子公司利益之后的处罚措施，并不能从源头上解决母公司利益侵占的问题。本章从子公司管理层权力的角度出发，研究如何抑制母公司对子公司利益侵占的问题，从根本上找到了抑制母公司行为的措施。想要从根本上抑制母公司对子公司利益侵占的行为，政府可以通过立法等手段改变子公司管理层的权力。

第二节 相关概念与文献综述

一、相关概念界定

(一) 管理层权力

在界定管理层权力的概念之前，先明确本章管理层的含义。随着股份制公司的产生，1932年贝利和米恩斯在《现代公司与私有财产》一书中提出了"两权分离"的概念，于是市场中出现了管理者和所有者。管理者是指受公司所有者委托，负责公司的日常经营和管理，以此获取相应报酬，同时需要为公司业绩负责的管理人员。依据所处的层级，管理层可划分为初级管理层、中级管理层和高级管理层。由于高级管理层在公司的发展中担任着举足轻重的角色，国内外学者在研究管理层时，通常将管理层界定为高级管理层。如果没有特殊的说明，本章提到的子公司管理层也特指为子公司的高级管理层。

目前，学者们对于管理层所涵盖的范围尚未形成统一的界定方式。国外的学者通常将以总经理为核心的管理队伍界定为管理层。国内的学者对于管理层的界定大致分为以下三种方式：第一种，将CEO和董事长界定为管理层；第二种，将总经理、副总经理、董事会秘书、财务总监界定为管理层；第三种，将董事会人员、监事会人员及其他高级管理人员界定为管理层。依据本章研究的目的，本章采用第三种方式将董事会成员、监事会成员及其他高级管理人员界定为本章的管理层。

管理层权力的概念最早是由国外的学者拉贝（Rabe）提出的，但至今还未形成统一的表述。拉贝（Rabe，2000）认为管理层对重大事项的话语权就是管理层权力，它是管理层意志与能力的体现，并用两职合一和高管的任期衡量管理层权力的大小。芬克尔斯坦（Finkelstein，1992）指出管理人员能够按照自身意志做出决策的能力就是管理层权力。按照权力的来源，芬克尔斯坦（Finkelstein，2009）又进一步将管理层权力细分为专家权力、所有权权力、声誉权力以及组织权力。法伦布拉克（Fahlenbrach，2009）认为管理层权力是指管理层实现管理目标的能力。相比之下，芬克尔斯坦对管理层权力的定义更全面和系统，在学术界得到的认可度也更高。

国内最早开始研究管理层权力的学者是卢锐（2007），他认为管理层能够影响公司决策的能力即为管理层权力。权小锋等（2010）对于管理层权力的定义与Rabe提出的相近，他认为管理层权力指的是管理者能够按照自己意愿行事的能力。林芳（2012）在权小锋提出的概念的基础上加入了特定的情景，认为管理层权力指的是当公司面临阻力时，管理者能够按照自己意愿行事的能力。王茂林（2014）认为管理层权力是指管理层拥有的与股东讨价还价的能力。

通过以上对文献的梳理，本章比较认同芬克尔斯坦的观点，将本章所提到的管理层权力定义为管理人员能够按照自身意志做出决策的能力。

（二）利益侵占

"利益侵占"在公司治理中是一个非常常见的名词，在某些文献中也被称为"掏空""控制权私利"等。目前学术界对于利益侵占概念的界定并没有太大的异议，国际上关于利益侵占的主流定义是"大股东凭借其绝对的控股地位，通过控制权操控公司的决策，从而获得私有收益，而这部分收益是其他中小股东无法享有的。"大股东实现利益侵占的手段有很多，主要包括违规资金占用、非公允关联交易等。

违规资金占用通常被认为是大股东侵占小股东利益的最常用的手段。有的大股东甚至连续多年违规占用上市公司的资金。李增泉等（2004）指出大股东利用直接或间接的手段违规占用上市公司的资金，从而损害中小股东的利益。

非公允关联交易被认为是大股东侵占小股东利益的新手段。张等（Cheung et al.，2008）以中国香港上市的公司为研究的对象，发现大股东侵占上市公司利益方式有商品购销、股权交易等多种非公允关联交易。贝克（Baek，2004）以韩国的上市公司为研究的样本，通过实证分析得出大股东通常利用定向发行活动侵占上市公司利益的结论。由于资产的公允价值很难被衡量，导致关联交易被认为是母公司侵占子公司利益的一种较为隐蔽的方式。提供担保被认为是母子公司非公允交易的有效的手段。有担保责任的上市公司将会损害中小股东的利益，这主要表现为以下两个方面：其一，当被担保方无法承担相应的责任时，作为担保方的上市公司需要承担相应的责任；其二，投资者在投资的时候会尽量选择没有担保责任的公司，这会造成有担保责任的上市公司的市值受到影响。伯克曼等（Berkman et al.，2009）通过实证检验的方法，证明了上市公司为其母公司提供的担保越多，上市公司的绩效越低，从而指出提供担保是母公司压榨子公司利益的一种有效的方式。

虽然学术界对利益侵占的定义并没有太大的异议，但对于利益侵占的测量方式却存在较大的差异。有的学者认为利益侵占的衡量应该以其他应收款占总资产的比重来衡量；有的学者以上市公司超额派现的程度来衡量，若每股现金股利与每股现金净流量的差值大于零，则利益侵占的指标赋值为"1"，否则利益侵占的指标赋值为"0"；还有的学者用其他应收款增量与总资产的比值来衡量利益侵占的程度。考虑到母公司对子公司利益侵占的主要方式是资金占用，本章选取其他应收款占总资产的比重衡量母公司对上市公司利益侵占的程度。

二、相关文献综述

（一）管理层权力相关研究

"管理层权力"的概念自从被拉贝（Rabe，2009）提出之后，便一直受到公司治理领域学者们的青睐。目前，已有大量的国内外学者探究了管理层权力的治理效果，但研究的结论并不一致。导致这一现象最主要的原因是学者们对于管理层权力的衡量指标不同。早期的学者大多采用单一指标的衡量方式，比如管理层的任期、董事长和总经理是否是同一人、管理层的持股、董事会的规模等。后来的学者逐渐认识到单一指标的衡量方式过于片面，于是开始尝试采用综合指标的衡量方式。

国外学者对于管理层权力的相关研究比较早。基于委托代理理论，大卫

(David，1996) 用董事会的规模衡量管理层权力的大小，通过实证研究，得出管理层权力表现负向的治理效应，不利于公司的成长。基于寻租理论，别布丘克和弗里德（Bebchuk and Fried，2003）认为，管理层权力越大，管理层倾向于通过职权为自己谋利，这会造成公司绩效的下降。德阿纳（Dehaene，2001）通过实证分析，发现管理层权力越大越能够表现为正向的治理作用。两职合一的情况下，CEO 拥有更多的权力，能够从不断变化的市场环境中抓住有利于公司发展的机会，从而促进公司绩效的增长。德拉科斯等（Drakos et al.，2010）以希腊的上市公司为研究的对象，证明了管理层权力与绩效之间存在正相关关系。

近几年，国内的学者也开始纷纷探讨管理层权力的治理作用。郭强（2001）认为管理层权力的增加会造成公司绩效的衰退。卢锐（2007）通过对非国有企业进行研究，得出管理层权力对公司治理有消极的作用。谭庆美和景孟颖（2013）以我国 2007~2011 年主板的上市公司为研究对象，用两职合一、总经理持股、总经理背景、总经理任期和总经理薪酬等指标综合衡量管理层权力，通过多元回归，发现管理层权力能够正向促进公司的治理效果。黄娟和张配配（2017）选取我国 2009~2013 年的上市公司为研究对象，用管理层的任期、两职合一、股权分散性三个指标综合衡量管理层权力，发现相比于短期利益，管理层更加看重的是公司长期的发展，因此赋予管理层更多的权力，能够促进管理层更加努力地工作，从而表现正向治理效应。

（二）母公司利益侵占相关研究

目前，学者们对于母公司（大股东）利益侵占的研究主要集中在两个方面：其一，母公司利益侵占给子公司治理带来的后果；其二，如何抑制母公司利益侵占的行为。

母公司利益侵占给子公司治理带来较多消极的影响，国内外有很多与之相关的文献，本章列举以下五点。第一，母公司利益侵占行为降低了子公司的绩效。李妍锦和冯建（2016）以我国 2011~2015 年 A 股上市公司为研究对象，通过实证研究发现大股东利益侵占会减少上市公司的绩效，并且上市公司的绩效下滑会进一步刺激大股东对上市公司的侵占行为。第二，母公司利益侵占行为损害了子公司的公司价值。克莱森（Claessens，2002）通过实证研究得出大股东利益侵占会降低上市公司价值的结论。第三，母公司利益侵占行为增加了子公司的财务风险。刘颖等（2015）运用多元分析的方法，发现大股东利益侵占会增加上市公司的负债融资。第四，母公司利益侵占的行为造成子公司信息透明度下降。伯特兰等（Bertrand et al.，2002）发现大股东为了掩饰其侵占的行为，通常会篡改上市公司的财务信息。第五，母公司利益侵占行为降低了子公司的盈余质量。成颖利（2011）通过实证分析的方法，证明了大股东利益侵占导致上市公司的盈余质量下降。

如何才能抑制母公司对子公司利益侵占的行为？国内外的学者纷纷从公司内部治理的角度和公司外部治理的角度进行了研究。基于内部治理角度，学者们主要从两权特征、股权制衡、治理结构、管理层特征等方面进行研究。伯德等（Byrd et al.，1996）提出独立董事能够有效地抑制大股东利益侵占的行为。与伯德提出的观点相似，我国的学者胡元木、秦娴（2016）以 2007~2013 年 A 股上市公司为研究对象，通过多元回归的方法，证明了技术独立董事对大股东的侵占行为有显著的抑制性作用。吴先聪等（2016）证实了独立的机构投资者在抑制大股东利益侵占方面发挥了积极的治理作用。宋慧晶等（2017）以我国民营公司为研究对象，选取 4761 个观测值，运用多元回归的方法，证明了两权分离程度较低能够有效抑制大股东对上市公司利益侵占行为，并且在股权制衡比较强的情境下两者之间的关系更加显著。在现代公司治理中，管理层扮演着越来越重要的角色。虽然大股东会对上市公司管理层的行为进行约束，但管理层拥有与之讨价还价的能力。目前，已有学者从管理层的视角探究母公司利益侵占问题。徐宁等（2019）以我国上市公司为研究对象，通过多元回归的方法，证明了子公司管理层能力能够有效地抑制母公司利益侵占的行为。

基于外部治理角度，学者们主要从外部审计、制度环境、产品竞争等方面进行研究。吴宗法、张英丽（2012）通过实证检验，证明了法律环境与大股东利益侵占之间存在负相关关系，即公司的外部法律环境越好，大股东利益侵占的程度越低。通常情况下，激烈的产品竞争环境能够有效地约束大股东利益侵占的行为。

(三) 母子公司双向治理相关研究

基于资源依赖理论，单向治理认为子公司必须完全服从于母公司。假设母子公司之间的治理是单向治理，那么现实中不可能出现子公司将其母公司告上法庭的现象。这显然是与事实相违背的，因此有学者开始质疑从单向治理视角研究母子公司治理所具有的合理性。方政、徐向艺（2013）对国内外母子公司治理研究脉络进行梳理，从理论推导的角度指出基于单向治理视角研究母子公司治理问题具有的局限性，以及基于双向治理视角研究母子公司治理问题具有的合理性，这引起了学者们对于母子公司双向治理问题的关注。

基于参照点契约理论，双向治理研究视角承认子公司在母子公司治理中具有主观能动性。具体而言，母子公司双向治理包含两层含义：其一，凭借股权优势地位，母公司能够在很大程度上影响子公司的行为；其二，基于内外部治理机制，子公司对母公司的行为具有制衡的能力，即子公司在母子公司治理中具有自主性。

目前，国内学者基于双向治理视角研究母子公司治理问题还处于研究的早期。徐向艺、方政（2013）运用多元回归的方法，探究了母公司的控制强度和子公司的制衡力度对子公司信息披露质量的影响，发现母公司的控制力度负向影响子公司信息披露的质量，而子公司的制衡能力正向影响子公司信息披露的质量。这说明子公司信息披露的质量是母子公司通过博弈形成的结果，子公司在此过程中具有与母公司讨价还价的能力。这是国内首次从实证的角度证明了双向治理视角在母子公司治理中的合理性。自此以后，学术界展开了对母子公司双向治理问题的研究。徐向艺、方政（2016）以我国电力行业为研究对象，探究了子公司自主性对股权融资能力的影响，发现两者之间呈现显著的正相关关系。方政、徐向艺（2016）、李海石、徐向艺（2019）通过对双向治理相关文献的梳理与分析，提出上市公司在与实际控制人、大股东等博弈的过程中取得治理和管理的自主性。

双向治理在公司治理中具有非常重要的意义，它从理论上提出了解决代理问题的新途径。母子公司存在有效的互相制衡的作用，既避免了母公司对子公司肆意侵占的行为，又防止子公司出现内部人控制现象。关于双向治理实现的途径，目前，有较少一部分学者致力于这方面的研究。归纳起来主要有以下三个方面：外部治理的机制、内部治理的机制和子公司具有的特征。

1. 基于外部治理的机制实现双向治理

通过外部治理机制实现双向治理，主要体现在制度环境、审计师和环境的不确定性三种途径。环境不确定性比较高的情境下，为了保证子公司能够正常地运营，母公司通常会给予子公司较多的主观能动性。提高外部审计师的质量，有利于公司获得外部融资，在某种程度上削弱了子公司对母公司的资源依赖。法律法规越健全的地区，子公司越能借助法律的手段抑制母公司的掏空行为，这是子公司获得自主性的体现。

2. 基于内部治理的机制实现双向治理

通过内部治理机制实现双向治理，主要体现在子公司董事会治理与股权结构两种途径。学者们基本认同提高董事会的治理水平有利于增强子公司的自主性的观点。首先，独立董事凭借其独立判断的特性，能够为子公司争取较多的话语权。独立董事越多的子公司，其董事会受到母公司的干扰越小。其次，增加董事会的规模能够有效地削弱母公司对子公司干预的程度。股权结构能够在很大程度上决定子公司治理的水平。首先，股权分散的子公司更加不容易出现由母公司导致的"价值贬值"现象，其原因可能是股权的分散一方面抑制了母公司掏空的行为；另一方面增加了子公司自主决策权从而可以更加灵活地应对市场。其次，相比于其他中小股东，机构投资者的知识经验更加丰富，也更有能力对母公司的行为进行制衡。

3. 基于子公司本身的特征实现双向治理

通过子公司本身的特征实现双向治理，主要体现在子公司的社会资本、集团中的地位和自治性三种途径。子公司的社会资本越高越有能力在集团中保护自己。子公司在集团中的地位比较高，说明子公司在集团中比较有话语权。

第三节 研究假设

一、子公司管理层权力对母公司利益侵占的影响

目前，"一股独大"的问题在我国依旧很严重，母公司凭借其股权优势

对子公司施行利益侵占的行为时有发生,这不仅严重影响了子公司的正常运作,还严重损害了中小股东的利益。基于利益相关者理论,子公司管理层和母公司之间的利益并不总是相同的,子公司管理层可能会为了自身利益对母公司利益侵占的行为进行制衡。

作为公司治理的主体,子公司管理层对公司治理的效果负有很大的责任,本章认为子公司管理层会对母公司利益侵占的行为进行制衡,主要基于以下几方面考量:第一,子公司管理层对声誉的追求。声誉往往关系到子公司管理层未来的职业发展,因此,相比于眼前的薪酬,子公司管理层更加注重自己的声誉。倘若媒体爆出母公司侵占子公司利益的事件,子公司管理层的声誉必然受损。基于声誉的考量,子公司管理层会提高其决策的质量。第二,子公司管理层对于薪酬等待遇方面的追求。基于最优契约理论,子公司管理层的薪酬水平往往和公司治理的效果相关。通常情况下,公司的每股收益越高,子公司管理层的薪酬水平越高。然而,母公司对子公司利益侵占的行为往往降低了子公司的收益,这严重影响了子公司管理层的利益。第三,如果母公司利益侵占的行为严重影响到市场秩序并触及法律的底线,子公司管理层有可能要承担法律上的责任。由此可见,子公司的管理层与其母公司具有不同的利益。综上分析,本章认为上市公司的管理者存在着抑制母公司利益侵占行为的动机和倾向。基于此,本章提出假设:

假设 H1:子公司管理层权力能够抑制母公司利益侵占的行为。即随着子公司管理层权力的增加,母公司对子公司的利益侵占会减弱。

二、机构投资者持股比例的调节作用

机构投资者凭借其信息分析能力强、投资周期长、监管措施到位等特点,往往表现出较好的公司治理效果。母公司的利益侵占行为严重侵害了机构投资者的利益,这是机构投资者监督母公司行为的根本动机。另外,机构投资者内部往往有专门负责研究上市公司的部门,能够快速地觉察出母公司利益侵占的行为,这说明,相比于其他中小股东,机构投资者更具有制衡母公司的能力。目前,在中国境内上市的公司实行的是"一股一票"制,股东行使的权力归根结底取决于股权,也就是说,股东持股比例越高,在股东大会上拥有的表决权就越大。持股比例较高的机构投资者在公司治理中往往具有较高的话语权，从而更好地实现对母公司的监督。基于此，本章提出假设：

假设 H2：机构投资者的持股比例在子公司管理层权力与母公司利益侵占程度之间起正向调节作用。

第四节　研究设计

一、样本选择与数据搜集

本章以 2014~2018 年山东省 A 股上市民营公司为研究对象，使用下面几个条件对数据进行筛选：（1）剔除金融保险类的民营上市公司；（2）剔除 ST 公司和 *ST 公司。这类上市公司由于财务等状况出现问题，被股票交易所"特别处理"。倘若将这类上市公司纳入研究的样本，会影响实证结果的准确性；（3）剔除报表中无控股股东、实际控制人，或者直接控股股东为自然人的样本；（4）剔除数据缺失的样本。

本章相关的数据来自 CSMAR 数据库和企业年报。为了避免极端值对实证结果产生影响，本章对模型中的连续变量在 1% 的水平下进行了 Winsorize 处理。本章主要使用 Excel、Stata15.0 数据分析软件进行数据处理。经过上述处理之后，共得到 313 个观测值。

二、变量定义与测量

（一）解释变量：子公司管理层权力（Power）

前面的章节中提到，学者们对于管理层权力的衡量方式并没有形成统一的观点。国外的学者比较认可芬克尔斯坦（Finkelstein，2009）的处理方式，通过专家权力、所有权权力、声誉权力以及组织权力等四个维度衡量管理层权力的大小。国内的学者提出了几种代表性的观点：卢锐、魏明海等（2007）采用两职兼任、股权分散、高管任期等指标衡量；吕长江、赵宇恒（2018）用两职合一衡量；权小锋、吴世农（2010）采用两职合一、CEO任期、董事会规模、内部董事比例、控制链层级等指标测量；王茂林等（2014）采用两职合一、股权分散、金字塔层级等指标衡量；杨兴全、张丽平、吴昊旻（2014）采用董事会规模、两职兼任情况、CEO是否有高级职称、CEO任职时间、CEO是否有高学历、CEO是否在外兼任、CEO是否持股、上市公司股权是否分散等指标测量；郑珊珊等（2019）采用两职合一、董事会规模、内部董事比例、股权分散度、管理层持股等指标综合测量管理层权力。

选取指标之后，学者们主要通过积分变量法、等权平均值法和主成分分析法测量管理层权力的大小。考虑到中国特殊的环境以及本章研究的目的，本章选取CEO与董事长是否两职合一、董事会规模、内部董事比例、股权分散度、管理层持股5个指标，并借鉴杨兴全等（2014）的方法取上述指标的算术平均值衡量管理层权力。具体而言，董事会规模用董事会人数衡量，内部董事比例用内部董事人数与董事会总人数的比值衡量，股权分散度用第2~10股东持股比例之和与第1股东持股比例的比值衡量，管理层持股用子公司管理层持股比例之和表示，这四项指标以各自的中位数为参照，大于中位数取值为1，小于中位数取值为0。董事长和CEO两职合一取值为1，否则为0。最后，将上述五个指标的值加总取平均值得到子公司管理层权力值。

（二）被解释变量：母公司利益侵占（Exp）

由于母公司对子公司利益侵占的行为主要表现形式是占用子公司的资金，本章参考徐宁、张阳、徐向艺（2019）的测量方式，用其他应收款与公司总资产的比值衡量母公司利益侵占效应。

（三）调节变量：机构投资者持股比例（Ins）

用机构投资者持股比例总和表示。

（四）控制变量

为了确保本章研究结论的准确性以及研究过程的科学性，本章借鉴其他学者的研究成果，将能够影响公司母公司利益侵占的一些变量作为本章的控制变量。基于以往的研究，本章所选的控制变量有：公司规模（Size）、二到五股东制衡（Top25）、独立董事比例（Dsizer）、控制权（Voting）。除此之外，本章还选取行业（Ind）以及年份（Year）作为哑变量，行业根据2012年证监会行业标准划分（见表10-1）。

表10-1　　　　　　　控制变量代码、含义和测量方法

变量代码	变量含义	测量方法
Size	公司规模	ln（总资产）
Top25	股权制衡度	二到五股东持股比例/第一大股东持股比例
Dsizer	独立董事比例	独立董事人数/董事会人数
Voting	控制权	实际控制人与上市公司股权关系链或若干股权关系链中最弱的一层或最弱一层的总和
Year	年份	哑变量
Ind	行业	哑变量

三、研究模型

本章基于管理层权力理论、委托代理理论、参照点契约理论提出了子公司管理层权力、母公司利益侵占、机构投资者持股之间的假设关系，为了验证以上假设，本章构建研究模型如下：

（一）子公司管理层权力与母公司利益侵占关系的检验

模型 I：$Exp = \alpha_0 + \beta_0 \times Power + \lambda_j \sum_{j=1}^{n} controls_{j,jt} + \varepsilon_{i,t}$

（二）机构投资者持股的调节作用检验

模型 II：$Exp = \alpha_1 + \beta_0 \times Power + \beta_1 \times Ins + \lambda_j \beta_2 \times Power \times Ins + \lambda_j \sum_{j=1}^{n} controls_{j,jt} + \varepsilon_{i,t}$

上述模型中，α_i 代表截距项，β_i 代表各个变量的系数，controls 代表相关的控制变量，ε 代表随机干扰项。模型Ⅰ用来检验子公司管理层权力对母公司利益侵占的影响，倘若 β_0 系数为负且显著，即可验证本章假设 H1。模型Ⅱ用来验证机构投资者持股在子公司管理层权力与母公司利益侵占之间起调节作用。若交互项的系数显著且为正，则可验证机构投资者持股的调节作用，说明机构投资者持股比较高的情境下，子公司管理层权力对母公司利益侵占的抑制效应会加强。本章研究的逻辑框架如图 10-1 所示。

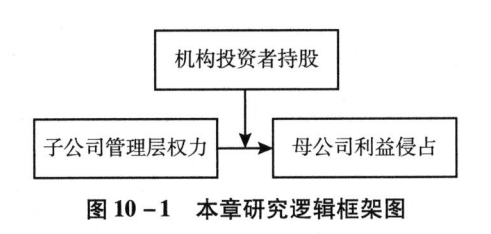

图 10-1 本章研究逻辑框架图

第五节　实证检验与结果分析

一、描述性统计分析

为了初步了解样本数据的特征，本章借助 Stata15.0 对所选样本进行描述性统计分析，具体而言，是对子公司管理层权力、母公司利益侵占、机构投资者持股比例以及相关控制变量的均值（mean）、标准差（sd）、最小值（min）、中位数（p50）和最大值（max）进行描述。

由表 10-2 可知，子公司管理层权力最小值为 0，最大值为 1，标准差为 0.190，说明我国上市公司管理层所拥有权力的差异性非常大，同时也说明研究子公司管理层权力非常有意义，其研究的结果能够帮助现有企业调整权力配置。母公司利益侵占的最大值为 0.1038，最小值为 0.0001，标准差为 0.018，说明我国依旧存在母公司侵占子公司利益的现象。机构投资者持股比例的平均值为 0.052，最大值为 0.3481，说明不同的上市公司引入机构投资者的情况具有很大的差异性。

表 10-2　　　　　　　　　主要变量描述性统计

VARIABLES	N	mean	sd	min	max
Exp	313	0.012	0.018	0.0001	0.104
Power	313	0.390	0.190	0	1
Ins	313	0.052	0.054	0	0.348
Size	313	22.068	1.116	18.951	24.675
Top25	313	0.650	0.545	0.022	2.089
Dsizer	313	0.373	0.056	0.25	0.667
Voting	313	0.361	0.161	0	0.727

资料来源：根据 Stata 统计结果整理。

二、相关性分析

本部分用 Stata15 对样本数据进行相关性分析，变量之间的相关系数如表 10-3 所示。对样本进行相关性分析主要有两个目的：其一，通过相关系数的大小、正负号以及显著程度初步判断变量之间的关系；其二，检验变量之间是否存在明显的共线性，一般而言，变量之间的相关系数大于 0.7，说明变量之间存在共线性问题。由表 10-3 可知，本章涉及的变量之间的相关系数远小于 0.7，说明样本变量不存在明显的多重共线性。

表 10-3　　　　　　　　　主要变量相关性分析

变量	Exp	Power	Ins	Size	Top25	Dsizer	Voting
Exp	1.000						
Power	-0.126**	1.000					
Ins	-0.044	-0.026	1.000				
Size	-0.023	-0.019	0.156***	1.000			
Top25	0.007	0.452***	0.124**	-0.059	1.000		
Dsizer	0.073	-0.350***	0.064	-0.070	0.182***	1.000	
Voting	-0.066	-0.180***	-0.104*	0.151***	-0.418***	-0.051	1.000

资料来源：根据 Stata 统计结果整理，*$p<0.1$，**$p<0.05$，***$p<0.01$。

通过表 10-2 相关性检验可知：(1) 子公司管理层权力与母公司利益侵占相关系数为负，且在 0.05 水平下显著，说明子公司管理层权力可能抑制母公司利益侵占行为；(2) 机构投资者持股比例与母公司利益侵占的相关系数为 -0.044，但并不显著，说明机构投资者持股比例与母公司利益侵占之间的关系需要进一步验证；(3) 机构投资者持股比例与子公司管理层权力的相关系数为 -0.026，但并不显著，说明机构投资者持股比例与子公司管理层权力之间的关系需要进一步验证。

相关系数表只能初步判断变量之间是否存在共线性，为了确保本章研究的准确性，本节进一步用 Stata 进行共线性分析，检验结果如表 10-4 所示。变量的 VIF 小于 10 通常被认为不存在共线性。由表 10-4 可知，本章所研究变量的最大值为 1.76，远小于 10，说明变量间不存在共线性问题。

表 10-4　　　　　　　　　　共线性检验

变量	VIF	1/VIF
Exp	1.03	0.9709
Power	1.70	0.5882
Ins	1.07	0.9346
Size	1.06	0.9434
Top25	1.76	0.5682
Dsizer	1.38	0.7246
Voting	1.25	0.8000
Mean VIF	1.32	

资料来源：根据 Stata 统计结果整理。

三、多元回归分析

由表 10-5 的回归结果，可以看出：在模型 I 中，子公司管理层权力的回归系数为 -0.00923，且在 0.01 水平下显著，说明子公司管理层权力能够抑制母公司掏空行为，假设 H1 得到验证。模型 II 把机构投资者持股纳入研究的框架，实证结果显示交乘项的系数是 0.417，符号为正，且在 0.01 水平下显著，说明机构投资者正向调节了子公司管理层权力对母公司利益侵占的影响。

表 10-5　　　　　　　　　　　主效应及调节效应检验

变量	模型 I Exp	模型 II Exp
Power	-0.009*** (-3.62)	-0.134*** (-3.64)
Ins		0.011 (1.21)
Power × Ins		-0.417*** (-4.25)
Size	0.015* (1.68)	-0.002 (-1.02)
Top25	-0.014 (-0.28)	-0.009*** (-6.34)
Dsizer	-0.002 (-1.24)	-0.023 (-1.22)
Voting	0.106*** (5.48)	-0.016* (-1.69)
Year	控制	控制
Ind	控制	控制
Constant	0.016 (1.44)	0.080 (1.38)
R-squared	0.140	0.183
F	1.91	2.36

资料来源：根据 Stata 统计结果整理，$*p<0.1$，$**p<0.05$，$***p<0.01$。

第十章 民营母子公司双向治理实证分析

第六节 研究结论与管理启示

一、研究结论

本章以 2014~2018 年的山东省民营上市公司为研究对象，选取子公司管理层权力、母公司利益侵占、机构投资者持股比例等指标，在梳理文献的基础上，提出 2 个研究假设，并进一步通过实证分析验证了子公司管理层权力、母公司利益侵占、机构投资者持股之间的关系。通过检验，本章得到的主要结论如下：

第一，本章基于双向治理的视角，研究了子公司管理层权力对母公司利益侵占的影响，结果发现增加子公司管理层的权力能够抑制母公司对子公司利益侵占的行为。该结论符合母子公司双向治理的理论逻辑，为如何有效地保护中小股东的利益提供了新的思路。

第二，在探究子公司管理层权力与母公司利益侵占之间的关系时，本章引入机构投资者持股比例作为调节变量。结果表明，机构投资者持股正向调节了子公司管理层权力与母公司利益侵占之间的关系。即在子公司机构投资者持股比例较高的情景下，子公司管理层权力对母公司利益侵占行为的抑制性作用会增强。相比于其他中小股东，机构投资者具有重要的意义：其一，机构投资者拥有更强的市场力量，一旦发现母公司利益侵占的现象，机构投资者能够快速联合起来共同制衡母公司；其二，机构投资者具有较强的风险识别能力，能够快速识别母公司利益侵占的行为；其三，机构投资者投资规模一般比较大，采用"用脚投票"的成本比较高，因此，他们比中小股东更积极地参与到公司治理中。

二、管理启示

本章通过实证分析了子公司管理层权力和机构投资者持股产生的治理作

用。研究的结果表明，两者皆表现为积极的治理作用。基于此，本章提出以下建议：

第一，建立经理人市场，并由第三方权威机构进行管理和监督，以保证子公司管理者的独立性，这是管理层权力发挥积极作用的前提。完善的经理人市场应有效地解决管理层的选拔、考核等问题，提高以人为要素的市场竞争强度。在经理人市场规则下，母公司对其派遣到子公司的人员没有提名权，只有任免权。第三方权威机构应对每一位经理人的职业生涯进行跟踪，记录其在任职期间的治理绩效等指标，并以此对经理人进行等级划分，建立良好的经理人竞争市场。

第二，中小股东应联合起来为子公司的管理层争取更多的权力。本章通过实证得出子公司管理层权力的增加能够抑制母公司利益侵占的行为。这一结论让中小股东意识到子公司管理层拥有较多的权力，并不一定出现内部人控制现象，反而为中小股东争取了更多的利益。随着移动互联网的发展，越来越多的公司为股东开启了网络投票的渠道，这为中小股东参与公司治理提供了便利的条件。中小股东应该摒弃"搭便车"以及"用脚投票"的思想，积极地行使在股东大会上的决策权，为上市公司的管理层争取更多的权力。

第三，合理地引入机构投资者。首先，子公司的管理层应当主动认识到机构投资者在公司治理中发挥着积极的治理作用。以往的管理层常容易忽视机构投资者所起到的治理作用，更有甚者，有的管理者直接称呼投资者为"野蛮人"。随着机构投资行业的日益完善，管理层应该摒弃对机构投资者的偏见。其次，上市公司应该设置相应的指标对机构投资者进行严格地筛选，例如机构投资者在上市公司所处的行业是否具有丰富的投资管理经验，从而选出对公司发展战略有利的机构投资者。

第四，政府可以通过立法的形式赋予子公司管理层更大的权力。前文分析过，子公司管理层权力来自母公司、公司章程、中小股东以及法律法规等四个方面，说明政府可以通过立法的形式赋予子公司管理层权力。从治理的角度来说，子公司管理层能够表现出积极的治理结果，政府可以通过相关的法律法规赋予其更大的权力，让其发挥更大的治理效用。从监管的角度上说，政府赋予子公司管理层权力的同时，为了防止出现内部人控制现象，应该实行相应的监管措施对子公司管理层施加必要的监督。

第五，政府应该为机构投资者参与公司治理创造良好的制度环境。目前的制度环境对机构投资者的束缚比较大，机构投资者发挥治理作用的空间很少。为了更大限度地发挥机构投资者在公司中的积极作用，鼓励机构投资者加入到公司治理中，政府可以通过立法为机构投资者创造更好的治理环境，例如为机构投资者提供更好的融资条件。

参 考 文 献

[1] Abeler J, Falk A, Goette L, Huffman D. Reference points and effort provision [J]. *American Economic Review*, 2011, 101 (2): 470 – 492.

[2] Baek J S, Kang J K, Park K S. Corporate governance and firm value: Evidence from the Korean financial crisis [J]. *Journal of Financial Economics*, 2004, 71 (2): 265 – 313.

[3] Bebchuk L A, Fried J M. Executive compensation as an agency problem [J]. *Journal of Economic Perspectives*, 2003, 17 (3): 71 – 92.

[4] Bebchuk L A, Fried J M. Pay Without Performance: Overview of the Issues [J]. *Journal of Applied Corporate Finance*, 2005, 17 (4): 8 – 23.

[5] Berkman H, Cole R A, Fu L J. Expropriation through loan guarantees to related parties: Evidence from China [J]. *Journal of Banking & Finance*, 2009, 33 (1): 141 – 156.

[6] Berle Jr A A, Means G C. Corporations and the public investor [J]. *The American Economic Review*, 1930: 54 – 71.

[7] Bertrand M, Mehta P, Mullainathan S. Ferreting out tunneling: An application to Indian business groups [J]. *The Quarterly Journal of Economics*, 2002, 117 (1): 121 – 148.

[8] Byrd J W, Hickman K A. Do outside directors monitor managers?: Evidence from tender offer bids [J]. *Journal of Financial Economics*, 1992, 32 (2): 195 – 221.

[9] Cheung Y L, Jing L, Lu T, Rau P. R, Stouraitis A. Tunneling and propping up: An analysis of related party transactions by Chinese listed companies [J]. *Pacific – Basin Finance Journal*, 2009, 17 (3): 372 – 393.

[10] Chung K H, Pruitt S W. Executive ownership, corporate value, and executive compensation: A unifying framework [J]. Journal of Banking & Finance. 1996, 20 (7): 1135 – 1159.

[11] Claessens S, Djankov S, Fan J P H, Lang L H. Disentangling the incentive and entrenchment effects of large shareholdings [J]. Journal of Finance, 2002, 57 (6): 2741 – 2771.

[12] Dehaene A, De Vuyst V, Ooghe H. Corporate performance and board structure in Belgian companies [J]. Long Range Planning, 2001, 34 (3): 383 – 398.

[13] Drakos A A, Bekiris F V. Corporate performance, managerial ownership and endogeneity: A simultaneous equations analysis for the Athens stock exchange [J]. Research in International Business and Finance, 2010, 24 (1): 24 – 38.

[14] Fahlenbrach R. Shareholder rights, boards, and CEO compensation [J]. Review of Finance. 2009, 13 (1): 81 – 113.

[15] Fan J P H, Wong T J. Corporate ownership structure and the informativeness of accounting earnings in East Asia [J]. Journal of Accounting and Economics, 2002, 33 (3): 401 – 42.

[16] Finkelstein S. Power in top management teams: Dimensions, measurement, and validation [J]. Academy of Management Journal, 1992, 35 (3): 505 – 538.

[17] Hart O. Hold – up, asset ownership, and reference points [J]. The Quarterly Journal of Economics, 2009, 124 (1): 267 – 300.

[18] Hartzell J C, Starks L T. Institutional investors and executive compensation [J]. Journal of Finance, 2003, 58 (6): 2351 – 2374.

[19] Jensen M C, Murphy K J, Wruck E G. Where we've been, how we got to here, what are the problems, and how to fix them [J]. Harvard Business School Research Paper, 2004: 04 – 28.

[20] Johnson S, La Porta R, Lopez – de – Silanes F, Shleifer A. Tunneling [J]. American Economic Review, 2000, 90 (2): 22 – 27.

［21］Rabe W F. Managerial power［J］. *California Management Review*, 1962, 4 (3): 31-39.

［22］Yermack D. Higher market valuation of companies with a small board of directors［J］. *Journal of Financial Economics*, 1996, 40 (2): 185-211.

［23］陈震、丁忠明：《基于管理层权力理论的垄断企业高管薪酬研究》，载《中国工业经济》2011年第9期。

［24］成颖利：《定向增发、大股东控制权私利与盈余质量》，载《财会月刊》2011年第17期。

［25］杜胜利、翟艳玲：《总经理年度报酬决定因素的实证分析——以我国上市公司为例》，载《管理世界》2005年第8期。

［26］方政、徐向艺：《母子公司治理研究脉络梳理与演进趋势探析》，载《外国经济与管理》2013年第7期。

［27］郭强：《企业中个人的绝对权力与企业衰败》，载《管理世界》2001年第1期。

［28］胡元木、秦娴：《技术独立董事对大股东利益侵占有抑制作用吗？——以大股东私有占款为例》，载《南京审计学院学报》2016年第1期。

［29］黄娟、张配配：《管理层权力、内部控制信息披露质量与企业绩效》，载《南京审计大学学报》2017年第2期。

［30］姜付秀、伊志宏、苏飞、黄磊：《管理者背景特征与企业过度投资行为》，载《管理世界》2009年第1期。

［31］李秉祥、雷艳、李明敏：《股权混合度对国企混改绩效的影响路径研究——基于机构投资者的调节效应》，载《会计之友》2020年第3期。

［32］李朝芳：《混合所有制改革背景下的国有企业股权激励：理论与实务》，载《财会月刊》2018年第15期。

［33］李海石、徐向艺：《"双向治理"视角下的上市公司自主性研究》，载《人民论坛·学术前沿》2019年第22期。

［34］李妍锦、冯建：《基于内生性视角的大股东掏空与公司绩效关系研究》，载《财经科学》2016年第10期。

［35］李增泉、孙铮、王志伟：《"掏空"与所有权安排——来自我国上市公司大股东资金占用的经验证据》，载《会计研究》2004年第12期。

[36] 林芳、冯丽丽：《管理层权力视角下的盈余管理研究——基于应计及真实盈余管理的检验》，载《山西财经大学学报》2012年第7期。

[37] 刘颖、钟田丽、张天宇：《连锁董事网络、控股股东利益侵占与融资结构关系——基于我国中小板上市公司的实证检验》，载《经济管理》2015年第4期。

[38] 卢锐、魏明海、黎文靖：《管理层权力、在职消费与产权效率——来自中国上市公司的证据》，载《南开管理评论》2008年第5期。

[39] 卢锐：《管理层权力视角下薪酬激励的代理问题分析》，载《现代管理科学》2007年第7期。

[40] 吕长江、赵宇恒：《国有企业管理者激励效应研究——基于管理者权力的解释》，载《管理世界》2008年第11期。

[41] 屈晶：《产品市场竞争与大股东利益侵占行为的实证研究》，载《新疆大学学报（哲学·人文社会科学版）》2019年第3期。

[42] 权小锋、吴世农、文芳：《管理层权力、私有收益与薪酬操纵》，载《经济研究》2010年第11期。

[43] 宋慧晶、吴高波、赵东辉：《股权制衡、两权特征与利益侵占——来自民营上市公司侵占型关联交易的证据》，载《山东科技大学学报（社会科学版）》2017年第1期。

[44] 谭庆美、景孟颖：《管理层权力、内部治理机制与企业绩效——基于中国上市公司面板数据的实证分析》，载《哈尔滨工业大学学报（社会科学版）》2013年第4期。

[45] 王茂林、何玉润、林慧婷：《管理层权力、现金股利与企业投资效率》，载《南开管理评论》2014年第2期。

[46] 吴洁：《上市公司管理者薪酬影响因素分析——基于独立董事职能的思考》，载《经济论坛》2011年第3期。

[47] 吴先聪、张健、胡志颖：《机构投资者特征、终极控制人性质与大股东掏空——基于关联交易视角的研究》，载《外国经济与管理》2016年第6期。

[48] 吴宗法、张英丽：《基于法律环境和两权分离的利益侵占研究——来自中国民营上市公司的经验证据》，载《审计与经济研究》2012年

第 1 期。

［49］徐宁、张阳、徐向艺：《"能者居之"能够保护子公司中小股东利益吗——母子公司"双向治理"的视角》，载《中国工业经济》2019 年第 11 期。

［50］徐鹏、徐向艺：《子公司动态竞争能力维度建构与培育机制——基于集团内部资本配置的视角》，载《中国工业经济》2013 年第 5 期。

［51］徐细雄、谭瑾：《高管薪酬契约、参照点效应及其治理效果：基于行为经济学的理论解释与经验证据》，载《南开管理评论》2014 年第 4 期。

［52］徐细雄：《参照点契约理论：不完全契约理论的行为与实验拓展》，载《外国经济与管理》2012 年第 11 期。

［53］徐向艺、方政：《子公司信息披露研究——基于母子公司"双向治理"研究视角》，载《中国工业经济》2015 年第 9 期。

［54］徐向艺、方政：《子公司自主性与股权融资能力——基于电力行业的经验证据》，载《经济管理》2016 年第 10 期。

［55］杨兴全、张丽平、吴昊旻：《市场化进程、管理层权力与公司现金持有》，载《南开管理评论》2014 年第 2 期。

［56］姚颐、刘志远、王健：《股权分置改革、机构投资者与投资者保护》，载《金融研究》2007 年第 11 期。

［57］叶康涛、陆正飞、张志华：《独立董事能否抑制大股东的"掏空"?》，载《经济研究》2007 年第 4 期。

［58］赵国宇：《大股东控股、报酬契约与合谋掏空——来自民营上市公司的经验证据》，载《外国经济与管理》2017 年第 7 期。

［59］郑珊珊：《管理层权力强度、内外部监督与股价崩盘风险》，载《广东财经大学学报》2019 年第 4 期。

第十一章

金字塔结构下上市公司高管联结与隧道行为治理[*]

如何有效缓解母公司或实际控制人的隧道行为,成为学术界和实践界共同关注的焦点。在母子公司治理体系下,母公司会通过对子公司治理结构的设计和制度安排影响子公司的战略决策。作为母子公司治理机制中的关键要素,高管联结现象在管理实践中普遍存在,但这一要素在母子公司治理过程中具有什么样的作用,以及如何发挥作用,学术界的理论探索略显不足。基于此,本章从母子公司高管联结这一特殊治理要素出发,分析隧道行为的发生机理,并考察母公司持股和企业集团产权性质的权变影响,一定程度上丰富了关于母子公司高管联结的理论研究框架,为母子公司治理机制的科学设计提供参考与借鉴。

第一节 问题的提出

如何防止第二类代理问题,保护中小股东的合法权益,始终是完善公司治理的核心和关键。近期,康美药业和康得新等上市公司因为母公司或实际控制人违规占用上市公司巨额资金,出现财务造假并引致资本市场股价暴跌等侵害中小股东利益的现象,再次引起学术界和企业界对大股东隧道行为的

---

[*] 本章主要内容发表于《劳动经济评论》2020年第2期。

第十一章　金字塔结构下上市公司高管联结与隧道行为治理

关注。母子公司制是社会化大生产发展到一定程度后所出现的一种重要且复杂的现代企业制度，也是我国企业集团目前采取的主流组织形式（徐鹏，2016）。母子公司制形成的金字塔网络能够创造资本杠杆效应，推动集团快速发展。但是，随着实践中越来越多的大股东或实际控制人利用金字塔结构提供的渠道便利性和隐蔽性侵占中小股东利益的现象不断发生，外界对母子公司制有效性和优越性的评价褒贬不一。在此背景下，如何有效缓解和规避母子公司形式企业集团实际控制人的隧道行为，成为学术界和实践界共同关注的焦点。

目前，学术界从股权制衡和董事会治理等视角对隧道行为的发生机理已进行了诸多探索，比如股权制衡层面，博阿滕和黄（Boateng and Huang，2017）通过实证研究发现，多个非控股大股东的存在可以降低隧道行为的发生；姜付秀等（2015）认为，非控股大股东的退出威胁可以有效约束控股股东的利益侵占行为；海格贝尔和王（Huyghebaert and Wang，2012）的研究则表明股权制衡度越高，第一大股东侵占中小股东利益的动机越弱。在董事会治理方面，伊瓦萨克（Iwasaki，2014）研究发现，董事会治理行为对有效降低代理成本以及保护中小股东利益有积极影响；谢永珍、刘美芬（2016）的研究表明国有上市公司董事会治理行为强度与控股股东的隧道行为存在非线性相关关系；刘等（Liu et al.，2016）通过研究证实了独立董事的出席可以有效降低隧道行为；王凯等（2016）认为，具有实务工作经历的专业背景独立董事更能减少上市公司控股股东的掏空行为。

梳理以往研究可以发现，虽然目前学术界对隧道行为的前置因素已进行了诸多研究，并形成了相对丰富的研究成果，为管理实践提供了诸多理论依据和支撑。但是，基于金字塔框架中母子公司的特殊治理情景考察隧道行为发生机理的探索尚不充分。在母子公司治理体系下，母公司会通过对子公司治理结构的设计和制度安排影响子公司的战略决策，母子公司高管联结是指包括董事会与经理层在内的母公司高管在子公司中同时也任职高管的状态（Zona et al.，2018）。作为母子公司治理机制中的关键要素，高管联结现象在管理实践中普遍存在，但这一要素在母子公司治理过程中具有什么样的作用，以及如何发挥作用，学术界的理论探索略显不足。

与已往文献中讨论的因连锁董事而被动建立联系的企业经营行为不同，

母子公司高管联结是集团框架内的母公司主动进行的治理结构设计，这类在子公司中具有特殊身份的高管是否可以提升子公司治理效率、促进集团化经营的协同效应，还是只为了帮助母公司更加方便实行隧道行为有待进一步考证。基于此，本章从母子公司高管联结这一特殊治理要素出发，分析隧道行为的发生机理，并考察母公司持股和企业集团产权性质的权变影响，一定程度上丰富了关于母子公司高管联结的理论研究框架，同时研究结论还可以为实践中母子公司治理机制的科学设计提供参考借鉴。

第二节 理论分析与研究假设

一、母子公司高管联结对隧道行为的影响

大量文献的研究结论表明，大股东在拥有公司相对控制权的情况下，可能采取各种隐秘的手段和方法，实施侵害中小股东及上市公司利益的隧道行为，以满足自己利益最大化的需求（许金花等，2018）。在利益侵占的过程中，关联交易具有操作空间大、渠道多、掏空形式隐蔽等特点，是控股股东实施隧道行为的常用方式（Zhang，2016；魏明海等，2103）。高管联结现象的存在构建起母子公司之间信息传递的捷径，双重身份的高管凭借其独特的职位优势，可以通过更多渠道和方式帮助母公司更加快速和充分地获取子公司的经营决策和发展状态等信息，提高母公司在关联交易中实施隧道行为的便利性和隐蔽性（吴先聪等，2016）。同时，这些高管还可以利用在子公司中对经营决策的控制和影响能力增加关联交易的频率，加剧母子公司之间的堑壕行为（Chen et al.，2018；Enriques，2015；魏志华等，2017）。总之，基于以上分析可知，高管联结增强了母公司在关联交易中实施利益侵占等隧道行为的能力。在此情况下，高管联结成为母公司实施隧道行为的工具，联结程度越高，隧道行为越多。为此，提出假设如下：

假设 H1a：母子公司高管联结会强化治理过程中的隧道行为。

但是，从委托代理视角下分析母子公司高管联结对隧道行为的影响还存

在另一种截然相反的可能：在金字塔型企业集团中，高管联结可以有效缓解母子公司治理框架中的委托代理问题，减少母公司的隧道行为，提升公司治理效率。这是因为高管联结机制形成的双重身份高管具有独特的价值性和人力资本属性，在母子公司之间的桥梁作用提升了子公司的信息透明度，一定程度上可以增加母子公司双方的彼此信任，弱化母公司对上市公司的掏空动机，减少对子公司资源的侵占与掠夺（郑丽和陈志军，2018）。此外，随着母公司对子公司经营状态的了解程度增加，高管联结带来的深度参与可以有效降低自身利益受损的可能性，一定程度上会促成母公司作为控股股东的利他行为，有助于改善公司利益相关者间的利益冲突问题，减少隧道行为的发生（王明琳等，2014；Jong et al.，2015；Uhde et al.，2017）。基于此，我们提出 H1a 的竞争性假设如下：

假设 H1b：母子公司高管联结会弱化治理过程中的隧道行为。

二、母子公司高管联结与隧道行为关系的权变思考

（一）母公司持股对高管联结与隧道行为关系的权变影响

母公司持股会在高管联结与隧道行为的关系中产生一定的权变影响，具体逻辑如下：当母公司持股比例较高时，可以通过行使股东表决权实现对子公司战略决策的监督和控制，以此来维护自身利益，有效降低防御心理（徐鹏等，2014）。所以，在此情况下，高管联结在母子公司之间作为信息桥梁的价值效应会降低，难以对隧道行为施加较大影响（Hu and Sun，2019）。与之相反，当母公司持股比例较低时，对子公司的控制能力较弱，母子公司之间信息不对称程度加剧，子公司在生产经营中较高的自主权力会增加实施机会主义行为的可能性（魏志华等，2017），更有可能做出与母公司利益相悖的决策。此时，母公司不能确定自己的利益是否得到最大保障，防御心理占据主导地位，实行隧道行为的动机加强（Zheng and Tian，2016）。

综上所述，高管联结作为母子公司间的信息传递的重要途径，在母公司持股比例较低的情境下可以发挥更大的治理作用，对隧道行为的影响更强。基于以上分析，提出以下假设：

假设 H2：母公司持股会对高管联结与隧道行为的关系产生权变影响，具体表现是，当母公司持股比例较低时，母子公司高管联结对隧道行为的影响更强。

（二）企业集团产权性质对高管联结与隧道行为关系的权变影响

诸多研究表明，国有企业和民营企业因为产权性质的不同，内部治理逻辑和决策机制存在较大差异化，这会进一步影响到高管联结对隧道行为的影响。首先，与民营企业集团相比，国有企业集团因所有权性质的特殊性，需要承担更多的维持就业、提供公共物品等社会责任（张传财和陈汉文，2017；林毅夫等，2004），对经济效益的关注处于次要地位（陈正飞等，2012；姚洋和章奇，2001）。而民营企业集团更关注股东利益最大化目标的实现，大股东与中小股东之间更容易在利益分配过程中出现分歧，此时大股东利用超额控制权实施隧道行为的动机更强（吴世飞，2016；周建和袁德利，2013）。其次，民营企业集团面临的社会监督和政府监管相对少于国有企业集团，高管联结的职位便利性被放大，拥有双重身份的高管在母子公司间的信息传递作用能够更有效地帮助母公司参与子公司的治理决策，从而对隧道行为产生更大的影响。最后，伊志宏等（2010）通过研究发现，国有企业的信息披露质量高于民营企业，因此，在国有企业集团中，母子公司高管联结的信息桥梁作用被弱化，对隧道行为的影响弱于民营企业集团。基于以上分析，提出以下假设：

假设 H3：企业集团产权性质的不同会对高管联结与隧道行为的关系产生影响，具体表现是：与国有企业集团相比，民营企业集团中母子公司高管联结对隧道行为的影响更强。

第三节 研究设计

一、样本选择与数据搜集

本章以沪深两市制造业上市公司为初始样本，并通过如下步骤进一步筛

第十一章 金字塔结构下上市公司高管联结与隧道行为治理

选:一是隶属于企业集团且控股股东为公司制企业;二是样本观测期间 2014~2017 年未发生过控股股东变更等重大重组现象;三是剔除 ST 和数据严重缺失的样本企业。最终获得 776 家上市公司四年组成的 3104 组样本,本节实证分析中所使用到的其他相关数据主要来自国泰安数据库(CSMAR 数据库)。

二、变量定义与测量

(1) 母子公司高管联结(ET)。参考徐鹏(2016)的测量方法,将子公司高管在母公司兼任高管的人数与子公司高管总人数的比值来衡量母子公司之间的高管联结程度。需要说明的是,本章中"高管"的范围基于广义的概念进行界定,包括公司的董事会成员、总经理、副总经理、财务负责人、董事会秘书和公司章程规定的其他管理人员。

(2) 隧道行为(TB)。参考陈志军等(2016)的研究,以其他应收款与总资产的比值测量企业的隧道行为程度。为了避免异常值的存在影响实证结果,在进行数据分析之前进行了 5% 水平的缩尾处理。

(3) 母公司持股(PS)。以母公司持有的上市公司股权比例进行衡量。

(4) 企业集团产权性质(PN)。民营企业集团记为 0,国有企业集团记为 1。

此外,结合已有研究,本章还选择了如下反映子公司特征的要素作为控制变量,分别是:公司规模、董事会领导权结构、董事会独立性、高管薪酬水平、资本结构、盈利性、扩张性、前一期隧道行为表现和观测年度,具体测量如表 11-1 所示。

表 11-1　　　　　　　　变量定义与衡量

变量名称	变量代码	衡量指标
母子公司高管联结	ET	子公司高管在母公司兼任高管的人数与子公司高管总人数的比值
隧道行为	TB	子公司其他应收款与总资产的比值
母公司持股	PS	母公司持有的上市公司股权比例

续表

变量名称	变量代码	衡量指标
企业集团产权性质	PN	民营企业集团记为0，国有企业集团记为1
公司规模	Employees	公司年末员工人数的自然对数
董事会领导权结构	BLS	董事长总经理两职一人兼任，记为1；否则记为0
董事会独立性	Indpt	独立董事人数占董事会成员总数的比值
高管薪酬水平	Pay	薪酬最高的3名高管的薪酬总额的平均数
资本结构	CS	公司年末资产负债率：负债总额/资产总额
盈利性	ROE	净资产收益率：税后利润/所有者权益
扩张性	TAGR	总资产增长率：本年总资产增长额/年初资产总额
前一期隧道行为表现	LTB	上一期其他应收款与总资产的比值
年份（2015）	Year（2015）	观测年度属于该年度记为1，否则为0
年份（2016）	Year（2016）	观测年度属于该年度记为1，否则为0
年份（2017）	Year（2017）	观测年度属于该年度记为1，否则为0

三、研究模型

为了验证本章提出的研究假设，设计以下多元回归模型：

模型Ⅰ：$TB = c + \sum_{j=1}^{9} b_j Control + \varepsilon$

模型Ⅱ：$TB = c + \sum_{j=1}^{9} b_j Control + ET + \varepsilon$

模型Ⅲ：$TB = c + \sum_{j=1}^{9} b_j Control + ET + PS + ET \times PS + \varepsilon$

模型Ⅳ：$TB = c + \sum_{j=1}^{9} b_j Control + ET + PN + ET \times PN + \varepsilon$

其中，Control 为控制变量组，c 为截距项，ε 代表随机扰动项，j 为各控制变量编号，b_j 代表了各控制变量的回归系数。模型Ⅰ为公司规模、董事会领导权结构、董事会独立性、资本结构、盈利性、扩张性、前一期隧道行为表现和观测年度等控制变量对隧道行为的回归模型；模型Ⅱ为母子公司高管联结对隧道效应的回归模型，可以检验假设H1a和假设H1b两个竞争性假设的合理性；模型Ⅲ在模型Ⅰ的基础上加入了调节变量母公司持股，以及母公司持股与母子公司高管联结的乘积项，验证母公司持股对母子公司高管联结与隧道行为关系的调节作用，即检验假设 H2 的合理性；模型Ⅳ在模型Ⅱ的基础上加入调节变量企业集团产权性质，以及企业集团产权性质与母子公司高管联结的乘积项，检验企业集团产权性质对母子公司高管联结与隧道行为关系的权变影响，即验证假设 H3 是否成立。

第四节 数据分析与结果讨论

一、描述性统计分析

表 11 - 2 呈现了主要变量的均值、中值、标准差、极小值与极大值。从表 11 - 2 可以看出：观测期间，母子公司高管联结的极大值与极小值结果显示不同样本公司高管联结程度存在较大差异，同时，标准差在观测期内呈现大体上升趋势，也说明样本公司高管联结的差异化程度在不断加大；隧道行为的均值处于 0.012 ~ 0.014，总体变化不大，极大值处于 0.286 ~ 0.605，反映出个别样本公司存在较为严重的隧道行为，其他应收款占总资产比重较高；母公司持股在四年的观察期内均值呈现下降趋势，说明观测样本母公司持股比例在不断降低，同时，标准差越来越小也反映出样本公司之间差异化程度在不断减小。企业集团产权性质的均值为 0.504，说明隶属于国有企业集团的样本公司略多，但相差不大。

表 11 - 2   主要变量描述性统计

年度	变量	均值	标准差	极小值	极大值
2014	ET	0.174	0.110	0.000	0.583
	TB	0.014	0.026	0.000	0.455
	PS	0.377	0.143	0.050	0.850
	PN	0.504	0.500	0.000	1.000

续表

年度	变量	均值	标准差	极小值	极大值
2015	ET	0.176	0.117	0.000	0.583
	TB	0.013	0.028	0.000	0.605
	PS	0.368	0.139	0.050	0.900
	PN	0.504	0.500	0.000	1.000
2016	ET	0.174	0.122	0.000	0.583
	TB	0.013	0.025	0.000	0.286
	PS	0.357	0.134	0.084	0.891
	PN	0.504	0.500	0.000	1.000
2017	ET	0.173	0.120	0.000	0.583
	TB	0.012	0.023	0.000	0.345
	PS	0.351	0.132	0.084	0.891
	PN	0.504	0.500	0.000	1.000

二、多元回归分析

按照上面所设计的模型，运用 Stata10.0 进行多元回归分析，具体运算结果如表 11-3 所示。由模型Ⅱ回归分析结果可知，模型Ⅱ的 R^2 为 0.374，F 值为 154.113，通过了显著性检验，解释变量高管联结的回归系数为 -0.008，且在 1% 水平下显著，说明高管联结与隧道行为有负向相关关系，假设 H1b 得证；模型Ⅲ回归分析结果显示模型 R^2 为 0.376，F 值为 133.017，通过了显著性检验，高管联结与母公司持股乘积项的回归系数为 0.048，且在 5% 水平下显著，结合主效应回归结果，可以判断随着母公司持股比例增加，高管联结与隧道行为之间的关系会逐渐弱化，即在母公司持股比例较低情境下，母子公司高管联结对隧道行为的影响越强，假设 H2 得证；模型Ⅳ回归分析结果显示模型 R^2 为 0.375，F 值为 132.473，高管联结与产权性质的交互项回归系数为 0.004，未通过显著性检验，说明产权性质在高管联结与隧道行为之间不具有显著的调节作用。分析可能的原因如下：随着社会进步和现代企业制度不断完善，民营企业集团中股东利益至上主义不断弱化，利益相关者治理的适用性和关注度逐渐提升，在此背景下，民营企业集团治理目标和发展模式发生了变化，因此高管联结在这两类集团企业中的作用表现不出明显的差别，假设 H3 未得到验证。

表 11 - 3　　　　　　　　　　　回归结果

变量	TB			
	模型Ⅰ	模型Ⅱ	模型Ⅲ	模型Ⅳ
常数项	0.033 *** (4.133)	0.034 *** (4.255)	0.036 *** (4.413)	0.033 *** (4.014)
控制变量				
Employees	-0.002 *** (-4.739)	-0.002 *** (-4.608)	-0.002 *** (-4.232)	-0.002 *** (-4.221)
BLS	0.000 (0.513)	0.000 (0.325)	0.000 (0.234)	-0.000 (-0.134)
Indpt	0.010 (1.489)	0.009 (1.255)	0.010 (1.448)	0.009 (1.242)
Pay	0.072 (1.067)	0.060 (0.898)	0.056 (0.829)	0.055 (0.815)
CS	0.017 *** (7.154)	0.017 *** (7.265)	0.017 *** (7.139)	0.017 *** (7.390)
ROE	0.003 (0.474)	0.003 (0.516)	0.004 (0.627)	0.002 (0.343)
TAGR	-0.001 (-1.324)	-0.001 (-1.472)	-0.001 (-1.609)	-0.001 * (-1.675)
LTB	0.593 *** (39.896)	0.590 *** (39.587)	0.587 *** (39.372)	0.588 *** (39.371)
2015	-0.001 (-0.805)	-0.001 (-0.786)	-0.001 (-0.835)	-0.001 (-0.802)
2016	0.000 (0.234)	0.000 (0.233)	0.000 (0.087)	0.000 (0.209)

续表

变量	TB			
	模型Ⅰ	模型Ⅱ	模型Ⅲ	模型Ⅳ
2017	-0.001 (-0.948)	-0.001 (-0.971)	-0.001 (-1.164)	-0.001 (-1.016)
解释变量				
ET		-0.008*** (-2.642)	-0.025*** (-2.686)	-0.010** (-2.355)
调节变量				
PS			-0.014*** (-2.903)	
PN				-0.002 (-1.633)
乘积项				
ET×PS			0.048** (2.047)	
ET×PN				0.004 (0.630)
R^2	0.373	0.374	0.376	0.375
F	167.166	154.113	133.017	132.473

注：***、**、*分别表示1%、5%、10%的显著性水平，括号内为t值。

三、稳健性检验

为保证实证结果的可靠性，本章参考谢永珍、刘美芬（2016）的研究，以"（预付款项净额+其他应收款净额）/资产总额"作为隧道行为的替代变量，进行稳健性检验。根据上面所设定模型进行回归分析，具体运行结果如表11-4所示：模型Ⅱ中高管联结的回归系数为-0.007，在10%水平下显著，虽然显著性有所降低，但仍反映出母子公司高管联结对隧道行为的抑制作用；模型Ⅲ中高管联结与母公司持股乘积项的回归系数为0.073，在5%水平下显著，表明母公司持股的调节作用依然显著；模型Ⅳ中高管联结与产权性质乘积项回归系数为 0.009,但未通过显著性检验,说明改变隧道行为的衡量方式后,企业集团产权性质的调节作用依然未得到验证。

表 11-4　　　　　　　　　稳健性回归分析结果

变量	TB			
	模型Ⅰ	模型Ⅱ	模型Ⅲ	模型Ⅳ
常数项	0.036*** (3.474)	0.036*** (3.551)	0.040*** (3.805)	0.035*** (3.411)
控制变量				
Employees	-0.002*** (-4.564)	-0.002*** (-4.465)	-0.002*** (-4.090)	-0.002*** (-4.148)
BLS	-0.001 (-0.524)	-0.001 (-0.651)	-0.001 (-0.750)	-0.001 (-1.028)
Indpt	0.024*** (2.653)	0.022** (2.492)	0.024*** (2.710)	0.022** (2.465)
Pay	-0.059 (-0.692)	-0.070 (-0.814)	-0.078 (-0.909)	-0.076 (-0.890)
CS	0.024*** (8.098)	0.024*** (8.171)	0.024*** (8.052)	0.025*** (8.281)
ROE	0.010 (1.173)	0.010 (1.204)	0.011 (1.318)	0.009 (1.078)
TAGR	-0.001 (-1.278)	-0.001 (-1.380)	-0.001 (-1.528)	-0.001 (-1.555)
LTB	0.689*** (55.409)	0.687*** (55.172)	0.684*** (54.888)	0.685*** (54.710)
2015	-0.000 (-0.046)	-0.000 (-0.040)	-0.000 (-0.099)	-0.000 (-0.057)
2016	0.004*** (3.059)	0.004*** (3.049)	0.004*** (2.877)	0.004*** (3.018)
2017	0.002 (1.252)	0.002 (1.227)	0.001 (1.005)	0.002 (1.173)

续表

变量	TB			
	模型Ⅰ	模型Ⅱ	模型Ⅲ	模型Ⅳ
解释变量				
ET		-0.007* (-1.816)	-0.033*** (-2.765)	-0.012** (-2.061)
调节变量				
PS			-0.021*** (-3.275)	
PN				-0.003* (-1.815)
乘积项				
ET×PS			0.073** (2.439)	
ET×PN				0.009 (1.077)
R^2	0.532	0.533	0.534	0.533
F	319.768	293.614	253.178	252.078

注：***、**、*分别表示1%、5%、10%的显著性水平，括号内为t值。

第五节 研究结论与管理启示

一、研究结论

本章对母子公司高管联结与隧道行为的关系进行了实证分析，并考察了母公司持股和产权性质在高管联结与隧道行为关系中的调节作用，得出以下结论：第一，母子公司高管联结会弱化公司治理过程中的隧道行为；第二，母公司持股对高管联结与隧道行为的关系有调节作用，具体表现为，当母公司持股比例较低时，母子公司高管联结对隧道行为的影响更强；第三，企业

第十一章 金字塔结构下上市公司高管联结与隧道行为治理

集团产权性质在高管联结与隧道行为之间不具有显著调节作用。

二、管理启示

首先，母子公司制是现代企业集团最广泛的组织形式，本章验证了高管联结机制在母子公司治理中的积极价值，也进一步表明双重身份高管具有独特的人力资本属性，可以有效帮助子公司改善治理水平。所以，在实践中，母公司可以通过委派或者提拔等多种方式积极推进母子公司高管联结机制的实施，同时，为了尽可能发挥高管联结对隧道行为的抑制作用，还应当注重联结高管治理能力与管理素质的培养，推动子公司高管在互补协作的基础上发挥各自优势，提升子公司高管团队的整体水平，以保证子公司治理决策的科学性，最大程度减少母公司的隧道行为，缓解第二类代理问题。

其次，本章还验证了母公司持股对母子公司高管联结与隧道行为关系的调节作用，在母公司股东表决权相对较低的情况下，高管联结可以有效缓解母公司担心利益受损而诱发的过度防御心理。相关结论说明了高管联结与母公司持股在母子公司治理机制中具有一定的互补作用，这为股权集中度较低的治理机制的完善和治理手段的选择提供了借鉴，即当母公司持股比例较低时，更应充分利用高管联结这一治理机制，提升母子公司治理效率。

参 考 文 献

[1] Boateng A, Huang W. Multiple large shareholders, excess leverage and tunneling: Evidence from an emerging market [J]. *Corporate Governance: An International Review*, 2017, 25 (1): 58 – 7.

[2] Chen C, Wan W Y, Zhang W. Board independence as a panacea to tunneling? An empirical study of related-party transactions in Hong Kong and Singapore [J]. *Journal of Empirical Legal Studies*, 2018, 15 (4): 987 – 102.

[3] Enriques L. Related party transactions: Policy options and real – world challenges (with a critique of the European Commission proposal) [J]. *European Business Organization Law Review*, 2015, 16 (1): 1 – 3.

[4] De Jong G, Van Dut V, Jindra B, Marek P. Does country context dis-

tance determine subsidiary decision-making autonomy? Theory and evidence from European transition economies [J]. *International Business Review*, 2015, 24 (5): 874 – 88.

[5] Hu H W, Sun P. What determines the severity of tunneling in China? [J]. *Asia Pacific Journal of Management*, 2019, 36 (1): 161 – 18.

[6] Huyghebaert N, Wang L. Expropriation of minority investors in Chinese listed firms: The role of internal and external corporate governance mechanisms [J]. *Corporate Governance: An International Review*, 2012, 20 (3): 308 – 33.

[7] Iwasaki I. Global financial crisis, corporate governance, and firm survival: The Russian experience [J]. *Journal of Comparative Economics*, 2014, 42 (1): 178 – 21.

[8] Liu H, Wang H, Wu L. Removing vacant chairs: Does independent directors' attendance at board meetings matter? [J]. *Journal of Business Ethics*, 2016, 133 (2): 375 – 39.

[9] Uhde D A, Klarner P, Tuschke A. Board monitoring of the chief financial officer: A review and research agenda [J]. *Corporate Governance: An International Review*, 2017, 25 (2): 116 – 13.

[10] Zhang X L. Study on cash flow manipulation and earnings management-based on empirical evidence of China listed companies' SEO [J]. *International Journal of Business and Social Science*, 2016, 7 (9): 46 – 54.

[11] Zheng J, Tian C. The impact of tunneling behavior on equity incentive plan – empirical evidence of China's main board from 2006 to 2013 [J]. *Open Journal of Social Sciences*, 2016, 4 (5): 217 – 22.

[12] Zona F, Gomez – Mejia L R, Withers M C. Board interlocks and firm performance: Toward a combined agency – resource dependence perspective [J]. *Journal of Management*, 2018, 44 (2): 589 – 61.

[13] 陈志军、赵月皎、刘洋:《不同制衡股东类型下股权制衡与研发投入——基于双重代理成本视角的分析》,载《经济管理》2016年第3期。

[14] 姜付秀、马云飙、王运通:《退出威胁能抑制控股股东私利行为吗?》,载《管理世界》2015年第5期。

[15] 林毅夫、刘明兴、章奇：《政策性负担与企业的预算软约束：来自中国的实证研究》，载《管理世界》2004 年第 8 期。

[16] 陆正飞、王雄元、张鹏：《国有企业支付了更高的职工工资吗?》，载《经济研究》2012 年第 3 期。

[17] 王凯、武立东、许金花：《专业背景独立董事对上市公司大股东掏空行为的监督功能》，载《经济管理》2016 年第 11 期。

[18] 王明琳、徐萌娜、王河森：《利他行为能够降低代理成本吗?——基于家族企业中亲缘利他行为的实证研究》，载《经济研究》2014 年第 3 期。

[19] 魏明海、黄琼宇、程敏英：《家族企业关联大股东的治理角色——基于关联交易的视角》，载《管理世界》2013 年第 3 期。

[20] 吴世飞：《股权集中与第二类代理问题研究述评》，载《外国经济与管理》2016 年第 1 期。

[21] 魏志华、赵悦如、吴育辉：《"双刃剑"的哪一面：关联交易如何影响公司价值》，载《世界经济》2017 年第 1 期。

[22] 魏志华、李常青、曾爱民、陈维欢：《关联交易、管理层权力与公司违规——兼论审计监督的治理作用》，载《审计研究》2017 年第 5 期。

[23] 吴先聪、张健、胡志颖：《机构投资者特征、终极控制人性质与大股东掏空——基于关联交易视角的研究》，载《外国经济与管理》2016 年第 6 期。

[24] 谢永珍、刘美芬：《政治联系、创始人身份对国有上市公司隧道行为的影响——董事会治理行为强度的非线性中介检验》，载《财贸研究》2016 年第 4 期。

[25] 徐鹏：《子公司动态竞争能力培育机制及效应研究——基于公司治理视角》，经济科学出版社 2016 年版。

[26] 徐鹏、徐向艺、白贵玉：《母公司持股、子公司管理层权力与创新行为关系研究——来自我国高科技上市公司的经验数据》，载《经济管理》2014 年第 4 期。

[27] 许金花、曾燕、李善民、康俊卿：《反收购条款的作用机制——基于大股东掏空研究视角》，载《管理科学学报》2018 年第 2 期。

[28] 姚洋、章奇：《中国工业企业技术效率分析》，载《经济研究》2001年第10期。

[29] 伊志宏、姜付秀、秦义虎：《产品市场竞争、公司治理与信息披露质量》，载《管理世界》2010年第1期。

[30] 张传财、陈汉文：《产品市场竞争、产权性质与内部控制质量》，载《会计研究》2017年第5期。

[31] 郑丽、陈志军：《母子公司人员嵌入、控制层级与子公司代理成本》，载《经济管理》2018年第10期。

[32] 周建、袁德利：《公司治理机制与公司绩效：代理成本的中介效应》，载《预测》2013年第2期。

第十二章

金字塔结构下上市公司管理层权力配置效应[*]

随着经济全球化进程的加快和市场竞争激烈程度的加剧,在愈加复杂的动态竞争环境下民营企业的可持续成长面临巨大挑战,民营企业持续成长路径的探索在学术界和实践界逐渐得到重视。本章从金字塔结构下上市公司管理层权力配置的角度出发,以我国民营上市公司作为研究对象,对管理层权力与企业成长之间的关系进行分析。在充分梳理现有文献的基础上,对企业成长性的内涵及维度进行区分,并探究了管理层权力的价值创造机理和影响因素,以期为实践中民营上市公司治理机制安排提供借鉴。

第一节 问题的提出

民营经济作为除了国有和国有控股企业以外的多种所有制经济的总和,资本容量占全社会总资本的60%。民营企业在自身规模不断发展壮大的同时,为中国带来了巨大的经济效益和社会效益,不论是企业总数还是GDP占比,以及对国家税收的贡献都已成为中国经济的重要组成部分(汪海粟和方中秀,2010),逐渐成为驱动中国经济发展的主要动力。但是,随着经

---

[*] 本章主要内容发表于《山东社会科学》2019年第12期。

济全球化进程的加快和市场竞争激烈程度的加剧，在愈加复杂的动态竞争环境下民营企业的可持续成长面临巨大挑战，基于此，关于民营企业持续成长路径的探索在学术界和实践界逐渐得到重视。

目前学术界分别从宏观、中观和微观三个层面对民营企业成长的影响因素进行了分析，其中宏观层面影响因素的考察主要包括组织外部网络嵌入（Cong et al.，2017）、市场环境等，比如李培馨（2014）的研究表明良好的海外市场环境可以起到改善企业外部融资约束并促进企业成长的作用；中观层面影响因素主要是基于组织内部特征展开研究，包括研发投入（Chen et al.，2016）、竞争能力等（Teece et al.，2014），比如徐鹏（2016）的研究表明公司的动态竞争能力对成长性有显著促进作用；微观层面的研究主要是从领导特质（Islam，2014）、企业家人力资本（杨琴，2015）等方面展开探索，比如李巍和许晖（2016）的研究验证了企业家国际注意力在新创企业成长过程中的重要价值。此外也有学者从内外生机制相对影响的角度进行了分析（李森森和张玉明，2014）。

梳理已有文献可以发现，目前关于企业成长影响因素的理论研究较多，但是关于成长性内涵的界定和测量指标的选择方面存在较大差异化，而且关于成长性前因变量的考察对权变情境因素的影响重视不足。基于此，本章以我国民营上市公司作为研究对象，对管理层权力与企业成长之间的关系进行分析，与以往文献相比，本章的创新与主要贡献在于：首先，参考前人研究对企业成长性的内涵以及其维度进行梳理细分，立足于短期获利水平和长期发展空间两个层面，提出从盈利性和扩张性双维度评价民营上市公司成长性；其次，基于代理理论和管家理论对管理层权力的价值创造机理进行分析，探索了管理层权力对民营上市公司盈利性和扩张性提升机理的差异化；最后，在对"管理层权力配置与企业成长关系"的研究路径中，还考察了公司规模的调节作用，系统全面地分析管理层权力配置效应，以期为实践中民营上市公司治理机制安排提供借鉴。

第二节 理 论 基 础

一、企业成长性内涵解析及维度划分

企业成长性主要是描述企业一定时期内整体绩效的变化和发展状态，是一个相对动态的概念，回顾已有文献，发现目前学术界对企业成长性概念的界定和维度划分仍有许多不同的观点。吴世农等（1999）较早地关注到了企业成长性的判定问题，并以此为研究视角展开了一系列研究，他们认为成长性是企业经营管理以及发展趋势等多方面的综合特征表现。毛（Mao，2009）认为具有成长性的企业能够敏锐地判断所处的环境，合理配置拥有或控制的经济资源，并根据目标群体的需要，提供优质的服务或产品，以获取行业平均利润甚至超额利润。樊行健等（2009）在研究中提出企业的成长性还可以成为企业的发展能力、成长能力或增长能力，它是企业通过自身的生产经营活动，不断扩大积累而形成的发展潜能。孙和高（Sun and Gao，2016）在研究中将成长性定义为公司实现可持续成长的能力，是预测企业未来经营状况的重要指标。赫斯塔德等（Herstad et al.，2013）和朱明洋等（2017）认为企业成长性实质上是一种增长与增加的动态过程，表现为公司所在产业具有成长空间，产品具有广阔前景，经营业绩不断增长等。

结合以往学者的研究可知，企业成长性代表企业在一个相对连续的时间跨度内所呈现的从差到好、从好到更好的发展态势，所以，其不能简单地通过利润创造状态进行衡量。基于此，本研究立足于短期获利水平和长期发展空间两个层面，将成长性分为盈利性和扩张性两个维度，分别探索管理层权力对企业成长的影响机理，其中盈利性反映了企业短期的获利状态，扩张性体现了企业长期发展空间。

二、管理层权力与企业成长的关联性

权力是影响个人（或团体）行动强度与可能的主要因素，管理层权力

是指公司管理者影响公司治理机制，并执行自身意愿的能力（Finkelstein，1992）。随着我国现代企业制度的建立与完善，管理层权力配置成为强化管理者工作热情和提升组织运行效率的基本保障与有效途径（徐鹏等，2014），但是，在复杂经营环境中，权力也有可能会使得管理者有动机和能力做出不利于组织发展的自利性行为，由此对企业带来的消极影响。也就是说，管理层权力配置在管理实践中对企业的经营发展具有双刃剑效应。

委托代理理论认为，委托人与代理人之间会由于信息不对称产生代理成本，即代理人进行决策时会在可能的情况下率先做出对自己更有利的选择。基于此理论逻辑，当管理层权力配置程度较低时，管理层会优先实施更容易创造短期收益的经营决策（权小锋等，2010）。这是因为：一方面，有利于企业长期发展的战略决策需要相对较长的兑现周期，管理层权力较低使其不具备持续推进决策实施的能力，所以，利益获取的不确定性使得管理层关注企业长期发展的动力不足（胡明霞，2015）；另一方面，当管理层权力较低时，民营上市公司管理层为了职位稳定性，会更倾向于尽快展现经营能力，获得控股股东的认可，由此更加倾向于进行短期投资或者更加关注能为企业短期利润做出贡献的经营决策（曹玉珊，2016）。

但是，随着权力配置程度的增加，管理层的管家心态会逐渐被激发，促使其对企业长期发展给予更多关注。管家理论认为代理人并不总是机会主义者，当其被充分授权时，精神激励会促使管理层成为公司资产的"管家"，将更多注意力放在公司未来的成长空间和扩张态势层面，且管理层因为其丰富的专业知识和管理经验在企业内部所拥有的剩余控制权和剩余索取权能够保证经营决策的顺利实施（谭庆美和魏东一，2014）。此外，结合我国民营上市公司治理结构特征和管理层权力的内涵考虑，管理层权力较高时，很有可能是控股股东亲自参与了上市公司治理，此时，管家效应会表现得更加明显，即在管理层权力配置程度较高情境中，民营上市公司会更倾向于关注反映企业持续成长状态的扩张性。

基于以上分析，本章提出如下假设：

假设 H1：管理层权力与民营上市公司盈利性负相关，即随着管理层权力配置程度的降低，反映民营上市公司短期获利水平的盈利性表现越好。

假设 H2：管理层权力与民营上市公司扩张性正相关，即随着管理层权力配置程度的增加，反映民营上市公司持续成长空间的扩张性表现越好。

三、公司规模差异化情境下管理层权力与企业成长关系的权变思考

已有学者对公司规模与公司治理决策和战略行为的关联性进行了诸多探讨，比如白贵玉等（2014）认为大规模企业更倾向于实施技术竞争行为，小规模企业更倾向于实施市场竞争行为；于长宏和原毅军（2017）的研究表明，随着企业规模的增加，R&D 结构中技术探索型研究所占的比重呈现出先上升后下降的变化趋势。这些研究假设的推导过程及结论的验证充分说明了公司规模作为民营上市公司决策行为和能力的情境变量，在管理层权力与公司成长性的关系中具有调节作用，其逻辑主要体现在：

首先，由上文理论演绎可知，委托代理理论使得代理人在权力不足的情况下，基于自保逻辑会做出倾向于实现短期获取利润的选择，但是这种倾向性会随着权力配置程度的增加而逐渐降低。公司规模的差异化会对以上演化路径产生影响，这是因为：与大规模企业相比，规模较小的民营上市公司管理层更换带来的负面效应相对更弱，较高的职位流动性会强化管理层权力不足时的自保动机，即在职位流动的威胁下，管理层会更加倾向于快速创造业绩以保住自身职位，在企业盈利性上做出更多努力（万伦来和潘星星，2016）。所以，民营上市公司管理层权力与盈利性的负向关联性在规模较小的企业中表现得更为明显和强烈。基于此，提出如下假设：

假设 H3：公司规模对管理层权力与企业盈利性的关系具有调节作用，具体表现为：在规模较小的企业中，管理层权力对盈利性的负向影响被强化。

其次，上文述及，权力配置程度的增加能够有效削弱管理层的职位顾虑和自保动机，并促使其形成"管家"心态，为民营上市公司的持续成长做出更多努力。公司规模对上述逻辑的调节作用主要体现在：第一，基于大企业平稳运行的考虑，大规模企业的管理层职位稳定性要高于小规模企业，较小的后顾之忧对管理层关注企业长期发展有积极作用，并最终表现在企业的扩张性层面；第二，企业规模的增大意味着管理层可以支配的资源增多

(Boyer et al., 1996)，即与小规模企业相比，大规模企业为权力充分的管理层提供了更多可以支配的组织资源，使得管理层追逐长期扩张的目标更容易实现（万丛颖和郭进，2009）。基于以上分析，提出如下假设：

假设 H4：公司规模对管理层权力与企业扩张性的关系具有调节作用，具体表现为：在规模较大的企业中，管理层权力对扩张性的正向作用被强化。

第三节 研究设计

一、样本选择与数据来源

本章的研究以我国民营上市公司为研究对象，样本观测期间为：2013~2016 年，所以选择 2012 年 12 月 31 日之前上市的民营企业作为初始样本，参考邵帅和吕长江（2015）的研究，以公司最终控制权可以追溯到"一个家族或者一个自然人"为初步筛选标准，并通过以下几个步骤对样本做进一步筛选：一是剔除隶属于金融行业的上市公司，以避免行业特殊性对研究结论的干扰；二是剔除 2013~2016 年发生重大重组事项以及被 ST 和 *ST 的公司，以避免非正常运营公司的财务信息失真的影响；三是剔除数据严重缺失的上市公司，以保证研究数据的科学性。经过以上步骤，最终获取 872 家上市公司作为研究样本，本文实证分析中所使用到的相关数据均来自国泰安数据库（CSMAR 数据库），共形成 3488 组观测数据。

二、变量及其度量

（1）被解释变量。本章的被解释变量为企业成长性，从盈利性和扩张性两个维度解释企业成长状态，盈利性以总资产净利润率进行测量，总资产净利润率是衡量企业利用债权人和所有者权益总额所取得盈利的重要指标，计算方式为净利润与总资产之比；扩张性以总资产增长率进行衡量，总资产增长率是企业资产规模增长情况的重要指标,计算方式为本年总资产增长额同年初资产总额的比率。

(2) 解释变量。本章的解释变量为管理层权力,主要从所有权权力、决策权力和执行权力三个方面对管理层权力内涵进行诠释,为此,选择管理层持股比例(所有权权力)、领导权结构(决策权力)和在职消费(执行权力)三个维度进行衡量,利用主成分分析法将三个指标汇聚。

(3) 调节变量。本章的调节变量为公司规模,考察在公司规模差异化情境下,管理层权力对企业成长影响的权变性,其测量方式为公司年末资产总额的自然对数。

(4) 控制变量:参考前人研究,本章还选取股权集中度、董事会规模、董事会独立性、资本结构、财务杠杆、经营杠杆和行业共7个有可能对企业成长产生影响的指标作为控制变量。变量名称及衡量方式如表12-1所示。

表12-1 变量定义与衡量

变量名称	测量指标
成长性(Growth)	盈利性(Profitability):净利润与总资产之比
	扩张性(Expansion):本年总资产增长额同年初资产总额之比
管理层权力(MP)	所有权权力(OP):管理层持股总数与公司股本总数之比
	决策权力(DP):领导权结构中若两职合一记为1,否则记为0
	执行权力(EP):公司经营活动中支付的差旅费、业务招待费等
公司规模(Size)	年末的资产总额取自然对数
股权集中度(Control-1)	上市公司控股股东持股比例
董事会规模(Control-2)	上市公司董事会中的董事人数
董事会独立性(Control-3)	上市公司董事会中独立董事所占比例
资本结构(Control-4)	上市公司年末资产负债率
财务杠杆(Control-5)	(净利润+所得税费用+财务费用)/(净利润+所得税费用)
经营杠杆(Control-6)	(净利润+所得税费用+财务费用+资产折旧+无形资产摊销+长期待摊费用摊销)/(净利润+所得税费用+财务费用)
行业(Control-7)	上市公司若为高科技行业记为"1",否则记为"0"

三、模型设计

为了验证本章提出的研究假设,设计以下多元回归模型:

模型 I : $\text{Profitability} = c + \sum_{i=1}^{7} b_i \text{Control}_i + \varepsilon$

模型 II : $\text{Profitability} = c + \sum_{i=1}^{7} b_i \text{Control}_i + a_1 \text{MP} + \varepsilon$

模型 III : $\text{Profitability} = c + \sum_{i=1}^{7} b_i \text{Control}_i + a_1 \text{MP} + a_2 \text{Size} + a_3 \text{MP} \times \text{Size} + \varepsilon$

模型 IV : $\text{Expansion} = c + \sum_{i=1}^{7} b_i \text{Control}_i + \varepsilon$

模型 V : $\text{Expansion} = c + \sum_{i=1}^{7} b_i \text{Control}_i + a_1 \text{MP} + \varepsilon$

模型 VI : $\text{Expansion} = c + \sum_{i=1}^{7} b_i \text{Control}_i + a_1 \text{MP} + a_2 \text{Size} + a_3 \text{MP} \times \text{Size} + \varepsilon$

上面各模型中,c 为截距项,ε 代表随机扰动项,Control 为控制变量组,共包含 7 个控制变量,b_i 代表各控制变量的回归系数,模型 I 和模型 IV 是企业盈利性和扩张性分别作为被解释变量的基础回归模型;模型 II 和模型 V 在模型 I 和模型 IV 的基础上加入解释变量管理层权力,检验管理层权力对企业盈利性和扩张性的影响,可以验证假设 H1 和假设 H2;模型 III 和模型 VI 在模型 II 和模型 V 的基础上加入了调节变量公司规模以及解释变量和调节变量的乘积项,用以检验公司规模差异化情境下管理层权力对企业成长影响的权变性,可以验证假设 H3 和假设 H4。

第四节 数据分析与结果讨论

一、描述性统计

由于解释变量管理层权力是对三个二级指标标准化后通过主成分分析计

算，加权而成的数据无法准确反映观测期内管理层各维度权力的变化情况，所以，本文对未标准化的主要变量测量指标进行描述性统计，结果如表12-2所示。结果显示，所有权权力的均值变化趋势说明观测期内样本企业管理层持股比例呈现递减变化，且标准差的整体下降趋势也说明了样本企业管理层所有权权力的差异化逐渐缩小；决策权力的均值和标准差在观测期内变化趋势不明显，但均值小于0.5，说明多数样本企业的领导权结构中董事长与CEO两职不是由一人兼任的；执行权力的均值逐渐上升反映出随着社会进步和现代企业制度的完善，我国民营上市公司管理层在经营过程中的自主权得到提升；公司规模的标准差的升高趋势说明样本企业在观测期内规模的差异化逐渐扩大；企业成长方面，盈利性指标在观测期内未发现规律性变化，但扩张性的均值变化趋势显示样本企业观测期内扩张性逐渐升高，盈利性与扩张性发展趋势的不匹配也进一步显示出我国民营上市公司的发展偏好，同时，扩张性的标准差整体上升也说明样本企业扩张性表现的差异化逐渐扩大。

表12-2　　　　　　　　　　　描述性统计

年度	变量	最小值	最大值	均值	标准差
2013	所有权权力（OP）	0.000	0.849	0.280	0.246
	决策权力（DP）	0.000	1.000	0.387	0.487
	执行权力（EP）	0.009	3.157	0.126	0.152
	公司规模（Size）	19.189	25.400	21.394	0.919
	盈利性（Profitability）	-0.437	0.242	0.047	0.047
	扩张性（Expansion）	-0.270	2.049	0.138	0.185
2014	所有权权力（OP）	0.000	0.798	0.258	0.233
	决策权力（DP）	0.000	1.000	0.385	0.487
	执行权力（EP）	0.007	2.536	0.134	0.169
	公司规模（Size）	19.322	25.329	21.527	0.937
	盈利性（Profitability）	-0.507	0.229	0.043	0.054
	扩张性（Expansion）	-0.488	1.924	0.155	0.214

续表

年度	变量	最小值	最大值	均值	标准差
2015	所有权权力（OP）	0.000	0.806	0.238	0.216
	决策权力（DP）	0.000	1.000	0.390	0.488
	执行权力（EP）	0.002	1.469	0.134	0.133
	公司规模（Size）	19.288	25.459	21.708	0.943
	盈利性（Profitability）	-0.372	0.342	0.045	0.049
	扩张性（Expansion）	-0.386	7.787	0.234	0.491
2016	所有权权力（OP）	0.000	0.775	0.225	0.202
	决策权力（DP）	0.000	1.000	0.385	0.487
	执行权力（EP）	0.003	8.672	0.162	0.378
	公司规模（Size）	19.231	25.851	21.935	0.958
	盈利性（Profitability）	-0.657	0.482	0.037	0.066
	扩张性（Expansion）	-0.597	11.706	0.317	0.774

二、多元回归分析

基于本章所涉及的模型，使用 Stata10.0 进行层次回归分析，结果如表 12-3 所示。

首先，管理层权力与企业成长关联性假设的检验。模型Ⅱ中企业盈利性作为被解释变量，回归结果显示模型 R^2 为 0.0970，F 值为 46.70，解释变量管理层权力的回归系数为 -0.0757，且通过 1% 的显著性水平检验，说明管理层权力与企业盈利性存在显著的负向相关关系，假设 H1 得证；模型Ⅳ中企业扩张性作为被解释变量，回归结果显示模型 R^2 为 0.0404，F 值为 18.29，解释变量管理层权力的回归系数为 0.2294，且在 1% 水平下通过显著性检验，说明管理层权力对企业扩张性有显著正向影响，假设 H2 得证。

其次，公司规模调节作用的检验。模型Ⅲ在模型Ⅱ的基础上加入调节变量及乘积项，回归结果显示 R^2 值为 0.1464，F 值为 59.66，解释变量管理层权力回归系数为 -0.0467，在 5% 水平下显著，乘积项回归系数为 0.2850，通过 1% 水平的显著性检验，由乘积项和解释变量回归系数的符号可知，公司规模对管理层权力与盈利性的关系有负向调节作用，即在规模较大的公司中，管理层权力对盈利性的负向影响会被削弱，假设 H3 得证；模型Ⅵ在模型Ⅳ的基础上加入调节变量及乘积项，回归结果显示 R^2 值为 0.0933，F 值为 35.80，解释变量管理层权力回归系数为 0.2362，在 1% 水平下显著，乘积项回归系数为 0.2035，通过 1% 水平的显著性检验，由乘积项和解释变量回归系数的符号可知，公司规模对管理层权力与扩张性的关系有正向调节作用，即在规模较大的公司中，管理层权力对扩张性的正向影响会被加强，假设 H4 得证。

表 12-3　　　　　　　　　　　回归分析结果

变量	盈利性（Profitability）			扩张性（Expansion）		
	模型Ⅰ	模型Ⅱ	模型Ⅲ	模型Ⅳ	模型Ⅴ	模型Ⅵ
控制变量						
股权集中度 (Control-1)	0.0997*** (6.13)	0.1014*** (6.24)	0.0835*** (5.26)	-0.0529*** (-3.12)	-0.0579*** (-3.46)	-0.0692*** (-4.23)
董事会规模 (Control-2)	0.1046*** (5.23)	0.1017*** (5.09)	0.0457** (2.30)	-0.0332 (-1.59)	-0.0244 (-1.18)	-0.0680*** (-3.32)
董事会独立性 (Control-3)	0.0131 (0.66)	0.0182 (0.92)	-0.0014 (-0.07)	-0.0101 (-0.49)	-0.0254 (-1.24)	-0.0388* (-1.94)
资本结构 (Control-4)	-0.2832*** (-16.80)	-0.2909*** (-17.13)	-0.4431*** (-22.40)	0.0921*** (5.24)	0.1154*** (6.59)	-0.0183 (-0.90)
财务杠杆 (Control-5)	-0.0282* (-1.73)	-0.0297* (-1.82)	-0.0254 (-1.61)	-0.0330* (-1.94)	-0.0285* (-1.70)	-0.0251 (-1.54)
经营杠杆 (Control-6)	-0.0138 (-0.86)	-0.0129 (-0.80)	-0.0152 (-0.97)	-0.0001 (-0.01)	-0.0029 (-0.18)	-0.0052 (-0.32)
所属行业 (Control-7)	0.0003 (0.02)	0.0092 (0.54)	0.0224 (1.36)	0.0564*** (3.23)	0.0295* (1.70)	0.0439*** (2.59)
解释变量						
管理层权力（MP）		-0.0757*** (-3.39)	-0.0467** (-2.11)		0.2294*** (9.98)	0.2362*** (10.37)

续表

变量	盈利性（Profitability）			扩张性（Expansion）		
	模型Ⅰ	模型Ⅱ	模型Ⅲ	模型Ⅳ	模型Ⅴ	模型Ⅵ
调节变量						
企业规模（Size）			0.2850 *** (14.01)			0.2523 *** (12.04)
交互效应						
企业规模×管理层权力（Size * MP）			0.0884 *** (4.10)			0.2035 *** (9.15)
R^2	0.0940	0.0970	0.1464	0.0129	0.0404	0.0933
F值	51.57	46.70	59.66	6.50	18.29	35.80

注：*、**、*** 分别代表了10%、5%和1%的显著性水平；本表未汇报常数项。

第五节 研究结论与管理启示

本章将企业成长性分为盈利性和扩张性两个维度，基于委托代理理论和管家理论对民营上市公司管理层权力与企业成长性的关系进行了分析，并考察了公司规模在其关联路径中的调节作用，利用3488组数据进行实证检验后，主要得出如下研究结论和管理启示：

首先，民营上市公司管理层权力对成长性不同维度的影响机理存在差异化，具体表现为：管理层权力与民营上市公司盈利性负相关，即随着管理层权力配置程度的降低，反映民营上市公司短期获利水平的盈利性表现越好；管理层权力与民营上市公司扩张性正相关，即随着管理层权力配置程度的增加，反映民营上市公司持续成长空间的扩张性表现越好。本章基于委托代理理论和管家理论提出了管理层权力与成长性两个维度关联性的差异化假设，该结论的验证揭示了民营上市公司管理层在权力配置不同时对企业成长方向的倾向性逻辑，说明在管理实践中应当注意如下两方面工作：一是在管理层权力配置不足情境下，正确认识公司盈利性水平较高的原因和逻辑，为了规避过度关注短期收益带来的持续成长缺陷，在实践中应当进一步完善管理层激励机制，在管理层激励契约体系中要注重实施如股权激励的长期契约，在规避管理层短视倾向的同时,催生其对公司长期发展的注意力,尽量避免管理层基于职位自保动机追逐短期盈利性而忽视对长期发展空间的培育;二是在管理层充分配置情境下,也应当规避管理层对长期成长空间的过度关注而忽视了短期经营目标的实现,在管理层考核机制中注重短期获利与长期收益的指标平衡。

其次,公司规模对管理层权力与企业成长性的关系具有调节作用,具体表现为:管理层权力对盈利性的负向影响在小规模企业中更强,管理层权力对扩张性的正向影响在大规模企业中更强。公司规模对管理层权力与企业成长关系具有调节作用结论的验证进一步揭示了管理层权力配置双刃剑效应的权变机理,也进一步说明公司治理机制设计过程中应当基于自身特征制定管理层权力配置体系,这有利于治理机制设计的科学性的提升。

最后,本章从短期获利水平和长期发展空间两方面解析企业成长状态,通过实证分析揭示了两类经营目标在短期内的难以协调性,也更进一步说明从多维度评价上市公司经营状态的必要性和重要价值。所以,在管理实践中应当注重对上市公司经营状态的多维考察,避免企业成长体系不全面造成成长状态的畸形发展。

参 考 文 献

[1] Boyer K K, Ward P T, Leong G K. Approaches to the factory of the future. An empirical taxonomy [J]. *Journal of Operations Management*, 1996, 14 (4): 297-313.

[2] Chen P C, Chan W C, Hung S W, Hsiang Y. J, Wu, L C. Do R&D expenditures matter more than those of marketing to company performance? The moderating role of industry characteristics and investment density [J]. *Technology Analysis & Strategic Management*, 2016, 28 (2): 205-216.

[3] Cong H, Zou D, Wu F. Influence mechanism of multi-network embeddedness to enterprises innovation performance based on knowledge management perspective [J]. *Cluster Computing*, 2017, 20 (1): 93-108.

[4] Finkelstein S. Power in top management teams: Dimensions, measurement, and validation [J]. *Academy of Management Journal*, 1992, 35 (3):

505 - 538.

[5] Herstad S J, Sandven T, Solberg E. Location, education and enterprise growth [J]. *Applied Economics Letters*, 2013, 20 (10): 1019 - 1022.

[6] Mao H. Review on enterprise growth theories [J]. *International Journal of Business and Management*, 2009, 4 (8): 20 - 24.

[7] Islam S. Entrepreneurs' biographic characteristics and small enterprise growth in Bangladesh: an empirical analysis [J]. *The Journal of Indian Management & Strategy*, 2014, 19 (1): 4 - 12.

[8] Sun M, Gao H. Study on coupling of entrepreneurial enterprise growth and enterprise network competence based on a random network model [J]. *International Journal of Online Engineering*, 2016, 12 (12): 11 - 15.

[9] Teece D J. The foundations of enterprise performance: Dynamic and ordinary capabilities in an (economic) theory of firms [J]. *The Academy of Management Perspectives*, 2014, 28 (4): 328 - 352.

[10] 白贵玉、徐向艺、徐鹏：《企业规模、动态竞争行为与企业绩效——基于高科技民营上市公司面板数据》，载《经济管理》2015 年第 7 期。

[11] 曹玉珊：《管理层权力会推动企业进行衍生品投机吗——来自中国上市公司的证据》，载《当代财经》2016 年第 6 期。

[12] 樊行健、刘浩、郭文博：《中国资本市场应计异象问题研究——基于上市公司成长性的全新视角》，载《金融研究》2009 年第 5 期。

[13] 胡明霞：《管理层权力、技术创新投入与企业绩效》，载《科学学与科学技术管理》2015 年第 8 期。

[14] 李培馨：《海外上市地点、融资约束和企业成长》，载《南开经济研究》2014 年第 5 期。

[15] 李森森、张玉明：《科技型小微企业成长机制构建研究——基于企业成长理论》，载《山东社会科学》2014 年第 1 期。

[16] 李巍、许晖：《企业家特质、能力升级与国际新创企业成长》，载《管理学报》2016 年第 5 期。

[17] 权小锋、吴世农、文芳：《管理层权力、私有收益与薪酬操纵——来自中国国有上市企业的实证证据》，载《经济研究》2010 年第 5 期。

[18] 邵帅、吕长江：《实际控制人直接持股可以提升公司价值吗？——来自中国民营上市公司的证据》，载《管理世界》2015 年第 5 期。

[19] 谭庆美、魏东一：《管理层权力与企业价值：基于产品市场竞争的视角》，载《管理科学》2014 年第 3 期。

[20] 万丛颖、郭进：《基于企业规模调节效应的股权结构对并购绩效的影响——来自沪深 A 股市场的经验证据》，载《金融研究》2009 年第 9 期。

[21] 万伦来、潘星星：《基于职位变更调节视角的 CEO 权力－薪酬敏感性研究——来自中国民营上市公司的经验证据》，载《商业研究》2016 年第 9 期。

[22] 汪海粟、方中秀：《中国民营企业快速成长的经验研究——以深圳创业板公司为例》，载《中国工业经济》2010 年第 9 期。

[23] 吴世农、李常青、余玮：《我国上市公司成长性的判定分析和实证研究》，载《南开管理评论》1999 年第 4 期。

[24] 徐鹏、徐向艺、白贵玉：《母公司持股、子公司管理层权力与创新行为关系研究——来自我国高科技上市公司的经验数据》，载《经济管理》2014 年第 4 期。

[25] 徐鹏：《子公司动态竞争能力培育机制及效应研究——基于公司治理视角》，经济科学出版社 2016 年版。

[26] 杨琴：《企业家人力资本对企业成长绩效的作用机制分析》，载《经济研究导刊》2015 年第 7 期。

[27] 于长宏、原毅军：《企业规模、技术获取模式与 R&D 结构》，载《科学学研究》2017 年第 10 期。

[28] 朱明洋、张玉利、张永强：《民营科技企业成长过程中商业模式双元演化研究》，载《科学学与科学技术管理》2017 年第 10 期。

第十三章

金字塔结构下上市公司自主性、风险承担与创新投入

随着子公司的发展并寻求自己独特的资源,母公司不再是子公司竞争优势的唯一来源。子公司在拥有自主权的情况下,可以积累企业资源,降低管理成本,有效响应市场需求,实现企业技术创新。由此推断,金字塔结构下,子公司拥有较强的自主性能否促进创新投入水平?本章选取 2008~2019 年 A 股民营上市公司为研究样本,建立了子公司自主性与创新投入的实证模型,试图打开子公司自主性对创新投入影响的"黑箱",揭示在创新投入决策过程中风险承担的作用机制以及在行业竞争情境下的动态变化规律。研究结论丰富了子公司自主性的相关研究文献,为民营企业进行创新投入决策提供了经验证据。

第一节 问题的提出

创新是经济增长的关键决定因素,而创新投入在创新和企业成功方面发挥着重要作用。众所周知,研发投资对经济增长、企业价值和盈利能力有积极影响。我国政府先后发布了《促进科技成果转移转化行动方案》《关于深化科技奖励制度改革的方案》等一系列文件,鼓励企业积极进行创新投入。世界知识产权组织(WIPO)、美国康奈尔大学和英士国际商学院(IN-SEAD)共同发布的"2020 年全球创新指数"(Global Innovation Index)来

第十三章　金字塔结构下上市公司自主性、风险承担与创新投入

看，中国研发经费支出 2.2 万亿元，居世界排名 26 位，尽管我国的创新投入相对于之前有所提升，但是与排名靠前的 GDP 大国相比仍有一定的进步空间。尤其是我国的民营企业作为中国经济发展不可或缺的中坚力量，在关键资源获取、产品创新投入方面仍旧处于劣势地位。因此，研究民营企业创新投入受哪些因素的影响，不仅具有学术价值，也具有经济价值。

目前关于母子公司创新投入影响因素的研究，大多从集团公司或者母公司控制的角度进行分析，例如创始控制、集团内部市场、与内部权力配置等，集团公司或母公司通常通过大力参与子公司创新能力的发展来控制子公司创新能力，从而形成在公司内部扩大作用的基础。然而子公司并不是完全的被动接受者，母公司作为子公司主要资本、资源来源的角色正在发生变化。很明显，随着子公司的发展并寻求自己独特的资源，母公司不再是子公司竞争优势的唯一来源。为了适应这一变化，子公司在拥有自主权的情况下，可以积累企业资源，降低管理成本，有效响应市场需求，实现企业技术创新。此外，有学者认为，权力体验驱使人们承担更多风险，进而影响企业的研发决策。因此，本章从自主性的角度提出两个研究问题：子公司自主性能有效提升民营企业创新投入水平吗？风险承担能否在子公司自主性和民营企业创新投入之间起到中介作用？

另外，值得注意的是，子公司在市场上的竞争越激烈，子公司与利益相关者沟通越频繁，就越能了解市场的选择和实现客户细分。由于子公司的管理机制是对市场的动态竞争条件做出反应，因此当子公司想要为其市场整合合适的营销和管理策略时，其速度和效率取决于子公司的自主程度。因此，本章提出第三个研究问题：复杂的行业竞争程度能有效调节子公司自主性和民营企业创新投入之间的关系吗？

综上，本章选取 2008～2019 年 A 股民营上市公司为研究样本，建立了子公司自主性与创新投入的实证模型，试图打开子公司自主性对创新投入影响的"黑箱"，揭示在创新投入决策过程中风险承担的作用机制以及在行业竞争情境下的动态变化规律。区别于已有研究，本章的理论贡献主要体现在以下几点：（1）基于子公司自主性视角，深入考察了子公司自主性的治理效应，并结合民营企业行业竞争情况，探究了这种治理效应的差异性表现，丰富了民营子公司自主性的相关研究；（2）揭示了子公司自主性与创新投

入的内在机理,拓展了权力趋近/抑制理论的应用边界。将权力趋近/抑制理论应用到组织层面,发现子公司自主性提高了组织与管理者的权力,权力的体验驱使组织愿意承担更多风险,更积极进行创新投入;(3)检验了 CEO 职业背景对子公司自主性治理效应的边界作用,力图深入地理解 CEO 个人特征对组织战略行为和组织响应的影响。本章系统分析了 CEO 职业背景对子公司战略选择、风险倾向等方面产生的影响。总体而言,本章不仅丰富了子公司自主性的相关研究文献,更为民营企业进行创新投入决策提供经验证据。

第二节 理论基础与假设提出

一、子公司自主性的概念

在母子公司结构中,由于母公司潜在的"道德风险因素"与"隧道效应",使子公司其他利益相关者利益难以得到保证,母子公司之间本应平衡的利益体系向母公司倾斜。然而,随着子公司的发展并开始寻求自己独特的资源,子公司自主性应运而生。

子公司自主性是一个复杂的概念,过去 20 年的许多研究都将子公司自主性和跨国公司的权力下放视为同义词,主要强调母公司控制效率的集中化。从广义上讲,自主性是指行动者在不受外界干扰的情况下,能够自由行动的程度。在西方社会,自主性被认为是每个人都享有的一项人权,只有在保护自己或他人不受伤害的情况下才有必要对其加以限制。因此,自主性不仅是不受外部影响,而且还需要有行使自由裁量权的能力。应用于组织层面,自主性是指执行者对如何执行组织实践拥有自由裁量权的能力。在母子公司实践中,子公司自主性是由自上而下的结构力量和自下而上的管理自由裁量权相互作用下形成的。塔加特和胡德(Taggart and Hood,1999)认为子公司自主性来自母子公司之间的讨价还价。当业务和/或战略决策主要由子公司做出时,就会产生高自主性。当这些决策主要由母公司做出时,就会出现低自主性。因此，本章认为子公司自主性是指子公司通过与母公司讨价还价获得的自主权，是母子公司对剩余控制权讨价还价的外在表现，意味着子公司在其经营环境中不受母公司干涉而做出决策的程度。

二、子公司自主性与创新投入

子公司自主性是母子公司讨价还价下适度的自主性。早期研究主要探讨层级组织结构和决策集中化对交易成本的影响，主要关注集中管理行为和运营效率。然而，母公司的直接控制往往是不可持续的。随着子公司的发展，子公司的角色由被动转变为主动，通过分配资源以实现其经营环境中的战略目标提高企业效率。因此，面对子公司的战略实施与组织结构的变化，试图解释子公司自主性对组织响应产生的影响，即子公司自主性如何影响民营企业创新投入水平。

首先，子公司自主性是子公司能够较好融入企业外部经营环境的一种方式，有助于企业快速和及时做出合理的创新决策。做出基于社会网络理论，子公司从组织间的关系中能够促进关键能力的发展。这一关键能力能让子公司利用集群中的知识网络与合作伙伴建立密切和频繁的互动，进而获得稀有的宝贵资源。子公司高度的外部嵌入性将有助于子公司利用外部资源力量，增强子公司相对于母公司的权力，奠定其网络中心地位。基于资源依赖理论，若子公司自主性越高，则拥有无法替代的资源，并且这些资源无法通过母公司获得时，该子公司享有更强的讨价还价能力。因此，子公司由于网络中心地位与资源控制，不仅为子公司创新投入提供资本与咨询便利，还为从母公司或其他子公司获取创新资本支持提供条件。严若森和钱晶晶（2016）的研究表明子公司通过连锁董事不仅能够产生可供选择的创新性问题解决方案，而且能够带来外部战略资源，有助于子公司做出合理的创新投入决策。

其次，自主性使子公司能够发展、部署和修改相关战略，以支持子公司创造竞争优势。母公司的经营环境往往不仅是异质的，而且变化也是不同步的，因此战略决策的重点在于子公司。具有高度自主性的子公司可以自主做出战略选择来确定相关的环境力量（如市场需求、产品生命周期、商业行为)以及构建和部署资源配置和能力来解决这些力量,从而做出更优的创新投入决策。由于母子公司可能存在一定的信息不对称,母公司会授予子公司一定的自主权,作为促进技术创新的一种响应手段。因此,罗(Luo,2005)提出"母公司需要减少企业壁垒,以便鼓励子公司对经营环境的适应和响应"。

最后,较高的自主性水平使子公司管理者对投资决策有更强责任感,有动机和能力提高创新投资。自主性代表了管理者在特定组织环境下可能采取的行动的最大自由度,使管理者能够充分利用专业知识提高业务决策的效率去追求战略机遇。当母公司授予管理者决策权和自主权时,表明了他们对管理者能力和职业诚信的信任。基于权力接近/抑制理论,这种信任可以促进管理层对公司的认同和承诺,增加决策者确定性,激励他们更像勤奋的管理者而不是投机的代理人。子公司自主性水平提高,使子公司管理者拥有更高的管理自由裁量权,有动机和能力通过决策合理化,发挥经营才能与创新才能。布拉戈埃娃等(Blagoeva et al.,2020)认为自主权给管理者带来一定的机会和责任,使其更有信心进行研发搜索行为。

总之,子公司自主性水平提高,能够使子公司从融入经营环境、选择战略方式、激励管理者等方面有效影响创新投入水平。因此,本章提出假设H1:

假设H1:子公司自主性正向影响创新投入水平。

三、风险承担中介作用

风险承担反映的是企业为了追求高风险项目的倾向以及为实现公司目标而采取大胆或谨慎行为的偏好。现有文献对风险承担的影响因素研究大多集中于公司治理水平与高管特征,从董事会、CEO傲慢、过度自信等方面将风险承担作为企业家精神的重要组成部分,鲜少从组织的角度进行分析。自主性是组织结构的重要因素,凯尔特纳等(Keltner et al.,2003)提出的权力接近/抑制理论(Approach/Inhibition Theory of Power)认为,权力是人类互动的基本要素,权力的高低能够刺激高权力触发行为接近系统,而低权力触发行为抑制系统。即当个体受到权力水平刺激时,积极的刺激能够使其做出一些逐渐接近目标的行为和举动，反之则进行回避。因此，本章基于权力接近/抑制理论，研究风险承担在子公司自主性与创新投入的中介作用。

基于权力接近/抑制理论，在母子公司行为层面，高权力者容易主动追求目标，而低权力者会抑制或者中断行为。因此，当公司拥有较高的自主权力时，高权力者把注意力集中在风险行为潜在回报方面，而忽略潜在威胁。安德森和加林斯基（Anderson and Galinsky，2006）对这一理论进行了检验，发现了权力与个人冒险之间存在正相关关系。因为子公司自主性的提升增加了风险存在时的乐观情绪，从而导致冒险倾向的增加。勒韦林和穆勒（Lewellyn and Muller，2012）在其理论发现了自主权的增强，使管理者获得了对董事会的隐性控制和追求符合自身利益的行动能力，增加了企业的风险承担能力。除此之外，基于资源依赖理论。企业的风险承担是一项资源消耗性活动，具有很强的资源依赖性。子公司自主性水平的提高，可以增强子公司组织间网络关系，通过董事的社会网络位置发挥信息优势和控制优势，缓解信息不对称，从而降低企业面临的不确定性，提高企业的风险承担能力。

企业创新投入是一种高风险、周期长的投资活动，是风险承担的一种决策表现，对企业绩效和生存有着重要的影响。风险承担水平的提升，不仅有利于企业积极创造、挖掘新的投资机会，培育企业核心竞争力，提高企业创新的积极性，进而提高社会生产效率。还有利于提高企业对创新风险的容忍度，增强了对高风险项目的信心，进而主动寻求有价值的投资项目，增加创新投入。

综上所述，本章认为子公司自主性的提高，一方面，使高权力者由于乐观情绪的积极刺激，企业会倾向于做出高风险决策，提高创新积极性，进而促进创新投入；另一方面，能够充分增强组织间网络的资源依赖关系，降低子公司外部信息不对称水平，提高企业风险承担能力，进而在投资决策时选择风险更高企业创新项目。因此，基于以上分析，本章提出假设H2：

假设H2：风险承担在子公司自主性与企业创新投入关系中起中介作用。

四、行业竞争的调节作用

子公司自主性与创新投入之间的关系还会受到行业竞争程度的影响。一一般来说，行业竞争程度越高，子公司的经营决策受到的影响越大。行业竞争程度会通过改变战略选择和激励措施来增加创新投入，从而对母公司过度控制和战略实施产生一定的影响。

首先，行业竞争通过改变管理者的战略选择影响子公司的创新投资决策。企业不是封闭的，外部环境的改变总是会对其产生深远而全面的影响。企业与环境的相互作用是战略选择的前提条件。由于竞争市场是动态的、不确定的，母公司或实际控制人对不熟悉的环境普遍缺乏认知和管理技能，但项目的成功往往又依赖于管理者及时地作出正确决策。蔡尔德（Child，1997）认为企业"有边界"自主性应是让管理者的战略决策过程适应企业所处环境。费伊和尼尔森（Fey and Denison，2003）提出行业竞争正向调节了高管时间取向与战略决策过程之间关系。因此在动态的市场条件和复杂的环境中，管理者对环境的迅速响应显得尤为必要，而母公司对子公司的结果控制或行为控制变得不那么适用，此时母公司会赋予子公司更大的自主权去应对环境的变化，使企业在创新决策方面更全面更准确，提高高风险项目的投入水平。

其次，行业竞争还能够通过改变内部激励措施影响企业风险水平，增加创新投资。行业竞争作为一种投资者保护机制，可以为管理者提供风险项目激励。行业竞争对企业风险的净效应取决于各激励因素的相对强度。在竞争激烈的市场中利润率很低，放弃净现值为正但风险高的项目并非明智之举，这不仅会导致企业的盈利能力变弱，甚至对企业生存发展都造成严重的负面影响。更高的行业竞争激励管理者进行高风险但价值递增的投资，以保持公司的竞争力。因此，在竞争激烈的行业中，当子公司自主权提高时，管理者拥有相对较多权力，能够减少管理人员的风险厌恶，使他们承担更多风险，进而提高创新积极性。

因此，基于以上分析，本章提出假设H3：

假设H3：行业竞争程度越高，子公司自主性对创新投入水平的积极影响越明显。

第三节 研究设计

一、样本选取与数据来源

本章选取 2008~2019 年 A 股民营上市公司为研究样本,参考陈志军、郑丽(2016)对子公司的划分标准,对初始数据进行筛选:(1)删除金融、保险类的上市公司;(2)删除 ST 公司和 *ST 公司;(3)删除报表中无控股股东、直接控股股东为自然人的企业;(4)删除主要变量数据缺失的样本。最终获得 10509 个观察值。为避免离群值对实证结果产生影响,本章对数据在 1% 和 99% 上进行了 Winsor 处理。本章的研究数据主要来自国泰安数据库、Wind 数据库和巨潮资讯网。

二、变量选取

(1)因变量:创新投入水平(RD)。对创新投入水平的衡量,既有研究通常采用创新投入除以销售额、总资产、营业收入或者创新投入的对数进行衡量。本文采用创新投入总额除以营业收入作为衡量标准。

(2)自变量:子公司自主性(Autonomy)。子公司自主权性水平主要涉及决策范围,随着母公司的主要活动融入子公司,子公司的自主性降低。有效整合子公司一直是母公司的核心目标,为了加强母子公司的整合,他们往往倾向于将管理人员外派到子公司的最高管理团队任职,因此,本章借鉴陈志军、郑丽(2016)与杨英英、徐向艺的处理方法,采用子公司的董事、高管在股东公司任职比例来衡量,为了更直观解释,用 1 - 上述比例。

(3)中介变量:企业风险承担(Risk)。本章的中介变量为企业的风险承担水平,已有文献常用的衡量指标主要有以下几种方法:盈余波动性、股票回报波动性、决策行为相关代理变量,如资本支出、资产负债率等。本章采用盈利波动性来衡量企业风险承担水平,其中 ROA 使用息税前利润除以年末总资产衡量。参考何瑛等（2019）的研究，将 ROA 减去年度行业均值得到 Adj_ROA，以每三年（t 年至 t+2 年）作为一个观测时段，分别滚动计算经行业调整后的 ROA（Adj_ROA）的标准差，对结果乘以 100 得到 Risk。

（4）调节变量：行业竞争程度（Competition）。借鉴 Sheikh 的测量方式，采用各行业当年的 Herfindahl-Hirschman 指数（HHI）来衡量。具体操作方式如下：首先，按照《上市公司行业分类指引》（2012 年修订）版本对上市公司各行业进行分类，计算出各行业每年的营业收入均值，然后计算出各企业在各行业内所占市场份额，最后计算出各行业所有企业市场份额的平方和，即 HHI。HHI 越大代表着行业竞争性越弱，为了更直观解释，用 1-HHI 代表行业竞争程度水平。

（5）控制变量：借鉴现有关于子公司自主性与创新投入的相关文献，选取可能具有显著作用的控制变量。包括：①审计质量（Audit），审计师来自四大会计师事务所为 1，否则为 0；②总资产（Asset），为企业年末总资产取对数；③上市年限（Listing），上市公司上市年份取对数；④资产负债率（LEV），为期末总负债/总资产；⑤董事会规模（Board），董事会人数；⑥独立董事（Indir），独立董事所占比例；⑦成长性（Growth），营业收入增长率。同时本章还对行业和年份进行控制。各变量汇总如表 13-1 所示。

表 13-1　　　　　　　　　　变量定义及说明

VARIABLES	变量代码	变量描述
创新投入	RD	年度创新投入总额占营业收入的比例
自主性	Autonomy	1-子公司的董事、高管在集团或母公司任职比例
风险承担	Risk	盈余波动性，Adj_ROA 的标准差乘以 100
行业竞争	Competition	1-各行业所有企业市场份额的平方和
审计质量	Audit	审计师来自四大会计师事务所为 1，否则为 0
总资产	Asset	企业年末总资产取对数
上市年限	Listing	上市公司上市年份取对数
资产负债率	Lev	为期末总负债/总资产

续表

VARIABLES	变量代码	变量描述
董事会规模	Board	董事会人数
独立董事	Indir	独立董事所占比例
成长性	Growth	营业收入增长率

资料来源：笔者整理。

三、模 型 设 计

为了检验假设 H1～H3 子公司自主性与创新投入的关系，根据表 13-1 中的变量，具体模型如下：

模型Ⅰ：$RD = \alpha_0 + \alpha_1 \times Autonomy + \sum \alpha_k Controlvar + \sum Ind + \sum Year + \varepsilon$

模型Ⅱ：$Risk = \alpha_0 + \alpha_1 \times Autonomy + \sum \alpha_k Controlvar + \sum Ind + \sum Year + \varepsilon$

模型Ⅲ：$RD = \alpha_0 + \alpha_1 \times Autonomy + \alpha_2 \times Risk + \sum \alpha_k Controlvar + \sum Ind + \sum Year + \varepsilon$

模型Ⅳ：$RD = \alpha_0 + \alpha_1 \times Autonomy + \alpha_2 \times Competition + \alpha_3 \times Autonomy \times Competition + \sum \alpha_k Controlvar + \sum Ind + \sum Year + \varepsilon$

在模型Ⅰ中，α_1 为子公司自主性（Autonomy）对创新投入（RD）的影响程度，根据假设 H1 的预测，子公司自主性水平越高，创新投入水平也越高，因此预测 α_1 系数为正。

在模型Ⅰ～Ⅲ中，探讨的是风险承担（Risk）在子公司自主性与创新投入中起到中介作用。根据假设 H2 的预测，子公司自主性通过促进企业风险承担能力，进而提升创新投入水平，因此预测模型Ⅱ中 α_1 系数为正，模型Ⅲ中 α_2 系数为正。

在模型Ⅳ中，α_3 为子公司自主性（Autonomy）与行业竞争（Competition）对创新投入（RD）的交互影响程度，根据假设 H3 的预测，行业竞争程度越高，子公司自主性对创新投入水平积极影响越明显，因此预测 α_3 系数为正。

第四节 实证结果

一、描述性统计

表 13-2 描述主要变量的平均值、标准差、中位数和最大值等描述性统计结果。由表 13-2 数据可知，就研究的子公司样本而言，民营企业子公司自主性均值为 0.8667，说明民营企业自主性水平较高，母公司向子公司会更多地给予放权。其标准差为 0.1610，说明子公司自主性水平差距较大。创新投入的平均值为 0.0513，标准差为 0.0457，说明各个企业间创新投入差距较大，且最小值为 0.0004，说明民营上市公司每年都会进行一定的创新投入，积极响应国务院发布的《国家创新驱动发展战略纲要》相关文件精神，有效提升了国家创新水平。行业竞争程度的平均值为 0.9951，说明民营上市公司竞争程度偏高。

表 13-2　　　　　　　　主要变量描述性统计结果

VARIABLES	N	Mean	SD	Min	p50	Max
RD	10509	0.0513	0.0457	0.0004	0.0388	0.2729
Autonomy	10509	0.8667	0.1610	0.2000	0.9231	1
Competition	10509	0.9951	0.0524	0	1	1
Audit	10509	0.0199	0.1396	0	0	1
Asset	10509	21.6429	0.9900	19.3778	21.5247	26.0543
Listing	10509	7.6058	0.0027	7.5969	7.6059	7.6104
Lev	10509	0.3414	0.1786	0.0395	0.3248	0.9468
Board	10509	8.2123	1.4147	5	9	15

续表

VARIABLES	N	Mean	SD	Min	p50	Max
Indir	10509	0.3768	0.0522	0.2727	0.3333	0.6000
Growth	10509	0.3317	0.8060	-0.6990	0.1461	9.6313

资料来源：笔者整理。

控制变量方面，审计师来自四大会计师事务所仅占1.99%，说明样本企业审计质量普遍较低；资产规模的均值为21.6429，标准差为0.9900，说明样本企业公司规模差距较大；资产负债率均值最小值为0.0395，最大值为0.9468，说明样本企业负债水平两级差异较大；董事会规模均值为8.2123，标准差为1.4147，说明董事会规模适中；独立董事比例均值为0.3768，说明样本企业董事会中有37.68%的独立董事对企业进行监督与咨询；企业成长性均值为0.3317，最小值为-0.6990，说明有部分企业经济效益不理想。

二、相关性分析

表13-3列示了变量的相关系数检验结果。子公司自主性与创新投入呈正相关，结果在1%的水平上显著，验证了假设H1。同时，各个控制变量与创新投入显著相关，说明控制变量的选取是有意义的。为了检验各变量之间是否存在严重的多重共线性问题，本章检验了变量之间的方差膨胀因子，结果显示，VIF值均小于5，说明变量间并不存在严重的多重共线性。

表13-3　　　　　　　　相关系数分析结果

变量	1	2	3	4	5	6	7
1. RD	1						
2. Autonomy	0.127***	1					
3. Competition	0.062***	0.032***	1				
4. Audit	0.00100	-0.057***	-0.047***	1			

续表

变量	1	2	3	4	5	6	7
5. Asset	-0.209***	-0.123***	-0.043***	0.218***	1		
6. Listing	0.146***	0.183***	0.045***	-0.030**	-0.328***	1	
7. Lev	-0.287***	-0.091***	-0.044***	0.084***	0.504***	-0.249***	1
8. Board	-0.074***	-0.147***	-0.0110	0.021**	0.151***	-0.109***	0.069***
9. Indir	0.074***	0.126***	-0.002	0.005	-0.064***	0.056***	-0.025**
10. Growth	0.124***	0.058***	-0.013	0.005	-0.001	-0.015	0.013

变量	8	9	10
8. Board	1		
9. Indir	-0.629***	1	
10. Growth	0.018*	0.002	1

注：*p<0.1，**p<0.05，***p<0.01。
资料来源：笔者整理。

三、回归结果分析

（一）基本回归分析

表13-4第（1）列考察了控制变量对创新投入的影响，审计质量、企业上市年限、独立董事比例、企业成长性与创新投入水平成正相关，说明审计部门和独立董事的监督能够帮助子公司做出更优投资决策，企业上市年限与企业成长性能够为企业创新投入决策带来相关资源与经验。模型中大部分控制变量对创新有显著影响，通过P值的显著性检验说明研究选取的控制变量有效。第（2）列考察了子公司自主性与创新投入的直接影响。实证结果表明，上市公司自主性系数在1%水平上显著为正，说明子公司自主性有利于提升企业的创新投入水平，支持假设1。由此可知，民营子公司自主性提升，企业的创新意愿就越强，能够促进企业作出创新投入决策。

第十三章 金字塔结构下上市公司自主性、风险承担与创新投入

表 13-4 回归结果

VARIABLES	(1) RD	(2) RD	(3) Risk	(4) RD	(5) RD
Autonomy		0.0108*** (5.1173)	0.0118*** (6.3028)	0.0074*** (2.9691)	-0.0322* (-1.6747)
Risk				0.0719*** (3.3200)	
Competition					-0.0210 (-1.4948)
Autonomy × Competition					0.0432** (2.2225)
Audit	0.0106*** (4.4897)	0.0111*** (4.7267)	0.0019 (0.8717)	0.0099*** (3.4428)	0.0112*** (4.7537)
Asset	-0.0034*** (-6.6036)	-0.0033*** (-6.3917)	-0.0041*** (-6.8017)	-0.0024*** (-3.9806)	-0.0032*** (-6.3007)
Listing	0.4129*** (2.6658)	0.3314** (2.1381)	-1.1674*** (-5.9987)	0.2890 (1.5531)	0.3364** (2.1726)
Lev	-0.0486*** (-18.4159)	-0.0484*** (-18.3415)	0.0106*** (3.2593)	-0.0556*** (-17.8102)	-0.0484*** (-18.3527)
Board	0.0004 (1.0751)	0.0005 (1.3251)	-0.0002 (-0.4208)	0.0004 (0.9045)	0.0005 (1.3308)
Indir	0.0396*** (4.1036)	0.0375*** (3.8916)	0.0021 (0.2229)	0.0331*** (2.9042)	0.0376*** (3.8946)
Growth	0.0037*** (5.4594)	0.0037*** (5.3314)	-0.0016*** (-2.8665)	0.0045*** (5.3235)	0.0036*** (5.3264)
Constant	-3.0584*** (-2.5889)	-2.4506** (-2.0731)	9.0038*** (6.0701)	-2.1430 (-1.5117)	-2.4678** (-2.0894)
行业	控制	控制	控制	控制	控制
年份	控制	控制	控制	控制	控制
N	10509	10509	6826	6826	10509
r2_a	0.307	0.308	0.0728	0.337	0.308

续表

VARIABLES	(1) RD	(2) RD	(3) Risk	(4) RD	(5) RD
Sobel Z				3.543***	
Goodman-1 Z				3.508***	
Goodman-2 Z				3.578***	
中介效应				10.31%	

注：*p<0.1，**p<0.05，***p<0.01。
资料来源：笔者整理。

（二）中介分析

为了检验风险承担的中介作用，本章采用三步检验法。第一步，检验子公司自主性能否显著提升创新投入水平，基本回归已验证；第二步，检验子公司自主性是否能够显著提升企业风险承担水平；第三步，检验企业风险承担水平和子公司自主性同时对创新投入水平的作用。表13-4列（2）~（4）检验了中介作用的分析结果。在列（3）中子公司自主性的系数在1%的水平上显著为正，说明子公司自主性能够显著提高企业的风险承担水平。列（4）risk 的系数在1%的水平上显著为正，说明中介效应成立。为了保证结论的准确性，同时采用 Sobel 与 Goodman 方法进行进一步检验。Sobel 检验显示，Sobel Z 值为3.543，P=0.00，中介效应占比为10.31%。Goodman 1 的 Z 值为3.508，Goodman 2 的 Z 值为3.578，结果均显著，说明中介效应成立，支持假设 H2，即中介效应成立。民营子公司自主性的提高，使企业风险承担能力上升，对创新失败的容忍度增强，进而增加创新投入水平。

（三）调节效应分析

表13-4列（5）检验了行业竞争程度对子公司自主性与创新投入的调节作用。结果可知，子公司自主性与行业竞争程度的交互项系数为正，且在5%水平上显著。说明行业竞争程度在主效应中起到了积极的调节作用，支持假设 H3。可见，不同的行业竞争程度会影响子公司的战略选择、改变激励措施影响企业的风险，改变企业的创新意愿。

四、稳健性检验

（1）滞后变量。考虑到子公司自主性与创新投入可能存在的反向因果问题，即创新效果较好的子公司，可能会被赋予更多的自主权。因此，本章采用滞后一期、滞后两期的子公司自主性（L1_Autonomy、L2_Autonomy）作为自变量进行回归，如表13-5列（1）和列（2）所示，回归结果显示，自变量滞后一期与滞后两期子公司自主性（L1_Autonomy、L2_Autonomy）的系数均在1%的水平上显著为正，证明了结论的稳健性。

表13-5　　　　　　　　滞后效应与Heckman两阶段

VARIABLES	(1) 滞后一期 RD	(2) 滞后两期 RD	(3) Heckman第一阶段 Autonomy	(4) Heckman第二阶段 RD
L1_Autonomy	0.0089*** (3.7194)			
L2_Autonomy		0.0092*** (3.3779)		
Autonomy				0.0075*** (3.1343)
Manshare			3.1930*** (37.9989)	
Imr				-0.0030** (-2.3120)
控制变量				
Constant	-3.6988*** (-2.7653)	-3.6664** (-2.3682)	158.9545*** (3.1822)	-1.3641 (-1.0385)
行业	控制	控制	控制	控制
年份	控制	控制	控制	控制
N	8035	6506	9216	9216
r2_a/Wald chi2	0.315	0.304	1741.43	0.314

注：*$p<0.1$，**$p<0.05$，***$p<0.01$。
资料来源：笔者整理。

(2) Heckman 两阶段模型。为了解决样本自选择问题，本章采用 Heckman 两阶段法进行检验。本章选择管理层持股作为工具变量进行两阶段检验。由于管理层持股越高说明管理层在企业投资、战略决策等方面具有发言权，能够更好地与母公司和实际控制人进行讨价还价。因此有较高的管理层持股水平，往往公司越具有自主性。如表 13-5 列（3）和列（4）所示回归结果显示，在第一阶段 probit 的回归结果中，工具变量（Manshare）的回归系数为 3.1930，并且在 1% 水平上与内生解释变量（Autonomy）显著正相关，因而不存在"弱工具变量"问题。在第二阶段，逆米尔斯比（IMR）的系数在 5% 水平上显著，说明本章的研究样本存在一定的自选择问题，考虑子公司自主性样本偏差造成的估计偏误是有必要的；此外，子公司自主性的系数在 1% 的水平上显著为正，与本章的基准回归结果保持一致。这一结果表明，在控制了选择性偏差之后，结论仍旧稳健。

(3) 倾向得分匹配法。本章进一步采用 PSM 方法消除可能存在的内生性问题。表 13-6 列（1）和列（2）是采用最近邻匹配（1:1）进行匹配后对样本进行回归。将影响民营企业创新投入水平的相关控制变量作为配对变量，在实施匹配之后，各变量在处理组和控制组之间均不存在显著的差异，具有较高的数据平衡性。表 13-6 列（1）和列（2）是匹配后对样本进行回归，自变量的系数在 1% 的水平上显著为正，结论仍然成立。

表 13-6　　　　　　匹配后回归结果与 Tobit 模型

VARIABLES	(1) psm1 RD	(2) psm2 RD	(3) Tobit 模型 RD
Autonomy		0.0086*** (3.7060)	0.0108*** (4.5153)
控制变量			
Constant	-2.3869* (-1.8116)	-2.3103* (-1.7579)	-2.4506* (-1.9570)
行业	控制	控制	控制
年份	控制	控制	控制

续表

VARIABLES	(1)	(2)	(3)
	psm1	psm2	Tobit 模型
	RD	RD	RD
N	7420	7420	10509
r2_a/LR chi2	0.329	0.330	3900.83

注：$*p<0.1$，$**p<0.05$，$***p<0.01$。
资料来源：笔者整理。

(4) 改变计量方法。考虑到因变量为创新投入除以营业收入，取值在 0 和 1 之间，属于典型的受限因变量，因此采用 Tobit 模型进行回归。将原本的 OLS 回归改为 Tobit 回归，如表 13-6 列（3）回归结果显示，自变量的系数在 1% 的水平上显著为正，说明子公司自主性正向影响创新投入，证实了结论的稳健性。

(5) 替换变量。分别对因变量和自变量进行替换。首先，以研发费用的对数反映因变量创新投入情况，如表 13-7 列（1）所示，模型整体显著，自变量的系数在 1% 的水平上显著为正。其次，由于董事长和总经理在企业决策过程中起到重要作用，因此自主性指标除去董事长和总经理这两个关键职位，只考虑子公司其他高管不在集团或母公司任职比例重新进行拟合，如表 13-7 列（2）所示，模型整体显著，自变量的系数在 1% 的水平上显著为正。除此之外，由于子公司自主性水平越高，第一类代理成本也会越高，因此用第一类代理成本替代自变量进行重新拟合，如表 13-7 列（3）所示，模型整体显著，自变量的系数在 1% 的水平上显著为正。因此，通过对因变量与自变量的替换，回归结果依然稳健。

表 13-7 替换变量回归结果

VARIABLES	(1)	(2)	(3)
	lnRDF	RD	RD
Autonomy	0.3769 *** (6.2635)		

续表

VARIABLES	(1) lnRDF	(2) RD	(3) RD
自主性1		0.0159*** (5.3777)	
自主性2			0.1648*** (36.0863)
控制变量			
Constant	-208.3891*** (-5.8945)	-7.9123*** (-6.0025)	-10.8632*** (-9.9106)
行业	控制	控制	控制
年份	控制	控制	控制
N	6740	8422	10509
r2_a	0.278	0.117	0.494

注：*$p<0.1$，**$p<0.05$，***$p<0.01$。
资料来源：笔者整理。

五、进一步分析

基于高阶梯队理论，CEO作为公司业绩的关键驱动因素，通过独特视野、风险偏好和信息处理风格等方式，影响了企业的风险投资决策与战略选择。越来越多的证据表明，CEO的特定特质在其管理方法中发挥了作用。因此，本章从CEO职业背景的角度，分析其对子公司自主性与创新投入关系的影响。

根据烙印理论，早期的职业经历塑造了管理者的风格。管理者在不同组织或不同环境的工作经历会通过认知烙印和能力烙印影响其管理思维及决策偏好。职业经历丰富的CEO认知更深刻，通过丰富高管的社会网络资源以及增强高管的风险偏好倾向，从而提升企业的创新投入水平。

本章根据CEO从事的职业类别进行分类，构建虚拟变量，职业类别超过2个及以上记为1，反之为0。如表13-8所示，当CEO具有丰富的职业背景，子公司自主性的系数在 1% 的水平上显著为正；当 CEO 不具有丰富的职业背景，子公司自主性的系数不显著，说明相对于 CEO 不丰富的职业背景，当 CEO 具有丰富的职业背景时，子公司自主性水平对创新投入的积极影响越明显。

表 13-8　　　　　　　CEO 职业背景丰富度的分组检验

VARIABLES	(1)	(2)
	CEO 职业背景是否丰富	
	否	是
Autonomy	0.0014 (0.3826)	0.0150*** (5.3829)
控制变量	控制	控制
Constant	0.0617 (0.0290)	-4.7312*** (-3.0553)
行业	控制	控制
年份	控制	控制
N	3039	5745
r2_a	0.326	0.305

注：* $p<0.1$，** $p<0.05$，*** $p<0.01$。
资料来源：笔者整理。

第五节　结论与政策建议

一、研究结论

本章选取 2008~2019 年 A 股民营子公司为研究样本，基于权力接近/抑制理论，探讨子公司自主性对创新投入的影响，得出以下研究结论：

（1）子公司自主性能够促进民营企业的创新投入水平。由于子公司的发展与角色的转变，导致子公司的战略与结构产生变化，进而影响到子公司决策行为。面对市场环境不确定性及业务复杂性的提高，母公司需要给予子公司更多的自主权。当子公司拥有较高的自主权时，能够更好地融入企业外部经营环境，进行战略变革，调动管理决策积极性，有效提升企业创新投入水平。

（2）子公司自主性通过风险承担间接影响民营企业的创新投入水平。子公司自主性提高，不仅会激发企业产生积极、乐观的情绪，主动做出决策行为追求组织目标，还会增强组织间网络的资源依赖关系，降低子公司外部信息不对称水平，使子公司更愿意承担风险，有利于子公司挖掘新的投资机会，提高创新积极性。

（3）行业竞争程度对子公司自主性和民营企业创新投入水平的影响。在动态、复杂的行业环境中，行业竞争程度能够提高子公司自主权在改变战略选择和激励措施方面来增加创新投入。

（4）CEO职业背景丰富度对子公司自主性和民营企业创新投入水平的影响。当CEO职业背景丰富时，会通过独特视野、风险偏好和信息处理风格等方式，对子公司自主性和企业创新投入水平之间的关系产生积极影响。

二、管理启示

基于上述结论，提出以下管理启示：

（1）鼓励民营企业提高自主性水平，让公司拥有专业资源和在集团内发挥创造性作用的自主权。由于集团公司（或母公司）的多元化经营与战略定位，会在一定程度上不利于子公司战略实施与经营管理，因此，子公司应在"权责对等"原则下应兼顾母子公司间的权利、义务的对称性，进行组织变革，实现自己的自组织治理。

（2）子公司通过提高与母公司的议价能力获得更多自主权。子公司自主性是由子公司与母公司讨价还价获得的。子公司若想获得较高的议价能力，应具备母公司所不能提供的资源和能力，拥有专业的、具有企业家精神的子公司经理，提高母公司对其的信任水平，以及增强在商业网络和产业集群中的强大嵌入性。

（3）在选聘子公司CEO时，应充分考虑职业背景因素，通过优化管理团队提升公司创新水平。为了提升公司的创新水平和企业价值，在 CEO 的外部选聘中应对其职业背景赋予较高的权重。而在内部培养模式中，对于有潜力的管理者可进行跨职业轮岗制，提高管理者的职业多元化，以提高管理决策水平。

三、研究不足与展望

（1）基于对数据获取的可得性和便利性，本章是从子公司的角度进行分析，缺乏对母公司或者控股股东的直接接触。之后的研究可通过问卷调查的方式，扩展对子公司自主权的理解，不仅要从子公司收集数据，还要从母公司收集数据，这样才能最大限度地提高研究结论的严谨性。

（2）在子公司自主性和民营企业的创新投入水平的影响因素分析中缺乏对行业环境的系统分析。企业的外部环境是不确定的，本章的研究只考虑了行业的竞争程度对两者关系的影响，却忽略了行业的动态性和复杂性等其他维度对其的影响作用，在今后的研究中有待进一步探讨。

参考文献

[1] Almeida H, Campello M. Financial constraints, asset tangibility, and corporate investment [J]. *The Review of Financial Studies*, 2007, 20 (5): 1429 – 1460.

[2] Anderson C, Galinsky A D. Power, optimism, and risk-taking [J]. *European Journal of Social Psychology*, 2006, 36 (4): 511 – 536.

[3] Andersson U, Forsgren M, Holm U. The strategic impact of external networks: subsidiary performance and competence development in the multinational corporation [J]. *Strategic Management Journal*, 2002, 23 (11): 979 – 996.

[4] Belenzon S, Hashai N, Patacconi A. The architecture of attention: Group structure and subsidiary autonomy [J]. *Strategic Management Journal*, 2019, 40 (10): 1610 – 1643.

[5] Bena J, Ortiz – Molina H. Pyramidal ownership and the creation of new firms [J]. *Journal of Financial Economics*, 2013, 108 (3): 798 – 821.

[6] Birkinshaw J, Hood N, Jonsson S. Building firm-specific advantages in multinational corporations: The role of subsidiary initiative [J]. Strategic Management Journal, 1998, 19 (3): 221-241.

[7] Blagoeva R R, Mom T J M, Jansen J J P, et al. Problem-solving or self-enhancement? A power perspective on how CEOs affect R&D search in the face of inconsistent feedback [J]. Academy of Management Journal, 2020, 63 (2): 332-355.

[8] Bozec Y, Di Vito J. Founder-controlled firms and R&D investments: New evidence from Canada [J]. Family Business Review, 2019, 32 (1): 76-96.

[9] Brunsson N, Sahlin-Andersson K. Constructing organizations: The example of public sector reform [J]. Emilio M Beltrán Sánchez, 2000, 21 (4): 191-210.

[10] Cavanagh A, Freeman S, Kalfadellis P, et al. Assigned versus assumed: Towards a contemporary, detailed understanding of subsidiary autonomy [J]. International Business Review, 2017, 26 (6): 1168-1183.

[11] Chan L K C, Lakonishok J, Sougiannis T. The stock market valuation of research and development expenditures [J]. The Journal of Finance, 2001, 56 (6): 2431-2456.

[12] Child J. Strategic choice in the analysis of action, structure, organizations and environment: Retrospect and prospect [J]. Organization Studies, 1997, 18 (1): 43-76.

[13] Ferris S P, Javakhadze D, Rajkovic T. CEO social capital, risk-taking and corporate policies [J]. Journal of Corporate Finance, 2017 (47): 46-71.

[14] Fey C F, Denison D R. Organizational culture and effectiveness: Can American theory be applied in Russia? [J]. Organization science, 2003, 14 (6): 686-706.

[15] Gammelgaard J, Mcdonald F, Stephan A, et al. The impact of increases in subsidiary autonomy and network relationships on performance [J]. In-

ternational Business Review, 2012, 21 (6): 1158 – 1172.

[16] Garnier G H. Context and decision making autonomy in the foreign affiliates of US multinational corporations [J]. *Academy of Management Journal*, 1982, 25 (4): 893 – 908.

[17] Ghoshal S, Bartlett C A. Creation, adoption and diffusion of innovations by subsidiaries of multinational corporations [J]. *Journal of International Business Studies*, 1988, 19 (3): 365 – 388.

[18] Grewal R, Chandrashekaran M, Dwyer F R. Navigating local environments with global strategies: A contingency model of multinational subsidiary performance [J]. *Marketing Science*, 2008, 27 (5): 886 – 902.

[19] Hambrick D C, Mason P A. Upper echelons: The organization as a reflection of its top managers [J]. *The Academy of Management Review*, 1984, 9 (2): 193 – 206.

[20] Kandel E, Kosenko K, Morck R, et al. The great pyramids of America: A revised history of U. S. business groups, corporate ownership, and regulation, 1926 – 1950 [J]. *Strategic Management Journal*, 2019, 40 (5): 781 – 808.

[21] Keltner D, Gruenfeld D H, Anderson C. Power, approach, and inhibition [J]. *Psychological Review*, 2003, 110 (2): 265 – 284.

[22] Laksmana I, Yang Y. Product market competition and corporate investment decisions [J]. *Review of Accounting and Finance*, 2015, 14 (2): 128 – 148.

[23] Lewellyn K B, Muller – Kahle M I. CEO power and risk taking: Evidence from the subprime lending industry [J]. *Corporate Governance: An International Review*, 2012, 20 (3): 289 – 307.

[24] Li J, Tang Y. CEO hubris and firm risk taking in China: The moderating role of managerial discretion [J]. *Academy of Management Journal*, 2010, 53 (1): 45 – 68.

[25] Lin Y L, Shi W, Prescott J E, et al. In the eye of the beholder: top managers' long-term orientation, industry context, and decision-making processes

[J]. *Journal of Management*, 2019, 45 (8): 3114 – 3145.

[26] Lumpkin G T, Dess G G. Clarifying the entrepreneurial orientation construct and linking it to performance [J]. *Academy of Management Review*, 1996, 21 (1): 135 – 172.

[27] Luo Y. Corporate governance and accountability in multinational enterprises: Concepts and agenda [J]. *Journal of International Management*, 2005, 11 (1): 1 – 18.

[28] Mill J S. On liberty [J]. *Two Narratives of Political Economy*, 1999, 340 (1 – 4): 14 – 15.

[29] Schilke O. A Micro – institutional Inquiry into Resistance to Environmental Pressures [J]. *Academy of Management Journal*, 2018, 61 (4): 1431 – 1466.

[30] Schmidt K M. Managerial incentives and product market competition [J]. *The Review of Economic Studies*, 1997, 64 (2): 191 – 213.

[31] Schoar A, Zuo L. Shaped by booms and busts: How the economy impacts ceo careers and management styles [J]. *The Review of Financial Studies*, 2017, 30 (5): 1425 – 1456.

[32] Sheikh S. CEO power and corporate risk: The impact of market competition and corporate governance [J]. *Corporate Governance: An International Review*, 2019, 27 (5): 358 – 377.

[33] Taggart J, Hood N. Determinants of autonomy in multinational corporation subsidiaries [J]. *European Management Journal*, 1999, 17 (2): 226 – 236.

[34] Venaik S, Midgley D F, Devinney T M. Dual paths to performance: The impact of global pressures on MNC subsidiary conduct and performance [J]. *Journal of International Business Studies*, 2005, 36 (6): 655 – 675.

[35] 蔡卫星、倪骁然、赵盼、杨亭亭:《企业集团对创新产出的影响:来自制造业上市公司的经验证据》,载《中国工业经济》2019年第1期。

[36] 陈志军、郑丽:《不确定性下子公司自主性与绩效的关系研究》,载《南开管理评论》2016年第6期。

[37] 何瑛、于文蕾、杨棉之：《CEO 复合型职业经历、企业风险承担与企业价值》，载《中国工业经济》2019 年第 9 期。

[38] 李新春、肖宵：《制度逃离还是创新驱动？——制度约束与民营企业的对外直接投资》，载《管理世界》2017 年第 10 期。

[39] 刘柏、徐小欢：《信息透明度影响企业研发创新吗？》，载《外国经济与管理》2020 年第 2 期。

[40] 王凯、范合君、薛坤坤、许金花：《董事会资本、分层董事会条款与公司风险承担研究》，载《管理学报》2019 年第 3 期。

[41] 王雪、蔡頠、孙嘉卿、吴嵩、封子奇、金盛华：《社会心理学视角下权力理论的发展与比较》，载《心理科学进展》2014 年第 1 期。

[42] 谢会丽、肖作平、王丹青、蒋巍：《民营企业创始控制对 R&D 投资的影响——基于管家理论的实证分析》，载《南开管理评论》2019 年第 4 期。

[43] 徐鹏、董美彤、白贵玉：《集团框架内子公司开放式创新研究》，载《科研管理》2019 年第 4 期。

[44] 严若森、钱晶晶：《董事会资本、CEO 股权激励与企业 R&D 投入——基于中国 A 股高科技电子行业上市公司的经验证据》，载《经济管理》2016 年第 7 期。

[45] 杨英英、徐向艺：《子公司自主性对公司绩效的影响——连锁董事的调节作用》，载《经济与管理研究》2020 年第 1 期。

[46] 张峰、杨建君：《股东积极主义视角下大股东参与行为对企业创新绩效的影响——风险承担的中介作用》，载《南开管理评论》2016 年第 4 期。

[47] 周雪峰、李珍珠、王红建：《董事网络位置对企业创新投资的影响——风险承担的遮掩和中介效应》，载《研究与发展管理》2021 年第 2 期。

第十四章

金字塔结构下母子公司双向治理的优化：相机治理

子公司自主性制衡手段不仅包括更为完备的公司治理机制，还包括核心利益相关者的相机治理。相机治理的实质是公司治理的动态化，研究基础主要是剩余控制权与剩余索取权的状态依存，即相对于不同的经营状态，不同的经营情境就有不同的所有权安排与之相对应。以此为基础，本章从以下两个部分进行深入探讨：一是通过考察母子公司关系战略与利益的契合度，提出四种情境的相机治理机制；二是通过考察子公司不同权力制衡的来源方式探讨上市公司制衡能力对企业价值的影响，验证子公司战略差异性的治理效应与经济效应。

第一节 相机治理机制的构建：概念内涵与理论框架

一、问题的提出

在过去 30 多年中，母子公司之间的互动引起了学者的广大关注。经济学家、管理学家、社会学家和组织行为学者将注意力集中在母子公司之间的资源、信息、沟通与权力流动上。例如，许多学者注重研究如何在母公司和子公司之间分享经济、管理和人力资源，如何为实现卓越绩效而构建子公司权力和自主权,以及如何构建激励机制和问责机制可能最好地为子公司提供优势服务(Bartlett and Ghoshal,1990)。然而,现有研究多从静态的双边视角出发,出现了涉及母子公司之间信息不对称的多边视角。这一观点与詹森和梅克林(Jensen and Meckling,1976)关于公司作为"契约联结"的概念相一致,且该观点特别强调监督和奖励机制以纠正制度问题(Eisenhardt,1989)。最近,社会经济学观点已经认识到代理人和委托人的利益可能既不存在冲突,也不反映股东财富最大化(Wiseman et al.,2012)。金字塔结构下的母子公司间关系应该考虑长期的代理关系,认识到合同重新谈判机会的重要性(Holmstrom and Milgrom,1987),以及关注企业特征、文化和制度环境对代理关系的影响(Meyer Mudambi and Narula,2011)。因此,这种"相机"视角开始放松对稳定信息不对称的假设,由此有效地避免公司经营者的"道德风险"和"逆向选择",进而迫使其认真经营好公司。

相机治理最早是在1994年由日本学者青木昌彦提出。2017年,我国学者杨瑞龙提出"在利益相关者合作逻辑下,分类分层推进国有企业治理结构的创新构建共同治理与相机治理相结合的治理结构"。相机治理(the contingent governance)是动态化的公司治理,其治理主体是利益相关者。相机治理的特征是企业所有权的状态依存性。企业所有权分配的支配权的让渡就必须依靠产权主体之间的自愿谈判来完成。信息不对称"强权界定产权"现象、集体行动的失败等都可能造成其中一方主动剥夺另一方或多方的支配权,或者其中一方或多方面临交易成本的约束被迫放弃对支配权的要求。

在金字塔结构研究的文献中,学者们对于金字塔结构的治理效果主要进行了两方面的研究。一是关注了实际控制人"自上而下"的治理路径,例如实际控制人的掏空行为(Berkman et al.,2009;Cheung et al.,2009;Azofra and Santamaria,2011)和支持行为(Chang and Hong,2000;Peng et al.,2011);二是关注子公司"自下而上"的治理路径,即探析上市公司金字塔结构布局过程中的实际控制人与上市公司的讨价还价过程。例如,子公司自主性的积极治理效应(方政和徐向艺,2013;陈志军和郑丽,2016)、子公司角色(郝瑾等,2017;Rabbiosi,2011)、子公司重要性(陈志军,2007;Aggarwal and Dow,2012)等。然而,子公司也可以利用自主决策权从事寻租行为或约束资源水平,进而不利于公司绩效的提升。因此,要防止这些不良后果的出现，必须有一套制度以确保支配权的顺利让渡，并保证让渡的有序性。

二、相机治理的原因及作用机制

（一）相机治理的内涵

"相"取于《史记·滑稽列传》中的"相马失之瘦，相士失之贫"，是"视、观察"的意思。"相机"即视机而动。相机治理的实质是公司治理的动态化，研究基础主要是剩余控制权与剩余索取权的状态依存性，即相对于不同的经营状态，就有不同的所有权安排与之相对应。然而，随着企业契约不完全性、经营状态的改变、治理情境的变化等使企业决策者因时制宜、因地制宜，是其行为的外在约束机制（杨瑞龙和周业安，1988）。马胜和肖月强（2010）认为企业相机治理是指企业控制权随着企业绩效、财务状况或经营状态的变化而相应地向不同的主体进行有序地转移。这种治理机制是基于市场竞争和信息特征之上的产权博弈制度安排（郭建鸾，2004）。因此，基于分析，本章提出相机治理的四种含义：

第一种含义：针对不同的企业经营状态，采取不同的控制权安排。相机治理机制创建的目的就是在非正常经营状态下，有适当的制度可以帮助利益相关者完成再谈判的意愿。如果不存在事前的法律规定，企业所有权与控制权的配置与让渡就必须依靠利益相关者之间的自愿谈判来完成，这个制度就是相机治理制度。

第二种含义：建立异议股东股份价值评估权制度。对于提案被否决，或者否决股东大会议案的意愿未实现的股东，在特定情况下，有权依法定程序要求对其所持有的公司股份按公平价值进行评估并由公司回购，从而实现自身退出公司的目的。

第三种含义：当一个公司运营过程中，显露出陷入危机的信号，显示某些核心利益相关者的权益将会遭到侵害，为保全权益，这些核心利益相关者可通过相机治理程序要求重新分配控制权（改组董事会、更换经理人等）。

第四种含义：相机治理就是相机抉择，因企而异。公司要根据所处的内外条件相机应变，没有一成不变、普遍适用的"最好的"治理方法。不但不同的公司，甚至在某一公司的不同发展阶段，也需要不同的治理模式。因此公司治理需有统一的治理法则和规范（公司法等），也应有因地制宜和因时制宜地选择符合需要的公司治理规则和方法（章程等）。

（二）相机治理的原因

相机治理的实质是公司治理的动态化，研究基础主要是剩余控制权与剩余索取权的状态依存性，即相对于不同的经营状态，不同的经营情境就有不同的所有权安排与之相对应。企业内部治理不只是为了惩罚机会主义行为（即事件治理）而设计，它是要通过对行为的适度调控以使违规行为少发生或者由此带来的损害尽量缩小，并确保整个企业系统的安全性和有效性（袁根根、田昆儒，2012）。在企业改革和经济转轨过程中，由于缺乏有效的约束激励机制，导致相机治理"失灵"。因此，可以大致细化为信息不对称、"强权界定产权""环境不确定性"等方面。

首先，在信息不对称方面。企业是一系列契约（合同）的组合，如果契约是完备的，就不存在剩余索取权与剩余控制权，因此，相机治理提出的前提是契约是不完备的，是在次优（second-best）状态下解决团队道德风险问题最佳方案（Aoki，1994）。

其次，"强权界定产权"现象的产生。控股股东控制权优势——"隧道行为"——的治理难度较大，因为大股东"天然"地掌握了控制权，在企业的很多决策活动中往往都具有重要甚至决定性影响（陈耿、陈秋，2009）。但是控股股东不是唯一治理主体，不同于股东单边治理，多数是相对控股，因此仍然有改善的可能。

最后，环境不确定性。现代企业面临着一个多元化的、动态的、无边界的、复杂的环境，在这种情况下，企业的竞争能力在很大程度上取决于企业战略与执行能力（文东华等，2009）。环境不确定性不仅指企业所处的环境维度，还包括管理者对不确定性的感知。宏观经济波动、产业结构升级和市场需求变化、管理者对企业面临的经营风险及未来盈利不确定性的感知等因素对企业创新战略、风险承担、企业绩效、企业行为等产生不同影响（刘婧，2019；赵天骄，2019；Bonaime，2018）。

(三) 相机治理的作用机制

通过对相机治理文献的梳理，学者们主要从三个角度进行分析相机治理作用机理。第一是控制权的争夺。学者们认为相机治理机制主要是通过控制权的争夺来改变既定利益格局，进行企业所有权分配的再谈判（华金秋和杨丹，2004），从而达成弥补利益受损方的损失。实现企业相机治理的一个重要手段就是控制权的有效转移（公司化及股份化改组、收购兼并、代理权竞争、分立合并、破产清算等）。第二是监督的角度。部分学者认为相机治理强调监督的相互制约，付泳和吕志刚（2000）认为相机治理机制的建立就是进行内部监督，要处理的核心问题是监督和惩罚经营者。第三是权变的角度。部分学者们认为，相机治理就是根据出现的问题不失时机地采取相应的措施加以整治，以使其能够有效地得到解决。例如依据交易频率和资产投资特点的不同，认为合同双方应该采取不同的有效治理结构（董梅生和杨德才，2014；李鹏，2017）。

三、相机治理理论框架：金字塔结构下母子公司关系的契合度

理解母子公司之间关系互动的视角是代理理论研究的出发点（Eisenhardt，1989），简而言之，代理理论关注的是解释当双方从事代理关系时所发生的问题，即当一方是关系的主体，而另一方是委托人的代理人，以及当这些代理人具有不同的目标、信息能力和风险偏好时所发生的问题。理论的焦点是在给定假设的被代理人和代理人之间的人（利己主义、有限理性、风险规避、风险共享）、组织（参与者之间的目标冲突、效率的有效性的关键标准、代理人和代理人之间的信息不对称）和信息（可买到的商品信息）确定最有效的合同（或其他关系治理机制）。

契合度的概念在组织文献中是普遍存在的，契合状态与双方更强烈的承诺和互利的合作行为相关（Kristof Brown et al.，2005）。例如，权变理论的研究通常认为，战略契合对于理解和解释企业绩效至关重要，包括公司战略如何与环境条件相匹配（Zajac et al.，2000），以及高管及其个人才能如何与组织的战略需求相匹配（Lovelace et al.，2017）。

母子公司双向治理的讨价还价的核心在于双方的利益与战略需求，因此，基于子公司发展的角度，将母子公司之间关系的契合度划分为两个主要维度：一是利益一致性，即母子公司有共同的价值观或风险共担的意识；二是战略一致性，即母子公司的战略、资源需求能力。根据双方利益与战略需求的契合程度，相机选择不同的治理结构，实现子公司的可持续发展。具体如表14-1所示。

表14-1 相机治理理论框架

相机治理的维度	相机治理的动机	作用结果
利益一致性	内在动机	价值观、绩效、企业价值
战略一致性	外在动机	战略共享、资源共享

（一）利益一致性

当母子双方的主要价值观、或信念相匹配时，就存在利益一致性。由于合作行为的增强或改善可以被内在欲望或外在欲望所激发（Bosse and Coughlan，2016），因此我们认为利益一致性主要与内在动机有关。内在激励的治理行为侧重于加强或强化关系的共同信念、态度、动机（Bundy et al.，2013；Thompson and Bunderson，2003）。因此，由利益一致性而产生的"双向治理"表现为双方在强调共同价值观和信念的协调中所努力采取的行动（Harrison and Wicks，2013）。

（二）战略一致性

当子公司的战略、资源需求对母公司依赖过高时，就存在战略一致性，这与外在动机有关。战略一致性反映了母公司对子公司战略的影响能力。母公司成员在战略过程中的积极参与可能会影响子公司的整体战略。母公司通过促进子公司管理人员参与战略制订而主动建立一套关系。子公司对母公司战略过程的参与程度越高，母子公司内部资源的依赖关系就越强，战略依赖的可能性也就越高。因此，由战略一致性而产生的"双向治理"表现为双方在强调战略需求和资源需求中所采取的行动。

(三) 影响因素

通过相关文献的回顾，可以发现价值一致性与战略一致性并不是静止不变的，而是随着一些因素的变化而变化，因此这些因素对企业价值和战略实施具有一定激励作用。

1. 信任

信任可以被定义为一种对他人行为脆弱的意愿，而可信赖性依赖于基于能力和基于性格的因素。利益一致性促进了伙伴之间的信任，当母子公司之间的价值观一致时，很可能会促进基于性格的信任，因为双方都了解想要获得的利益，并希望通过这种关系实现目标。战略一致性可能会增强基于能力的信任感知，从而参与者对彼此的执行能力更有信心，并能专注于从关系中获取额外价值。

2. 信息沟通

利益一致性将与增加的社会情感交流相关联。在人际交往领域中，这类交流的具体例子包括友谊和团结（"谢谢你的帮助"）、缓和紧张气氛、幽默和积极（"那很有趣"）（Pena and Hancock，2006）。因此，社会情感的交流加强了母子公司之间的理解，从而使信息更具信任，更可能通过促进双方的共同治理来提高关系的内在价值。战略一致性将与工具性沟通相关联。工具性沟通指的是与任务相关的信息、知识的共享（Cummings，2004），包括敏感的技术诀窍、专业技能的协调、信息和知识的来源。在人际领域中，这类沟通的具体例子包括请求帮助或具体任务信息（"我如何才能提高"），以及提供帮助或具体任务信息的陈述（"你应该这样做"）。随着战略一致性增加了子公司对母子关系环境的关注，战略信息的交换就变得极其重要。

3. 企业因素

（1）企业生命周期：企业生命周期理论提出，生命周期不同阶段的企业在战略生产经营和组织特征方面存在较大差异。由于处于不同成长阶段的企业信息不对称程度和委托代理关系不同，公司治理机制的效果也会发生变化。

（2）企业所处行业：不同行业创新活动要素和形式存在差异，当企业处于高科技行业，由于技术更新较快，那么母公司对子公司战略会影响较大。在这种情况下母公司往往会放松对子公司的控制，给与其较强的自主性。

(3) 企业所在地区：地区文化影响公司行为，地理位置相近的企业会拥有相似的地域文化。社会认同理论认为，文化相似性可以建立和维持个体间的社会认同。地区相近的母子公司更有助于沟通与协调。目前大部分的研究更多集中于跨国别研究、东西部地区文化研究、同乡研究等。

(4) 企业前期绩效：企业前期绩效不仅会影响自身变革，还会影响母公司对子公司的战略变化。

四、相机治理机制：双向治理的优化

金字塔结构下母子公司双向治理研究视角对于委托代理理论进行了扬弃，并引入参照点契约理论（theory of reference-dependent preferences）。参照点契约理论为母子公司"双向治理"研究视角提供了理论基础，也能够弥补委托代理理论没有考虑代理人能动性的不足。根据参照点契约理论的观点，委托人和代理人之间的契约并不是完全由委托人提前预设的，也不是刚性的，而是委托人和代理人基于某一个符合双方期望的参照点讨价还价而形成的，这就给予了委托人和代理人讨价还价的空间，能够形成双方的互动。进一步分析，母子公司治理研究如果将参照点契约理论纳入分析框架，那么实际控制人的控制不再是单向的，而是实际控制人控制与子公司自主性互动的结果，双方经过讨价还价的过程，最终形成了金字塔结构下的权力配置。

然而，双向治理并不是静态的，双方围绕着利益与战略进行"讨价还价"，利益的实现与战略选择需要通过契约或者承诺进一步细化，双方长期的代理关系，需要我们设置一个基于双方利益与战略的相机治理机制。具体如图 14-1 所示。

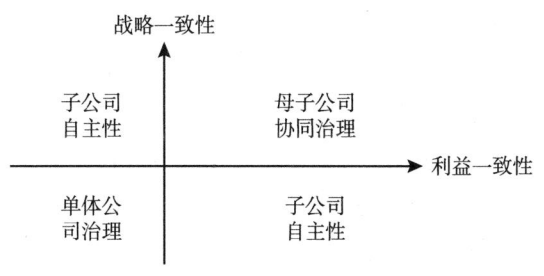

图 14-1 相机治理机制的分类

（一）协同治理

如果子公司具备促进母公司与子公司实现协同效应的治理机制，母公司在得到制衡的同时，还可以有效约束子公司内部人控制，这就能够在保障实际控制人利益的同时，弱化其对于子公司的控制动机、强化子公司的自主性。在这种情况下，母子公司的协同治理能够实现手段的一致性和风险分担。协同治理既要求母公司合理安排子公司的公司治理相关机制，又要求子公司能够有效利用这些治理机制提升自身决策的科学化水平。因此，当母子公司战略一致、利益一致时，双方通过协同治理机制达到整体治理效率的提升。

（二）子公司自主性

子公司自主性主要是母公司授予的决策权，是母公司与子公司互动的相对自主性。这种决策权来自母子公司之间的讨价还价，假设子公司同时受到两个因素的影响：控制和协调。在讨价还价过程中，母子公司会因为对方从事折中行为产生妥协和协商的情况。这是因为，一个维度上的高度契合所鼓励的合作可能会部分抵消另一个维度上的低度契合所带来的冲突。利益上的契合或战略需求可以缓冲另一个维度上的不契合可能对母子公司关系产生负面影响。因此，当战略一致、利益不一致或者利益一致、战略不一致时，子公司自主性治理能够显著保障子公司绩效的提升。

（三）单体公司治理

对于组织而言，战略和利益的高度不匹配的情况往往会导致母子双方关系的终止，但也会促进双方利益的主动破坏（Harold et al., 2016）。在双向治理视角中双方得不到互相激励与合作，将会产生激励冲突与消极参与，损害双方利益。在不损害组织与环境关系的情况下，子公司可以忍受适度的不适应。然而，当达到临界点时，关系的质量就会急剧瓦解。这时子公司出于保护自己的利益会脱离母公司的管控实现绝对自主，这就类似于独立的单体公司。因此，当母子公司战略不一致利益不一致时，子公司应采取单体公司治理机制实现子公司利益最大化。

五、小结

金字塔结构下的母子公司间关系应该考虑长期的代理关系,不仅要认识到重新谈判的机会,还要关注不同的经营状态、不同的经营情境,采取不同的所有权与之对应。因此,公司治理须有统一的治理法则和规范(公司法等),也应有因地制宜和因时制宜地选择符合需要的公司治理规则和方法(章程等)。

基于母子公司战略一致与利益一致两种维度,本章提出三种治理机制:(1)当母子公司战略一致、利益一致时,双方通过协同治理机制达到整体治理效率的提升;(2)当战略一致、利益不一致或者利益一致、战略不一致时,子公司自主性治理能够显著保障子公司绩效表现的提升;(3)当母子公司战略不一致利益不一致时,子公司应采取单体公司治理机制实现子公司利益最大化。

第二节 基于战略的相机治理:主动制衡抑或被动响应

一、问题的提出

我国民营上市公司存在控股股东或实际控制人的过度控制现象较为普遍。实际控制人的研究始于拉波尔塔等对所有权与控制权的分析,主要是通过层层追溯所有权关系来寻找最大和最终的控股股东,进而发现上市公司存在两权分离的现象。在一些东亚国家和地区,家族企业两权分离现象普遍,超过2/3的公司被一个实际控制人控制(Claessens et al.,2000)。实际控制人通过控制权的不断提高对上市公司实现最终掌控。可是,实际控制人通过控制链条对于子公司尤其是中小股东的利益侵占现象严重,除此之外还通过董事会、管理层等决策机制对上市公司实行过度控制(Jameson and Puthenpurackal,2014;Baran and Forst,2015)。但是最近实践发现,在实际控制人的控制下，上市公司并不是完全的被动接受者，而是存在一定的制衡行为。例如，美国"右舷基金"通过提名董事会成员对 EBay 大股东进行制衡，要求向股东分红、重振核心的网络卖场业务等为其他股东创造价值。国内，银隆能源二股东起诉实际控制人魏银仓侵占股东利益。这些事件再次引发了投资者如何制衡实际控制人过度控制的讨论。

委托代理理论过于强调委托人对于代理人的激励与约束，而缺乏对代理人能动性尤其是代理人对于委托人激励和约束措施的接受程度缺乏关注。中国上市公司大多数以子公司身份上市，并具有独立的法人资格，在"权责对等"原则下应兼顾母子公司间的权利、义务的对称性。除此之外，上市公司存在资本多元化现象，除了控股股东，还有其他核心利益相关者，潜在的母公司"道德风险因素"与"隧道效应"使控股股东之外的利益相关者的利益难以保证，母子公司之间本应平衡的利益体系向母公司发生倾斜，母公司战略失误也会对子公司进行风险转嫁（Belenzon et al., 2019）。随着机构投资者的崛起和股东意识的觉醒，股东治理能够有效地制衡实际控制人的过度控制行为、强化子公司的自主性。可见，基于委托代理理论的母子公司"单向治理"逻辑已不能保护中小股东利益。方政、徐向艺（2013）通过引入参照点契约理论提出双向治理研究视角，即允许子公司基于自身利益进行合理的讨价还价，具有独立法人资格的子公司通过对控股股东的主动制衡从而拥有一定的自主权利。因此，基于母子公司"双向治理"研究视角的上市公司制衡成为可能。

目前，关于上市公司制衡的研究主要探讨了非控股股东之间网络关系及信息沟通（马连福和杜博，2019）、大股东的减持（Kyriacou et al., 2010；吴战篪和吴伟立，2018；吴育辉和吴世农，2010）与退出（Admati and Pfleiderer，2009；姜付秀等，2015；Bharath et al., 2013）、中小股东的"冷漠"与"监督"（焦健等，2017；郑秀田和许永斌，2013）、管理层能力（徐宁等，2019；Jia et al., 2018）等。但是总体而言，现有研究未能系统揭示权力制衡的来源方式以及明确上市公司的制衡效应：主动制衡抑或被动响应？另外，上市公司对控股股东的制衡机理尚不明确，与实际控制人能否达成协同效应需要进一步明确。

本章基于母子公司双向治理的研究视角，从权力制衡的不同来源方式对企业价值的影响关系进行理论与实证研究。与以往研究相比，本章的理论贡献主要体现在以下几个方面：（1）提出对控股股东权力制衡的不同来源方式，揭示上市公司对控股股东"自下而上"的影响，强化母子公司双向治理的可操作性，明确了上市公司的主动制衡效应。为探析实践中对控股股东权力制衡的不同来源方式，结合法理与伦理的研究方向，发现上市公司制衡能够有效提升企业价值。（2）发现管理层在经营决策中对控股股东行为的制衡，打破与控股股东的"合谋"现象，明确民营上市公司自主性治理。（3）检验并阐释了上市公司与实际控制人之间的协同治理效应，并且揭示了上市公司制衡的作用机理，即上市公司制衡能力越强，越能够抑制控股股东私利行为，进而提升企业价值。综上所述，本章的研究结论能够强化中国情境下母子公司双向治理的可操作性，并为强化子公司自主性提供有益的理论探索和实践指导。

二、理论分析与研究假设

公司的不同所有权结构产生不同的公司治理问题，它反映了上市公司如何处理不同利益相关者之间的代理冲突。传统的委托代理理论认为由于人的有限理性和信息分布的不对称，母公司或实际控制人与上市公司之间必然存在利益的不一致。在外部环境不完善的体制下，金字塔式股权结构提高了母公司利用控制权从上市公司攫取私利的动机，控股股东或实际控制人与其他中小股东会产生严重的利益冲突。其为了自身利益而通过关联交易、资产转移等方式侵占中小股东的利益。随着控制权的不断增加，母公司或实际控制人的控制能力逐步提高，通过利益侵占获取控制权私人收益的能力随之提高，因此侵占其他股东利益的可能性增加。由此可知，在单向治理视角下，委托代理理论过于强调委托人对于代理人的激励与约束，而缺乏对于代理人能动性尤其是代理人对于委托人激励和约束措施的接受程度缺乏关注（徐向艺和方政，2015）。因此，本章将参照点契约理论纳入分析框架，实际控制人的控制不再是单向的，而是实际控制人与上市公司互动的结果，双方经过讨价还价的过程最终会形成新的权力配置效果，进而构建以上市公司制衡为主导的"双向治理"机制。

随着我国资本市场与投资者保护制度逐渐完善，中小股东参与度逐渐提升（黎文靖等，2012），其"搭便车"行为得到缓解，尤其是在大股东严重侵占下其参与度越高，对控股股东或实际控制人产生一定的制衡作用，进而引发控制权的争夺。因此，控制权冲突是代理冲突的一种形式（Morellec et al.，2018），其来源于两个途径：经营企业的能力和投票权（Bloch and Hege，2003）。因此，上市公司在面对实际控制人时的制衡方式主要分为非控股股东制衡与经营制衡。

（一）非控股股东制衡与企业价值

首先，股权制衡是一种重要的公司治理机制。在民营企业中，其他股东拥有较高的投票权，会对控股股东产生一定的威胁，有效约束控股股东的利己行为。除此之外，其他股东制衡能力增强，会有更高的动机和权力对大股东实行监督，有效抑制利润转移。股权制衡通过对控股股东的有效约束与监督，对企业价值产生影响。本内森等（Bennedsen et al.，2000）认为多个大股东并存，通过形成控制联盟，不仅可以共享控制权，还具有相互制衡的作用，可以实现有价值的内部监督，对企业价值产生积极影响。赵国宇和禹薇（2018）通过对2014~2016年的民营上市公司进行实证分析，发现股权制衡通过促进投资效率、抑制大股东掏空行为提升公司业绩。

其次，参照点契约理论为母子公司"双向治理"研究视角提供了理论基础，也能够弥补委托代理理论没有考虑代理人能动性的不足。根据参照点契约理论的观点，委托人和代理人之间的契约并不是完全由委托人提前预设的，也不是刚性的，而是委托人和代理人基于某一个符合双方期望的参照点讨价还价而形成的，这就给予了委托人和代理人讨价还价的空间，能够形成双方的互动，最终形成了母子公司结构下的权力配置（方政和徐向艺，2013；Hart and Moore，2008）。传统理论认为大股东对经理人的监督是其发挥治理作用的主要机制。与小股东相比，由于持有较高比例的股权，大股东不存在"搭便车"问题。大股东可以有效发挥公司治理作用（Mccahery，2016；Cohn and Hartzell，2016），降低股东与经理人之间的代理成本。

最后，非控股股东治理效应的基本前提在于拥有"话语权"。一方面，非控股股东通过持有股份拥有董事会席位，能够充分发挥预期的监督和咨询作用，为非实际控制人"发声"提供保障；另一方面，非控股股东的异质性在董事会中具有积极的治理效应。例如，非控股股东制衡能够增强董事会异质性对大股东掏空行为的抑制效应（Hoppmann，2019）。而机构投资者通过参与公司治理、发挥监督作用，能够降低控股股东私利行为，提升企业价值。

因此，基于以上三方面的原因，提出如下假设：

假设 H1：上市公司非控股股东制衡有利于企业价值的提升。

（二）经营制衡与企业价值

经营制衡在企业集团中充当自治性角色，具有较强的自主决策能力，自行决定内部资源的使用和分配的自由，从而能够降低来自母公司的监控压力（徐鹏等，2019）。随着企业所有权与经营权的分离，高管的经营自主性得到释放。基于管家理论，管理者是忠诚的，为企业价值的提升做出努力（Davis，1996）。在管理者做出决策时，不仅考虑实际控制人的利益，还会充分考虑其他股东的意愿，为平衡双方意愿起到良性促进作用。除此之外，管理者经营自主性越强，对高管的激励效应也会越明显，高管秉持对企业的高度负责，会更积极地学习与合作，提升企业的竞争优势。卡瓦和斯特兰奇（Kawai and Strange，2014）对日本跨国公司在欧洲88家分公司进行问卷调查，发现在技术高度不确定性下，高层管理者应特别注意灵活降低组织刚性水平的重要性，也就是说，高度的经营自主性将有效地迅速发展适合当地市场的产品、服务和战略，提升企业价值。

上市公司管理层不仅会基于声誉、职业成长等维护子公司利益，还因为拥有自主权利激发主观能动性，有效抑制控股股东私利行为。上市公司管理层通过经营自主性的提高处理日常经营管理问题，利用自身影响力帮助中小股东获取利益或者稳固自身地位等，打破与控股股东的"合谋"现象。

因此，基于以上分析，提出如下假设：

假设 H2：上市公司经营制衡有利于企业价值的提升。

（三）上市公司非控股股东制衡与经营制衡的交互效应

上市公司两种制衡方式在对企业价值的影响上相互依赖相互影响。当非控股股东制衡程度高时，多个大股东并存降低了第一类代理成本，减轻了实际控制人与其他大股东的信息不对称水平，这时高管不在实际控制人的强压下，会更加自主地进行经营决策，面对多个大股东的问询与关注，高管会更加关注企业绩效，提升企业价值。与此同时，当经营制衡程度较高时，说明公司高管有公正的判断力与决策力，不会一味与实际控制人形成同谋，而会更加关注其他中小股东的利益，会与各个股东进行信息共享与沟通，因此，其他股东参与度提高，管理层会对控股股东或者实际控制人私利行为的监督加强（郑秀田和许永斌，2013），提升企业的价值。

因此，基于以上分析，提出如下假设：

假设H3：上市公司非控股股东制衡与经营制衡的交互效应越强，更有利于企业价值的提升。

（四）影响机制分析——对控股股东私利行为的影响

自2005年中国证券市场实行股权分置改革以来，基于股权结构的公司治理水平虽然有了极大提高，但是金字塔式的所有权结构和交叉持股的广泛使用使得控股股东或实际控制人对公司行使完全的控制权。这种所有权和控制权之间的分离引发了人们对"隧道挖掘"的担忧——企业集团的控股股东有强烈的动机从公司吸走资源以增加自己的财富。例如：通过关联交易向公司出售资产、商品或服务来获取现金；获得优惠条件的贷款；将资产从上市公司转移到其控制的其他公司；通过以优惠价格收购更多的股份来稀释少数股东的利益（La Porta et al.，2000）。伯特兰等（Bertrand et al.，2002）在18600家印度公司的样本中发现企业集团中的隧道现象：实际控制人有很强的动机将资源从金字塔底层的公司转移到金字塔上层公司。因此，上市公司控股股东或实际控制人通过多种方式剥夺小股东的财富、恶意融资和利润操纵等手段掠夺攫取私利现象仍十分突出。

通过减少其他股东的回报，控股股东私利行为会阻碍股票市场的增长和金融的整体发展。非法利润转移还可能降低整个经济的透明度，使会计数据变得模糊不清，并使有关企业健康状况变得复杂。控股股东私利行为在控股股东和少数股东之间造成了严重的代理问题，并造成了严重的摩擦，影响了资本市场的有效运作。因此上市公司制衡能力越强，对控股股东私利行为的抑制作用越强，进而有利于上市公司的健康发展。

因此，基于以上分析，提出如下假设：

假设 H4：上市公司制衡能力通过有效抑制控股股东私利行为，进而提升企业价值。

三、样本选择和研究设计

（一）样本选取与数据来源

本章选取 2008~2018 年 A 股民营企业上市公司为研究样本，按照以下的研究标准对初始数据进行筛选：（1）删除金融、保险类的上市公司；（2）删除 ST 公司和 *ST 公司；（3）删除报表中无实际控制人的样本；（4）删除变量数据缺失的样本。为避免离群值对实证结果产生影响，对数据在 1% 和 99% 上进行了 Winsor 处理。本章的分析数据主要来自国泰安数据库和巨潮资讯网。

（二）变量定义

1. 被解释变量：企业价值（Tobin Q）

随着我国资本市场的逐渐成熟，托宾 Q 常被用来衡量企业价值或公司绩效的重要指标，为政策制定提供了一种更重要的思路，以往的研究也证明了这一点（杨文君等，2016）。

2. 解释变量：非控股股东制衡（S）与董监高兼任比例（Member）

非控股股东制衡（S）主要表现为其他非控股股东通过持股水平对直接控股股东的制衡，本研究采用非控股股东持股比例与直接控股股东持股比例的比值来衡量这一指标。在稳健型检验里，采用持股 5% 以上的非控股股东持股比例进行衡量。

董监高兼任比例（Member）主要表现在上市公司的经营自主性水平。本研究借鉴陈志军和郑丽（2016）以及杨英英和徐向艺（2020）处理方式，采用兼任董监高成员占子公司董监高总成员的比例衡量公司的经营制衡程度，兼任比例越高，说明高管团队经营制衡能力越低。由于考虑董事长和总经理的特殊身份,在稳健性检验里,采用除去董事长和总经理的兼任董监高成员占子公司董监高总成员的比例衡量公司的经营制衡程度。

3. 中介变量

由于控股股东的私利行为往往难以观察、界定和衡量(马连福和杜博,2019;姜付秀等,2015),因此本研究采用姜付秀等的测量方式,利用上市公司与控股股东及其关联方进行的关联交易衡量控股股东的私利行为(Tunneling)。

4. 控制变量

借鉴现有关于企业价值研究的文献(Laeven and Levine,2008;焦健等,2017)将选取以下可能具有显著作用的控制变量:董事长或总经理是否两职合一(Dual)、审计师是否来自四大会计师事务所(Audit)、委员会设立总数(Committee)、年度股东大会出席股份比例(Attendance)、董事会规模(Board)、监事会规模(Supervisor)、独立董事规模(Indirector)、总经理持股比例(CEOshare)、董事长持股比例(Chairshare)、控制权比例(Control)、上市日期(Age)、公司规模(Asset)、销售费用率(Sale)、财务费用率(Financial)、投资收益率(ROI)。同时本研究还对行业和年份进行控制。各变量汇总如表14-2所示。

表 14-2   变量定义及说明

变量名称	变量符号	变量描述
托宾 Q 值	Tobin Q	市值/(资产总-无形资产净额-商誉净额)
非控股股东制衡	S	(前十大股东持股比例-直接控股股东持股比例)/直接控股股东持股比例
董监高兼任比例	Member	兼任董监高成员占子公司董监高总成员的比例
控股股东私利行为	Tunneling	剔除关联交易中可能存在一定噪声的交易类别之后的关联交易之和/总资产(行业调整后)
董事长与总经理是否两职合一	Dual	董事长与总经理两职合一为1,否则为0
审计师是否来自四大会计师事务所	Audit	审计师来自四大会计师事务所为1,否则为0
委员会设立总数	Committee	报告期内委员会设立个数

续表

变量名称	变量符号	变量描述
年度股东大会出席股份比例	Attendance	股东大会出席股份占总股份的比例
董事会规模	Board	董事会人数
监事会规模	Supervisor	监事会人数
独立董事规模	Indirector	独立董事人数
总经理持股比例	CEOshare	总经理持股比例
董事长持股比例	Chairshare	董事长持股比例
控制权比例	Control	实际控股股东与上市公司股权关系链或若干股权关系链中最弱的一层或最弱的一层总和
上市日期	Age	上市公司上市年份取对数
公司规模	Asset	公司总资产的对数
销售费用率	Sale	销售费用/营业收入
财务费用率	Financial	财务费用/营业收入
投资收益率	ROI	本期投资收益/（长期股权投资本期期末值+持有至到期投资本期期末值+交易性金融资产本期期末值+可供出售金融资产本期期末值+衍生金融资产本期期末值）
行业分类	Ind	根据2012年证监会《上市公司行业分类指引》划分行业类别

资料来源：笔者整理。

（三）模型设计

为了检验假设 H1~H4，根据表 14-2 中的变量，具体模型如下：

模型 Ⅰ：$TobinQ = \alpha_0 + \alpha_1 \times S + \sum \alpha_k Controlvar + \sum Ind + \sum Year + \varepsilon$

模型 Ⅱ：$TobinQ = \alpha_0 + \alpha_1 \times Member + \sum \alpha_k Controlvar + \sum Ind + \sum Year + \varepsilon$

模型 Ⅲ：$TobinQ = \alpha_0 + \alpha_1 \times S + \alpha_2 \times Member + \alpha_3 \times S * Member + \sum \alpha_k Controlvar + \sum Ind + \sum Year + \varepsilon$

模型Ⅳ：$Tunneling = \alpha_0 + \alpha_1 \times S + \sum \alpha_k Controlvar + \sum Ind + \sum Year + \varepsilon$

模型Ⅴ：$TobinQ = \alpha_0 + \alpha_1 \times S + \alpha_2 \times Tunneling + \sum \alpha_k Controlvar + \sum Ind + \sum Year + \varepsilon$

模型Ⅵ：$Tunneling = \alpha_0 + \alpha_1 \times Member + \sum \alpha_k Controlvar + \sum Ind + \sum Year + \varepsilon$

模型Ⅶ：$TobinQ = \alpha_0 + \alpha_1 \times Member + \alpha_2 \times Tunneling + \sum \alpha_k Controlvar + \sum Ind + \sum Year + \varepsilon$

在模型Ⅰ中，α_1 为上市公司非控股股东制衡（S）对企业价值（Tobin Q）的影响程度，根据假设 H1 的预测，非控股股东制衡水平越高，企业价值也越高，因此预测 α_1 系数为正。

在模型Ⅱ中，α_1 为上市公司经营制衡对企业价值（Tobin Q）的影响程度，根据假设 H2 的预测，经营制衡度越高，兼任比例 Member 越低，企业价值也越高，因此预测 α_1 系数为负。

在模型Ⅲ中，α_3 为上市公司非控股股东与经营制衡对企业价值（Tobin Q）的影响程度，根据假设 H3 的预测，上市公司非控股股东制衡与经营制衡的交互效应越强，更有利于企业价值的提升，因此预测 α_3 系数为负。

在模型Ⅰ、模型Ⅳ和模型Ⅴ中，探讨的是控股股东私利行为在上市公司非控股股东制衡与企业价值中起到中介作用，在模型Ⅱ、模型Ⅵ和模型Ⅶ中，探讨的是控股股东私利行为在上市公司经营制衡与企业价值中起到中介作用，根据假设 H4 的预测，上市公司制衡能力通过有效抑制控股股东私利行为，进而提升企业价值，因此预测模型Ⅴ中 α_2 系数为负，模型Ⅶ中 α_2 系数为负。

四、实证结果

（一）描述性统计

表 14-3 描述主要变量的平均值、标准差、最小值、中位数和最大值等

描述性统计结果。由表 14-3 数据可知,民营上市公司托宾 Q (Tobin Q) 的平均值为 2.517,比国外相关文献统计的值高出较多,说明中国股票市场存在定价过高现象。股权制衡度 (S) 均值为 0.874,说明非控股股东制衡作用较低。董监高兼任比例 (Member) 均值为 0.155,最小值与最大值分别为 0 与 0.867,可见上市公司具有一定的经营自主性,但是自主性水平相差较高。

表 14-3　　　　　　　　　主要变量描述性统计结果

VARIABLES	N	Mean	SD	Min	P50	Max
Tobin Q	8316	2.517	1.994	0.314	1.925	11.180
S	8316	0.874	0.721	0.057	0.691	4.114
Member	8316	0.155	0.173	0	0.111	0.867
Dual	8316	0.382	0.486	0	0	1
Audit	8316	0.0243	0.154	0	0	1
Control	8316	0.387	0.151	0.109	0.372	0.750
Attendance	8316	0.510	0.174	0.151	0.510	1
Board	8316	8.323	1.449	5	9	12
Indirector	8316	3.076	0.471	2	3	5
Supervisor	8316	3.268	0.700	3	3	6
Committee	8316	3.924	0.410	2	4	5
Chairshare	8316	0.132	0.157	0	0.0556	0.571
CEOshare	8316	0.0815	0.137	0	0.0029	0.548
Asset	8316	21.810	1.001	19.840	21.720	24.690
Sale	8316	0.081	0.090	0	0.050	0.469
Financial	8316	0.012	0.029	0.076	0.009	0.135
ROI	8316	0.750	3.299	-1.220	0.063	26.510
Age	8316	7.604	0.003	7.597	7.606	7.609

资料来源:笔者整理。

控制变量方面,两职合一 (Dual) 的均值为 0.382,说明有 38.2% 样本企业董事长与总经理存在两职合一的现象;审计师来自四大会计师事务所仅有 2.43%；实际控制人拥有的控制权比例的均值为 0.387，可见其对上市公司控制程度较高；股东大会出席率均值为 0.51，董事会、监事会、独立董事规模适中；资产规模（Asset）的均值为 21.81，标准差为 1.001，说明样本企业公司规模差距较大；委员会设立个数（Committee）的均值为 3.924，说明样本企业委员会设立个数少于 4 个；董事长持股比例高于 CEO 持股比例；投资收益率远高于销售费用率与财务费用率。

（二）相关性分析

表 14 - 4 列示了主要变量的相关系数检验结果。股权制衡与企业价值呈正相关，但是结果并不显著。董监高兼任比例与企业价值呈负相关（$p < 0.01$），说明董监高兼任比例越低，上市公司经营制衡越强，企业价值越高，与假设 H2 一致。同时，各个控制变量与企业价值呈显著相关，说明控制变量的选取是有意义的。为了检验各变量之间是否存在严重的多重共线性问题，本章检验了变量之间的方差膨胀因子，结果显示，VIF 值均小于 5，说明变量间并不存在严重的多重共线性。

表 14 - 4　　　　　　　　　相关系数分析结果

变量	Tobin Q	S	Member	Dual	Audit	Control	Attendance
Tobin Q	1						
S	0.013	1					
Member	-0.107***	-0.006	1				
Dual	0.101***	-0.015	-0.117***	1			
Audit	-0.029***	0.014	0.055***	-0.008	1		
Control	0.078***	-0.358***	0.038***	0.054***	0.051***	1	
Attendance	0.111***	-0.092***	0.047***	0.067***	0.081***	0.676***	1
Board	-0.128***	0.077***	0.149***	-0.147***	0.040***	-0.098***	0.019*
Indirector	-0.076***	0.030***	0.058***	-0.069***	0.046***	-0.045***	0.011
Supervisor	-0.097***	-0.010	0.137***	-0.101***	-0.003	-0.106***	-0.083***
Committee	-0.042***	0	0.016	-0.013	-0.041***	0.032***	0.018
Chairshare	0.147***	-0.076***	-0.434***	0.216***	-0.040***	0.207***	0.258***

续表

变量	Tobin Q	S	Member	Dual	Audit	Control	Attendance
CEOshare	0.161***	-0.074***	-0.322***	0.529***	-0.045***	0.196***	0.212***
Asset	-0.433***	0.044***	0.101***	-0.095***	0.208***	0.019*	-0.062***
Sale	0.214***	0.017	-0.034***	0.048***	0.059***	0.025**	0.038***
Financial	-0.259***	-0.008	0.040***	-0.080***	0.020*	-0.185***	-0.241***
ROI	0.022**	-0.015	-0.008	0.024**	0.041***	0.054***	0.049***
Age	0.132***	0.003	-0.221***	0.171***	-0.008	0.343***	0.452***

变量	Board	Indire~r	Supervisor	Committee	Chairshare	CEOshare	Asset
Board	1						
Indirector	0.691***	1					
Supervisor	0.221***	0.176***	1				
Committee	0.061***	0.050***	0.067***	1			
Chairshare	-0.138***	-0.055***	-0.157***	-0.025**	1		
CEOshare	-0.121***	-0.030***	-0.129***	-0.017	0.698***	1	
Asset	0.140***	0.116***	0.108***	0.071***	-0.182***	-0.186***	1
Sale	-0.031***	-0.005	-0.033***	-0.056***	0.083***	0.084***	-0.107***
Financial	0.051***	0.057***	0.087***	0.036***	-0.177***	-0.178***	0.248***
ROI	-0.029***	-0.020*	-0.036***	0.005	0.020*	0.038***	-0.021*
Age	-0.084***	-0.062***	-0.215***	0.0150	0.459***	0.350***	-0.162***

变量	Sale	Financial	ROI	Age
Sale	1			
Financial	-0.189***	1		
ROI	0.007	-0.022**	1	
Age	0.035***	-0.263***	0.045***	1

注：笔者整理，*$p<0.1$，**$p<0.05$，***$p<0.01$。

（三）假设检验

表14-5为上市公司制衡对企业价值影响的回归结果。模型Ⅰ和模型Ⅱ分别考察了解释变量——非控股股东（S）与董监高兼任比例（Member）——与控制变量对企业价值的影响，回归系数分别为0.1043与-0.3771，且均

在1%的水平上显著，验证了假设H1与假设H2。表明上市公司的非控股股东与董监高对企业价值具有重要影响，上市公司制衡能力越强，拥有较强的自主性，子公司的企业价值越好。

表14-5　　　　　　　　上市公司制衡与企业价值的回归模型

VARIABLES	Tobin Q	Tobin Q	Tobin Q	Tunnlin Q	Tobin Q	Tunnling	Tobin Q
S	0.1043*** (4.0272)		0.1550*** (4.1018)	-0.0137*** (-3.3355)	0.0882*** (3.2180)		
Member		-0.3771*** (-3.7532)	-0.1283 (-0.9310)			0.0435** (2.3756)	-0.3797*** (-3.7345)
S × Member			-0.2880** (-2.2400)				
Tunneling					-0.3452*** (-5.5360)		-0.3473*** (-5.5594)
Dual	0.0579 (1.3964)	0.0598 (1.4406)	0.0603 (1.4573)	0.0082 (1.1204)	0.0609 (1.4248)	0.0079 (1.0808)	0.0634 (1.4832)
Audit	0.7092*** (5.5392)	0.7179*** (5.5927)	0.7144*** (5.5961)	-0.0345* (-1.7875)	0.5700*** (4.5293)	-0.0353* (-1.8332)	0.5772*** (4.5736)
Control	0.9182*** (5.0751)	0.6683*** (4.1370)	0.9773*** (5.3366)	0.0719*** (2.6307)	0.8727*** (4.5423)	0.1053*** (4.2397)	0.6643*** (3.8914)
Attendance	0.9609*** (6.2625)	1.1308*** (7.5341)	0.9981*** (6.4651)	0.0225 (0.9474)	1.0864*** (6.8091)	0.0007 (0.0288)	1.2424*** (7.9569)
Board	-0.0508*** (-3.1365)	-0.0441*** (-2.7113)	-0.0459*** (-2.8268)	-0.0026 (-0.8908)	-0.0397** (-2.3612)	-0.0034 (-1.1636)	-0.0332** (-1.9657)
Indirector	0.1434*** (3.0591)	0.1339*** (2.8558)	0.1367*** (2.9207)	-0.0207** (-2.5208)	0.1325*** (2.7094)	-0.0197** (-2.3917)	0.1239** (2.5362)
Supervisor	0.0255 (1.1491)	0.0259 (1.1615)	0.0314 (1.4074)	0.0081* (1.7678)	0.0057 (0.2578)	0.0081* (1.7635)	0.0066 (0.2955)
Committee	-0.0332 (-0.7307)	-0.0315 (-0.6942)	-0.0325 (-0.7170)	0.0104* (1.6551)	0.0118 (0.2588)	0.0103* (1.6453)	0.0122 (0.2689)

续表

VARIABLES	Tobin Q	Tobin Q	Tobin Q	Tunnlin	Tobin Q	Tunnling	Tobin Q
Chairshare	0.1362 (0.8843)	-0.0582 (-0.3549)	-0.0027 (-0.0165)	-0.1523*** (-6.1067)	0.0317 (0.2054)	-0.1300*** (-4.9495)	-0.1567 (-0.9489)
CEOshare	0.3600* (1.7243)	0.3350 (1.6017)	0.3445* (1.6540)	0.0884*** (2.7084)	0.5412** (2.4898)	0.0916*** (2.8138)	0.5139** (2.3591)
Asset	-0.9046*** (-35.6944)	-0.8986*** (-35.5751)	-0.9047*** (-35.6603)	-0.0076** (-2.0241)	-0.8509*** (-31.5449)	-0.0085** (-2.2659)	-0.8454*** (-31.5509)
Sale	2.4620*** (10.4937)	2.4741*** (10.5215)	2.4663*** (10.5322)	-0.3173*** (-11.7210)	2.5849*** (10.2438)	-0.3193*** (-11.8049)	2.5973*** (10.2777)
Financial	-6.9943*** (-9.8005)	-7.1668*** (-10.0550)	-7.0705*** (-9.9368)	2.0178*** (16.3871)	-6.7258*** (-8.3857)	2.0417*** (16.5749)	-6.8895*** (-8.6130)
ROI	0.0018 (0.2894)	0.0017 (0.2804)	0.0019 (0.3127)	0.0006 (0.5978)	0.0042 (0.6710)	0.0006 (0.6049)	0.0042 (0.6611)
Age	-73.4439*** (-8.4675)	-73.6536*** (-8.5311)	-75.3474*** (-8.7099)	-5.3740*** (-3.5486)	-68.1254*** (-7.7377)	-5.3983*** (-3.5555)	-68.4782*** (-7.8126)
Constant	578.0769*** (8.7430)	579.6981*** (8.8082)	592.5216*** (8.9849)	41.1723*** (3.5677)	536.4590*** (7.9902)	41.3562*** (3.5745)	539.1556*** (8.0662)
Year	控制	控制	控制	控制	控制	控制	控制
Industry	控制	控制	控制	控制	控制	控制	控制
N	8316	8316	8316	7237	7237	7237	7237
F	123.3	123.2	118.3	22.50	104.3	22.27	104.2
r2_a	0.472	0.471	0.473	0.104	0.475	0.104	0.475

注：笔者整理，括号内为异方差调整后的稳健 t 统计量；* $p<0.1$，** $p<0.05$，*** $p<0.01$。

为了进一步探讨上市公司非控股股东制衡与经营制衡的交互效应对企业价值的影响，本章对其进行了分析，如模型Ⅲ所示，S×Member 的交互项系数在 5% 水平上显著为负，说明上市公司应提高非控股股东制衡水平，并减少董监高兼任比例（提高经营制衡能力），两者相互促进，能够显著提高企业价值。

模型Ⅰ、模型Ⅱ、模型Ⅳ、模型Ⅴ、模型Ⅵ和模型Ⅶ检验了控股股东私利行为的中介作用。在模型Ⅳ中上市公司非控股股东制衡能力的系数在1%的水平上显著为负,说明非控股股东制衡能够显著抑制控股股东的私利行为。在模型Ⅴ中上市公司非控股股东制衡能力的系数在1%的水平上显著为正,控股股东的私利行为的系数在1%的水平上显著为负,说明控股股东私利行为的中介效应成立,说明非控股股东制衡能够抑制控股股东私利行为,进而提升企业价值。在模型Ⅵ中上市公司董监高兼任比例的系数在1%的水平上显著为正,说明董监高兼任比例越低,经营制衡能力越强,越能够显著抑制控股股东的私利行为。在模型Ⅶ中上市公司董监高兼任比例的系数在1%的水平上显著为负,控股股东的私利行为的系数在1%的水平上显著为负,说明控股股东私利行为的中介效应成立,说明上市公司经营制衡能够抑制控股股东私利行为,进而提升企业价值。

进一步进行 Bootstrap 中介效应检验,检验结果如表 14-6 所示,上市公司非控股股东制衡与经营制衡对企业价值的直接效应分别在 1% 和 5% 的水平上显著,控股股东的私利行为的间接效应均在 1% 的水平上显著。由此可知,上市公司制衡能力越强,对控股股东私利行为的抑制作用越强,进而有利于提升上市公司的企业价值。

表 14-6　　　　　　中介作用检验——Bootstrap 中介效应检验

变量		Observed Coef.	Bootstrap Std. Err.	z	P>|z|	Normal - based [95% Conf. Interval]	
非控股股东制衡	r(ind_eff)	0.0047	0.0016	2.97	0.003	0.0016	0.0078
	r(dir_eff)	0.0882	0.0269	3.28	0.001	0.03553	0.1409
经营制衡	r(ind_eff)	-0.0151	0.0070	-2.17	0.030	-0.0287	-0.0015
	r(dir_eff)	-0.3797	0.0974	-3.90	0.000	-0.5706	-0.1888

资料来源:笔者整理。

(四) 稳健性检验

1. 更换解释变量的度量方式

非控股股东制衡反映的是非控股股东对控股股东的制衡,而我国《公司法》明确规定,单独或者合计持有公司 10% 以上股份的股东请求时,公司应在两个月内召开临时股东大会,因此大股东对控股股东有着积极的治理效应,因此,本章采用持股10%以上的非控股股东持股比例(S1)代替非控股股东制衡比例对模型进行重新拟合,回归结果如表14-7第(1)列所示,仍在1%的水平上显著,说明结果依然成立。

表14-7 稳健性分析(替换与Heckman)

变量	(1) Tobin Q	(2) Tobin Q	(3) S	(4) Tobin Q	(5) Member	(6) Tobin Q
s1	0.0047*** (2.7414)					
Member1		-0.3356*** (-2.6569)				
股东大会召开次数			0.0315*** (3.5110)			
S				0.1050*** (4.0348)		
imr1				-0.0793 (-0.2795)		
管理层持股比例					-4.2178*** (-23.1902)	
Member						-0.3775*** (-3.7781)
Imr2						0.0310 (0.3804)
控制变量	控制	控制	控制	控制	控制	控制
Year	控制	控制	控制	控制	控制	控制
Industry	控制	控制	控制	控制	控制	控制
N	8316	7426	8313	8313	8029	8029
r2_a/Pseudo R^2	0.471	0.472	0.1436	0.471	0.3319	0.475

注:笔者整理,括号内为异方差调整后的稳健 t 统计量; * $p<0.1$, ** $p<0.05$, *** $p<0.01$。

董监高兼任比例代表了控股股东对上市公司的经营控制水平,可是董事长、总经理对企业决策产生重要作用,因此在原有比例基础上减去董事长和总经理这两个关键职务,再进行重新拟合,回归结果如表 14-7 第(2)列所示,仍在 1% 的水平上显著,说明结果依然成立。

2. Heckman 两阶段模型

为了解决样本的自选择问题,本章采用 Heckman 两阶段模型进行检验。在第一阶段中,本研究分别选择股东大会召开次数和管理层持股比例作为非控股股东制衡和董监高兼任比例的外生工具变量,采用 Probit 模型估计上市公司制衡并取得逆米尔斯比率(IMR1 和 IMR2),然后将这两个变量加入模型 I 中重新进行检验,即得到控制自选择偏差之后的回归结果,如表 14-7 第(4)、第(6)列所示,逆米尔斯比(IMR1 和 IMR2)的系数不显著,说明本章的研究样本不存在明显的自选择问题,结果仍在 1% 的水平上显著,证实了结果的稳健性。

3. 倾向得分匹配法(PSM)

实证结果表明,上市公司制衡能力越强,企业价值越高。但现实中,企业价值高的企业会更倾向赋予上市公司一定的自主性。因此,为了消除可能存在的内生性问题,本章采用倾向得分匹配法将非控股股东制衡和董监高兼任比例的均值为标准,将样本分为较高(处理组)与较低(控制组)进行 1:1 匹配,表 14-8 汇报了 PSM 配对后的结果,回归结果均在 1% 的水平上显著,与原结果依然一致。

表 14-8　　　　　　　　　稳健性分析(PSM)

变量	(1)	(2)	(3)	(4)
	Tobin Q	Tobin Q	Tobin Q	Tobin Q
S		0.0957*** (3.3039)		
Member				-0.4260*** (-3.7037)
控制变量	控制	控制	控制	控制
Year	控制	控制	控制	控制

续表

变量	(1) Tobin Q	(2) Tobin Q	(3) Tobin Q	(4) Tobin Q
Industry	控制	控制	控制	控制
N	4889	4889	4976	4976
r2_a	0.465	0.467	0.463	0.464

注：笔者整理，括号内为异方差调整后的稳健 t 统计量；* $p<0.1$，** $p<0.05$，*** $p<0.01$。

（五）进一步研究

1. 上市公司制衡与民营企业成长性

民营企业作为新常态经济的主力军，在国民经济中占据了举足轻重的作用，因此民营企业的成长性引起了学者的广泛关注（彭伟等，2018；李长娥、谢永珍，2017）。本章基于此进一步研究了上市公司制衡能力对民营企业成长性的影响。民营企业成长性分别选取总资产增长率和营业收入增长率两个指标研究上市公司制衡能力对民营企业成长性的影响。结果如表 14-9 所示，针对不同的成长性衡量指标，由列（1）和列（3）可知，上市公司非控股股东制衡的系数均在 1% 的水平上显著为正，说明上市公司非控股股东制衡能力越强，民营企业成长性越好；由列（2）和列（4）可知，董监高兼任比例的系数均在 1% 的水平上显著为负，说明董监高兼任比例越低，上市公司经营制衡能力越强，民营企业成长性越好。

表 14-9　　　　　　　上市公司制衡与民营企业成长性

变量	(1) 成长性1	(2) 成长性1	(3) 成长性2	(4) 成长性2
S	0.0496*** (6.0504)		0.0479*** (2.9145)	
Member		-0.1168*** (-4.6599)		-0.3191*** (-6.4057)
Dual	0.0463*** (4.2395)	0.0473*** (4.3182)	0.0337 (1.4718)	0.0365 (1.5911)

续表

变量	(1)	(2)	(3)	(4)
	成长性1		成长性2	
Audit	−0.1235*** (−4.5536)	−0.1212*** (−4.4798)	0.0138 (0.2683)	0.0197 (0.3839)
Control	−0.2417*** (−4.9674)	−0.3664*** (−8.1901)	0.2712*** (2.6526)	0.1619* (1.7628)
Attendance	0.4692*** (9.9463)	0.5416*** (11.5799)	−0.2143** (−2.4883)	−0.1081 (−1.3011)
Board	−0.0081* (−1.9256)	−0.0056 (−1.3308)	−0.0002 (−0.0208)	0.0048 (0.5315)
Indirector	−0.0015 (−0.1234)	−0.0050 (−0.4173)	0.0325 (1.2984)	0.0251 (1.0087)
Supervisor	−0.0183*** (−3.5577)	−0.0191*** (−3.6946)	−0.0379*** (−3.1054)	−0.0361*** (−2.9601)
Committee	−0.0055 (−0.5537)	−0.0048 (−0.4807)	0.0365* (1.6612)	0.0368* (1.6754)
Chairshare	0.1649*** (3.8922)	0.1003** (2.2729)	0.0139 (0.1895)	−0.1389* (−1.7721)
CEOshare	−0.0524 (−0.9881)	−0.0621 (−1.1713)	−0.0562 (−0.5783)	−0.0783 (−0.8012)
Asset	0.0711*** (14.7195)	0.0743*** (15.1950)	−0.0358*** (−2.9555)	−0.0323*** (−2.6894)
Sale	−0.0817* (−1.7263)	−0.0747 (−1.5698)	0.1158 (1.2195)	0.1227 (1.2882)
Financial	−0.0865 (−0.5236)	−0.1647 (−0.9918)	−0.0595 (−0.1258)	−0.1634 (−0.3458)
ROI	−0.0001 (−0.1090)	−0.0002 (−0.1219)	−0.0003 (−0.1006)	−0.0003 (−0.1204)
Age	15.4913*** (7.9960)	15.8426*** (8.1428)	−11.1738*** (−2.5769)	−11.8605*** (−2.7479)

续表

变量	(1)	(2)	(3)	(4)
	成长性1		成长性2	
Constant	-119.2008*** (-8.0838)	-121.8685*** (-8.2299)	86.3555*** (2.6153)	91.5841*** (2.7866)
Year	控制	控制	控制	控制
Industry	控制	控制	控制	控制
N	8042	8042	7967	7967
F	22.27	22.05	12.53	12.96
r2_a	0.138	0.134	0.114	0.116

注：笔者整理，括号内为异方差调整后的稳健 t 统计量；* $p<0.1$，** $p<0.05$，*** $p<0.01$。

2. 实际控制人与上市公司的协同治理效应

实际控制人除了通过持股控制上市公司，还通过任职董事会职位或管理职位建立与上市公司的联系（Chen et al.，2011）。实际控制人与上市公司的协同治理一方面可以制衡实际控制人的控制行为、优化上市公司的决策水平；另一方面也可以通过降低公司运作风险，增强母公司对于子公司自主性的信心，所以实际控制人与上市公司的协同治理机制构建是提升母子公司整体治理效率的关键。协同治理既要求实际控制人合理安排子公司的公司治理相关机制，又要求子公司能够有效利用这些治理机制提升自身决策的科学化水平。为了进一步研究实际控制人与上市公司的协同效应，本章探讨了实际控制人参与到企业的经营管理能否对上市公司制衡和企业价值之间关系产生影响。由表 14-10 可知，通过对实际控制人是否兼任董事长或总经理进行分组检验，发现当实际控制人不兼任董事长或总经理时，对两者关系并未产生影响，但是当实际控制人兼任董事长或总经理时，上市公司非控股股东制衡和董监高兼任比例均在 1% 的水平上显著，说明当实际控制人兼任董事长或总经理时，上市公司非控股股东制衡和经营制衡能够显著提升企业价值，协同治理机制发挥正向调节作用。协同治理机制的积极治理效应，其对于母公司或实际控制人的过度控制行为应当发挥约束作用，即弱化母公司或实际控制人的"掏空"行为。同时，协同治理机制能够约束子公司的内部人控制行为、提升子公司决策的科学化水平，其应当能够提升子公司的绩效表现。

表14-10 母公司或实际控制人与上市公司的协同治理效应

变量	(1) 实际控制人不兼任 董事长或总经理 Tobin Q	(2) 实际控制人兼任 董事长或总经理 Tobin Q	(3) 实际控制人不兼任 董事长或总经理 Tobin Q	(4) 实际控制人兼任 董事长或总经理 Tobin Q
S	0.0772 (1.6122)	0.1118*** (3.6431)		
Member			0.1143 (0.5397)	-0.5143*** (-4.3952)
Dual	0.1968** (2.2520)	-0.0006 (-0.0137)	0.1959** (2.2035)	0.0126 (0.2640)
Audit	0.8291*** (3.6562)	0.6889*** (4.4614)	0.8259*** (3.6114)	0.7091*** (4.5712)
Control	0.6483 (1.5050)	0.9327*** (4.6047)	0.4474 (1.1205)	0.7006*** (3.8667)
Attendance	1.0869*** (3.2347)	1.0109*** (5.7109)	1.1622*** (3.4722)	1.1964*** (6.8948)
Board	-0.0022 (-0.0564)	-0.0609*** (-3.3879)	-0.0007 (-0.0188)	-0.0516*** (-2.8534)
Indirector	0.0263 (0.2347)	0.1688*** (3.2558)	0.0287 (0.2564)	0.1518*** (2.9200)
Supervisor	0.0444 (1.1366)	0.0270 (0.9598)	0.0380 (0.9813)	0.0321 (1.1316)
Committee	-0.0777 (-0.7945)	-0.0080 (-0.1533)	-0.0672 (-0.6850)	-0.0078 (-0.1500)
Chairshare	0.4878 (0.2981)	0.0621 (0.3808)	0.7688 (0.4576)	-0.1874 (-1.0722)

续表

变量	(1) 实际控制人不兼任 董事长或总经理 Tobin Q	(2) 实际控制人兼任 董事长或总经理 Tobin Q	(3) 实际控制人不兼任 董事长或总经理 Tobin Q	(4) 实际控制人兼任 董事长或总经理 Tobin Q
CEOshare	-3.8065 ** (-2.3104)	0.5419 ** (2.4692)	-3.6926 ** (-2.2332)	0.4769 ** (2.1667)
Asset	-1.1176 *** (-20.2417)	-0.8331 *** (-29.3575)	-1.1183 *** (-20.0069)	-0.8278 *** (-29.4167)
Sale	1.9843 *** (4.1637)	2.5834 *** (9.8184)	1.9609 *** (4.0881)	2.5919 *** (9.8265)
Financial	-4.7957 *** (-3.7295)	-8.0159 *** (-9.3924)	-4.8530 *** (-3.7768)	-8.1657 *** (-9.5850)
ROI	0.0089 (0.6575)	-0.0022 (-0.3407)	0.0088 (0.6486)	-0.0016 (-0.2509)
Age	-72.0955 *** (-4.0093)	-67.9450 *** (-6.5678)	-71.3109 *** (-3.9720)	-70.1398 *** (-6.8066)
Constant	572.0379 *** (4.1704)	534.7591 *** (6.7841)	566.1177 *** (4.1338)	551.4971 *** (7.0237)
Year	控制	控制	控制	控制
Industry	控制	控制	控制	控制
N	1716	6600	1716	6600
F	25.80	100.3	25.62	100.5
r2_a	0.496	0.467	0.495	0.467

注：笔者整理，括号内为异方差调整后的稳健 t 统计量；* $p<0.1$，** $p<0.05$，*** $p<0.01$。

五、研究结论与政策建议

（一）研究结论

本章基于母子公司双向治理研究视角，以 2008~2018 年 A 股民营企业上市公司为研究样本，针对权力制衡的不同来源方式，探讨了上市公司制衡对企业价值的影响，实证结果发现：（1）上市公司制衡有利于企业价值的提升。上市公司制衡的来源方式分为非控股股东制衡与经营制衡。非控股股东制衡通过对控股股东的有效约束与监督，对企业价值产生影响。经营制衡增强高管激励效应，提升企业的竞争优势。（2）上市公司非控股股东制衡与经营制衡相互促进相互依赖。（3）控股股东私利行为在上市公司制衡与企业价值之间具有显著的中介作用。控股股东非法利润转移不利于企业的健康发展，而上市公司制衡起到了显著的抑制作用。（4）上市公司制衡在民营企业的成长方面起到了积极的作用。（5）实际控制人与上市公司具有积极的协同治理效应。当实际控制人兼任董事长或总经理时，上市公司制衡能够显著提升企业价值。

（二）政策建议

基于上述结论，本章提出如下政策建议：

第一，建立和完善异议股东价值评估制度，发挥股东的"话语权"作用。对于提交股东大会表决的公司重大事项持有异议的股东，在该事项经股东大会资本多数表决被否决时，有权依法定程序要求对其所持有的公司股份的公平价值进行评估并由公司买回，从而实现自身退出公司的目的。建立该制度目的是保护小股东的利益与意志不受资本多数与公司实际控制人的压迫与侵害，赋予小股东制衡公司控股股东或实际控制人滥用权力，其实质是异议股东在特定条件下的解约退出权。

第二，允许上市公司基于自身利益与实际控制人合理的讨价还价行为。上市公司作为独立的法人实体，有责任且有义务保护控股股东之外的利益相关者的利益。这不仅要求母公司以整体利益为治理行为出发点，还应充分尊重子公司自主决策，允许子公司基于自身利益的合理讨价还价行为，进而达到子公司对于自主性的诉求或者自我保护。

第三，强化上市公司董事的忠诚义务，为上市公司制衡提供有效的制度保障。上市公司董事不应受制于背后的任何集团或者股东，要能够站在上市公司角度独立判断、独立行使决策权利。上市公司基于这一原则应针对董事做出详细的制度规定，弱化集团或者股东对于子公司的控制动机，进而为董事会做出"独立"决策提供保障。

第四,构建民营企业实际控制人与上市公司的协同治理机制。为了防止子公司制衡提升可能带来的高管团队"内部人控制"问题,这就需要构建一套治理机制不仅可以制衡实际控制人,还能够有效约束高管团队的机会主义行为,即实现实际控制人与子公司的协同治理,实现民营企业的健康发展。

参考文献

[1] Admati A R, Pfleiderer P. The "wall street walk" and shareholder activism: Exit as a form of voice [J]. *Review of Financial Studies*, 2009, 22 (7): 2645 – 2685.

[2] Aggarwal R, Dow S M. Dividends and strength of Japanese business group affiliation [J]. *Journal of Economics and Business*, 2012, 64 (3): 214 – 230.

[3] Aoki, M. The contingent governance of teams: Analysis of institutional complementarity [J]. *International Economic Review*, 1994, 35 (3): 657 – 676.

[4] Azofra V, Santamaría M. Ownership, control, and pyramids in Spanish commercial banks [J]. *Journal of Banking & Finance*, 2011, 35 (6): 1464 – 1476.

[5] Baran L, Forst A. Disproportionate insider control and board of director characteristics [J]. *Journal of Corporate Finance*, 2015 (35): 62 – 80.

[6] Belenzon S, Hashai N, Patacconi A. The architecture of attention: Group structure and subsidiary autonomy [J]. *Strategic Management Journal*, 2019, 40 (10): 1610 – 1643.

[7] Bennedsen M, Wolfenzon D. The balance of power in closely held corporations [J]. *Journal of Financial Economics*, 2000, 58 (1): 113 – 139.

[8] Berkman H, Cole R A, Fu L J. Expropriation through loan guarantees to related parties: Evidence from China [J]. *Journal of Banking & Finance*, 2009, 33 (1): 141 – 156.

[9] Bertrand M, Mehta P, Mullainathan S. Ferreting out tunneling: An application to indian business groups [J]. *The Quarterly Journal of Economics*, 2002, 117 (1): 121 – 148.

[10] Bharath S T, Jayaraman S, Nagar V. Exit as governance: An empirical analysis [J]. *The Journal of Finance*, 2013, 68 (6): 2515 – 2547.

[11] Bloch F, Hege U. Multiple shareholders and control contests [J]. *Econpapers*, 2003.

[12] Boards as a source of inertia: examining the internal challenges and dynamics of boards of directors in times of environmental discontinuities [J]. *Academy of Management Journal*, 2019, 62 (2): 437 – 468.

[13] Bonaime A, Gulen H, Ion M. Does policy uncertainty affect mergers and acquisitions? [J]. *Journal of Financial Economics*, 2018, 129 (3): 531 – 558.

[14] Bosse D A, Coughlan R. Stakeholder relationship bonds [J]. *Journal of Management Studies*, 2016, 53 (7): 1197 – 1222.

[15] Bosse D A, Phillips R A, Harrison J S. Stakeholders, reciprocity, and firm performance [J]. *Strategic Management Journal*, 2009, 30 (4): 447 – 456.

[16] Bundy J, Shropshire C, Buchholtz A K. Strategic cognition and issue salience: Toward an explanation of firm responsiveness to stakeholder concerns [J]. *Academy of Management Review*, 2013, 38 (3): 352 – 376.

[17] Chang S J, Hong J. Economic performance of group-affiliated companies in Korea: Intragroup resource sharing and internal business transactions [J]. *The Academy of Management Journal*, 2000, 43 (3): 429 – 448.

[18] Chen C J P, Li Z, Su X, et al. Rent – seeking incentives, corporate political connections, and the control structure of private firms: Chinese evidence [J]. *Journal of Corporate Finance*, 2011, 17 (2): 229 – 243.

[19] Cheung Y, Jing L, Lu T, et al. Tunneling and propping up: An analysis of related party transactions by Chinese listed companies [J]. *Pacific – Basin Finance Journal*, 2009, 17 (3): 372 – 393.

[20] Claessens S, Djankov S, Lang L H P. The separation of ownership and control in East Asian Corporations [J]. *Journal of Financial Economics*, 2000, 58 (1): 81 – 112.

[21] Cohn J B, Gillan S L, Hartzell J C. On enhancing shareholder control: A (Dodd –) Frank assessment of proxy access [J]. *The Journal of Finance*, 2016, 71 (4): 1623 – 1668.

[22] Cummings J N. Work groups, structural diversity, and knowledge sharing in a global organization [J]. *Organization Science*, 2004, 50 (3): 352 – 364.

[23] Davis G F. The significance of board interlocks for corporate governance [J]. *Corporate Governance: An International Review*, 1996, 4 (3): 154 – 159.

[24] Eisenhardt K. Agency theory: An assessment and review [J]. *Academy of Management Review*, 1989, 14 (1): 57 – 74.

[25] Ghoshal S, Bartlett C A. The multinational corporation as an interorganizational network [J]. *Academy of Management Review*, 1990, 15 (4): 603 – 626.

[26] Gulati R, Nickerson J A. Interorganizational trust, governance choice, and exchange performance [J]. *Organization Science*, 2008, 19 (5): 688 – 708.

[27] Harold C M, Oh I S, Holtz B C, Han S, Giacalone R A. Fit and frustration as drivers of targeted counterproductive work behaviors: A multifoci perspective [J]. *Journal of Applied Psychology*, 2016, 101 (11): 1513 – 1535.

[28] Harrison J S, Wicks A C. Stakeholder theory, value, and firm performance [J]. *Business Ethics Quarterly*, 2013, 23 (1): 97 – 124.

[29] Hart O, Moore J. Contracts as reference points [J]. *The Quarterly Journal of Economics*, 2008, 123 (1): 1 – 48.

[30] Holmstrom B, Milgrom P. Aggregation and linearity in the provision of intertemporal incentives [J]. *Econometrica*, 1987, 55 (2): 303 – 328.

[31] Jameson M, Prevost A, Puthenpurackal J. Controlling shareholders,

board structure, and firm performance: Evidence from India [J]. *Journal of Corporate Finance*, 2014, 27: 1 - 20.

[32] Jensen M C, Meckling W H. Theory of the firm: Managerial behavior, agency costs and ownership structure [J]. *Journal of Financial Economics*, 1976, 3 (4): 305 - 360.

[33] Jia N, Shi J, Wang Y. Value creation and value capture in governing shareholder relationships: Evidence from a policy experiment in an emerging market [J]. *Strategic Management Journal*, 2018, 39 (9): 2466 - 2488.

[34] Kawai N, Strange R. Subsidiary autonomy and performance in Japanese multinationals in Europe [J]. *International Business Review*, 2014, 23 (3): 504 - 515.

[35] Kristof - Brown A L, Zimmerman R D, Johnson E C. Consequences of individuals' fit at work: A meta-analysis of person-job, person-organization, person-group, and person-supervisor fit [J]. *Personnel Psychology*, 2005, 58 (2): 281 - 342.

[36] Kyriacou K, Luintel K B, Mase B. Private information in executive stock option trades: Evidence of insider trading in the UK [J]. *Economica*, 2010, 77 (308): 751 - 774.

[37] La Porta R, Lopez - de - Silanes F, Shleifer A, et al. Agency problems and dividend policies around the world [J]. *Journal of Finance*, 2000, 55 (1): 1 - 33.

[38] Laeven L, Levine R. Complex ownership structures and corporate valuations [J]. *The Review of Financial Studies*, 2008, 21 (2): 579 - 604.

[39] Lovelace J B, Bundy J, Hambrick D C, Pollock T G. The shackles of CEO celebrity: Sociocognitive and behavioral role constraints on "star" leaders [J]. *Academy of Management Review*, 2017. (forthcoming).

[40] Mayer R C, Davis J H, Schoorman F D. An integrative model of organizational trust [J]. *Academy of Management Review*, 1995, 20 (3): 709 - 734.

[41] McCahery J A, Sautner Z, Starks L T. Behind the scenes: The cor-

porate governance preferences of institutional investors [J]. *The Journal of Finance*, 2016, 71 (6): 2905-2932.

[42] Meyer K E, Mudambi R, Narula R. Multinational enterprises and local contexts: the opportunities and challenges of multiple embeddedness [J]. *Journal of Management Studies*, 2011, 48 (2): 235-252.

[43] Morellec E, Nikolov B, Schürhoff N. Agency conflicts around the world [J]. *The Review of Financial Studies*, 2018, 31 (11): 4232-4287.

[44] Peña J, Hancock J T. An analysis of socioemotional and task communication in online multiplayer video games [J]. *Communication Research*, 2006, 33 (1): 92-109.

[45] Peng W Q, Wei K C J, Yang Z. Tunneling or propping: Evidence from connected transactions in China [J]. *Journal of Corporate Finance*, 2011, 17 (2): 306-325.

[46] Rabbiosi L. Subsidiary roles and reverse knowledge transfer: An investigation of the effects of coordination mechanisms [J]. *Journal of International Management*, 2011, 17 (2): 97-113.

[47] Thompson J A, Bunderson J S. Violations of principle: Ideological currency in the psychological contract [J]. *Academy of Management Review*, 2003, 28 (4): 571-586.

[48] Wiseman R M, Cuevas-Rodriguez G, Gomez-Mejia L R. Towards a social theory of agency [J]. *Journal of Management Studies*, 2012, 49 (1): 202-222.

[49] Zajac E J, Kraatz M S, Bresser R K. Modeling the dynamics of strategic fit: A normative approach to strategic change [J]. *Strategic Management Journal*, 2000, 21 (4): 429-453.

[50] 陈耿、陈秋：《隧道行为产生机理分类解析与相机治理》，载《商业研究》2009年第2期。

[51] 陈志军、郑丽：《不确定性下子公司自主性与绩效的关系研究》，载《南开管理评论》2016年第6期。

[52] 陈志军：《母子公司管控模式选择》，载《经济管理》2007年

第 3 期。

[53] 董梅生、杨德才：《"余额宝"交易成本、有限理性及其相机治理》，载《改革》2014 年第 4 期。

[54] 方政、徐向艺：《母子公司治理研究脉络梳理与演进趋势探析》，载《外国经济与管理》2013 年第 7 期。

[55] 付泳、吕志刚：《国有企业产权改革与相机治理机制的建立》，载《甘肃社会科学》2000 年第 2 期。

[56] 郭建鸾：《创业企业相机治理分析》，载《中央财经大学学报》2004 年第 5 期。

[57] 郝瑾、王凤彬、王璁：《海外子公司角色分类及其与管控方式的匹配效应——一项双层多案例定性比较分析》，载《管理世界》2017 年第 10 期。

[58] 华金秋、杨丹：《企业财务目标新论：现实与理论的偏差与校正》，载《财经问题研究》2004 年第 5 期。

[59] 姜付秀、马云飙、王运通：《退出威胁能抑制控股股东私利行为吗？》，载《管理世界》2015 年第 5 期。

[60] 焦健、刘银国、刘想：《股权制衡、董事会异质性与大股东掏空》，载《经济学动态》2017 年第 8 期。

[61] 黎文靖、孔东民、刘莎莎、邢精平：《中小股东仅能"搭便车"么？——来自深交所社会公众股东网络投票的经验证据》，载《金融研究》2012 年第 3 期。

[62] 李鹏：《交易成本视角下 P2P 网贷平台治理模式——基于开鑫贷的典型案例分析》，载《贵州社会科学》2017 年第 10 期。

[63] 李长娥、谢永珍：《董事会权力层级、创新战略与民营企业成长》，载《外国经济与管理》2017 年第 12 期。

[64] 刘婧、罗福凯、王京：《环境不确定性与企业创新投入——政府补助与产融结合的调节作用》，载《经济管理》2019 年第 8 期。

[65] 马连福、杜博：《股东网络对控股股东私利行为的影响研究》，载《管理学报》2019 年第 5 期。

[66] 马胜、肖月强：《企业相机治理理论探讨：模型与诠释》，载《山

西财经大学学报》2010年第1期。

[67] 彭伟、于小进、郑庆龄、祝振铎：《资源拼凑、组织合法性与社会创业企业成长——基于扎根理论的多案例研究》，载《外国经济与管理》2018年第12期。

[68] 文东华、潘飞、陈世敏：《环境不确定性、二元管理控制系统与企业业绩实证研究——基于权变理论的视角》，载《管理世界》2009年第10期。

[69] 吴育辉、吴世农：《股票减持过程中的大股东掏空行为研究》，载《中国工业经济》2010年第5期。

[70] 吴战篪、吴伟立：《大股东减持伤害了实体经济吗》，载《南开管理评论》2018年第1期。

[71] 谢佩洪、汪春霞：《管理层权力、企业生命周期与投资效率——基于中国制造业上市公司的经验研究》，载《南开管理评论》2017年第1期。

[72] 徐宁、张阳、徐向艺：《"能者居之"能够保护子公司中小股东利益吗——母子公司"双向治理"的视角》，载《中国工业经济》2019年第11期。

[73] 徐鹏、董美彤、白贵玉：《集团框架内子公司开放式创新研究》，载《科研管理》2019年第4期。

[74] 徐向艺、方政：《子公司信息披露研究——基于母子公司"双向治理"研究视角》，载《中国工业经济》2015年第9期。

[75] 杨瑞龙、周业安：《相机治理与国有企业监控》，载《中国社会科学》1998年第3期。

[76] 杨文君、何捷、陆正飞：《家族企业股权制衡度与企业价值的门槛效应分析》，载《会计研究》2016年第11期。

[77] 杨英英、徐向艺：《子公司自主性对公司绩效的影响——连锁董事的调节作用》，载《经济与管理研究》2020年第1期。

[78] 袁根根、田昆儒：《后契约机会主义与企业治理效率研究》，载《北京工商大学学报（社会科学版）》2012年第3期。

[79] 赵国宇、禹薇：《大股东股权制衡的公司治理效应——来自民营上市公司的证据》，载《外国经济与管理》2018年第11期。

[80] 赵天骄、肖翔、张冰石:《利益相关者网络特征与民营企业社会责任绩效》,载《管理学报》2019 年第 3 期。

[81] 郑秀田、许永斌:《控股股东攫取私利下中小股东的行为选择——"理性冷漠"还是"积极监督"?》,载《经济评论》2013 年第 6 期。

第十五章

上市公司自主性与企业绩效
——基于连锁董事的调节作用[①]

子公司作为独立法人,虽然被置于实际控制人主导的金字塔结构下,但是同时拥有其他中小股东等利益相关者,这就使得子公司具有一定制衡能力。但子公司自主性对公司绩效的影响仍未在学界达成一致。本章认为子公司自主性与公司绩效之间关系结论不一致的原因在于未考虑子公司连锁董事所带来的资源能力对其行为的影响。基于此,本章选取2013~2017年A股上市公司为研究样本,探究了子公司自主性对公司绩效的影响及连锁董事的调节作用,进一步揭示了子公司自主性的治理效用及影响因素,为母子公司框架下充分发挥子公司自主性提供了理论支撑与经验借鉴。

第一节 问题的提出

在母子公司治理实践中,子公司并不是完全的被动接受者。子公司作为独立法人,虽然被置于实际控制人主导的金字塔结构下,但是同时拥有其他中小股东等利益相关者,这就使得子公司具有一定制衡能力。除此之外,市场环境以及技术发展所带来的压力,迫使集团公司下放决策权与资源配置权。子公司角色转变(被动执行者转变为自主决策者)、资源配置自由及自

---

① 本章主要内容发表于《经济与管理研究》2020年第1期。

身成长的内在需求,激发了子公司的自主性(subsidiary autonomy)。塔格特和胡德(Taggart and Hood,1999)认为,子公司自主性是母公司与其子公司之间持续讨价还价的结果。子公司自主性的定义假设自主性同时受到控制和协调两个因素的影响。

在过去20年中,子公司自主性对公司绩效的影响一直是国际商业研究的重要主题。但是,到目前为止,两者之间的关系仍旧模棱两可。麦克唐纳等(McDonald et al.,2008)发现某些类型的自主性和绩效之间存在积极关系的证据有限。伯金肖和莫里森(Birkinshaw and Morrison,1995)的一项关于子公司的研究发现,高水平和低水平(但不是中等水平)的自主性会导致良好的绩效。卡瓦依等(Kawai et al.,2014)发现日本跨国公司在技术不确定的条件下,子公司自主性对绩效的影响更大。但是,有些研究发现子公司自主性可能导致子公司在跨国公司网络中处于边缘地位,导致母公司支持水平降低。或者,子公司也可以利用自主决策权从事寻租行为或约束资源水平,进而不利于公司绩效的提升。在国内,关于子公司自主性的研究也是凤毛麟角。方政、徐向艺(2013)较早发现了从母公司单向治理向母子公司双向治理演进的发展趋势,认为不能忽略子公司作为行为主体应有的主观能动性,并激励高管团队充分发挥管理职能,进而呈现子公司自主性的积极治理效应。陈志军、郑丽(2016)将自主性分为战略自主性与经营自主性,发现子公司战略自主性与绩效的关系并不明显。因此,厘清中国情境下子公司自主性与公司绩效的关系是理论界和实践界亟须解决的问题。

基于现有文献,本章认为子公司自主性与公司绩效之间关系结论不一致的原因在于未考虑子公司连锁董事所带来的资源能力对其行为的影响。特别是从母公司或者集团公司的角度来看,并不是所有的子公司都扮演着被动的角色。相反,一些子公司甚至可能拥有超过母公司的经济或资源规模。由此可知,在任何关于子公司自主性的讨论中,子公司积累的资源及其独立于母公司能力的影响都是不可忽视的。连锁董事为公司带来较多的市场资源,这些资源能够帮助公司获取外部企业的信息,以及优先获得公司外部重要因素的承诺或支持。因此,本章提出两个研究问题:子公司自主性能否提高公司绩效?子公司连锁董事能否对自主性和公司绩效之间的关系产生积极影响?

本章的理论贡献主要体现在以下几个方面:一是在中国情境下,明确上市公司自主性对公司绩效的积极影响。通过分析母公司任职并担任子公司董事和高管的比例来衡量子公司的自主决策程度，发现兼任比例越低，子公司自主性水平越高，公司绩效越好，为母子公司协同发展提出了理论指导。二是从连锁董事入手，不仅考虑连锁董事的数量，还考虑连锁董事获取资源途径（连锁企业数量与复合连锁董事）这一质量问题，探析其对子公司自主性和公司绩效之间产生的积极作用。通过对连锁董事数量与质量的衡量，发现连锁企业数量与复合连锁董事数量越多，其为公司带来的资源以及监督能力越好，对子公司自主性和公司绩效之间起到了积极的调节作用，且进一步发现这种积极作用在非国有企业尤其显著。三是发现了资源依赖理论的边界条件。资源约束或资源可用性是可以将管理利益与组织利益区分开来的条件，从而影响母子公司之间的关系进而影响企业绩效，为中国企业的发展指明了方向。

第二节　理论分析与研究假设

一、子公司自主性对公司绩效的影响

子公司自主性是一个复杂的概念，过去 20 年的许多研究都将子公司自治和跨国公司的权力下放视为同义词。本章采用子公司的视角，考虑其在战略、运营领域拥有决策权的程度。这就意味着子公司管理人员在选择利用公司特定资源（如技术，知识，财务和人力资本）的方式方面拥有更多的管理自由裁量权。也就是说，子公司是在不考虑潜在伙伴关系的需求或期望的情况下，自行决定内部资源的使用和分配。较高的子公司自主性反映了组织对内部决策过程的广泛控制和对满足外部需求或维持外部联系的资源分配的最小化。较低的自主性意味着组织必须投入大量的时间和资源来满足或遵从组织间的期望和要求。

那么子公司自主性的提升，对子公司绩效会产生什么影响？针对这一问题，本研究认为子公司自主性的提升对公司绩效产生积极影响，主要表现在

以下几个方面。第一，自主性是在实际控制人控制下进行讨价还价获得的自主性，既能够制衡母公司的过度干预，又能获得母公司的内部资源支持。子公司享有或谈判的自主权水平是决定子公司在母公司网络关系中地位的关键参数。一方面，当母公司为了自身利益而通过关联交易、资产转移等方式侵占子公司利益相关者的利益时，享有自主权或者在企业集团中充当自治性角色的子公司具有较强的自发协同能力，从而能够降低来自母公司的监控压力，是集团整体价值能否提升的关键。另一方面，在母公司的有效监控下，能够抑制经理人员的道德行为，减少经理人员的机会主义行为，降低经理人员与股东的代理冲突，保护所有股东包括中小股东的利益，进而提升子公司的治理绩效。

第二，子公司自主性能够促进组织创新。子公司通过从事各种组织内和组织间的网络联系和交易，能够促进组织间知识创造和传播，促进母子公司的合作与协同，有助于提升企业层面的竞争优势。戈沙尔和巴特利特（Ghoshal and Bartlett, 1988）也发现子公司的自主性与其创造和传播创新的能力之间存在联系。除此之外，母子公司信息的不对称使母公司很难直接控制知识的获取，尤其在高新技术行业里，产品技术迭代频繁，为了激发子公司积极性，母公司会赋予子公司更高自主性，使其灵活应对技术环境的变化。因此，子公司自主性对绩效的提升显得尤其重要。

第三，子公司自主性有利于激发高管团队主观能动性。将决策权下放给子公司高管可以激励他们对子公司更加负责。高管需要卓越的绩效保住自己的"乌纱帽"，并以此获得高额、稳定的报酬与名誉，提高子公司自主性不仅有助于提升高管的士气，还会借助自主性治理提升治理绩效。因此，基于以上分析本研究提出如下假设：

假设 H1：子公司自主性水平的提升有利于提高公司绩效。

二、连锁董事的调节作用

资源依赖理论将组织描述为开放的系统，其绩效取决于通过相互交换从其他公司获取关键资源的能力，指出这种组织间的相互依赖关系，以解释为什么正式独立的组织从事不同类型的组织间安排，如连锁董事、联盟、合资企业、内部采购和并购。反过来，这些安排可以通过增强组织的自主性（或在不受外界干扰的情况下）自由地做出决定，帮助组织处理相互依赖关系。

连锁董事作为组织间安排的一种类型，对公司的决策行为与经济绩效产生重要影响。有些学者认为，在制度变迁过程中，企业存在着治理失灵。连锁董事网络的建立会与利己管理者产生合谋，损害股东利益。且连锁董事由于身兼数职因而不能有效监督管理层，这会提高代理成本，降低企业价值。但也有学者认为，连锁董事有着积极的治理效应主要表现在以下几个方面：

第一，连锁董事使组织能够获得关键资源促进组织创新。这些资源包括有形资源（如更好的资源采购贸易条件）和无形资源（如咨询、支持和援助），是企业减少环境不确定性和依赖性的有效机制。连锁董事的资源职能提供各种具体活动，包括提供监督公司合法性、增强公司的公共形象、提供专业知识（包括由内部董事提供公司内部信息），以及提供管理咨询和法律咨询，将公司与重要的利益相关者或其他重要实体联系起来，促进资源获取，建立外部关系，传播创新的方法，并帮助制订战略或其他重要的公司决策，为企业创新、新商业理念的来源发挥重要作用。子公司从连锁董事中获得的资源依赖增强了其在母公司的内部权力，增加了母公司对子公司投资的可能性，通过资本的配置，提高了子公司的研发投入，增强了子公司创新水平。可见，连锁董事通过对资源的整合与调动，传播创新方法，能够影响到企业的资本配置效率，增强子公司创新水平，提高子公司的决策话语权。

第二，连锁董事可以作为公司质量的一个信号，激发高管团队主观能动性。董事会对于公司的合法性和声誉起着重要的作用。当投资者决定是否投资一家公司时，他们会考虑该公司的实力和管理质量。子公司会通过任命与其他重要组织有联系的董事，向潜在投资者表明它是一家值得支持的合法企业。连锁董事形成社会精英网络体系，能够更好地与其环境需求相匹配的公司搭设桥梁，其所在企业能够获得更大的声望。这无形中帮助子公司高管团队提高在母公司的内部地位，增强士气，进而提升组织绩效。

总而言之，连锁董事帮助企业放松资源约束，优化董事会结构，减少企业的不确定性，提高资源配置决策的效率，促进子公司创新。在与母公司的谈判过程中，资源承载的先进实践经验或者创新行为更能帮助子公司赢得优势，进而有利于公司绩效的提高。通常董事会中连锁董事数量越多，子公司受到资源的影响越大。因此，基于以上分析提出如下假设：

假设 H2a：连锁董事数量积极调节子公司自主性与公司绩效之间的关系。

基于资源依赖理论和网络理论，我们发现连锁董事背后的资源（即连锁董事质量）能够为企业提供一定的建议与指导。这些资源的获取主要通过两种途径，一种是连锁董事背后的连锁企业，连锁企业的数量越多，子公司获得的资源越广泛，多元化的信息使子公司更能获得控制权，并为企业的决策提供依据。这些组织之间的联系提供了获取多样和独特信息的途径以及学习新的企业实践的能力。另一种是复合连锁董事，通过多重连锁关系所形成的长期伙伴关系，有助于连锁企业形成联盟，促进连锁企业间的信息与资源交换，产生的共谋让企业规避机会主义行为，简化交易程序，降低交易成本。从网络理论角度讲，决定子公司权力的一个重要因素是子公司与外部关系的紧密程度。子公司与外部网络（子公司与所在地的消费者、制造商、供应商等的关系）联系越紧密，越有机会依赖外部环境存活，也越有能力要求一定的经营权力。提高子公司的经营自主权是对高管的信任和认可，可以更好地发挥和培养高管的能力，有效激励高管高效率地管理子公司。因此，基于以上分析提出如下假设：

假设 H2b：连锁企业数量积极调节了子公司自主性与公司绩效之间的关系。

假设 H2c：复合连锁董事数量积极调节了子公司自主性与公司绩效之间的关系。

第三节 研究设计

一、样本选取与数据来源

本章选取 2013~2017 年 A 股上市公司为研究样本，按照以下的研究标准对初始数据进行筛选：（1）删除金融、保险类的上市公司；（2）删除 ST

公司和 *ST 公司；(3) 删除报表中无控股股东或直接控股股东为自然人的样本；(4) 删除主要变量数据缺失的样本。为避免离群值对实证结果产生影响，本章对数据在1%和99%上进行了Winsor处理。本研究的研究数据主要来自国泰安数据库和巨潮资讯网，连锁董事数量、复合连锁董事数量与连锁企业数量的数据通过国泰安数据库获得并进行手工整理。

二、变量定义

(一) 被解释变量：资产收益率 (ROA)

本章以公司每年的资产收益率 (ROA) 来衡量公司的业绩。ROA是战略研究中最常用的绩效测量指标。

(二) 解释变量：兼任成员比例 (Member)

子公司自主性大多出现在跨国公司的研究中，多采用量表进行测度，但并不适用单个国家的研究情境。本研究借鉴陈志军、郑丽的处理方式，采用在集团或母公司任职并兼任子公司的董事、高管比例衡量子公司的自主性，兼任成员的比例越低，子公司的自主性越高，反之子公司的自主性越低。

(三) 调节变量：连锁董事

连锁董事指的是"一人同时担任两家或两家以上企业的董事职务"。连锁董事数量 (ID) 越多，为子公司提供的资源越多，进而提高子公司自主性对绩效的影响。连锁董事的质量按照资源获取途径进行分类，分为连锁企业数量与复合连锁董事。连锁企业数量的多少决定了企业获取资源能力，本研究采用佐纳等 (Zona et al., 2018) 的方法，用连锁董事兼任企业数量 (IDC) 来进行测量。复合连锁董事 (CID) 采用复合连锁董事数量之和/连锁企业数量进行测量，复合连锁董事数量越多，获取资源紧密性越强。

(四) 控制变量

借鉴现有关于企业绩效研究的文献，将选取两组可能具有显著作用的控制变量：公司特征变量和公司治理变量。其中，公司特征变量包括每股净资产（BPS）、销售费用率（Sales）、投资收益率（ROI）、总资产（Asset）、产权属性（Nature）、行业分类（Ind）；公司治理变量包括控制权比例（Control）、监事会规模（Supervisor）、董事长与总经理兼任情况（Dual）、董事会规模（Director）、董事会会议次数（Bmeeting）、股东大会会议次数（Shmeeting）。各变量汇总如表 15-1 所示。

表 15-1　　　　　　　　　　　变量定义及说明

变量名称	变量符号	变量描述
资产收益率	ROA	净利润/平均资产总额
兼任成员比例	Member	兼任董监高成员占子公司董监高总成员的比例
连锁董事数量	ID	连锁董事数量
连锁企业数量	IDC	连锁董事在其他企业任董事的企业数量之和
复合连锁董事	CID	复合连锁董事数量之和/连锁企业数量
每股净资产	BPS	股东权益总额/普通股股数
销售费用率	Sales	销售费用/营业收入
投资收益率	ROI	本期投资收益/（长期股权投资本期期末值 + 持有至到期投资本期期末值 + 交易性金融资产本期期末值 + 可供出售金融资产本期期末值 + 衍生金融资产本期期末值）
总资产	Asset	总资产取对数
控制权比例	Control	实际控股股东与上市公司股权关系链或若干股权关系链中最弱的一层或最弱的一层总和
监事会规模	Supervisor	监事人数
董事长与总经理兼任情况	Dual	董事长与总经理为同一人取 1，否则为 0
董事会规模	Director	董事人数
董事会会议次数	Bmeeting	一年内董事会召开次数
股东大会会议次数	Shmeeting	一年内股东会召开次数
产权属性	Nature	当实际控制人具有国有性质取 1，非国有取 0
行业分类	Ind	根据 2012 年证监会《上市公司行业分类指引》划分行业类别

三、模 型 设 计

为了检验假设 H1 中子公司自主性与绩效的关系，根据表 15-1 中的变量，模型Ⅰ如下：

模型Ⅰ：$ROA = \alpha_0 + \alpha_1 Member + \alpha_2 \sum Control + \varepsilon$

为了检验假设 H2a、假设 H2b、假设 H2c，本研究采用交互项的方式验证连锁董事对子公司自主性与绩效关系的调节作用，模型Ⅱ如下：

模型Ⅱ：$ROA = \alpha_0 + \alpha_1 Member + \alpha_2(ID/IDC/CID) + \alpha_3 Member \times (ID/IDC/CID) + \alpha_4 \sum Control + \varepsilon$

第四节 实 证 结 果

一、描述性统计

表 15-2 描述主要变量的平均值、标准差、最小值和最大值等描述性统计结果。由表 15-2 数据可知，就研究的子公司样本而言，兼任成员的平均值为 0.238，最小值与最大值分别为 0.045 与 0.571，可见子公司都是在母公司的监控下成长。其标准差为 0.12，说明子公司自主性水平差距较大，在某种程度上，大部分子公司具有一定的自主决策水平。连锁董事数量均值为 5.328，说明企业大部分会聘用连锁董事，且数量整体较高。连锁企业数量均值为 12.41，且最大值达到 61 家，可见连锁董事背后企业资源数量较多，与佐纳等（Zona et al.，2018）调查的 11.2 家结果相似，说明不管是国内还是国外，都愿意采用连锁董事的方式进行资源交换，进而获取有效信息。而复合连锁董事整体数量较少，只有 1.182 个，说明大部分企业在聘用复合连锁董事方面比较谨慎，忽略了复合连锁董事与外部企业的紧密关系。

表 15-2　　　　　　　　　主要变量描述性统计结果

变量	观测值	均值	标准差	最小值	最大值
ROA	7810	0.0370	0.0490	-0.153	0.184
Member	7810	0.238	0.120	0.045	0.571
ID	7810	5.328	3.481	1	16
IDC	7810	12.41	11.79	1	61
CID	7810	1.182	0.288	1	2.400
BPS	7810	4.879	2.931	0.379	16.11
Sales	7809	0.0650	0.0780	0	0.426
ROI	7482	0.001	0.003	0	0.027
Supervisor	7810	3.710	1.105	3	7
Asset	7810	22.40	1.328	19.79	26.21
Control	7391	0.420	0.155	0.113	0.777
Dual	7720	0.205	0.404	0	1
Director	7810	8.809	1.705	5	15
Bmeeting	7801	9.958	4.112	4	26
Shmeeting	7809	3.289	1.752	1	9

资料来源：笔者整理。

控制变量方面，每股净资产离散程度较高（标准差为 2.931）、董事会、监事会规模适中、实际控制人拥有上市公司控制权比例较高（均值为 42%，超过 30%）、投资收率较低（均值为 0.001）。另外，大部分的上市公司中的董事长与总经理不是同一人，对总经理的监督起到了一定的积极作用。董事会会议次数与股东大会会议次数均高于《公司法》规定，说明大多数股东与董事愿意积极参与到公司事务的决策中，但积极程度存在较大差距。

二、相关性分析

兼任成员比例与公司绩效显著负相关（p<0.01），说明子公司自主性积极影响了公司绩效，与预期方向一致。连锁董事数量、连锁企业数量、复合连锁董事与公司绩效显著正相关（p<0.01），说明连锁董事为公司带来

的资源对公司绩效提升贡献较大。同时,各个控制变量与公司绩效、兼任成员比例呈显著相关,说明控制变量的选取是有意义的。在交互项上,为防止共线性的问题,对所有变量进行中心化处理。为了检验各变量之间是否存在严重的多重共线性问题,本研究检验了各变量的方差膨胀因子,结果显示,VIF 值小于 5,均值为 1.48,说明变量间并不存在严重的多重共线性。

三、回归结果

为了验证子公司自主性与公司绩效的关系以及连锁董事的调节作用,研究采用豪斯曼检验样本是采用随机效应模型还是固定效应模型,回归结果发现,固定效应模型更适宜本研究研究。检验结果如表 15-3 所示。第(1)列考察了控制变量对公司绩效的影响,监事会的规模与公司绩效呈负相关,这从侧面赋予了子公司一定的决策自主性,监事会规模越高,子公司决策自主性会受到一定限制,进而不利于公司绩效的提升。模型中大部分控制变量对公司绩效有显著影响,通过 P 值的显著性检验说明研究选取的控制变量有效。第(2)列考察了子公司自主性(兼任成员比例)与公司绩效的直接影响。结果表明,兼任成员比例越高,公司绩效越低,即上市公司自主性与公司绩效在 5% 的水平上显著正相关,假设 H1 得到验证。

表 15-3　　　　子公司自主性与公司绩效的固定效应模型

变量	(1) ROA	(2) ROA	(3) ROA	(4) ROA	(5) ROA
Member		-0.017** (-2.252)	-0.018** (-2.360)	-0.017** (-2.287)	-0.016** (-2.170)
ID			0.000 (0.569)		
Member × ID			0.002 (1.444)		
IDC				0.000 (0.830)	

续表

变量	(1) ROA	(2) ROA	(3) ROA	(4) ROA	(5) ROA
Member×IDC				0.001** (2.148)	
CID					-0.004 (-1.429)
Member×CID					0.032 (1.626)
BPS	0.003*** (9.251)	0.003*** (9.298)	0.003*** (9.294)	0.003*** (9.286)	0.003*** (9.292)
Sales	-0.227*** (-11.194)	-0.227*** (-11.199)	-0.228*** (-11.208)	-0.228*** (-11.243)	-0.227*** (-11.200)
ROI	0.665*** (3.887)	0.673*** (3.933)	0.673*** (3.929)	0.678*** (3.960)	0.673*** (3.936)
Supervisor	-0.003** (-2.007)	-0.003** (-2.037)	-0.003** (-2.108)	-0.003** (-2.060)	-0.003** (-2.012)
Asset	-0.006*** (-3.459)	-0.006*** (-3.529)	-0.006*** (-3.553)	-0.006*** (-3.501)	-0.006*** (-3.456)
Control	0.034*** (3.859)	0.034*** (3.909)	0.034*** (3.904)	0.034*** (3.932)	0.034*** (3.953)
Dual	-0.002 (-0.892)	-0.002 (-0.914)	-0.002 (-0.903)	-0.002 (-0.931)	-0.002 (-0.936)
Director	0.001 (0.902)	0.001 (0.813)	0.000 (0.735)	0.000 (0.691)	0.001 (0.827)
Bmeeting	0.000 (1.490)	0.000 (1.511)	0.000 (1.491)	0.000 (1.516)	0.000 (1.535)
Shmeeting	-0.000 (-0.517)	-0.000 (-0.487)	-0.000 (-0.464)	-0.000 (-0.501)	-0.000 (-0.562)
Year	控制	控制	控制	控制	控制
Ind	控制	控制	控制	控制	控制

续表

变量	(1)	(2)	(3)	(4)	(5)
	ROA	ROA	ROA	ROA	ROA
Constant	0.090*	0.096**	0.100**	0.097**	0.098**
Observations	6976	6976	6976	6976	6976
R-squared	0.091	0.092	0.092	0.093	0.093
F	6.786	6.769	6.628	6.668	6.649

注：笔者整理，$p<0.1$，** $p<0.05$，*** $p<0.01$。

第（3）~（5）列考察了连锁董事对子公司自主性与公司绩效的调节作用。结果显示，兼任成员比例与连锁董事数量的交互作用系数为正，但不显著，假设 H2a 未得到验证。在我国当前经济背景下，公司董事的安排主要是为了遵从证监会的规定，尤其独立董事的数量是由《公司法》明确规定，因此大部分公司通过"关系"聘用董事，与股东有一定的潜在关系，因此对管理层权力影响较小。而兼任成员比例与连锁企业数量交互项分别在5%的水平上显著，假设 H2b 得到验证。复合连锁董事为企业提供了强大的资源保障，加深了企业与其他企业的合作深度，结果虽不显著，但 t 值为1.626，这也说明复合连锁董事在一定程度上正向调节了子公司自主性与公司绩效的正向关系。因此企业不应过多追求连锁董事的数量，而应该关注其质量，尤其是连锁董事背后的资源途径——资源的多样性（连锁企业数量）与资源的紧密性（复合连锁董事）。

四、进一步研究

基于表 15-3 中的第（3）~（5）列交互项显著性水平较低，考虑到我国特殊制度环境，将子公司分为国有与非国有企业，探讨来自不同产权性质下连锁董事对子公司自主性与公司绩效的调节效应，结果如表 15-4 所示。

表15-4　　　　　　　　　　进一步研究分析结果

变量	(6) 国有	(7) 非国有	(8) 国有	(9) 非国有	(10) 国有	(11) 非国有
Member	-0.012 (-1.237)	-0.016 (-1.283)	-0.012 (-1.248)	-0.017 (-1.424)	-0.012 (-1.224)	-0.017 (-1.425)
ID	-0.000 (-0.095)	0.001 (1.373)				
Member×ID	-0.000 (-0.009)	0.008** (2.448)				
IDC			-0.000 (-0.084)	0.000* (1.672)		
Member×IDC			-0.000 (-0.102)	0.003*** (3.086)		
CID					-0.004 (-1.035)	-0.002 (-0.447)
Member×CID					-0.004 (-0.138)	0.070** (2.344)
BPS	0.004*** (7.163)	0.003*** (6.351)	0.004*** (7.170)	0.003*** (6.373)	0.004*** (7.190)	0.003*** (6.322)
Sales	-0.328*** (-8.629)	-0.191*** (-7.640)	-0.328*** (-8.625)	-0.193*** (-7.728)	-0.329*** (-8.650)	-0.190*** (-7.612)
ROI	1.016*** (4.741)	0.240 (0.841)	1.017*** (4.741)	0.280 (0.980)	1.017*** (4.746)	0.220 (0.773)
Supervisor	-0.001 (-0.425)	-0.008*** (-3.034)	-0.001 (-0.430)	-0.007*** (-2.961)	-0.001 (-0.437)	-0.007*** (-2.830)
Asset	-0.003 (-1.251)	-0.008*** (-3.354)	-0.003 (-1.250)	-0.008*** (-3.252)	-0.003 (-1.219)	-0.008*** (-3.262)
Control	0.014 (0.925)	0.036*** (3.099)	0.013 (0.914)	0.036*** (3.147)	0.014 (0.939)	0.037*** (3.223)
Dual	-0.002 (-0.813)	-0.001 (-0.216)	-0.002 (-0.814)	-0.001 (-0.291)	-0.003 (-0.853)	-0.001 (-0.188)

续表

变量	(6) 国有	(7) 非国有	(8) 国有	(9) 非国有	(10) 国有	(11) 非国有
Director	-0.000 (-0.167)	0.002 (1.639)	-0.000 (-0.166)	0.002 (1.568)	-0.000 (-0.152)	0.002* (1.706)
Bmeeting	0.000 (1.169)	0.000 (0.678)	0.000 (1.169)	0.000 (0.716)	0.000 (1.210)	0.000 (0.681)
Shmeeting	0.000 (0.549)	-0.001 (-0.908)	0.000 (0.550)	-0.001 (-0.967)	0.000 (0.507)	-0.001 (-0.958)
Year	控制	控制	控制	控制	控制	控制
Ind	控制	控制	控制	控制	控制	控制
Constant	0.085	0.250***	0.085	0.247***	0.088	0.247***
Observations	3500	3476	3500	3476	3500	3476
R-squared	0.112	0.102	0.112	0.103	0.113	0.102
F	5.823	4.566	5.823	4.633	5.850	4.553

注：笔者整理，*$p<0.1$，**$p<0.05$，***$p<0.01$。

由表15-4可知，第（6）~（11）列分别考察了不同产权性质下连锁董事对子公司自主性与绩效关系的影响。结果表明，在非国有企业中，不管是连锁董事的数量还是质量（资源的多样性与紧密性）都对两者关系起到了积极的调节作用。这说明，在我国国有企业自主性较低，主要原因是因为国有公司多遵循母公司的战略、经营意愿，基于"权威"影响很少对母公司进行讨价还价。而非国有企业，不仅考虑控股股东的意愿，还受到其他利益相关者的制衡，张等（Cheung et al., 2009）以中国企业集团为对象研究发现：国有股"一股独大"容易导致"掏空"行为，但如果有外国机构投资者参股或者子公司双重上市，那么，"掏空"行为就有可能转变为"支持"行为。除此之外，连锁董事在资源的获取方面进行了积极的交流与沟通，连锁企业数量（$p<0.01$）与复合连锁董事（$p<0.05$）改善了子公司资源开发、加强学习和创新、发展创业技能的环境条件，并且提高了子公司在母公司的重要性，进而公司绩效得到提升。

五、稳健性检验

为了检验实证有效性，我们进行了一系列的稳健性检验。一是替代子公司自主性指标度量。由于董事长和总经理在企业决策过程中起到重要作用，因此自主性指标（兼任成员比例）减去兼任董事长和总经理这两个关键职位，将原指标分为三部分并重新进行拟合，回归结果（见表15-5）并未发生实质性变化。

表15-5　　　　　　　　稳健性检验1

变量	(1) ROA	(2) ROA	(3) ROA	(4) ROA	(5) ROA	(6) ROA
Chairman	-0.000 (-0.217)					
CEO		-0.000 (-0.086)				
Member2			-0.016** (-1.979)	-0.017** (-2.090)	-0.016** (-2.022)	-0.015* (-1.911)
ID				0.000 (0.481)		
Member2 × ID				0.003 (1.512)		
IDC					0.000 (0.851)	
Member2 × IDC					0.001* (1.926)	
CID						-0.004 (-1.500)
Member2 × CID						0.037* (1.840)

续表

变量	(1) ROA	(2) ROA	(3) ROA	(4) ROA	(5) ROA	(6) ROA
控制变量	控制	控制	控制	控制	控制	控制
Year	控制	控制	控制	控制	控制	控制
Ind	控制	控制	控制	控制	控制	控制
Constant	0.090*	0.090*	0.095**	0.098**	0.095*	0.097**
Observations	6976	6976	6976	6976	6976	6976
R-squared	0.091	0.091	0.092	0.092	0.092	0.092
F	6.695	6.695	6.752	6.614	6.638	6.644

注：笔者整理，* $p<0.1$，** $p<0.05$，*** $p<0.01$。

二是考虑其他变量对模型的影响。在原有的模型中，还应考虑管理层的学历水平和持股水平对公司绩效的影响。管理层学历水平主要采用总经理的教育水平程度，其学历程度越高，董事会就会越信任他们，他们的权力也越大，从而对企业的行为产生一定影响。管理层持股采用总经理的持股比例进行回归，总经理的持股比例越高，越能够降低其他机构对管理者行为的约束，从而管理层具有较强的自主性。如表15-6所示，分别加入控制变量——管理层学历水平和持股比例，原模型估计系数的正负号和显著性并未发生变化，说明回归结果是可靠的。

表15-6   稳健性检验2

变量	(1) ROA	(2) ROA	(3) ROA	(4) ROA	(5) ROA	(6) ROA	(7) ROA	(8) ROA
Member	-0.017** (-2.210)	-0.018** (-2.317)	-0.017** (-2.244)	-0.016** (-2.126)	-0.017** (-2.264)	-0.018** (-2.372)	-0.017** (-2.299)	-0.016** (-2.181)
ID		0.000 (0.558)				0.000 (0.573)		
Member×ID		0.002 (1.478)				0.002 (1.449)		

续表

变量	(1) ROA	(2) ROA	(3) ROA	(4) ROA	(5) ROA	(6) ROA	(7) ROA	(8) ROA
IDC			0.000 (0.845)				0.000 (0.841)	
Member × IDC			0.001** (2.167)				0.001** (2.158)	
CID				−0.004 (−1.439)				−0.004 (−1.438)
Member × CID				0.032* (1.646)				0.032* (1.649)
CEOshare	0.012 (1.143)	0.013 (1.182)	0.013 (1.192)	0.013 (1.180)				
education					−0.001 (−0.996)	−0.001 (−1.008)	−0.001 (−1.028)	−0.001 (−1.041)
控制变量	控制	控制	控制	控制	控制	控制	控制	控制
Year	控制	控制	控制	控制	控制	控制	控制	控制
Ind	控制	控制	控制	控制	控制	控制	控制	控制
Constant	0.093*	0.097**	0.094*	0.095**	0.098**	0.102**	0.099**	0.100**
Observations	6976	6976	6976	6976	6976	6976	6976	6976
R−squared	0.092	0.092	0.093	0.093	0.092	0.092	0.093	0.093
F	6.697	6.561	6.601	6.582	6.693	6.556	6.596	6.578

注：笔者整理，*$p<0.1$，**$p<0.05$，***$p<0.01$。

三是内生性问题。子公司自主性与公司绩效之间可能反向影响的关系，即公司绩效越好，子公司自主性程度越高。为了消除内生性问题，文本将解释变量滞后一期、公司成立年龄、公司上市年龄作为工具变量，进行2SLS两阶段回归，如表15−7所示，研究结论没有发生变化。

表 15-7　　　　　　　　　　内生性检验

变量	ROA
Member	-0.012* (-1.703)
控制变量	控制
Constant	0.058***
Observations	5,215
R-squared	0.109
F	57.65

注：笔者整理，*p<0.1，**p<0.05，***p<0.01。

第五节　研究结论与管理启示

一、研究结论

本章关注子公司资源对其行为的影响，选取 2013~2017 年 A 股上市公司为研究样本，采用母公司任职并担任子公司董事和高管的比例来衡量子公司的自主决策程度，实证研究发现：（1）子公司自主性越高，公司绩效越好；（2）连锁董事数量对子公司自主性与公司绩效关系的调节作用并不显著，而连锁企业数量积极调节了两者之间的关系；（3）进一步分析发现在非国有上市公司中，连锁董事不管是数量还是质量对两者的积极影响有放大作用。本章的研究结果支持以下研究结论：

（一）子公司自主性有利于公司的长远发展

通过实证发现，子公司自主性并不是完全自主，而是在实际控制人控制下进行讨价还价获得的自主性，通过自主性的提升，不仅能够通过组织内和组织间的联系与交易促进企业创新，还能通过将决策权下放给子公司高管，激发高管主观能动性。

（二）连锁董事有着积极的治理效应

连锁董事帮助企业放松资源约束，优化董事会结构，减少企业的不确定性，提高资源配置决策的效率，促进组织创新，进而积极改善子公司自主性对公司绩效的影响。连锁董事背后的资源途径——资源的多样性（连锁企业数量）与资源的紧密性（复合连锁董事）是不容小觑的。

二、管理启示

基于本研究研究结论，可以得出如下管理启示：一是母公司应适度放开对子公司的监控，应给与高管一定的自主决策权。母公司的过度干预只会让子公司面临险境，不能激发高管的主观能动性，并使企业缺乏自主创新能力。二是国有企业应摒弃"权威"文化所带来的劣根性。国有子公司对母公司或集团公司依赖性极强，对外部资源获取的敏感性较弱，连锁董事对公司的影响力远远低于母公司的战略文化控制，因此国有子公司除了遵循母公司的战略意图，还应多听连锁董事的意见，赋予连锁董事应有的决策权力。三是连锁董事应做好自己的本职工作，企业应该重视其质量而非数量。连锁董事具有两种职能：监督职能与提供资源的职能。一方面，连锁董事代表股东对管理层进行监督，这些监督活动包括监督CEO、监督战略实施、计划CEO继任，以及评价和奖励公司的CEO/高管。另一方面，连锁董事应给公司提供良好的资源，这些资源应具备一定的广度（连锁企业数量）和深度（复合连锁董事），帮助公司获取外部信息，当资源受限的企业与实力强大、资源丰富的企业合作时，连锁董事带来的合作效益就会产生。

参考文献

[1] Andersson U, Forsgren M, Holm U. Balancing subsidiary influence in the federative MNC: a business network view [J]. *Journal of International Business Studies*, 2007, 38 (5): 802 – 818.

[2] Birkinshaw J, Morrison A. Configurations of strategy and structure in subsidiaries of multinational corporations [J]. *Journal of International Business Studies*,

1995, 26 (4): 729-753.

[3] Casciaro T, Piskorski M J. Power imbalance, mutual dependence, and constraint absorption: A closer look at resource dependence theory [J]. *Administrative Science Quarterly*, 2005, 50 (2): 167-199.

[4] Certo S T, Holcomb T R, Holmes R M. IPO research in management and entrepreneurship: Moving the agenda forward [J]. *Journal of Management*, 2009 (35): 1340-1378.

[5] Certo S T. Influencing initial public offering investors with prestige: Signaling with board structures [J]. *Academy of Management Review*, 2003, 28: 432-446.

[6] Cheung Y, et al. Tunneling and propping up: An analysis of related party transactions by Chinese listed companies [J]. *Pacific-Basin Finance Journal*, 2009, 17 (3): 372-393.

[7] Davis G F, Cobb J A. Resource dependence theory: Past and future [J]. *Research in the Sociology of Organizations*, 2010: 21-42.

[8] Davis G F. The significance of board interlocks for corporate governance [J]. *Corporate Governance: An International Review*, 1996, 4 (3): 154-159.

[9] Friedman E, Johnson S, Mitton T. Propping and tunneling [J]. *Journal of Comparative Economics*. 2003, 31 (4): 732-750.

[10] Gammelgaard J, et al., The impact of increases in subsidiary autonomy and network relationships on performance [J]. *International Business Review*, 2012, 21 (6): 1158-1172.

[11] Ghoshal S, Bartlett C A. The multinational corporation as an inter-organizational network [J]. *The Academy of Management Review*, 1990, 15 (4): 603-625.

[12] Gomez-Mejia L R, et al. The bind that ties: Socioemotional wealth preservation in family firms [J]. *The Academy of Management Annals*, 2011, 5 (1): 653-707.

[13] Haunschild P, Beckman C. When do interlocks matter? Alternate sources of information and interlock influence [J]. *Administrative Science Quarterly*,

1998, 43: 815-844.

[14] Hillman A J, Withers M C, Collins B J. Resource dependence theory: A review [J]. *Journal of Management*, 2009, 35 (6): 1404-1427.

[15] Hillman A J, Dalziel T. Boards of directors and firm performance: Integrating agency and resource dependence perspectives [J]. *Academy of Management Review*, 2003, 28 (3): 383-396.

[16] Hood N, Taggart J H. Subsidiary development in German and Japanese manufacturing subsidiaries in the British isles [J]. *Regional Studies*, 1999, 33 (6): 513-528.

[17] Johnson S, La Porta R, Lopez-de-Silanes F, et al. Tunneling [J]. *American Economic Review*, 2000 (90): 22-27.

[18] Judge W J, Zeithaml C P. Institutional and strategic choice perspectives on board involvement in the strategic decision process [J]. *The Academy of Management Journal*, 1992, 35 (4): 766-94.

[19] Kawai N, Strange R. Subsidiary autonomy and performance in Japanese multinationals in Europe [J]. *International Business Review*, 2014, 23 (3): 504-515.

[20] McDonald F, Warhurst S, Allen M. Autonomy, embeddedness, and the performance of foreign owned subsidiaries [J]. *Multinational Business Review*, 2008, 16 (3).

[21] Michelle L, Zorn C S J A. Home alone: The effects of lone-insider boards on CEO pay, financial misconduct, and firm performance [J]. *Strategic Management Journal*, 2017, 38 (13): 2623-2646.

[22] Mirchandani D A, Lederer A L. The impact of autonomy on information systems planning effectiveness [J]. *Omega*, 2008 (36): 789-807.

[23] Mizruchi M S. What do interlocks do? An analysis, critique, and assessment of research on interlocking directorates [J]. *Annual Review of Sociology*, 1996 (22): 271-298.

[24] Mudambi R, Navarra P. Is knowledge power? Knowledge flows, subsidiary power and rent-seeking within MNCs [J]. *Journal of International Business*

Studies, 2004 (35): 385 – 406.

[25] O'Donnell S W. Managing foreign subsidiaries: Agents of headquarters, or an interdependent network? [J]. *Strategic Management Journal*, 2000, 21 (5): 525 – 548.

[26] Oliver C. Network relations and loss of organizational autonomy [J]. *Human Relations*, 1991 (44): 943 – 961.

[27] Phelps N A, Fuller C. Multinationals, intracorporate competition, and regional development [J]. *Economic Geography*, 2000, 76 (3): 224 – 243.

[28] Rugman A M, Verbeke A. Subsidiary – specific advantages in multinational enterprises [J]. *Strategic Management Journal*, 2001, 22 (3): 237 – 250.

[29] Shleifer A, Vishny R W. Large shareholders and corporate control [J]. *Journal of Political Economy*, 1986, 94 (3): 461 – 488.

[30] Tong C, Wong A, Kwok E Y. Major determinants affecting the autonomy of multinational corporation subsidiaries in China [J]. *Journal of Management Research*, 2012, 4 (1): 1 – 33.

[31] Verbeke A, Yuan W. Subsidiary autonomous activities in multinational enterprises: A transaction cost perspective [J]. *Management International Review*, 2005, 45 (2): 31 – 52.

[32] Young S, Tavares A. Centralization and autonomy: Back to the future [J]. *International Business Review*, 2004, 13 (2): 215 – 237.

[33] Zona F, Gomez – Mejia L R, Withers M C. Board interlocks and firm performance: Toward a combined agency – resource dependence perspective [J]. *Journal of Management*, 2018, 44 (2): 589 – 618.

[34] 陈志军、郑丽:《不确定性下子公司自主性与绩效的关系研究》,载《南开管理评论》2016 年第 6 期。

[35] 方政、徐向艺:《母子公司治理研究脉络梳理与演进趋势探析》,载《外国经济与管理》2013 年第 7 期。

[36] 李文贵、余明桂、钟慧洁:《央企董事会试点、国有上市公司代

理成本与企业绩效》，载《管理世界》2017 年第 8 期。

[37] 李显君、王巍、刘文超、王京伦：《中国上市汽车公司所有权属性、创新投入与企业绩效的关联研究》，载《管理评论》2018 年第 2 期。

[38] 任兵、区玉辉、彭维刚：《连锁董事与公司绩效：针对中国的研究》，载《南开管理评论》2007 年第 1 期。

[39] 谢佩洪、汪春霞：《管理层权力、企业生命周期与投资效率——基于中国制造业上市公司的经验研究》，载《南开管理评论》2017 年第 1 期。

[40] 徐向艺、方政：《子公司自主性与股权融资能力——基于电力行业的经验证据》，载《经济管理》2016 年第 10 期。

[41] 张爽、王世权、李欣禹：《子公司主导行为研究进展述评》，载《外国经济与管理》2018 年第 12 期。

后　　记

本书的研究内容是我主持的国家自然科学基金项目《金字塔结构下母子公司"双向治理"形成机理与协同效应研究》（项目批准号：71872101）、山东省社科基金重点项目《山东省上市公司金字塔结构下的母子公司"双向治理"研究》（项目批准号：17BGLJ08）的主要研究成果，也是我对建立公司治理研究的中国学派设想的行动体现。我研究公司制度、公司治理问题30余年了，出版了十余部专著，本书的出版是我对公司治理研究的新的感悟、新的收获。本书中的部分内容已经在国内重要期刊上发表。本书的学术成果是我带领的学术团队成员的集体智慧的结晶。本书的撰稿人有徐向艺教授、方政副教授、徐宁副教授、徐鹏教授、李海石博士，以及博士生杨英英、张虹霓、张阳和硕士生康红丽、李洁琼。本书由我设计研究思路，构建写作大纲，主持社会调研，方政博士、李海石博士协助我推进项目研究进展并做了大量文字类、技术类基础性工作。最后全书内容由我通纂定稿。在项目研究及本书出版过程中，得益于众多学界朋友们的指教、帮助，尤其是得到经济科学出版社的领导、编辑同志的悉心指导和协助，在此一并表示衷心的感谢！

徐向艺
2021 年 8 月 11 日